Charlotte Pangels · Friedrich der Große

Charlotte Pangels

Friedrich der Große

Bruder, Freund und König
1712–1786

Verlag Georg D. W. Callwey München

CIP-Kurztitelaufnahme der Deutschen Bibliothek
Pangels, Charlotte:
Friedrich der Große: Bruder, Freund und König;
1712–1786 / Charlotte Pangels. –
2. überarbeitete Auflage – München: Callwey, 1986.
ISBN 3-7667-0805-8

2. überarbeitete Auflage 1986

Schutzumschlag Baur + Belli Design, München
Lithos Brend'amour, München
Gesamtherstellung Ebner Ulm
Printed in Germany

Inhalt

Erster Teil
1712–1740

Die bei Zitaten in Klammern ( ) gesetzten Einfügungen sind Erläuterungen der Autorin.

Seit September des Jahres 1711 hatten die Geistlichen aller Kirchen im preußischen Königreich den Befehl, ihren Andachten ein besonderes Gebet für die glückliche Niederkunft der Frau Kronprinzessin Sophie Dorothea hinzuzufügen. Es war das vierte Mal, daß die junge schöne Frau einer Entbindung entgegensah. Nur ein Mädchen war ihr am Leben geblieben, die pausbäckige, lebhafte Wilhelmine. Zwei Prinzen starben nach kurzer Zeit »an den Zähnen« oder – nach anderer Lesart – weil man sie »zu heftig getauft« hätte. Die hohe Kindersterblichkeit jener Zeit verlangte auch ihren Tribut von dem jungen preußischen Kronprinzenpaar.

Man nahm es als gute Vorbedeutung, daß alles darauf hindeutete, der neue Nachkomme im Berliner Schloß würde ein Sonntagskind werden. Der wohlgesetzte Bericht des Oberzeremonienmeisters von Besser gibt einen lebendigen Eindruck, wie es am Hofe König Friedrichs I. in Berlin an diesem 24. Januar 1712 zuging:

Sonntags Morgens nach der Predigt, da man eben in der Predigt um eine glückliche Genesung der Kronprinzessin wegen herangenahter Geburtsstunde gebeten, genas sie zwischen 11 und 12 Uhr ihres dritten Prinzen, des jetzigen Prinzen von Preußen und Oranien. S. M. (Friedrich der Erste) hatten sich eben in ihrem Gemache an die Tafel gesetzet, aber weilen kurz darauf der Königliche Leibmedicus, der Herr Hofrat Gundelsheim, die fröhliche Zeitung von der Geburt eines Prinzen gebracht, wurde S. M. vor Freuden so sehr darüber alteriert, daß Sie mit Tränen in den Augen sich alsbald zur Kronprinzessin herübertragen ließen und hernachmals nicht essen konnten.

Die Glocken wurden alsbald geläutet und alle Stücke auf den Wällen gelöset, so daß in einem Augenblick die ganze Stadt und der Hof in eine unaussprechliche (Freude) versetzt ward. S. M. declarierten, daß auch dieser Prinz gleich den vorigen den Namen »Prinz von Preußen und Oranien« führen sollte, und hingen ihm Nachmittags um 2 Uhr nebst einem ganz neuen Ordenskreuz das Ordensband (des Schwarzen Adler-Ordens) um, wozu S. M. sich abermals zu J. K. H. der Kronprinzessin tragen ließen.

Als S. M. aus der Prinzessin Zimmer zurückkam und sich eben in ihren Tragsessel setzen wollten, trat ich herzu und legte meine untertänigsten Glückwünsche ab, und weil ich unter anderem auch erinnerte, daß, da dieser Prinz in der Ordnung der dritte wäre, den die Kronprinzessin zur Welt gebracht, wir hoffen könnten, daß er auch derjenige sein würde, der beim Leben bleiben und nach S. M. glücklichem Exempel zur Regierung dermaleins kommen sollte, als welcher gleichfalls ihre zwei älteren Brüder verloren und als dritten Prinz des Kurhauses Successor geworden, empfanden S. M. darüber ein so großes Vergnügen, daß sie alsbald sagten: »Ei, so will ich ihm auch meinen Namen geben«, und es der Kronprinzessin anzudeuten, wieder in dieser Prinzessin Gemach zurückgingen.

Nachgehends ward Vesper(-Gottesdienst) gehalten und in dem Gebet für die glückliche Entbindung gedankt, da der Herr Oberhofprediger Andreä, der die Vesper hielt, durch die Gelegenheit seines Textes »Wandelt würdig dem Evangelium« Anlaß nahm, den Hof zu ermahnen, für eine so große Gnade dem Allerhöchsten nicht mit Essen und Trinken und anderen Üppigkeiten, sondern durch einen würdigen Wandel zu danken, wofern wir wollten, daß derjenige Gott, der uns nach seinem Wohlgefallen erfreuen und betrüben kann, uns diese Freude, wie schon zu zweien Malen geschehen, nicht wieder nehmen solle. Nach der Vesper hielten S. M. Tafel, weil sie nur einmal des Tages essen und zum Mittage daran durch die Freude über die Geburt des Prinzen verhindert worden. Auf den Abend aber ward bei Sr. K. H. dem Kronprinzen eine kleine Réjouissance angestellet in Gesellschaft des Fürsten von Anhalt und der beiden Herrn von Kameke, der Herrn von Printzen und anderer.[1]

Man war glücklich am preußischen Königshof, ganz uneingeschränkt. Es begannen die Vorbereitungen für die Taufe, die im großen Stil gefeiert werden sollte. Zuvor suchte man die Paten für den Prinzen, und da galt das Beste gerade als gut genug. An erster Stelle war Kaiser Karl VI. zu Gevatter gebeten. Er erschien, wie übrigens der größte Teil der Paten, nicht persönlich. Man tauschte Gevatterbriefe aus. Der zweite namhafte Pate war Zar Peter der Große, dann kamen die Generalstaaten der Niederlande, der Kanton Bern, der Kurfürst von Hannover, die Herzogin von Braunschweig und die Herzogin-Mutter von Mecklenburg. Am ehesten wird Kaiser Karl VI. sich wohl seines Patenamtes entsonnen haben, als 1730 einmal das Leben des jungen Kronprinzen auf dem Spiel zu stehen schien. Doch davon ahnte in dem festlichen Gepränge des Tauftages noch niemand etwas.

Der Täufling war nur acht Tage alt. Aber man setzte ihm schon eine richtige Krone auf das Haupt. Über den Windeln trug er einen Krönungsmantel aus Silberbrokat, der mit Diamanten besetzt war. Dies Gewand hatte eine Schleppe, die von sechs Gräfinnen getragen werden mußte.

Der Weg von den Gemächern der Kronprinzessin bis zur Kapelle war mit doppelten Reihen von Schweizern und Leibgarden besetzt. Mit großem Gefolge kam der gekrönte Säugling in der lichtfunkelnden Taufkapelle an. Dort wurde er vom königlichen Großvater in Empfang genommen. Den König begleiteten seine dritte Gemahlin, sein Sohn (Friedrich Wilhelm) und – als Stellvertreter der abwesenden allerhöchsten Paten – der Fürst Leopold von Anhalt-Dessau . . .

Als die Kirchenglocken der ganzen Stadt zum dritten Male läuteten, trug der König seinen Enkel zum goldenen Taufbecken. Es stand unter einem Baldachin aus Goldstickerei. Die goldenen Quasten des Baldachins trugen königlich preußische Kammerherren.

Die zeitgenössische Zeitschrift »Europäische Fama« berichtete darüber genau:

Wie denn in dieser Suite alle Grandes vom Hofe mit waren; inzwischen wurden alle Glocken eine Stunde lang gezogen, die Stücke von den Wällen dreimal herum abgefeuert, die vierundzwanzig Trompeten nebst zwei Paukern thaten auch ihr Devoir, wie denn in der königlichen Kapelle eine vortreffliche und galante Musique zu hören war. Ein jeder rief diesem getauften Prinzen ein langes Vivat zu und war bei Hofe spendid tractiret.

»Die beiden früheren Kronprinzen waren« so hieß es »an dem königlichen Prunke zugrunde gegangen, mit denen ihr Großvater sie in den Windeln erdrückte. Nach anderen Berichten sind beide beim Zahnen gestorben.« Ihrem jüngeren Bruder, Friedrich . . ., dagegen schadete der Prunk nichts, auch sechs Zähne kamen ihm schon nach einem halben Jahr und ohne die geringsten Schwierigkeiten. »Daraus«, so schrieb der königliche Großvater, »kann man auch die Prädestination sehen. Gott erhalte ihn uns noch lange.«[2]

Briefpartnerin Friedrichs I. war seine einstige Schwiegermutter aus der Ehe mit Königin Sophie Charlotte, die Kurfürstin Sophie von Hannover. An sie gelangten all die Berichte über Wilhelmine und Friedrich aus deren Kleinkindertagen. Der König war noch keineswegs alt, erst fünfundfünfzig Jahre. Aber seine Gesundheit war niemals robust gewesen, und man sagte, die Schwindsucht zehre an seinem schwachen Körper. So vergingen kaum dreizehn Monate, da lag dieser liebevolle Großvater auf dem Sterbebett, und am 25. Februar 1713 schloß er, erst sechsundfünfzig Jahre alt, die Augen für immer.

Des kleinen Friedrichs Vater, bisher Kronprinz, wurde nun König, führte den Namen Friedrich Wilhelm I. und hatte große Pläne. Der Einblick, den er schon während seiner Kronprinzenzeit in die Regierungsgeschäfte seines Vaters erhielt, lehrte ihn so manches. Vor allem eines: nie mehr auszugeben, als die finanziellen Mittel erlaubten. Und gerade daran hatte es dem ersten König in Preußen zuweilen gänzlich gefehlt. Kronprinzessin Sophie Dorothea hatte oft gebangt, ob sie wohl ihre Bezüge vom Hofrenteiamt ausbezahlt bekäme, denn die königlichen Kassen waren nur allzuoft leer. Friedrich Wilhelm I. schuf nun grundlegend Wandel. Seine Sparsamkeit, der neue knappe Zuschnitt der Hofhaltung sowie seine glänzenden organisatorischen Fähigkeiten bewirkten, daß bald eine neue Art Reichtum in Preußen entstand, den man von außen nicht wahrnahm. Aber in den Gewölben der Schloßkeller, hinter dicken Mauern, mehrten sich die Fässer mit den harten Talern, die Friedrichs Vater für die Zufälligkeiten seiner Regierungszeit ansammelte.

Den Titel eines Prinzen von Oranien mußte der kleine Fritz schon ein Jahr nach seiner Geburt wieder hergeben. Als im Jahre 1713 der Friede von Utrecht den Spanischen Erbfolgekrieg beendigte, trat Preußen die ererbten Rechte auf Oranien an Frankreich ab. So stimmte auch die Inschrift auf der goldenen Büchse nicht mehr, in welcher man Friedrichs Nabelschnur aufbewahrt hatte:

Friederich, Prince de Prusse et d'Orange et né le 24 Janvier 1712 à 11 1/2 heures du matin.[3]

Noch trug der Hof tiefe Trauer um den verstorbenen König, als am 5. Mai 1713 sich eine Schwester zu Wilhelmine und Friedrich gesellte. Es war Charlotte Albertine. Sie lebte nur ein Jahr und einen Monat. Am 10. Juni 1714 starb sie, die königliche Familie in tiefer Bedrückung zurücklassend. Im Oktober kam dann, allen zum Trost, gesund und kräftig Prinzessin Friederike auf die Welt. Man nahm diese Schicksalsfügungen sehr gottergeben hin, Kinder wurden geboren und starben, man konnte nichts daran ändern. Nur den Lebenden alle Sorgfalt angedeihen lassen, das konnte man – und das geschah auch.

Nicht weit von den Bergen des Harzes entfernt, im schönen Fachwerkstädtchen Wolfenbüttel, kam am 8. November 1715 eine Prinzessin zur Welt, der ein langes und ereignisreiches Leben beschieden sein sollte. Es war die älteste Tochter des apanagierten Herzogs von Braunschweig-Bevern, Ferdinand Albrecht, und seiner sehr schönen und außerordentlich liebenswürdigen Gemahlin Antoinette Amalie. Von der Geburt dieser kleinen Elisabeth Christine nahm man am Berliner Hof kaum Notiz. Eine Braunschweiger Prinzessin, was hatte man schon damit zu tun? In späteren Jahren führte eine dauerhafte Männerfreundschaft Herzog Ferdinand Albrecht mit dem König von Preußen zusammen. Und da beide viele Kinder besaßen und zahlreiche Töchter zu verheiraten hatten, halfen sie sich gegenseitig bei der Versorgung ihres Nachwuchses. Aus dem Bevernschen Hause sind drei Nachkommen mit preußischen Königskindern vermählt worden. Der Älteste, Erbprinz Karl, heiratete 1733 Prinzessin Charlotte. Im gleichen Jahr wurden der jetzige Kronprinz von Preußen mit jener Elisabeth Christine getraut, die 1715 geboren war. 1742 heiratete dann August Wilhelm von Preußen die jüngere Schwester von Karl und Elisabeth Christine, Luise Amalie. Das Haus Braunschweig-Bevern war eine grundsolide Fürstenfamilie, aus der auch die derzeitige Kaiserin hervorgegangen war. Sie hieß Elisabeth Christine, man hatte ihre junge Nichte nach ihr getauft. Sie und Antoinette Amalie waren Schwestern. Die Kaiserin war die Patin des kleinen Mädchens in Wolfenbüttel, aber große Vorteile hat diese Verwandtschaft dem Kinde nicht gebracht. In der Familie hieß die Kaiserin übrigens liebevoll »das Liesebethchen«.[4]

Es sollte eine Reverenz vor Kaiser und Reich sein, daß der König von Preußen 1733 die Nichte der Kaiserin für seinen ältesten Sohn auswählte. Aber wie viele Kämpfe, wie viele Intrigen gab es um diese Heirat. Und wieviel Tinte verschrieb der junge Friedrich, um sie abzuwenden.

Die Erziehung des kleinen Friedrich wurde sofort nach seiner Geburt einer Dame anvertraut, die das höchste Vertrauen von Friedrichs Eltern genoß. Es war Marthe von Roucoulle, geborene du Val, in erster Ehe mit einem Herrn von Montbail verheiratet gewesen. Aus dieser Ehe stammte eine Tochter, Fräulein von Montbail, die später gleichfalls Erzieherin der königlichen Kinder in Berlin war. Madame de Roucoulle hatte in ihren jungen Jahren schon den jetzigen König aufgezogen. Sie erinnerte sich mit einigem Schaudern der Ungebärdigkeiten dieses Jungen, der ihr einmal gedroht hatte, er würde aus dem Fenster springen, wenn er seinen Willen nicht bekäme. Tatsächlich stand er schon auf dem Fenstersims, bereit zum Absprung. Als streng christlich gesinnte Dame betete Madame de Roucoulle lange und anhaltend darum, daß der kleine Fritz ihr nicht die gleichen Sorgen bereiten möge. In jener charaktervollen, milde und gerecht denkenden Frau fand Friedrich gleichsam eine zweite Mutter. Sie lebte bis 1741, konnte also noch die Thronbesteigung ihres zweiten Pflegebefohlenen miterleben. Sie entstammte einer vornehmen französischen Réfugié-Familie, die nach der Aufhebung des Ediktes von Nantes aus Frankreich geflohen war. Sie sprach niemals ein Wort Deutsch, sie hat es ihr Leben lang nicht gelernt. Von ihr lernte Fritz sprechen, sie las ihm die ersten Geschichten vor, sie sang ihm französische Kinderlieder vor:

Il était une bergère,
et ron ron ron, petit patapon –

Jede Freude, jeder kindliche Schmerz, alles wurde französisch kommentiert. Das Kind lernte und begriff nichts anderes, als daß es auf dieser Welt nichts Erstrebenswerteres gab, als gut Französisch zu sprechen und das Deutsche höchstens im Verkehr mit den Lakaien und Kammerfrauen zu gebrauchen.

Der einzige, der mit dem Kinde deutsch sprach, war der Vater, der immer wieder betonte, er sei ein »teutscher Fürst« und die französischen Firlefanzereien taugten nichts.

Am 2. Mai 1717 wiederholten sich rings um das Berliner Schloß all die tumultuösen Vorgänge, die einst auch an Friedrichs Geburtstag die Berliner darauf aufmerksam gemacht hatten, daß ein Prinz geboren worden sei. Wilhelm, so hieß der Bruder, den Wilhelmine, Fritz, Friederike und die 1716 geborene Charlotte nun bekamen. König Friedrich Wilhelm, der jetzt drei Töchter und zwei Söhne hatte, war sehr zufrieden. Nun stand die Thronfolge nicht nur »auf zwei Augen«, wie er sich ausdrückte. Zwischen Glockengeläut und dem zweimaligen Lösen der Kanonen ringsum auf den Wällen der Stadt drang das Murmeln der Gebete, die die Geistlichen am Bett der Königin verrichteten und womit sie Gott für die glückliche Entbindung dankten. Prinz Wilhelm sollte nur zwei Jahre leben.

Für den fünfjährigen Friedrich hatte das militärische Leben schon begonnen. Der Vater hatte sich ein Spielzeug für den Ältesten ausgedacht, das nach seinem Herzen war: eine eigene Kinder-Kompanie.

Fritz zeigte eine Zartheit, eine feine natürliche Vornehmheit, die der Vater nicht erwartet hatte und die er vielleicht gar nicht sah. Nichtsdestoweniger gab der Prinz dem König anfangs nur Anlaß zur Zufriedenheit. Er spielte sehr eifrig Soldat. Als er noch nicht sechs Jahre alt war, errichtete der König für ihn eine »Kronprinzliche Kadettenkompagnie« aus 131 Knaben, die aus mehreren Kadettenschulen ausgewählt waren.

Allmählich wurde sie vergrößert und zum »Kronprinzlichen Kadettenbataillon« gemacht. Es war eine Pflanzschule der künftigen Helden der großen Zeit, in die nur der beste Same gesenkt wurde: Söhne von Landjunkern und Soldaten. Diese Knirpse bildeten eine Miniatur-Mustertruppe. Sie lernten auf die freie Selbstbestimmung verzichten und ihre kindlichen Bewegungen zu einer gemeinsamen zu verschmelzen. Fritz übte sich anfangs im Kommandieren unter der Leitung des Instrukteurs Rentzell, eines Erwachsenen, der 17 Jahre alt war. Dann kommandierte er selbständig. Er hatte die Ehre, seine Kadetten dem Zaren Peter dem Großen und seinem Großvater, dem König von England, in Parade vorzuführen, und sie bewunderten ihn sehr.[5]

Kronprinz Fritz hat zu dieser Zeit auch schon seinen ersten Unterricht im Lesen und Schreiben gehabt. Zwar ist seine Schrift noch sehr unsicher und zitterig. Manche Historiker behaupten, der Lehrer habe seine Hand geführt beim Schreiben seines ersten von ihm erhalten gebliebenen Briefes. Aber die Schrift ist so herzlich schlecht, daß man wohl den Lehrer dabei aus dem Spiel lassen kann:

Friedrich an seinen Vater — *Berlin, 27. Juni 1717*

Mein allerliebster Papa,
ich danke unterthänigst, daß Sie einen Offizier von so großen Meriten, als den Major Fink, zum Oberst-Leutnant bei meinem Regiment gegeben haben, werde auch allzeit suchen, meinen allerliebsten Papa in Allem zu kontentieren, weilen mir wohl bewußt, daß all mein Glück in dieser Welt von Dero Gnade dependieret; wollte auch suchen, meine unterthänigste Devotion auf alle Weise zu attestieren, wenn ich nur das Glück hätte, Ihnen zu Wusterhausen aufzuwarten, der ich Zeit meines Lebens verharre meines allerliebsten Papa's

unterthänigster Sohn und Diener
Friederich[6]

Die Schreibweise des Namens entspricht nur selten derjenigen, die in den Dokumenten und auf der goldenen Nabelbüchse steht: Friederich. Meist wird von ihm mit Friedrich unterzeichnet, später Frédéric oder Féderic. Als Kind wird der Prinz Fritz genannt, im Familienkreise bis zu seiner Thronbesteigung. Noch während des Kronprinzenprozesses ist sein offizieller Titel während der Gerichtsverhandlung: Oberst Fritz.

Der Kronprinz war erst fünf Jahre alt, aber schon galt es für ihn, seinen Tag einzuteilen und sich mit Schulstunden und vielem anderen Reglement herumzuplagen. Seine drei Jahre ältere Schwester Wilhelmine berichtete in ihren Memoiren, daß der Prinz langsam lernte. Seine Gemütsart sei finster gewesen. Er habe lange nachgedacht, bevor er eine Antwort gegeben habe, aber dafür sei diese richtig gewesen. Er faßte nur schwer auf, sein Wesen war als Kind ein wenig schwerfällig. Wilhelmine dagegen war lebhaft und von rascher Auffassungsgabe. Schon aus diesen Kinderjahren erinnerte sich Wilhelmine, daß der Vater den Kronprinzen nicht habe leiden können und daß er ihn malträtiert habe, wo er seiner ansichtig wurde. Der Vater habe dem Kind eine unüberwindliche Furcht eingejagt, die sich bis ins Alter der Vernunft hinein erhielt.[7]

König Friedrich Wilhelm legte viel Wert auf eine früh einsetzende christliche Erziehung seines Sohnes. So übergab er ihn schon in jungen Jahren der Obhut des Dom-Organisten Heyne, der ihn darin unterweisen sollte, die damals allgemein bei Gottesdiensten gebräuchlichen Marotschen Choräle zu singen. Heyne war ein tüchtiger Mann, und als er sah, wieviel Neigung das Kind zur Musik entfaltete, schloß er an seine Choral-Gesangsübungen einen sorgfältigen Unterricht im Generalbaß an. Diese frühe gründliche Lehre ist Friedrich sein ganzes Leben lang zugute gekommen. So war es im Grunde der Vater, der den Grundstein für sein musikalisches Können gelegt hat, und doch war der König später so sehr gegen die Musikleidenschaft des Sohnes eingenommen.

Die ersten Anfänge im Flötenspiel lernte Fritz halb spielerisch. Er wollte nicht zurückstehen, denn Wilhelmine begann, sehr hübsch Laute zu spielen. Sie musizierten zusammen, und Fritz nannte seine Flöte »La principessa«, während Wilhelmine ihrer Laute den Namen »Prinz Dickbauch« gab.

Aber in wie kurze Erholungspausen mußten diese musikalischen Übungen gepreßt werden! Wie selten kamen die Kinder dazu. Das Leben des kleinen Kronprinzen wurde von 1718 an in einer Weise reglementiert, wie es heutigen Pädagogen unvorstellbar erscheint. Man fand, es sei jetzt Zeit, die bisherige Gouvernante Frau von Roucoulle durch männliche Erzieher zu ersetzen. Es entspann sich am Hof ein erbitterter geheimer Kampf, wer wohl diesen ehrenvollen und begehrten Posten erhalten solle. Schließlich fanden sowohl die Königin mit ihrem Kandidaten General Finck von Finckenstein als auch der König mit dem Obersten Kalckstein als Untergouverneur ihre Genugtuung. Der König saß tagelang über einer neuen Fassung jener Instruktion, die einst sein Vater zu seiner eigenen Erziehung aufgestellt hatte. Aber viele Streichungen erfolgten, und manches wurde völlig neu eingesetzt.

»Was die lateinische Sprache anlangt, so soll mein Sohn solche nicht lernen . . . Ich will auch nicht, daß mir einer davon sprechen soll. . . . Man solle dahinsehen, daß er sowohl im Französischen als Teutschen eine elegante und kurze Schreibart sich angewöhne. Mein Sohn soll anständige Sitten und Gebehrden, wie auch einen guten, manierlichen, aber nicht pedantischen Umgang haben.«

Nie sollen die Gouverneure ihn allein lassen; einer von beiden soll stets um ihn sein, selbst des nachts. Sie sollen unter den Tischgästen des Prinzen eine vorsichtige Auswahl treffen und dem König eine Liste der Personen vorlegen, die mit seinem Sohne verkehren dürfen. Die Gefahren der Pubertätszeit nennt der König ungeschminkt beim Namen und fährt dann fort:

»So hat sowohl der Oberhofmeister als auch der Sousgouverneur darauf mit vor allen Dingen Acht zu haben, daß solches verhütet werden, widrigenfalls sie Mir beide mit ihren Köpfen dafür haften.«[8]

Das Edikt von Nantes hatte einst den Protestanten in Frankreich Religionsfreiheit gewährt. Ludwig XIV. widerrief aber schon 1685 diesen Erlaß. Zahllose Hugenottenfamilien wanderten aus. Diesem Umstand verdankte der kleine Kronprinz von Preußen mehrere vorzügliche Lehrer. Jacques Egide Duhan de Jandun wurde sein Hauptlehrer, an dem er mit großer Liebe hing und der seine in so vieler Hinsicht harten Kindertage durch Vernunft und Verständnis erleichterte. Eine außerordentliche Fülle von Wissen, oder wenigstens die Anregung dazu, vermittelte ihm Mathurin de La Croze, der auch Wilhelmine unterrichtete. La Croze war Leiter der königlichen Bibliothek in Berlin, und er hatte die Gabe, seine umfassende Gelehrsamkeit anregend und anschaulich den Kindern zu unterbreiten. Seine Sprachbegabung war einmalig, er beherrschte mehr als zehn Sprachen, darunter auch Chinesisch, das er Leibniz zuliebe einmal gelernt hatte.[9]

Der König schrieb seinem sechsjährigen Sohn bis ins kleinste vor, wann er aufstehen und schlafen, waschen, essen, sich frisieren lassen, singen, beten und arbeiten sollte. Der Historiker Lavisse hat aus diesen umfänglichen Vorschriften Auszüge gemacht und gibt uns genauestens wieder, wie es an Wochen- und Sonntagen beim Kronprinzen zuging:

Der Tageslauf an Wochentagen.

Wecken um sechs Uhr. Der Prinz darf sich im Bett nicht nochmals umwenden. Er muß »hurtig und sogleich« aufstehen, alsdann niederknien, sein Morgengebet sprechen, sich dann »geschwinde« ankleiden, Gesicht und Hände waschen, aber nicht mit Seife, seinen Frisiermantel anlegen und sich frisieren lassen, aber ohne Puder. Während des Frisierens soll er Tee und Frühstück einnehmen. Um 1/2 7 tritt der Lehrer und die Dienerschaft ein. Verlesung des großen Gebetes und eines Kapitels aus der Bibel, Gesang eines Kirchenliedes. Von sieben bis halb elf Uhr Unterricht.

Darauf wäscht der Prinz sich »geschwinde« Gesicht und Hände, nur diese mit Seife, läßt sich pudern, zieht seinen Rock an und geht zum König, bei dem er von elf bis zwei Uhr bleibt. Dann nehmen die Stunden ihren Fortgang bis 5 Uhr. Bis zum Schlafengehen hat der Prinz frei und kann tun, was er will, »wenn es nur nicht gegen Gott ist«. Die Instruktion schließt mit einer letzten Mahnung, »hurtig in die Kleider zu kommen und propre und reinlich zu werden . . .«

Der König verbietet, Fritz das Gefühl der Furcht vor ihm einzuflößen. Zweifellos soll sein Sohn gehorsam, aber nicht sklavisch sein. Sein Sohn soll Angst vor der Mutter haben, aber nie vor ihm.
Tageslauf an Sonntagen.

Am Sonntag mußte der Prinz um sieben Uhr aufstehen. Sobald er die Pantoffeln anhatte, mußte er vor seinem Bett auf die Knie fallen und laut dies Gebet sprechen: »Herr Gott, heiliger Vater! Ich danke dir von Herzen, daß du mich diese Nacht so gnädiglich bewahret hast! Mache mich geschickt zu deinem heiligen Willen, und daß ich nichts möge heute, auch alle meine Lebetage tun, was mich von dir scheiden kann, um unseres Herrn Jesu, meines Seligmachers willen! Amen!«

Nach dem Gebet mußte der Prinz sich »geschwinde und hurtig« waschen, pudern und ankleiden. Für Gebet und Toilette war nur eine geschlagene Viertelstunde gewährt. Frühstücken mußte er in sieben Minuten. Dann trat der Lehrer und die ganze Dienerschaft ein. Alle knieten nieder, um das große Gebet zu sprechen, hörten dann einen Abschnitt aus der Bibel an und sangen ein Kirchenlied. Das alles in dreiundzwanzig Minuten. Darauf las der Lehrer das Evangelium des Sonntags vor, legte es kurz aus und ließ den Prinzen den Katechismus aufsagen. Hiernach wird der Prinz zum König geführt, mit dem er zur Kirche geht und zu Mittag ißt. Den Rest des Sonntags hat er frei. »Der Nachmittag ist vor Fritzen.« Um halb zehn Uhr abends sagt er seinem Vater gute Nacht, kehrt in sein Zimmer zurück, kleidet sich »sehr geschwind« aus, wäscht sich die Hände; der Lehrer liest ein Gebet und singt ein Kirchenlied, wobei die ganze Dienerschaft wieder zugegen ist. Um halb elf muß der Prinz im Bett liegen.[10]

Diese strenge Zucht des Kronprinzen sprach sich natürlich herum, und es gab nicht wenige vernünftige Menschen, die das Kind bedauerten. Besucher, die nach Berlin kamen, erhielten davon unter anderem die Kunde und kommentierten sie nach ihrer Art:

Der König sowohl als die Königin halten im übrigen diesen Prinz unter einer scharfen Zucht und es sind wohl wenig Königskinder in der Welt, denen so durch den Sinn gefahren und der jugendliche Wille gebeuget wird.[11]

Fritz bekam ein Taschengeld von 360 Talern im Jahr, er hatte demnach die Freiheit, täglich etwa einen Taler auszugeben. Der Vater verlangte jedoch korrekte Buchführung von dem Kind. So, wie er einst seine Dukaten Stück für Stück in ein Buch eingetragen, so sollte es jetzt auch der Sohn machen. Aus Friedrichs Ausgabenbuch im Jahre 1719 sind Einzelheiten zu ersehen, was das Kind für sein Geld kaufen mußte und was es kaufen durfte:

Vor 2 Farbtafeln	– Taler 16 Gr.
Vor 6 Pfund Puder	– Taler 12 Gr.
Vor Stiblettenknöpfe	– Taler 2 Gr.
Vor 12 Ellen Zopfband	1 Taler 6 Gr.
Vor Schnur zu Peitsche	– Taler 4 Gr.
Vor die königlichen Knechte zu Bier	– Taler 4 Gr.
Vor 1 Rotkelchen	– Taler 4 Gr.
Vor die Schuh auf den Leisten zu schlagen[12]	– Taler 1 Gr.

Des Königs Wunsch, seine eigenen erprobten Erzieher jetzt dem Kronprinzen zuzuteilen, hatte sich in der Berufung des Generals Finck verwirklicht. Der General war sechzig Jahre alt. Er hatte zahlreiche der letzten europäischen Kriege mitgemacht und galt als hervorragender Fachmann der Kriegskunst. Der Kaiser belohnte ihn für seine militärischen Leistungen mit der Ernennung zum Reichsgrafen.

Oberst Kalckstein, der Untergouverneur, war sechsunddreißig Jahre alt, als er seinen Posten beim Kronprinzen übernahm. Er hatte sich 1709 bei Malplaquet ausgezeichnet. Der König lernte ihn während der Feldzüge des Spanischen Erbfolgekrieges in den Niederlanden kennen. Als der Nordische Krieg begonnen hatte, nahm Kalckstein als Freiwilliger am Einzug in Pommern teil. Finck und Kalckstein galten als ungewöhnlich begabte und tüchtige Offiziere. Kalckstein muß sich die Achtung seines Schülers in hohem Maße erworben haben. Ihm übertrug im Jahre 1758 der kriegführende »Große Friedrich« die Vormundschaft über seine Neffen und die Nichte, die verwaisten Kinder seines plötzlich verstorbenen jüngeren Bruders August Wilhelm. Das war ein hoher Vertrauensbeweis.[13]

Wilhelmine hatte keine hohe Meinung von Oberst Kalckstein. In ihren Denkwürdigkeiten schilderte sie ihn in den dunkelsten Farben:

Herr von Kalckstein ist ein Intrigant, der bei den Jesuiten studierte und sich ihre Lehren wohl zu Herzen nahm; er legte viel Frömmigkeit, ja Bigotterie an den Tag, hebt immer seine Rechtlichkeit hervor und hat Leute genug gefunden, die daran geglaubt haben. Er ist von schmiegsamer und einschmeichelnder Art, birgt aber unter diesem schönen Schein die schwärzeste Seele. Durch die argen Schilderungen, die er täglich von den unschuldigsten Handlungen meines Bruders entwarf, wußte er den König wider seinen Sohn aufzubringen und zu erbittern.[14]

Der ganze Entwurf für diese Prinzenerziehung hat zweifellos unter dem alles überragenden Bestreben des Vaters gestanden, das Kind frühzeitig an einen Tagesplan und an die Verrichtung von regelmäßigen Arbeiten zu gewöhnen. Im Grunde hat der König damit Erfolg gehabt, denn wenn je einer der großen Welt seine Tage als Erwachsener gut und sinnreich eingeteilt hat, so war es Friedrich II. von Preußen. Unter den vielen, die über ihn geschrieben haben, befindet sich Thomas Mann mit einer kurzen Studie, in der er halb bewundernd, halb sarkastisch im Hinblick auf Friedrichs Arbeitsleistung meint:

– wenn man um drei Uhr aufsteht und von seiner Frau getrennt lebt, so kann man tagsüber ja mehreres vor sich bringen.[15]

Friedrichs Schwester Wilhelmine war ihrerseits auch bestrebt, dem jungen Bruder die Liebe zu geregelter Tätigkeit beizubringen. Ein Fürst, der einmal regieren will, so sagte sie, müsse sich frühzeitig an Arbeit gewöhnen. Wobei Wilhelmine noch im Auge hatte, daß Fritz auch seine Mußestunden verständig einteilen solle, um seine Lieblingsbeschäftigungen ebenso gleichmäßig ausüben zu können.

Die rührenden Kinderbriefe des kleinen Fritz sind immer die flehentlichen Bitten um Gnade an ein grollendes Oberhaupt. Der Vater schien als tönender Jupiter in den Wolken seines Kinderhimmels gehaust zu haben. Man mußte ihn nur immer mit den devotesten Worten zu versöhnen und bei guter Laune zu halten suchen. Fritz war acht Jahre alt, als er den nachstehenden Brief schrieb:

Friedrich an seinen Vater *Berlin, 11. Juni 1720*

Mein lieber Papa,

Ich wünsche von Grund des Herzens, daß mein lieber Papa möge gesund und vergnügt auf der Reise gewesen sein, auch sich ferner allezeit wohlbefinden. Mein lieber Papa ist dabei so gnädig und behalte mich doch allezeit lieb, und gönne mir bald die große Freude, Ihn wieder hier zu sehen. Ich bin am 7. dieses zu Cöpenick gewesen; meine Kompagnie hat nicht allein alle Handgriffe sehr gut gemachet, sondern auch so gut gefeuert, daß es unmöglich besser sein kann. Meinem lieben Papa übersende hiebei ganz unterthänigst die Listen von meinen beiden Kompagnien. Ich wiederhole meinen herzlichen Wunsch, daß Gott meinen lieben Papa bald wieder gesund zu uns bringen möge, empfehle mich nochmalen zu seiner beständigen Gnade und Liebe und bin dafür lebenslang mit allem unterthänigsten und kindlichen Respekt . . .[16]

Friedrich wäre kein richtiger Junge gewesen, hätte er nicht auch gelegentlich Streiche verübt. Nicht alles wird der Vater erfahren haben, denn die Gouverneure befürchteten Schwierigkeiten und werden nur diejenigen Unarten gemeldet haben, die unumgänglich waren. Es war undenkbar, jeden kleinen Unfug gleich an die große Glocke zu hängen und beim König vorzutragen. Manches mag durchgegangen sein. Später, als Friedrich sechsundvierzig Jahre und ein berühmter Feldherr war, erinnerte er sich an solche jugendlichen Unternehmungen und erzählte davon seinem Vorleser de Catt:

Es war jedoch Befehl gegeben worden, mich am Lesen zu hindern; so war ich gezwungen, meine Bücher zu verstecken und mich vorzusehen, daß man mich beim Lesen nicht ertappte. Wenn mein Erzieher, der Marschall Finck, und mein Kammerdiener schliefen, so stieg ich über das Bett meines Dieners hinweg und schlich mich ganz, ganz leise in ein anderes Zimmer, wo beim Kamin eine Nachtlampe brannte. Bei dieser Lampe zusammengekauert las ich das Buch von Pierre de Provence, der schönen Magelone und andere Bücher, die meine Schwester und verschwiegene Leute mir verschafften. Diese nächtliche Lektüre dauerte einige Zeit, aber in einer Nacht muß mein Marschall einen Hustenanfall haben – er hört mich nicht atmen, wird unruhig, betastet mein Bett, und als er mich nicht findet, ruft er laut: »Mein Prinz, mein Prinz, wo sind Sie?« Alles ist auf den Beinen, ich höre Lärm und laufe schnell zu meinem Bett, indem ich behaupte, ich hätte ein dringendes Bedürfnis gehabt. Man glaubte mir, und ich wagte nicht mehr zu entwischen. Die Sache wäre zu gefährlich gewesen. Aber ich habe mich später in Rheins-

berg dafür entschädigt, ich habe ungeheuer viel gelesen, und ich hätte es im Übermaß getan, wenn ich nicht streng darauf geachtet hätte, mir aus meiner Lektüre Auszüge zu machen. Jede Woche las ich diese Auszüge wieder durch . . .

Er (der König) wollte durchaus nicht, daß ich läse, und ich habe viel mehr gelesen, als alle Benediktiner zusammen. Er wünschte nicht, daß ich tanzte, und ich habe es dennoch getan, ja, ich habe den Tanz sogar geliebt und sehe heute noch gern zu, wenn die Jugend tanzt. Übrigens tanze ich seit dem Jahre 1750 überhaupt nicht mehr.

Mein Vater wollte, ich sollte Soldat werden, aber er hat es sich nicht träumen la-ssen, daß ich es eines Tages in dem Maße sein würde wie jetzt. Wie würde er staunen, wenn er mich hier in Schmirsitz inmitten einer Armee sähe, die etwas wert ist, und besonders einer Kavallerie, die er sich nicht einmal vorstellen konnte! Er würde seinen Augen nicht trauen.[17]

Im Jahre 1720 hatte sich der Kreis der königlichen Geschwister schon stattlich erweitert. Es gab aber nur lauter Schwestern für Fritz, keinen Bruder. Wilhelm, die Hoffnung des Vaters und Sicherung für den Fortbestand der Dynastie, war am 31. August 1719 gestorben. Dagegen erfüllten die Kinderzimmer mit quirligem Leben die einjährige Sophie, Charlotte, vier Jahre alt, und Friederike mit sechs. Wilhelmine war dem Kindertreiben durch sehr strenge Unterrichtsstunden weitgehend entrückt. Sie wurde elf Jahre und trug schon lange Kleider wie eine Erwachsene. Der Vater war über die Ankunft seiner jüngsten Tochter, Ulrike, die am 24. 7. 1720 zur Welt kam, nicht gerade erbaut. Er schrieb an seinen Herzensfreund, den Alten Dessauer, man müsse sie versaufen oder ein Kloster anlegen, einen Mann bekämen sie nicht alle.

Der achtjährige Kronprinz Friedrich hatte in seinem Kopf schon so allerlei eigene Gedanken. Er verfaßte einen Abriß über die »Lebensweise eines Prinzen von hoher Geburt«, die von altklugen Weisheiten strotzte. Sein zweiter Erzieher Kalckstein hielt sie jedoch für bemerkenswert:

4. 10. 1720

»Er soll das Herz auf dem rechten Fleck haben, reformierte Religion, Gott fürchten, nicht wie die, die es ums Geld tun, nicht um der Welt willen. Er soll Vater und Mutter lieben und dankbar sein.

Er soll Gott von ganzem Herzen lieben, denn wenn man ihn liebt, tut man alles, um ihm Freude zu machen . . . Er soll nicht lange Gebete machen, wie die Pharisäer – ein kleines. Er soll Jesus Christus dankbar sein für seine Güte, daß er sich für uns arme Sünder hat kreuzigen las-

sen. Er soll dem reformierten Glauben nie untreu werden und in seinen Krankheiten denken, daß Gott sie uns geschickt hätte, um uns zu erinnern, daß wir Sünder sind. Er soll nicht denken: ich bin nicht krank, ich kann Gott widerstehen; er soll immer denken: ich bin ein Sünder.

Er soll nichts zu sehr lieben, soll artig und höflich sein, mit allen Leuten reden, wenn man Gutes tun kann und tut's nicht, so ist's Sünde. Er soll die zehn Gebote halten, nicht stehlen, sich nicht beflecken und immer denken: alles was ich Gutes tue, kommt von Gott. Er soll an nichts Böses denken: alles Böse, was uns einfällt, das kommt vom Teufel. Er soll an eine Bibelstelle denken, welche heißt:

›Seid nüchtern und wachet, denn euer Widersacher, der Teufel, gehet umher wie ein brüllender Löwe und suchet, welchen er verschlinge. Dem widerstehet fest im Glauben.‹«

Friedrich

»Zu bemerken ist«, setzte Kalckstein hinzu, der den Aufsatz kopiert hat, »daß Se. Kgl. Hoheit der Kronprinz von Preußen dies am 4. Oktober früh aus eigenem Antriebe geschrieben hat, ohne irgendwann seine Absicht mitzuteilen, im Alter von 8 Jahren, 8 Monaten und 11 Tagen.« Er versichert, keinen Buchstaben hinzugefügt oder fortgelassen zu haben.[18]

Solchen ersten schriftstellerischen Versuchen folgten dann auch wieder ausgelassene Spielstunden. Man konnte nicht immer nur lesen, exerzieren, lernen oder beten. Zuweilen gab es gemeinsame Spiele, wenngleich alles, was unternommen wurde, sich im Stile französischer Lebensart abspielte, die am preußischen Hofe tonangebend war. Spielte man Blindekuh, so hieß es »colin-maillard«, ein Reifenspiel war »jeu de cerceaux« und das Geschicklichkeitsspiel, einen Ball an einer Schnur in einem Becher aufzufangen, hieß »bilboquet«. Der König nahm auch den Kronprinzen, so klein er war, schon mit in die abendlichen Herrengesellschaften des Tabakskollegiums, wo er ab und zu einmal einen Zug aus der Pfeife des Vaters rauchen oder am Bierkrug einen guten Schluck tun durfte.

Überhaupt war man nicht zimperlich, den Kindern hier und da ein alkoholisches Getränk zu geben. Friedrich erzählte in späteren Jahren, er sei als Kind zum Frühstück vorwiegend mit Biersuppe aufgezogen worden.

Im Jahre 1721 schenkte der König dem neunjährigen Sohn die vollkommene Miniatur-Nachbildung eines Zeughauses. Die Sammlung wurde im Berliner Schloß untergebracht. Der Vater hielt das für außerordentlich wichtig. Als Friedrich später seine Zerstreuung und Entspannung darin fand, französische Verse zu schmieden, schrieb er pathetisch:

Umrauscht von Waffen war die Wiege mir![19]

Die Ausarbeitung genauer Instruktionen für die Prinzenerziehung war an Fürstenhöfen in Europa allgemein üblich. Darin stand Friedrich mit seinem streng geregelten Tageslauf nicht allein da. Die große und grundlegende Instruktion, die der König für seinen Nachfolger verfaßte, sein politisches Testament, brachte Friedrich Wilhelm im Jahre 1722 zu Papier. Ein kurzer Auszug aus dem langen Traktat lautet:

Der Kurfürst Friedrich Wilhelm hat die Aufnahme und das rechte Flor in Unser Haus gebracht; Mein Vater hat die königliche Würde erworben; Ich habe die Armee und das Land in Stand gesetzt. An Euch, mein lieber Successor ist, was Eure Vorfahren angefangen, zu behaupten und die Prätensionen und Länder herbeizuschaffen, die Unserem Hause von Gott und Rechts wegen zugehören.[20]

Der König mochte dabei mehr an seine Ansprüche auf Jülich und Berg gedacht haben, als an die veralteten Erbrechte an einem Teil Schlesiens. Dennoch mutet diese Formulierung an, als habe der König eine prophetische Ader gehabt.

Die Geschichte des Hauses Brandenburg mußte Friedrich mit allem Nachdruck lernen. Dagegen war die Geschichte der Griechen und Römer, ebenso wie die antike Mythologie, ein verbotenes Gebiet. Doch sein Lehrer Duhan fand einen gangbaren Weg, den Kronprinzen doch mit der Welt der Griechen vertraut zu machen. Bereits seit dem Ende des 17. Jahrhunderts war des Abbé Fénelons großer Bildungsroman »Télémaque« *die* Literatur für heranwachsende Menschen. Der König selbst war von seiner Mutter, Königin Sophie Charlotte, darin unterwiesen worden. Im Park von Charlottenburg ging sie mit ihm spazieren und hörte ihn das Gelesene ab. Das gleiche Exemplar, in dem die Fragen und Antworten der Großmutter Friedrichs noch vom Vater her aufgezeichnet waren, diente jetzt dem pflichteifrigen Duhan, Fritz in jene Sagenwelt einzuführen.

Fritz machte die Bekanntschaft mit dem Weisen Sosostris, Pygmalion, dem guten Minister Nardas, dem schlechten Minister Metophis. Telemach war ein tugendreicher, den Ruhm suchender junger Held, und in seiner Welt konnte der Kronprinz völlig aufgehen – weit weg von allen Mißlichkeiten, den täglichen Pflichten, den endlosen Gebeten, der Kadettenkompanie und den Unterrichtsfächern, die ihn im Grunde nicht sehr interessierten.

Aus diesen Stunden mit Duhan erwuchs Friedrichs Vorliebe, sich in seinen literarischen Arbeiten und auch in Briefen so häufig antiker Bilder zu bedienen. Was heutzutage seine Gedichte und sonstigen Arbeiten so mühselig verschlüsselt erscheinen läßt, das ist die ständige Bezugnahme auf die antike Geschichte, die Sagenwelt, das Reich der griechischen und römischen Götter.

Die alten Sprachen durfte Fritz, laut einem ausdrücklichen Befehl seines Vaters, nicht lernen. Man ging heimlich daran, ihn wenigstens soweit zu bringen, daß er das wichtigste Staatsdokument, die »Goldene Bulle« des Kaisers, in lateinischer Sprache verstehen könne. Ein Hilfslehrer wurde damit betraut, ihn in die Anfangsgründe einzuführen. Doch der König kam hinzu, und Friedrich erinnerte sich 1758 noch mit Schaudern dieser Szene, die er seinem Vorleser de Catt eingehend schilderte:

Ich war noch ein Kind und deklinierte mit meinem Lehrer mensa mensae, dominus domini, andor andoris. Plötzlich betritt der König das Zimmer.

»Was machst du da?«

»Papa, ich dekliniere mensa mensae«, sagte ich mit meiner Kinderstimme, die ihn hätte rühren sollen.

»Hund, du willst meinem Sohne Latein beibringen? Fort mit dir!« und damit schlug er mit dem Stocke auf meinen Lehrer los und verfolgte ihn mit Fußtritten bis an die Tür des nächsten Zimmers. Von den Schlägen und dem Anblick meines Vaters erschreckt und halb tot vor Angst, krieche ich unter den Tisch. Mein Vater kommt auf mich los (noch heute zittere ich, wenn ich daran denke), faßt mich bei den Haaren und zieht mich in die Mitte des Zimmers. Indem er mir ein paar Ohrfeigen gab, rief er mir zu:

»Komme mir noch einmal mit mensa und du sollst sehen, wie ich dich zurichte!«[21]

Vorleser de Catt hat ein Buch mit diesen Aufzeichnungen über die Gespräche mit Friedrich gefüllt. Sie gelten als zuverlässig, da der junge Mann sich jeden Abend bis in die Nacht hinsetzte und die geführten Unterhaltungen sofort aufzeichnete.

In der ganzen Folgezeit sah mein Vater nur mit einem mir noch heute unerklärlichen Widerwillen jede Beschäftigung meinerseits an, die dar-

auf ausging, meinen Geist zu bilden. Meine Bücher, meine Flöte, meine Hefte flogen, wenn er ihrer ansichtig wurde, in den Ofen, und jedesmal bekam ich einige Schläge oder sehr energische Ermahnungen noch dazu. Die einzige Lektüre, die er gestattete, war die des neuen Testaments. Er predigte mir die Lektüre der Bibel und frommer Bücher so unablässig, daß man hätte glauben sollen, er wolle einen Theologen aus mir machen.[22]

Verstanden sich Mitglieder einer bürgerlichen Familie untereinander nicht, so tat man schon immer alles, dies zu vertuschen und nach außen hin möglichst zu verbergen. Anders der König von Preußen. Er machte aus seiner Abneigung gegen den Kronprinzen kein Hehl. Dieser war in jener öffentlichen Tragödie der passive Teil. Was hätte auch ein zwölfjähriger Junge gegen die umfassende Machtvollkommenheit eines so autokratischen Vaters und Königs wie Friedrich Wilhelm ausrichten können?

Im März 1724 wohnte Friedrich Wilhelm mit seinem Sohne einem Tauffest bei General von Grumbkow, einem der ersten Minister des preußischen Hofes, bei. Plötzlich versetzte der König, auf den Kronprinzen deutend, »Ich möchte wohl wissen, was in dem kleinen Kopfe vorgeht. Ich weiß wohl, daß er nicht so denkt wie ich, und daß es Leute gibt, die ihm andere Gesinnungen beibringen und ihn veranlassen, alles zu tadeln. Das sind aber Schufte.«

Nachdem er dies wiederholt gesagt hatte, sagte er zum Kronprinzen: »Fritz, denke an das, was ich dir sage: halte immer eine gute und große Armee, du kannst keinen besseren Freund finden und dich ohne sie nicht halten. Unsere Nachbarn wünschen nichts mehr, als uns über den Haufen zu werfen: ich kenne ihre Absichten, und du wirst sie auch kennen lernen. Glaube mir, denke nicht an die Eitelkeit, sondern halte dich an das Reelle; halte immer auf eine gute Armee und auf Geld, darin besteht der Ruhm und die Sicherheit eines Fürsten.«

Diese Worte begleitete der König mit kleinen Schlägen auf die Wange des Prinzen, die aber immer heftiger wurden, so daß sie schließlich zu Ohrfeigen ausarteten.

Zu der Zeit, wo dies erste Zeugnis des Mißverhältnisses zwischen Vater und Sohn vorliegt, war der Kronprinz zwölf Jahre alt. Das Mißverhältnis ist bereits vollkommen und öffentlich bekannt. Die fremden Gesandten melden es ihren Höfen und machen Kommentare zu den Worten des Königs.[23]

Abhärtung stand obenan in der Erziehungspraxis des Prinzen. Während die Geschwister sich eines wesentlich angenehmeren, unbeachteten Daseins erfreuten, war das Augenmerk des Königs unablässig auf den Nachfolger, den »Successor« gerichtet, dem keine, nicht die geringste Freiheit erlaubt wurde. Der Geschwisterkreis war erneut größer geworden. Im Jahre 1722 kam der ersehnte zweite Prinz zur Welt, August Wilhelm. Bis dahin war es die zwei Jahre alte Ulrike, die er hatte »versaufen« wollen, gewesen, die mit ihrer Fröhlichkeit das Herz des Vaters gewonnen hatte. Jetzt stieg August Wilhelm zum neuen Liebling auf. Er muß ein außergewöhnlich drolliges Kind gewesen sein, der mit seinen Mienen und Gebärden, später mit seinen kindlichen Sprechversuchen und Antworten den Hof derart zum Lachen brachte, daß man ihn »Hulla« nannte, nach der Figur eines Harlekins in einer damals bekannten Komödie.[24]

Während dieser jüngere Prinz der verhätschelte Liebling des Königs wurde, mußte der Kronprinz ein geradezu sklavisches Dasein führen. Man verlangte von ihm alle möglichen Mutproben, die unnütz, lästig, ungesund und zuweilen so gefährlich waren, daß er sich dabei unschwer den Hals hätte brechen können.

Die Natur des Prinzen verträgt die gewaltsamen Anstrengungen nicht, die sein Vater ihm zumutet. Der König ermüdet und strapaziert ihn derartig, daß der Knabe ältlich und steif aussieht, als ob er schon viele Feldzüge mitgemacht hätte. Der König will ihn abhärten. Jedes Zeichen von Schwäche oder Zartheit versetzt ihn in Wut. Er macht dem Kronprinzen eine furchtbare Szene, weil er bei der Jagd im strengsten Winter Handschuhe getragen hat.

Eines Tages bestimmt er Fritz ein Pferd zum Reiten. Der Stallmeister macht darauf aufmerksam, daß es ein Durchgänger sei; der König fährt ihn an und heißt ihn schweigen. Als sie Potsdam verlassen haben, reißt ein Windstoß dem König den Hut vom Kopfe; infolgedessen geht des Prinzen Pferd durch. Er hat soviel Geistesgegenwart, die Bügel loszulassen und sich zu Boden zu werfen. Dabei verletzt er sich an den Knien, an der Hüfte und am Halse. Der Degenkorb schlägt ihm so heftig gegen die Rippen, daß er Blut spuckt. Bei der Heimkehr erhebt die Königin ein Lamento, klagt und weint. Der König ist erbittert darüber und befiehlt, daß sein Sohn am nächsten Tage beim Aufziehen der Wache erscheinen soll. Der Prinz erscheint auch trotz seiner Verletzungen, ist aber nicht imstande, den Arm in den Ärmel des Waffenrocks zu zwängen.

»Des Kronprinzen Humeur ist auf Generosität, Gemächlichkeit und Magnificence gerichtet« — *so berichten fremde Gesandte an ihre Höfe. Des Kronprinzen Sinn stehe nach Freigebigkeit, einem ruhigen Leben und Prachtliebe. Er hat keine Mittel, um seine Neigungen zu befriedigen, aber er tut es, soviel er kann. Er ißt ungern mit den zweizinkigen Stahlgabeln, die in den deutschen Wirtshäusern üblich sind und einer Waffe ähneln. Der König hat ihn einmal dabei ertappt, wie er mit einer dreizinkigen silbernen Gabel aß, und ihn geschlagen.*[25]

Die kommenden Jahre standen unter dem Unstern des Projektes, die beiden ältesten Kinder des Königs mit Kindern des englischen Thronfolgers Georg von Hannover zu verheiraten. Königin Sophie Dorothea blickte aus ihrem Berliner Dasein, das finanziell arg eingeschränkt war, immer mit heimlichem Neid auf die weit besseren Verhältnisse des Bruders und der Schwägerin Karoline. Sophie Dorotheas Vater war König Georg I. von England. Der Zuschnitt des englischen Hofes erlaubte ein anderes Leben, als man es sich in Preußen auch nur träumen ließ.

In Vorherhandlungen war schon ausgemacht, daß Wilhelmine den jetzigen Herzog von Gloucester, Frederick Lewis (geb. am 20. 1. 1707), heiraten solle, der einst Prinz von Wales und Thronfolger werden würde. Fritz hingegen war bestimmt, die englische Cousine Prinzessin Amalie (geb. am 10. 6. 1711) zu heiraten, die altersmäßig zu ihm paßte. Kaum jemals hatte es bei einem Heiratsplan zwischen Fürstenhäusern ein derart langanhaltendes Hin und Her wie bei diesem gegeben. Jene Heirat spielte in hohem Maße in die gesamte europäische Politik hinein. Hätten Preußen und England sich so eng familiär verbunden, welch ein protestantischer Machtblock wäre hier plötzlich entstanden und welche Auswirkungen hätte dies gehabt.

Diese Erwägungen waren bestimmend für das katholische Kaiserhaus in Wien, alle Register zu ziehen, um möglichst unauffällig die englischen Heiraten zu hintertreiben. Man bediente sich dazu zweier bewährter und langjähriger Freunde des Königs von Preußen. Der eine war der General-Feldmarschall Friedrich Wilhelm von Grumbkow, ein alter »Diener des Hauses«, der das volle Vertrauen des Königs genoß. Er war der intriganteste und zwiespältigste Mensch am Hofe, der Erste Minister des Herrschers und sein Ratgeber in den intimsten Fragen. Er wußte, wie gern der König gut aß, wenn es ihn nichts kostete. Er versäumte nicht, in regelmäßigen Abständen in seinem Hause Gastgelage zu veranstalten, die diesen Namen insofern verdienten, als stets einige Gäste am Ende unter den Tischen lagen. Selbst der König pflegte sich zuweilen zu übernehmen. Er trug auch Rezepte von Grumbkows Koch in seine eigene Küche, so einmal die Anweisung, wie ein Schinken in Champagner zu kochen sei. Als dann aber sein Koch mit dem Speisenzettel kam und um die Bouteillen mit dem Champagner bat, da zuckte er zurück und sagte, er sei ein armer Mann und könne diese Delikatesse nicht herstellen lassen. Grumbkow war 1726 achtundvierzig Jahre alt, in der Vollkraft seines Lebens.

Der zweite Mann, der als Motor aller antienglischen Umtriebe am preußischen Hof gelten konnte, war ein Österreicher, der so erfindungsreich war und den schwierigen König so ausnehmend gut zu behandeln wußte, daß man ihn aus heutiger Sicht als die »graue Eminenz« am damaligen Hofe bezeichnen kann. Der Historiker Lavisse widmete ihm eine eingehende Charakterisierung:

Der Vertreter des Kaisers am preußischen Hofe war ein sehr geschickter Mann, dem wir schon mehrfach begegnet sind: General Graf Seckendorff. Friedrich Wilhelm hegte große Hochschätzung und lebhafte Freundschaft für ihn: sie stammte aus der Zeit des Feldzuges von 1709 in Flandern und von 1715 in Pommern. Er verlangte sehr nach den Besuchen des Grafen, die dieser ihm häufig machte, und war froh, als Seckendorff im Jahre 1726 dauernd an den preußischen Hof kam. Er war zwar nicht der offizielle Vertreter des Wiener Hofes in Berlin. Er weilte nur als Freund beim König, der ihn als einen seiner Offiziere ansah und ihn beständig um sich haben wollte. Seckendorff ging bereitwillig auf alle seine Neigungen ein und frönte all seinen Leidenschaften. Er lieferte Sr. Majestät vor allem »lange Kerls«. Er übernahm sich im Essen und Trinken, wie Friedrich Wilhelm, so daß er hin und wieder von Hofe fort mußte, um eine Kur zu gebrauchen.

Er war Stammgast im Tabakskollegium, verstand zu plaudern und Sr. Majestät Bescheid über alles zu geben, was ihm behagte: über den Krieg, denn er war ein guter Soldat . . . über die Religion, denn obwohl in österreichischen Diensten, war er ein frommer Protestant. Er war bibelfest und imstande, mit einem Theologen wie Francke über religiöse und kasuistische Fragen zu disputieren.[26]

Er überwachte all sein (des Königs) Tun und Lassen, merkte sich all seine Worte und verdoppelte seine Aufmerksamkeit in dem Maße, wie der Wein dem König die Zunge löste . . . Am nächsten Tag schickte der Waffengefährte, Glaubensgenosse und Herzensfreund Friedrich Wilhelms dann seinen Bericht an Prinz Eugen und an den Kaiser, wofern der Katzenjammer vom Rausche nicht zu arg war. »Da gestern Se. Kö-

nigliche Majestät«, schrieb er eines Tages an Prinz Eugen, »bei mir soupiert und bis nach Mitternacht sich sehr fröhlich bezeiget, auch ein wenig excessive trunken gemacht worden, so bin ich heute nicht allerdings im Stande, viel zu schreiben.«

Bald nach seiner Übersiedlung nach Berlin richtete Seckendorff an die Wiener Staatskanzlei unter anderem diese Anfrage: »Ob und wieviel zur Verhinderung der projektierten Heirat einer preußischen Prinzessin mit dem Prinzen Friedrich von Hannover angewendet werden darf? – Desgleichen, ob man, im Falle die andere vorgeschlagene (Heirat) zur Erfüllung käme, demjenigen, so die Sache zu Stande bringt, einen ansehnlichen Recompens versprechen darf?« Das heißt klipp und klar fragen! Nun aber wollte der Wiener Hof um jeden Preis alle Heiratspläne hintertreiben. Seckendorff machte sich also ans Werk. Der englische und französische Hof hatten zwar auch ihre Söldlinge in Preußen, vermochten aber nicht so kräftige Mittel anzuwenden und boten auch nicht soviel Eifer auf, die Heiraten zustande zu bringen, wie Österreich, um sie zu verhindern. Der Österreicher trug also über seine Gegner den Sieg davon.[27]

Diese beiden Verschwörer, Grumbkow und Seckendorff, wichen nicht von der Seite des Königs. Die Königin mit ihren englischen Projekten hatte dagegen einen schweren Stand. Der König konnte die englische Verwandtschaft nicht leiden. Sophie Dorothea versuchte, sich Bundesgenossen zu schaffen, und zwar den englischen Gesandten Du Bourgay und den französischen Gesandten Rothenburg. Damit begab sie sich auf ein gefährliches Gebiet und mußte sich sehr vorsehen, die Rechte des Königs nicht anzutasten. Ihre geheimen Unterhandlungen hatten so geschickt stattzufinden, daß man ihr diesen vertraulichen Umgang mit den Diplomaten nicht als Hochverrat auslegen konnte.

Mit flehenden, bittenden und überzeugend klingenden Briefen wandte sich die Königin vor allem an den Vater und den Bruder selbst nach London, ohne je den gewünschten Erfolg zu erzielen. Schließlich machte sie sich so abhängig von den beiden Diplomaten, daß sie sogar Verhaltensmaßregeln erbat, wie sie sich gegen Grumbkow und Seckendorff benehmen solle. Als Rothenburg abberufen wurde, wollte sie ihm einen geheimen Auftrag für den König von England mitgeben . . . Sie bediente sich also der Geschäftsträger fremder Mächte, um gegen den eigenen Gatten zu intrigieren. Eines Tages sollte ihr das siedend heiß zu Bewußtsein kommen, wie gefährlich dieses Spiel war. Doch hatte sie Glück, und ungeachtet all ihrer persönlichen Unvorsichtigkeiten blieben ihre Umtriebe soweit geheim, daß der jähzornige Gemahl niemals eine konkrete Handhabe hatte, gegen sie vorzugehen. So blieb es in der englischen Heiratssache zwischen den königlichen Ehegatten bei einem mehr oder weniger heftigem persönlichen Geplänkel und zuweilen sehr lebhaften Meinungsverschiedenheiten.

In seiner Neigung zu übertriebener Frömmigkeit zog der König im Herbst 1726 einen an sich außerordentlich verdienstvollen Mann an seinen Hof, der jedoch für die Kinder eine neue Plage und ein Anlaß zu viel Schelte und Rügen bedeutete: August Hermann Francke. Wilhelmine hat sich darüber recht unverhüllt in ihrem Memoirenbuch ausgelassen:

Indes untergruben all die Gelage, die Seckendorff für den König veranstaltete, dessen Gesundheit: er fing an zu kränkeln; die Hypochondrie, von der er geplagt wurde, verfinsterte sein Gemüt. Herr Francke, ein berühmter Pietist und Begründer des Waisenhauses in der Universitätsstadt Halle, trug nicht wenig dazu bei, den König in dieser Stimmung zu erhalten. Dieser geistliche Herr liebte es, Skrupel über die unschuldigsten Dinge in ihm wachzurufen. Er verpönte alle Vergnügungen, die ihm verwerflich schienen, selbst die Jagd und die Musik. Man durfte vor ihm nur von Gottes Wort reden; alle anderen Reden waren unstatthaft. Immer gab er bei Tisch, wo er wie in den Refektorien das Amt des Vorlesens vertrat, den Vorsprecher ab. Der König hielt uns jeden Nachmittag eine Predigt; sein Kammerdiener stimmte einen Choral an, in den wir alle einstimmten; der Predigt mußten wir mit ebenso großer Aufmerksamkeit lauschen, als hielte sie ein Apostel. Meinen Bruder und mich überkam der Lachreiz und oft platzten wir los. Plötzlich stieß man dann alle Anathema der Kirche gegen uns aus, die wir mit reuiger Miene über uns ergehen lassen mußten, was uns recht viel Mühe kostete. Kurz, dieser Hund Francke war schuld, daß wir wie Trappisten lebten.[28]

Das Gemüt des Königs schien tatsächlich in jener Zeit umdüstert gewesen zu sein. Er trug sich mit Abdankungsabsichten, wollte mit 10 000 Talern Rente nach Wusterhausen ziehen und dort wie ein einfacher Edelmann leben und seine Felder bestellen. Seine Töchter sollten im Haushalt tätig sein, seine Frau die Küche beaufsichtigen und sich um die kleinen Kinder kümmern. Das entworfene Idyll zerfloß jedoch bald in Nichts, denn der König wurde wieder anderen Sinnes.

Als Kind war Friedrich im landläufigen Sinn fromm, Gebete und Choräle gehörten nun einmal zum Leben, und er wußte es nicht anders. Doch als er konfirmiert werden sollte, zeigte er sich trotzig und widerspenstig und wollte seine Psalmen nicht lernen. Haß und Spott für den salbungsvollen Francke bewirkten, daß der Kronprinz, der sich durch die täglichen Andachtsübungen schon hinreichend religiös betätigt glaubte, keinerlei Interesse mehr zeigte. Aber vor den Augen der Lehrer stand mahnend der 11. April 1727, das Datum der Konfirmation. Hofprediger Noltenius erhielt den Auftrag, den Prinzen jetzt eingehend und in vielen zusätzlichen Stunden auf dieses Ereignis vorzubereiten. Man legte am preußischen Hof außerordentlichen Wert auf die heilige Handlung der Einsegnung. Fritz mußte eine öffentliche Prüfung ablegen, sein Glaubensbekenntnis hersagen und wurde dann konfirmiert und empfing das heilige Abendmahl.[29]

Mit dem Tage der Einsegnung war die Schulbildung des Kronprinzen praktisch abgeschlossen. Was jetzt noch folgte, waren Unterweisungen in neuerer Geschichte und genealogische Studien, damit Friedrich die Zusammenhänge und verwandtschaftlichen Verhältnisse der europäischen Fürstenhöfe kennenlernte. Sein geliebter Lehrer Duhan blieb bei ihm, und aus dem Jahre 1727 liegt uns ein Beweis vor, in welchem Maße der junge Friedrich sich dem verständnivollen Mentor verpflichtet fühlte:

Potsdam, 20. Juni 1727

Mein lieber Duhan,
Ich verspreche Ihnen, sobald ich mein eigenes Geld in Händen habe, jährlich 2400 Taler zu geben und Sie immer noch etwas mehr zu lieben als jetzt, wenn ich es vermag.

Friederich, Kronprinz[30]

Zwei Tage später trat ein Ereignis ein, das Friedrichs Mutter in tiefste Trauer und Niedergeschlagenheit versetzte: der englische Großvater der Königskinder, König Georg I., starb plötzlich auf einer Deutschlandreise während der Fahrt nach Osnabrück. Er erlitt einen Schlaganfall. Die Königskinder hatten von diesem Großvater niemals viel gesehen oder gehört. Höchstens Wilhelmine erwähnte ihn später öfter, war er doch derjenige, der als höchste Instanz über ihre Heirat mit Fred, dem Herzog von Gloucester, entschied. Jetzt nahm Prinz Fred den Titel eines Prinzen von Wales an. Der Onkel der Königskinder, der Bruder der Königin Sophie Dorothea, saß als Georg II. auf dem englischen Thron.

Doch wurden die englischen Heiraten dadurch keineswegs gefördert. Georg II. und Friedrich Wilhelm hatten sich schon als Kinder, als sie zusammen bei der Großmutter in Hannover waren, nicht verstanden und sich derart geprügelt, daß man sie auseinanderhalten mußte. Jetzt steigerten sie sich gegenseitig in eine Animosität hinein, die geradezu groteske Züge annahm. Der preußische König erfand allerlei Spitznamen für den englischen Vetter; Georg II. wiederum nannte seinen preußischen Verwandten »Mein Bruder, der Korporal«, auf seine Exerzierleidenschaft anspielend. Dazwischen agierte majestätisch und lebhaft die Königin, die nun mehr Oberwasser zu haben glaubte, denn im Januar 1726 hatte sie dem König einen dritten Prinzen geboren, Heinrich, ein zierliches Kind, das leider stark schielte. Zwischen ihm und seinem vierjährigen Bruder August Wilhelm stand altersmäßig Amalie, drei Jahre alt und einst die Überraschung des königlichen Hauses: die Schwangerschaft hatte sich nicht auf normale Weise bemerkbar gemacht.

Der Kronprinz mußte weitgehend im Gefolge des Königs leben. Diese Anordnung hatte zwangsläufig zur Folge, daß er sich von seiner Schwester Wilhelmine und den übrigen Geschwistern immer mehr entfernte. Vorbei waren die Tage mit gelegentlichem gemeinsamem Blindekuh-Spiel. Selbst die musikalischen Übungen der beiden, Friedrich auf der Flöte und Wilhelmine mit der Laute, wurden seltener. Hingegen wendete Fritz all seine Intelligenz und Findigkeit auf, um sich eine Weiterbildung durch Lesen zu ermöglichen. Dazu brauchte man Bücher. Lavisse faßte zusammen, was sich im Leben des heranwachsenden Kronprinzen alles ereignete und wie dieser zu seiner ersten Bibliothek kam:

Im Dezember 1727 ließ er (der König) Leutnant von Borcke und drei andere Offiziere kommen, um ihnen im Beisein des Kronprinzen zu sagen, daß dieser sich jetzt in dem gefährlichen Alter (15) befinde und allen schlimmen Neigungen unterworfen sei. Er habe sie alle vier dazu ausersehen, um ein Auge auf seine Aufführung zu haben, er werde sie mit ihrem Kopfe verantwortlich machen für die geringste Ausschreitung oder Unregelmäßigkeit, von denen sie den Kronprinzen nicht abbrächten oder die sie ihm, dem König, nicht meldeten. Einer von ihnen mußte den Kronprinzen stets begleiten. Ein ungeschickteres und demütigenderes Mittel läßt sich nicht vorstellen.

Gerade durch diese übermäßige Überwachung reizte der König seinen Sohn, ihm, soviel er konnte, von seinem Leben zu verbergen. Der Prinz versteckte seine Handlungen, gute wie schlechte. Er begann, sich heimlich eine Bibliothek von 3000 Bänden anzulegen . . . So frühreif Friedrich auch war, er hätte mit fünfzehn Jahren doch den Plan einer solchen Bibliothek nicht aufzustellen vermocht. Sein Berater war Duhan, der die Einkäufe besorgte und so für seine geistige Weiterbildung sorgte. Den ersten Katalog seiner Bibliothek hat der Prinz 1727 eigenhändig ge-

schrieben . . . Die mathematischen und physikalischen Werke, Descartes, Bayle, Locke, Voltaire und ein französisches Reimlexikon – das ist bereits die Bibliothek Friedrichs des Großen. – Diesen Schatz hatte er in einem Hause in der Nähe des Schlosses versteckt. Die Bücher standen in verschlossenen Schränken, zu denen Duhan den Schlüssel hatte. Sicherlich eilte er jedesmal hin, sobald er sich ein Viertelstündchen von seinen Pflichten und Lasten fortstehlen konnte, mit denen seine Tage angefüllt waren. Er hat auf gut Glück dies und das gelesen, ein paar Brocken nur, in aller Hast, mit unruhigem Genusse. Wäre er von seinem Vater überrascht worden, welche Szene hätte es gegeben.[31]

Für den Januar des Jahres 1728 lag aus Dresden eine Einladung an den König von Preußen vor, einen Besuch am Hofe Augusts des Starken abzustatten. Der Hof des Kurfürsten von Sachsen und Königs von Polen galt als der luxuriöseste in Europa nächst Versailles. Als Wilhelmine erfuhr, daß der Vater allein fahren wolle, steckte sie sich hinter den sächsischen Gesandten Suhm und erreichte damit, daß man eine gesonderte Einladung für den Kronprinzen aus Dresden schickte. Der Vater war ausnahmsweise einmal nicht dagegen, sondern ordnete sogar an, daß sich Fritz einen neuen goldbetreßten Rock bestellte und seine sechs Diener in neue Livreen einkleiden ließ.[32]

Der König wohnte in Dresden in dem prachtvollen Haus des Feldmarschalls Wackerbarth, das aber durch die Unvorsichtigkeit eines Bedienten schon nach wenigen Tagen abbrannte. Der König von Preußen rettete mit Mühe seine Schatulle und die notwendigsten Gegenstände. Nun fand er Zuflucht im Hause des Grafen Flemming, eines gewandten Diplomaten. Friedrich hatte von Anfang an bei Flemming gewohnt, Vater und Sohn waren somit jetzt unter einem Dach. Lavisse gab einen Eindruck von dem Leben in Dresden:

Er (der Kronprinz) verstand zu gefallen und zu bezaubern und »machte sich bei den Sachsen beliebt . . . Sein Geschmack schien ihre Lebensart vor der seines Vaters zu bevorzugen.«

Friedrich Wilhelm tat sein möglichstes, um liebenswürdig zu sein, hatte aber verschiedentlich Ungemach; so platzte ihm sein Beinkleid bei einem Balle, »wo die Lebhaftigkeit der Bewegung ihm die klare Besinnung raubte«. Da er nur ein Staatsbeinkleid mitgebracht hatte, mußte er ein anderes per Stafette aus Berlin kommen lassen. Er sah sehr gut, daß sein Sohn mehr Lebensart hatte als er. Er schlug ihm mehrere Gelegenheiten aus, wo er dies zeigen konnte, und zwang ihn unter anderem, eine Einladung beim französischen Gesandten abzulehnen. Immerhin konnte er ihn nicht ganz einsperren. Friedrich speiste beim Staatsminister Graf Manteuffel, einem Manne von feiner Bildung. Da philosophierte er nach Herzenslust; und zwei Tage danach, als er an seine Schwester schrieb, unterzeichnete er sich

»Frédéric le Pfilosophe«.

Die Musik stand am Dresdner Hofe in hohen Ehren; dort hörte der Kronprinz zum ersten Male und gewiß mit Entzücken eine Oper. Kurz, er hatte so viele Freuden, daß Friedrich Wilhelm sich mit Kränkungen an ihm rächte.[33]

Der Aufenthalt in Dresden brachte für den Kronprinzen die erste in Chroniken erwähnte Begegnung mit der Liebe. Das Treiben dort war ganz dazu angetan, ihn auf dieses Gebiet zu lenken, mochte es dem gestrengen Vater nun recht sein oder nicht. An diesem galanten Hof hatte Friedrich Wilhelm alle Mühe, nicht als Spielverderber und Mucker zu erscheinen.

Eines Tages nach einer Redoute führte August der Starke mehrere seiner Gäste, darunter auch den König von Preußen und seinen Sohn, in ein zauberhaft ausgestattetes Gemach. Plötzlich hob sich ein Gobelinvorhang, und dahinter erblickte man auf einem Ruhebett eine unbekleidete Dame von solcher Schönheit, daß es den Anwesenden die Rede verschlug. Nach der Überlieferung riß Friedrich Wilhelm als erstes seinen Hut vom Kopf, hielt ihn dem Kronprinzen vor die Augen und beförderte seinen Sprößling zur Tür hinaus. Zum Gastgeber bemerkte er karg: »Sie ist recht schön!«, wandte sich jedoch dann anderen Gesprächsthemen zu. Am Abend hatte er einen erregten Disput mit Grumbkow und beauftragte diesen, beim König von Polen vorstellig zu werden, weil dieser ihn habe »verkuppeln« wollen. Er wünsche solche Gegenüberstellungen nicht noch einmal zu erleben und müsse sich bitter beschweren, daß man ihn vom Pfade christlicher Tugend habe abbringen wollen. Grumbkow blieb nichts anderes übrig, als sich dieses Auftrages möglichst geschickt zu entledigen. August kam umgehend zu Friedrich Wilhelm, um ihn zu besänftigen.

Prinz Friedrich muß von Dresden in einer Weise geschwärmt haben, die nur zu deutlich zeigte, wie stark der Sechzehnjährige, der seinen Geburtstag in König Augusts Hauptstadt feiern konnte, den Unterschied zwischen diesem lebensfrohen Hof und der Einengung und Unfreiheit, Kargheit und Freudlosigkeit in Berlin empfunden haben mußte. Wilhelmine erzählte freimütig die Liebesgeschichten aus Dresden:

Mein Bruder hatte sich leidenschaftlich in die Gräfin Orzelska verliebt, die zugleich die natürliche Tochter und die Mätresse des Königs von Polen war. Ihre Mutter war eine französische Kaufmannsfrau in Warschau. Die Gräfin verdankte ihr Glück ihrem Bruder, dem Grafen Rudofski, dessen Geliebte sie gewesen war und der sie mit dem König von Polen, ihrem Vater, bekanntgemacht hatte. Dieser, wie gesagt, hatte so viele Kinder, daß er sich nicht aller annehmen konnte. Die Reize der Orzelska aber rührten ihn so sehr, daß er sie gleich als seine Tochter anerkannte; er war ihr leidenschaftlich zugetan. Die Aufmerksamkeiten, die ihr mein Bruder erwies, erfüllten ihn mit grausamer Eifersucht. Um diesem Zustand ein Ende zu machen, ließ er ihm die schöne Formera antragen, unter der Bedingung, daß er der Orzelska entsagen würde. Mein Bruder versprach alles, um jene Schönheit besitzen zu dürfen, die seine erste Geliebte wurde.[34]

Die schönen Tage von Dresden gingen bald zu Ende. Neben allen Vergnügungen hatte Friedrich Wilhelm Zeit gefunden, mit August dem Starken ein mögliches Heiratsprojekt zu erörtern. Der König von Polen sollte Wilhelmine heiraten, zu sehr splendiden Bedingungen übrigens: der König von Preußen wollte ein großes Darlehen geben, dafür jedoch als Pfand die Lausitz übereignet erhalten. August der Starke wollte im Mai nach Berlin kommen, bei dieser Gelegenheit würden die Minister das Abkommen fertig ausarbeiten. Alles hinge natürlich von der Zustimmung durch den Kurprinzen Moritz von Sachsen ab.

Mit dem Kronprinzen von Preußen war nach dem Dresdner Aufenthalt eine traurige Veränderung vorgegangen. Wilhelmine schrieb:

Seit seiner Rückkehr von Dresden war er in düsterste Melancholie verfallen. Seine Gesundheit wurde dadurch angegriffen, er magerte zusehends ab, wurde häufiger von Schwächezuständen befallen, die befürchten ließen, daß er schwindsüchtig würde. Ich liebte ihn leidenschaftlich, und wenn ich ihn nach der Ursache seines Kummers fragte, gab er stets die schlechte Behandlung des Königs an. Ich suchte ihn zu trösten, so gut ich konnte, doch war alle Mühe vergebens. Sein Übel verschlimmerte sich so sehr, daß man den König benachrichtigen mußte.

Dieser beauftragte den Generalarzt, ihn zu untersuchen und seine Gesundheit zu überwachen. Über den Bericht, den dieser Mann über den Zustand meines Bruders erstattete, war der König sehr bestürzt: der Kronprinz wäre sehr krank und von einem schleichenden Fieber befallen, das in Schwindsucht ausarten könnte, wenn er sich nicht schonen und in Behandlung begeben würde.

Der König hatte im Grunde ein gutes Herz, obwohl Grumbkow ihm eine große Abneigung gegen den armen Prinzen eingeflößt hatte und trotz der gerechtfertigten Beschwerden, die er gegen ihn zu haben glaubte, überwog jetzt doch die Stimme der Natur. Er machte sich Vorwürfe, den traurigen Zustand des Prinzen durch den Kummer, den er ihm zugefügt, verursacht zu haben. Er suchte das Vergangene gutzumachen, indem er ihn mit Liebesbeweisen überschüttete, doch all dies nutzte nicht, und man war weit entfernt, die Ursache seines Leidens zu erraten.

Endlich entdeckte man, daß es durch nichts anderes als die Liebe entstanden war. Er hatte sich in Dresden ein ausschweifendes Leben angewöhnt, dem er sich hier nicht länger ergeben konnte, weil ihm die Freiheit mangelte, aber sein Temperament konnte die Entbehrung nicht ertragen.

Mehrere Leute setzten in bester Absicht den König davon in Kenntnis und rieten ihm, ihn zu verheiraten, sonst liefe er Gefahr, zu sterben oder Ausschweifungen zu verfallen, die seine Gesundheit zugrunde richten würden. Hierüber äußerte der König in Gegenwart mehrerer junger Offiziere, daß er hundert Dukaten demjenigen geben würde, der ihm die Nachricht brächte, sein Sohn sei von einem häßlichen Übel behaftet. Den Liebesbeweisen und Wohltaten, die er ihm erwiesen hatte, folgten nun Vorwürfe und Schelte. Graf Finck und Herr von Kalckstein erhielten Befehl, mehr denn je seinen Wandel zu überwachen. Diese Dinge erfuhr ich alle erst viel später.[35]

Dennoch muß diese Krankheit dem König zu schaffen gemacht haben; seine Besorgnis war zweifellos echt. In einem Brief an seinen besten Freund, den Fürsten Leopold von Anhalt-Dessau, schüttete der König sein Herz aus:

Der König an den alten Dessauer *Potsdam, 25. April 1728*

. . . Mein ältester Sohn ist sehr krank und wie eine Abzehrung. Sie können sich einbilden, wie mir zumute dazu ist. Ich will bis Montag abwarten, wo es dann nit besser wird, ein Konsilium aller Doctor halten; denn sie nit sagen können, wo es ihm sitzet, und er so mager als ein Schatten wird, doch nit hustet. Als Gott sei anbefohlen; dem müssen wir uns alle unterwerfen. Aber indessen geht es sehr hart, da ich soll itzo von die Früchte genießen, da er anfanget, raisonable zu werden, und müßte ihn in seiner Blüte einbüßen. Enfin ist es Gottes Wille, der machet alles recht; er hat es gegeben, er kann es nehmen, auch wiedergeben. Sein Will gescheh im Himmel als auf Erden. Meine beste Konsola-

tion ist: wir müssen alle dahin, also einer frühe, der ander spät, da ist kein Kraut vor gewachsen. Ich wünsche Euer Liebden von Herzen, daß Sie der liebe Gott möge vor alle Unglücke und solche Chagrin bewahren, wenn die Kinder gesund sein, dann weiß man nit, daß man sie lieb hat . . .

Potsdam, 12. Mai 1728

. . . Mein ältester Sohn ist besser, er tut seinen Dienst, aber ich finde ihn doch nit recht; denn er nits essen kann und so mager, als Sie sich nicht imaginieren können.[36]

Ende Mai sollte König August kommen, mit seinem Sohne Moritz und großem Gefolge. Zuerst wurde er in Potsdam erwartet, wo ihn der preußische König aufs beste aufnahm. Dann begann der eigentliche Staatsbesuch in Berlin. Der Hofmaler Antoine Pesne wurde gebeten, an allen Veranstaltungen anwesend zu sein und denjenigen Moment im Bilde festzuhalten, den man allgemein für den schönsten und denkwürdigsten erachten würde. So entstand ein zauberhaftes Bild der königlichen Familie mit dem hochgewachsenen und prächtig gekleideten Gast. Vom endgültigen Gemälde können wir uns heute nur noch einen schwachen Begriff machen. Pesnes Werk wurde nach Dresden geliefert und ist verschollen. Im Berliner Schloß blieb lediglich eine kleine Ölskizze zurück, die den historischen Augenblick festhielt, als am ersten Sonntag des Besuches nach dem Kirchgang ein Empfang im Berliner Schloß stattfand. Wilhelmine meinte dazu, sie habe in ihrem Leben nichts Schöneres gesehen. Die Königin mit ihren Töchtern ging von der einen Seite her durch die Galerie, rechts und links verneigten sich die Damen der Stadt in ihrem schönsten Schmuck. Von der anderen Seite her kamen der König mit seinem Gast und den elegant nach französischer Mode gekleideten Herren des sächsischen Hofes. Die preußischen Herren waren in ihrer knappen Uniform und wirkten dagegen sehr einfach.

Alle Damen waren in Staatsroben, meist aus Silberstoff. Sie trugen Handschuhe und hielten geschlossene Fächer in der Hand. Sogar die erst fünf Jahre alte Amalie, die an dem Empfang festlich geschmückt teilnehmen durfte, war wie eine Erwachsene gekleidet. Als Kavalier stand ihr Bruder August Wilhelm hinter ihr.

Eine endlose Kette von Festlichkeiten, Banketten, Bällen und Konzerten begann in Berlin. König August tanzte nicht, er war leidend und hatte sich von einem Fuß zwei Zehen abnehmen lassen müssen, so daß er nur mit Mühe ging und nicht lange stehen konnte. Zwei glänzend gekleidete Heiducken transportierten ihn in einer Sänfte innerhalb des

Schlosses und zu allen Plätzen, wohin er nicht per Wagen gelangen konnte. Die Stadt wurde ihm zu Ehren illuminiert. Er war unendlich höflich und leutselig, besonders gegen Wilhelmine.

Der Kronprinz hielt sich bei den Galadiners zurück und entschuldigte sich mit seiner eben erst überstandenen Krankheit. Er scheute sich, dem ihm unsympathischen Kurprinzen Moritz von Sachsen den Vorrang einzuräumen, was sein Vater zweifellos von ihm verlangt hätte. So blieb er vielen Galatafeln fern. Zu seinem größten Entzücken hatte er jedoch wahrgenommen, daß sich die Gräfin Orzelska im Gefolge des Königs befand, die sich sehr liebreich ihm gegenüber benahm. Wilhelmine entsann sich, daß danach seine Krankheit und seine Depressionen auf Nimmerwiedersehen verschwanden.

Der in den Bereich des Möglichen gezogene Ehevertrag wurde anläßlich dieses Besuches zwar abgefaßt, er kam jedoch nie zur Durchführung, weil der Kurprinz sich weigerte, der Herausgabe der Lausitz und einigen anderen Bedingungen zuzustimmen. So entschwand für die geplagte Wilhelmine wieder einmal die Aussicht auf eine Krone, auf eine reiche Versorgung, eine gute Partie.

Im Jahre 1728 zählte der König vierzig Jahre, die Königin einundvierzig, Wilhelmine neunzehn. Friedrich war sechzehn, Friederike mit vierzehn schon so gut wie verlobt mit dem ebenfalls noch sehr jungen Markgrafen von Ansbach. Charlotte wurde zwölf, Sophie neun, Ulrike acht und Amalie, wie schon erwähnt, fünf. Prinz August Wilhelm war sechs und Heinrich zwei Jahre alt. Alle Mitglieder der Familie haben einzeln dem Hofmaler Modell stehen müssen, damit das Ereignisbild vom Besuch des Königs von Polen nur ja recht lebensecht würde. Von der Entstehung des Bildes wußte der Braunschweigische Gesandte an seinen Herzog zu berichten:

23. Oktober 1728

An dem ist es sonst, daß der hiesige Königle. Hofmahler Pesne in dieser Woche angefangen, an den Portraits der Königlichen Familie zu arbeiten, weiln Rex Augustus dieselbe zu haben verlanget, und ist desfals mit den 4 hierseyenden Printzeßinnen der Anfang gemachet, welche man, wehrenden mahlen, abwechslungsweise etwas tantzen laßen, damit selbige nicht allein etwas contenter (zufriedener) aussehen, sondern auch einige mehr lebhafftere Coulleur (Farbe) bekommen mögen.[37]

Lange Zeit — etwa seit 1904 — hatte man angenommen, daß die dargestellte Szenerie auf dem Bild der Thronsaal von Monbijou sei. Nach neuesten Ermittlungen ist dies widerlegt, es handelt sich um die Staatsgemächer des Berliner Schlosses.[38] Man hatte in dem riesigen Gebäude eine Flucht von Zimmern neu ausgestattet, um dem Geschmack der verwöhnten Dresdner Gäste gerecht zu werden. Sie hießen fortan »die Polnischen Kammern« und dienten hohem Besuch als Gästezimmer. Auch Wilhelmine hat später zuweilen dort gewohnt, wenn sie in Berlin zu Besuch war.

August der Starke war voller Courtoisie gegen die Königin gewesen und hatte ihr einige seiner besten Musiker dagelassen, damit noch einige Zeit am Hofe der Königin Konzerte gegeben werden konnten. Es waren dies Silvius Leopold Weiß, ein berühmter Lautenkünstler; der Flötist Bufardin und der ebenso berühmte Flötenspieler Johann Joachim Quantz, der auch als Komponist hervorgetreten war. Friedrich zeigte sich von der Kunst Meister Quantzens entzückt und wünschte nichts sehnlicher, als bei diesem Unterricht zu nehmen. König August konnte ihn zwar nicht völlig entbehren, aber zweimal im Jahr sollte Quantz Urlaub bekommen, um den Kronprinzen zu unterrichten. Dies alles mußte natürlich in größter Heimlichkeit vor dem König geschehen. Trotzdem übernahm Friedrich das Wagnis, und einmal wäre es dabei beinahe zu einer Katastrophe gekommen:

Eines Tages hatten die stets willigen Aufpasser des Königs ihm gemeldet, daß Quantz des nachmittags Friedrich besuchen wollte. Nach der eigenen Erzählung Quantz' kam der König hinzu. Dank der Wachsamkeit Kattes, der vor der Tür Posten stand, wurde Friedrich Wilhelms Ankunft noch im letzten Moment gemeldet. Mit dem Rufe »Der König kommt!« stürzte Katte ins Zimmer, ergriff Flötenkasten und Noten und zog den vor Schreck zitternden Musikus in ein ganz kleines, zum Heizen der Öfen bestimmtes Kämmerchen. Fritz hatte gerade noch Zeit, den schönen Rock aus Goldbrokat abzulegen und in die Uniform zu schlüpfen, er konnte aber nicht mehr den französischen Haarbeutel mit dem preußischen Zopf vertauschen. Friedrich Wilhelm durchsuchte aufs genaueste die Schränke und ließ die Bücher, die er fand, und den Rock fortnehmen. Glücklicherweise fiel es ihm nicht ein, die Tür des kleinen Kämmerchens zu öffnen. Über eine Stunde schien dem bebenden Quantz der gefürchtete Besuch zu dauern.[39]

Aufatmen durften die Königskinder eigentlich immer nur dann, wenn der König auf Reisen war, was oft genug geschah. Dann konnte Wilhelmine sich später erinnern: »Wir unterhielten uns prächtig« oder »Wir verbrachten friedliche Tage«. Jedoch alles andere als friedlich verlief der Herbst des Jahres 1728 in Wusterhausen. Die Enge des Schlosses, die

1 *Friedrich Wilhelm I., König in Preußen*

2 *Sophie Dorothea, Königin in Preußen*

ständige Anwesenheit des Königs, seine üble Laune, wenn er sich krank fühlte, dies alles machte der Familie das Leben schwer. Wilhelmine sagte, sie seien aus dem Paradiese nunmehr ins Fegefeuer geraten. Der Kronprinz machte alle möglichen Anstalten, diesem Leben zu entfliehen. So brachte er seinen zweiten Gouverneur, Kalckstein, dazu, beim König einmal vorzufühlen, wie es denn bei ihm mit der sogenannten Bildungsreise aussähe, die doch eigentlich alle Prinzen seines Zeitalters, selbst die Söhne wenig begüterter Fürsten, bewilligt bekamen. Allein der König schlug dies alles rundheraus ab, er wollte Fritz nicht aus den Augen lassen.[40]

Eines Nachts konnten weder der König noch die Königin schlafen, und da ihr Gemahl friedlich schien, hielt die Königin den Augenblick für gekommen, nochmals auf die englischen Heiraten zu sprechen zu kommen. Damals stellte London gerade die Forderung nach einer Doppelheirat auf, für eine Einzelheirat wollte man keine Bewilligung geben. Kaum hatte die Königin den heiklen Punkt erwähnt, da stieß der König seine schmeichelnde Gemahlin roh zurück und erging sich in wilden Schmähungen, Flüchen und Drohungen gegen das Pack der englischen Vettern, die ihn nur brüskieren wollten. Er stieß wilde Beschimpfungen gegen seine Frau, Fritz und Wilhelmine aus. Ihr geliebtes Söhnchen sei nur ein Schelm, der sich durch seine Heirat frei machen wolle, aber er würde ihn schon im Zaume halten. Er wolle keine anspruchsvolle Schwiegertochter von einem verwöhnten Hof, die doch nur Intrigen und Bosheiten zu verbreiten wisse. Außerdem sei Fritz noch viel zu jung, um ein selbständiges Leben führen zu können.[41]

Die Stimmung in Wusterhausen wurde schließlich so schlecht, daß Fritz auf die Idee kam, einen Brief an seinen »lieben Papa« zu schreiben. Sie wohnten zwar unter einem Dache, aber sie schrieben sich Briefe, weil jede Aussprache zwangsläufig in einem Streit zu enden drohte.

Friedrich an seinen Vater

Wusterhausen, Sonnabend, 10. September 1728

Mein lieber Papa,

ich habe mich lange nicht unternehmen mögen zu meinem lieben Papa zu kommen, teils weil es mir abgeraten, vornehmlich aber, weil ich mich noch einen schlechteren Empfang als den ordinairen sollte vermuten sein; und aus Furcht, meinen lieben Papa mehr mit meinem gegenwärtigen Bitten zu verdrießen, habe es lieber schriftlich tun wollen. Ich bitte also meinen lieben Papa mir gnädig zu sein, und kann hierbei versichern, daß, nach langem Nachdenken, mein Gewissen mir nicht das mindeste gezeiget hat, worin ich mir etwas zu reprochiren (vorzuwerfen) haben sollte; hätte ich aber wider mein Wissen und Willen getan, das meinen lieben Papa verdrossen habe, so bitte ich hiermit untertänigst um Vergebung, und hoffe, daß mein lieber Papa den grausamen Haß, den ich aus allen Seinen Tun genug habe wahrnehmen können, werde fahren lassen; ich könnte mich sonst gar nicht darein schicken, da ich sonsten immer gedacht habe, einen gnädigen Vater zu haben, und ich nun das Contraire (Gegenteil) sehen sollte. Ich fasse dann das beste Vertrauen und hoffe, daß mein lieber Papa dieses Alles nachdenken und mir wieder gnädig sein wird . . .

Der König an den Kronprinzen *September 1728*
Sein eigensinniger böser Kopf, der nicht seinen Vater liebet; denn wenn man nun Alles tut, absonderlich seinen Vater liebet, so tut man, was er haben will, nicht wenn er dabei steht, sondern wenn er nicht Alles sieht. Zum Andern weiß er wohl, daß ich keinen effeminirten (weibischen) Kerl leiden kann, der keine männlichen Inclinationen hat, der sich nicht schämt, weder reiten noch schießen zu können, und dabei Malpropre (unsauber) an seinem Leibe, seine Haare wie ein Narr sich frisiret und nicht verschneidt, und ich Alles tausendmal reprimandiret (verwiesen), aber Alles umsonst und keine Besserung in Nichts ist. Zum Andern hoffärtig, recht bauernstolz ist, mit keinem Menschen spricht, als mit Welschen, und nicht populär und affable (leutselig) ist, und mit dem Gesichte Grimassen macht, als wenn er ein Narr wäre, und in nichts meinen Willen tut, als mit der Force angehalten; nichts aus Liebe, und er Alles dazu keine Lust hat, als seinen eigenen Kopf folgen, sonsten Alles nichts nütze ist. Dieses ist die Antwort![42]

Es war jener verhängnisvolle Herbst vor Friederikes Hochzeit. Der König war krank, so leidend, daß er im Rollstuhl geschoben werden mußte. Zuweilen reizte ihn das Benehmen seiner Kinder derart zu Zornesausbrüchen, daß die Eßteller bei der Tafel umherflogen und mancher Hieb mit der Krücke nach Wilhelmine und Fritz geführt wurde, ohne allerdings zu treffen. Wilhelmine wurde krank, doch die Königin befahl, sie müsse unbedingt zu den Mahlzeiten erscheinen. Das Mädchen hatte schon Gesicht und Hals voller Ausschlag und fühlte sich sehr krank; trotzdem zwang der König sie, einen großes Glas alten Rheinwein zu trinken. Darauf brach sie zusammen: es zeigten sich die Blattern. Nun wurde sie fast wie eine Verbrecherin behandelt; man versiegelte ihre Zimmereingänge, stellte Wachen auf und niemand durfte zu ihr. Ihre Schwester Friederike sollte so kurz vor der Hochzeit vor diesem Übel bewahrt bleiben. Der einzige Mensch, der in dieser schlimmen Zeit zu Wilhelmine hielt, war der Kronprinz, der die Krankheit schon gehabt hatte, und der es daher wagte, zweimal am Tag durch den Dienstboteneingang zu der fiebernden Schwester zu schlüpfen.

Der Jagdbetrieb in Wusterhausen ging indessen weiter. Sowie der König sich besser fühlte, lud man wieder Gäste ein. Unter anderen war auch der sächsische Gesandte von Suhm Gast in Wusterhausen. Da er den Auftrag hatte, das Vater-Sohn-Verhältnis am preußischen Hof genauestens zu registrieren, sandte Herr von Suhm einen ausführlichen Bericht über seinen Aufenthalt an August den Starken.

Berlin, 21. Oktober 1728

Endlich kam die St. Hubertusjagd. Die Etikette schreibt vor, daß der Kronprinz bei der Tafel dem Könige gegenüber sitzt und den Wirt macht. Ich saß neben ihm und also der Königin gegenüber. Sämtliche Tischgenossen mußten gleichen Zug mit dem Könige im Trinken halten, nur mir ließ er etwas darin nach, weil ich dazu begnadigt worden war, als ich nach Beendigung der Jagd die Taufe erhalten hatte.

Der Kronprinz trank viel, aber nur mit Widerwillen, wie er mir gegenüber aussprach. Er versicherte dabei, er würde am nächsten Tag krank sein. Plötzlich fing dann der Wein an bei ihm zu wirken. Er sprach ziemlich laut von all den Gründen, die er habe, mit seinem Schicksale unzufrieden zu sein. Die Königin winkte mir fortwährend zu, ihn zum Schweigen zu bringen und ich sagte alles mögliche, um dies zu erreichen. Ich bat ihn, das bißchen Vernunft, was ihm noch geblieben war, zu Rate zu nehmen.

Aber es half alles nicht: im Gegenteil, er wandte sich ganz zu mir hin und sprach alles aus, was ihm auf die Zunge kam. Und dabei wiederholte er stets am Ende jedes Satzes, indem er auf den König hinwies: »Und doch habe ich ihn lieb!«

Da die Tafel sehr schmal war, so war ich überzeugt, daß ein Teil seiner Äußerungen völlig verständlich war, besonders der stets wiederkehrende Schlußsatz. Mit einem Male fragte der König:

»Was sagt er?«

Ich erwiderte, der Kronprinz sei betrunken und könne sich nicht mehr halten. Der König antwortete:

»O, er stellt sich nur so. Aber was sagt er denn?«

Ich erwiderte, er habe mich fortwährend in den Arm gekniffen und gesagt, obgleich ihn der König zwinge, zuviel zu trinken, habe er ihn doch lieb. Der König wiederholte, der Kronprinz stelle sich nur betrun-

ken. Ich entgegnete, ich könne dafür einstehen, daß er es wirklich sei: er habe mich so in den Arm gekniffen, daß ich ihn nicht mehr rühren könne.

Darauf wurde der Kronprinz plötzlich ernst. Dann gewann wieder der Wein die Oberhand und er fing von neuen an zu schwatzen. Die Königin war darüber sehr verlegen und verließ die Tafel. Alles stand auf, aber nur um sich wieder hinzusetzen. Der General Keppel und ich stellten dem Kronprinzen das Ansinnen, zu Bette zu gehen, da er wirklich nicht mehr imstande war, sich aufrecht zu halten.

Hierauf fing der Kronprinz an zu schreien, er wolle erst dem Könige die Hand küssen. Die andern riefen, das sei recht. Der König lachte, als er sah, in welchem Zustande der Kronprinz war, und reichte ihm die Hand über die Tafel herüber. Aber der Kronprinz wollte auch die andere haben, küßte dann beide abwechselnd, schwor, er liebe ihn von ganzem Herzen, und brachte den König dazu, sich herüber zu beugen, damit er ihn umarmen konnte. Alle riefen:

»Es lebe der Kronprinz!« Das regte den Kronprinzen noch mehr auf, er stand auf, ging um die Tafel herum, umarmte den König innig, ließ sich auf ein Knie nieder und verharrte lange in dieser Stellung, indem er fortwährend zum König sprach. Seine Majestät war tief gerührt und antwortete fortwährend:

»Nun, das ist schon gut, werde du nur ein ehrlicher Kerl, sei nur ehrlich.« usw. Der ganze Vorgang war außerordentlich ergreifend und rührte die Mehrzahl der Anwesenden zu Tränen.

Endlich wurde der Prinz aufgerichtet. Der König hob die Tafel auf. Herr von Keppel, ich und mehrere Offiziere führten den Prinzen in sein Zimmer und brachten ihn ins Bett. Da er nicht in dem Tabakskollegium erschien und ich abends abreiste, habe ich ihn nicht wiedergesehen.[43]

Das Verhältnis zwischen Vater und Sohn besserte sich nach diesem Vorfall keineswegs. Friedrich blieb in Ungnade, und Schläge und Mißhandlungen waren das übliche Zubehör zu seinem Tagesablauf. Man muß wissen und sich vergegenwärtigen, daß der rabiate und aufbrausende König seine ganze Umgebung mit Prügel zu bedenken pflegte. Deckte der Koch in Wusterhausen den Tisch, so bekam er schon vorsorglich Schläge, damit er ja nicht erst etwas falsch machte. Hatte ein Gericht nicht geschmeckt oder war zuviel Geld ausgegeben worden: unweigerlich hagelte es Stockprügel von der Hand des Königs. Erfüllten nach seiner Meinung seine Diener nicht ihre Pflicht, schoben sie seinen Rollstuhl zu langsam, zu schnell oder achteten sie nicht genug auf Erschütterungen, so bekamen die Diener Schläge. Einmal hatte Friedrich Wilhelm halb ernst, halb scherzhaft den Gesandten Rothenburg gefragt, ob er es wohl dem Versailler Hof melden würde, wenn der König von Preußen seine Minister verprügelte. Rothenburg zog sich gewandt aus der Schlinge, indem er meinte, er hoffe, daß Seine Majestät seine Verschwiegenheit nicht auf die Probe stellen würde.[44]

Fehlten im Generaldirektorium die Räte nur einmal eine Stunde, so wurde ihnen ein Halbjahresgehalt konfisziert. Die Prügelstrafe war noch ein Vollzugsakt des öffentlichen Strafrechts; auf vielerlei Delikte stand als Strafe das Auspeitschen in aller Öffentlichkeit durch den Henker. Hier galten noch die vom Mittelalter überkommenen Vorstellungen, wie man Recht und Ordnung aufrechterhalten müsse. Auch die »Aufklärung« und alle Philosophie hatten daran zunächst nichts zu ändern vermocht.

Im Mai des Jahres 1729 gab es in der preußischen Königsfamilie eine Reihe von festlichen Tagen: der junge Markgraf Carl Wilhelm Friedrich von Ansbach traf ein, am 30. Mai sollte seine Hochzeit mit Prinzessin Friederike stattfinden. Diese Schwester wurde von Wilhelmine als »engelschön, aber launisch« geschildert, als kleinlich und sparsam und im Grunde nicht sehr angenehm im Umgang. Später räumte Wilhelmine ein, daß ihre sich unglücklich gestaltende Ehe und ihr hartes persönliches Schicksal sie im Laufe der Jahre dann sehr gebessert hätten.

Für Friedrich war dies Ereignis im Augenblick noch ohne jede Bedeutung. Der Markgraf von Ansbach gewann erst dann sein Interesse, als Friedrich König geworden war und nach Ländern suchte, in denen er auf preußische Kosten zusätzliche Regimenter ausheben könne. Dann umwarb und umschmeichelte er das Ansbacher Markgrafenpaar, das er vorher herzlich wenig beachtet hatte. Der Markgraf war bei seiner Hochzeit erst siebzehn Jahre alt. Er mußte bei allen Tafelfreuden und Gelagen wacker mithalten und beging in seiner Weinseligkeit am Berliner Hof einige Verrücktheiten, die man seinem Alkoholgenuß zugute halten mußte. Es waren Kindereien, über die sich die Hofgesellschaft köstlich amüsierte. Wilhelmine hatte jedoch viel Ärger dadurch.

Das einzige Sinnen und Trachten des Kronprinzen ging dahin, wie er sich aus der Umklammerung seines Vaters lösen, wie er einem solch menschenunwürdigen Dasein entfliehen könne. Das Beispiel des erst siebzehnjährigen souveränen Fürsten von Ansbach war geeignet, ihn neidisch zu machen. Wilhelmine zeichnete einen wichtigen Brief Friedrichs auf, der schlaglichtartig erhellt, wie sehr sich die Situation am preußischen Hof verschärft hatte:

Die Königin erhielt von meinem Bruder einen Brief, der ihr von einem Diener heimlich zugestellt wurde. Dieser Brief machte auf mich einen so tiefen Eindruck, daß ich den Inhalt desselben ungefähr im Wortlaut wiedergebe:

»Ich bin in der größten Verzweiflung. Was ich immer befürchtete, ist mir endlich soeben widerfahren. Der König hat gänzlich vergessen, daß ich sein Sohn bin, und mich wie den niedrigsten aller Menschen behandelt. Ich trat heute morgen wie gewöhnlich in sein Zimmer. Kaum hatte er mich erblickt, als er mich am Kragen packte und in der grausamsten Weise mit seinem Stocke auf mich losschlug. Ich suchte vergeblich, mich zu wehren; er war in einem so schrecklichen Zorn, daß er sich nicht mehr beherrschte, und er hielt erst inne, als sein Arm vor Müdigkeit erlahmte. Ich habe zu viel Ehrgefühl, um derartige Behandlungen zu ertragen und bin entschlossen, auf diese oder andere Weise ihnen ein Ende zu machen.«[45]

Was war die Absicht des Königs? Wollte er Friedrich gefügig machen für einen besonderen Plan? Gerade in dieser Zeit drang der König oft in ihn, doch auf die Thronfolge zu verzichten und seine Rechte an den jüngeren Bruder August Wilhelm abzutreten. Aber Friedrich fand mit viel Geistesgegenwart immer neue Begründungen, weswegen er dies niemals tun würde. Schließlich kam er auf das Argument: er würde in den Thronverzicht einwilligen, wenn sein Vater öffentlich erklären würde, Friedrich sei nicht sein leiblicher und ehelicher Sohn. Das war nun eine für den König unannehmbare Bedingung, hätte sie doch zugleich die Königin in unglaublichster Weise bloßgestellt und verleumdet. So mußte Friedrich Wilhelm seinen Plan, den unbotmäßigen Ältesten zu enterben, um den jüngeren, folgsamen August Wilhelm als Thronfolger zu erklären, aufgeben. Dieser Sohn war sein Liebling. Seit Kindertagen brachte ihm der König seine Zuneigung entgegen, weil er »gern folgete« und niemals seinen eigenen Willen durchsetzen wollte. August Wilhelm war jetzt sieben Jahre alt.[46]

Das Schicksal hat es dann allerdings viel später gewollt, daß Friedrich selbst den jüngeren Bruder zum Thronfolger und »Prinz von Preußen« machte. Dieser starb allerdings, ehe er die Regierung antreten konnte. Großvater Friedrich hätte gesagt, daß man hierin wieder einmal die Prädestination sehen könne.

In der Angelegenheit der englischen Heiraten, in dem ewigen Hin und Her zwischen einfacher Heirat, Doppelheirat, zwischen England sagt ja, Preußen sagt nein, oder umgekehrt, war die Königin zuweilen derart verwirrt, daß sie selbst ihre treuesten Anhänger und Gefolgsleute in Verlegenheiten brachte. Zur unrechten Zeit drehte sie Grumbkow den Rücken, im falschen Moment sah sie hochmütig an Seckendorff vorbei. Anstatt vorsichtig und diplomatisch zu handeln, stieß sie immer wieder wichtige Menschen vor den Kopf.

Friedrich hatte sich in diese Angelegenheit, seiner Mutter zuliebe, aktiv einschalten lassen. Um die einfache Heirat, die in Wilhelmines Vermählung mit dem Prinzen von Wales bestehen sollte, endlich durchzubringen, war die Königin auf die Idee verfallen, Fritz sollte doch einfach sein Ehrenwort geben, niemanden anders als die englische Prinzessin Amalia zu heiraten. Dann könne der englische Hof seiner sicher sein und brauche nicht auf der sofortigen Doppelheirat zu bestehen. Fritz schrieb dies Ehrenwort unter tiefster Geheimhaltung mehrfach nach London. Aber im Berliner Schloß schienen selbst die Wände noch Ohren zu haben. Eines Tages sagte der König zu ihm:

Ich weiß, kleiner Halunke, alles, was du tust, um dich meiner Zuchtrute zu entziehen, aber glaube nur nicht, es werde dir glücken. Ich werde dich an der Leine halten und dich noch eine Weile schurigeln.[47]

Der Sommer 1729 brachte dem König von Preußen auch politischen Ärger. Es handelte sich um Maßnahmen des Kurfürstentums Hannover, die man dort gegen preußische Werber ergriffen hatte. Juristisch waren die Hannoveraner im Recht, aber bis jetzt waren seit alters her preußische Werber nachsichtig geduldet worden. Damit sollte nun Schluß sein. Des Königs Erbitterung über den ihm unsympathischen Georg II., der als Kurfürst von Hannover und wie auch als König von England ihm soviel Verdruß bereitete, wuchs ins Ungemessene.

Schließlich wurde die Kriegsgefahr noch einmal abgewendet, grollend zog der König seine Werbeoffiziere zurück und ging mit der verschüchterten Familie, wie jeden Spätsommer, nach Wusterhausen. Aber diesmal war die Stimmung dort noch ärger als sonst. In der Enge des kleinen Schlosses gab es manche Bedrängnis, ohne daß man hätte ausweichen können, Wilhelmine und Fritz hatten oft Stubenarrest. Vor allem bestand eine Zeitlang ein striktes Verbot, sich bei der Königin aufzuhalten und mit ihr zu sprechen.

Um ihren Gatten nicht noch mehr zu erzürnen, hielt sich die Königin auch daran, solange er im Hause war. Machte er jedoch nachmittags seinen Spaziergang, so ließ sie Fritz und Wilhelmine rufen. Sie stellte Wachposten aus und fühlte sich daher sehr sicher. Es ging auch einige Male sehr gut. Aber eines Tages hatte der Wachposten nicht aufgepaßt.

Plötzlich hörte man auf dem Gang den wohlbekannten schweren Schritt des Königs. Fritz zog sich in eine vornehm mit »Kabinett« umschriebene Örtlichkeit zurück. Wilhelmine kroch unter das Bett der Mutter. Kaum war der letzte Tuchzipfel verschwunden, die Tür des »Kabinetts« ins Schloß gedrückt, als der König das Zimmer betrat. Sein Besuch war diesmal aber nicht kurz; er machte es sich im Gegenteil außerordentlich gemütlich bei seiner jetzt sich besonders sanft zeigenden Gattin, indem er sich in einen Sessel setzte und dort in aller Ruhe zwei Stunden lang schlief. Leider hatte er einen so leisen Schlaf, daß die Kinder nicht wagen konnten, ihre Verstecke zu verlassen. Endlich erwachte er, gähnte, zog sich die Halsbinde zurecht, erhob sich und ging hinaus.

Friedrich und Wilhelmine kamen erlöst aus ihren Verstecken hervor. Beide bestürmten die Mutter, sie doch ja nicht wieder einer solchen Situation auszusetzen. Wilhelmine schilderte die Unbegreiflichkeiten des Königs bis in die kleinste Einzelheit:

Den ganzen Tag gab es nur Zank und Ärger. Der König ließ mich und meinen Bruder beinahe Hungers sterben. Er verwaltete selbst das Amt des Tranchiermeisters; er servierte allen, nur uns beiden nicht; und wenn zufällig auf einer Platte etwas übrigblieb, spie er hinein, um uns das Essen zu verleiden. Wir nährten uns beide nur von Kaffee und gedörrten Kirschen, wodurch mein Magen gänzlich verdorben wurde. Dafür wurde ich mit Schmähungen und Beschimpfungen gespeist, denn es wurden mir den Tag über alle erdenklichen Benennungen zuteil, und noch dazu vor allen Leuten. Der Zorn des Königs ging sogar so weit, daß er meinen Bruder und mich davonjagte und uns streng gebot, nur noch zu den Mahlzeiten vor ihm zu erscheinen.[48]

Damals hatte der König zwei Heiratskandidaten für Wilhelmine nach seinem eigenen Sinn im Kopf. Diese wollte er unbedingt gegen die von seiner Frau verfochtenen englischen Heiraten durchsetzen. Nach dem Besuch des sächsischen Hofes hatte unversehens ein Mann für Wilhelmine Feuer gefangen, der ganz und gar nicht in die Vorstellungen von Mutter und Tochter paßte: der Titularherzog Johann Adolf von Weißenfels. Ein Fürst ohne große Einkünfte, verwitwet, von einem Aussehen, das keineswegs geeignet war, ein Mädchenherz zu beeindrucken. Dieser Herzog von Weißenfels wurde jetzt immer als »schwarzer Mann« an die Wand gemalt, wenn es wegen der englischen Heiraten Dispute gab. Der zweite Schwarze Peter im Spiel des Königs war ein Verwandter des königlichen Hauses, der Markgraf Friedrich Wilhelm von Schwedt.

Auch dieser Fürst hatte so wenig Anziehendes, daß die Königin und

Wilhelmine immer fast erstarrten, wenn die Rede auf »diesen Menschen« kam. Er hatte sich durch seine Ausschweifungen und seine Verdrehtheiten den Beinamen »der tolle Markgraf« erworben, darin seinem Ansbacher Vetter ein Vorbild gebend, der bald danach im Ansbacher Ländchen »der wilde Markgraf« genannt wurde. Beide hatten eine große Passion für die Jagd, was wiederum nicht geeignet war, Wilhelmines Sympathie zu erwecken. Und diesen unbemittelten tollen Markgrafen von Schwedt und den ältlichen armen Herzog von Weißenfels wollte der sonst so auf Geld bedachte Vater als Schwiegersöhne.

Malte auch hier der König nur den Teufel an die Wand, um sich die Königin und Wilhelmine gefügig zu machen und sie einzuschüchtern? Seine Methoden waren ja häufig rauh und undurchschaubar.

Im Jahre 1729 löste man die Gouverneure des Kronprinzen ab. Zwar wurden sie ihm zuweilen und bei besonderen Anlässen noch beigegeben, aber für den täglichen Dienst fielen Graf Finck und Oberst Kalckstein jetzt aus. An ihre Stelle traten als »Gesellschafter« Oberst von Rochow und Leutnant Freiherr von Keyserling. Diese Maßnahme traf der Vater zweifellos in einer Anwandlung von Güte. Keyserling war von so einnehmendem Wesen, daß zwischen ihm und dem Kronprinzen eine enge Freundschaft entstand, die bis zu Keyserlings frühem Tode währte.

Zwar galt die Aufsichtspflicht über den Kronprinzen nicht mehr so streng wie früher, dennoch war es immer noch so, daß der König anordnete, die beiden Begleiter hätten mit ihrem Kopf dafür zu haften, daß der Kronprinz keinerlei Ausschweifungen beging. Das war, besonders seit den Dresdner Erlebnissen natürlich nicht zu vermeiden. Und es fanden sich auch genügend junge Leute, die dem Kronprinzen gern diesen oder jenen Gefallen taten und galante Stelldicheins vermittelten. Besonders war es der Page Keith, der das Vertrauen Friedrichs besaß. Allein es sikkerte durch, welche Rolle er beim Kronprinzen spielte, und der König verbannte ihn nach Wesel. An seine Stelle trat Leutnant von Katte, der mehr Format hatte als Keith und Friedrichs Freundschaft und Vertrauen gewann. Leider war er nicht besonders intelligent, sondern vielmehr von einer Ahnungslosigkeit und Weltfremdheit, die ihn später im buchstäblichen Sinne den Kopf kosten sollte.

Im Jahre 1730 mag es etwas mehr als zwei Millionen Menschen im gesamten Reich des preußischen Königs gegeben haben. Man kann sich also vorstellen, in welchem Maße Berlin noch Kleinstadt war, wie Gerüchte entstanden, Gespräche weitergetragen wurden, Klatsch blühte und wie rasch sich Nachrichten verbreiteten.

Katte war geschwätzig. Er, Freund und Herzensbruder Friedrichs, der über alles, was er tat und was ihm begegnete, hätte unverbrüchlich schweigen müssen, prahlte mit der Gunst des Kronprinzen. Jeder gemeinsame Ausritt war ihm Anlaß zu persönlicher Eitelkeit: Seine Königliche Hoheit würdigte ihn Seiner Freundschaft. Wenn jemand auf der Welt die Geheimnisse Friedrichs kannte, so war es Katte. Und er sorgte dafür, daß möglichst viele Leute sie erfuhren.

Im Januar des Jahres 1730 war ein neues Ungemach über Friedrich gekommen, bei dem ihm niemand helfen konnte, weder Katte noch Keyserling. Er mußte allein damit fertig werden. Es läßt sich denken, daß, wenn im Berliner Schloß von Zeit zu Zeit seidene Schlafröcke und Bücher, Noten und Flöten ins Feuer flogen, der Kronprinz nach einer gewissen Atempause sich diese Gegenstände wieder zu verschaffen trachtete. Das kostete natürlich Geld, viel Geld. So standen nach einiger Zeit noch die Anschaffungskosten für die Bücher offen, denn auf den Arbeitstisch des Königs flatterte jedenfalls in jenem Januar die Forderung eines Berliner Bankhauses über 7000 Taler, die man dem Kronprinzen geliehen habe.

Der König war perplex. Sein von ihm so hart angefaßter, »geschurigelter« Sohn, den er zuweilen schlug, bis ihm der Arm lahm wurde. Dieser »kleine Halunke« erlaubte sich, bei einem Bankier Schulden zu machen. Der Vater wurde nachdenklich. Dies war die an Fürstenhöfen unvermeidliche »Stunde der Wahrheit«, wo der alternde Vater merkte, daß seine Untertanen es mit dem heraufziehenden Stern, dem Nachfolger, hielten. Er geriet nicht, wie man es hätte erwarten können, in einen seiner heftigen Wutanfälle, aber er faßte den Entschluß, seinem Sohn diese Suppe ein für allemal zu versalzen. »Ich bezahle es mit Plaisir«, sagte er, »denn am Gelde fehlet es mir nicht; wofern Ihr Eure Conduite [Betragen] und Aufführung nur ändert und ein honettes Herz bekommt.« So erhielt der Bankier zwar seine Taler, aber gleichzeitig wurde ein Edikt erlassen, »wider das Geldleihen an Minderjährige«, in dem es hieß, daß derjenige, der einem Mitglied der königlichen Familie Geld leihe, zu Zwangsarbeit, der sogenannten Karrenstrafe, und nach Befinden auch mit dem Tode bestraft würde. So war dieser Vorfall zwar in unvermutet ruhiger Weise aus der Welt geschafft worden, doch insgeheim fügte der König die neue Sünde dem ansehnlichen Berg von Vergehen und Verstößen hinzu, die der Kronprinz bei ihm schon auf dem Kerbholz hatte:[49]

»der sich frisiret wie ein Narr –«
»seine Haare nicht verschneidet –«
»mit keinem Menschen redet als mit Welschen –«
»Grimassen schneidet und nicht leutselig ist –«

Es war noch nicht die Zeit, da der preußische Hof große Karnevalsfeste feierte. Im Gegenteil. Seit dem Tode des unduldsamen und überfrommen Pastors August Hermann Francke waren erst drei Jahre vergangen. Noch wirkten die pietistischen Lehren stark nach, und vor allem die preußische Königsfamilie lebte offiziell und demonstrativ nach den Idealen Franckes. Dieser war an sich ein äußerst verdienstvoller Mann. Noch heute besteht die umfassende schulische Einrichtung der »Halleschen Waisenhaus-Stiftung«.

Maskeraden und Kostümfeste waren so verpönt, daß die Geistlichen, wo solche vorkamen, von den Kanzeln dagegen wetterten. Die Prinzessinnen des preußischen Hofes durften niemals Masken anlegen, solange der Vater lebte. Als besondere Ausschweifung haben sie sich in späteren Jahren gegönnt, sich wenigstens mit einer schwarzen Halbmaske in der Hand porträtieren zu lassen, so Ulrike mehrmals und auch Amalie. Die Maske galt als Sinnbild aller Frivolität! Charlotte schrieb noch als verheiratete Frau ihrem »lieben Papa« aus Braunschweig, sie wisse, daß dieser keine Masken leiden könne und so habe sie auch keine getragen. Aber an einem Kostümfest wolle sie jetzt in Braunschweig einmal teilnehmen. Die gleichen Schwierigkeiten hatte Wilhelmine als junge Erbprinzessin von Bayreuth, als sie ein Kostümfest in allen Ehren und im Beisein des gleichfalls sehr frommen Schwiegervaters gab. Am Sonntag nach dem Fest wurde die ganze markgräfliche Familie von der Kanzel her in den finstersten Schlund der Hölle verbannt. So streng urteilten die pietistischen Prediger.

Um solchen Vorwürfen zu entgehen, fand man den Ausweg der unmaskierten Redouten, bei denen die Teilnehmenden über ihre normalen Abendroben einen buntseidenen oder schwarzen Domino anzogen, jene weiten Capes mit Kapuzen, die typisch für die Verkleidungen der Venezianer im Karneval waren. Man verzichtete also notgedrungen auf Kostüme, doch lockerte sich nach dem Tode König Friedrich Wilhelms diese Beschränkung.

Vorerst aber tröstete man sich, da es niemand anders gewohnt war, durchaus über das Fehlen diesen speziellen Vergnügens hinweg. Die Königin und Wilhelmine hatten um diese Zeit den Kopf voll mit wichtigeren Dingen. Am 2. April 1730 traf der englische Diplomat Sir Charles

Hotham in einer Sondermission des Königs Georg II. in Berlin ein. Es handelte sich natürlich wieder um die englischen Heiraten, die nun einem Stadium zuzustreben schienen, das sie ihrer Verwirklichung nahebrachte.

Der König befand sich ausnahmsweise gesundheitlich wohl und war deshalb in einer unerwartet freundlichen Stimmung. Durch Sir Charles' Ankunft bemächtigte sich des preußischen Hofes eine außerordentliche Hochstimmung. Der König erweckte bei der Tafel den Eindruck, als sei er mit England nun einig geworden und Wilhelmine könne den Prinzen Fred von Wales heiraten. Die Hofdamen stürzten in Wilhelmines Gemächer, jubelten ihr zu und beugten die Knie vor der »Prinzessin von Wales«. Wilhelmine wußte noch nichts Genaues und dämpfte die Begeisterung so gut sie konnte.

Sir Charles wunderte sich über diesen Effekt seiner bloßen Anwesenheit. Er hatte nämlich den strikten Auftrag von seinem Hof, in jedem Falle ausschließlich über die Doppelheirat zu verhandeln, die der König bisher immer abgelehnt hatte (»Ich werde meinem Sohn die Peitsche geben, nicht aber eine Frau —«). Da Hotham jedoch ein gewandter Mann war, so nahm er an, der König habe sich demnach besonnen und sei nun einverstanden. So saß er freundlich an des Königs Tafel und feierte ein Ereignis, über das seit seiner Ankunft noch kein einziges offenes und bindendes Wort gefallen war.

Der König nahm Hotham beiseite: »Haben Sie die Güte nichts zu sagen, bis ich in die Stadt fahre«, sagte er zu ihm geheimnisvoll. »Ich möchte meine Tochter in Ihrer Gegenwart um ihr Jawort bitten.« Sir Charles verneigte sich zustimmend. Er hatte zwar die Erlaubnis, auch der einfachen Heirat sofort zuzustimmen, mußte dann aber die vollzogene Verlobung von Kronprinz Friedrich von Preußen und Prinzessin Amalia von England mit nach Hause bringen. Er schüttelte immer wieder nachdenklich den Kopf. Sollte der König wirklich so rasch anderen Sinnes geworden sein? Seine Mission ließ sich fast zu leicht an.

Grumbkow und Seckendorff liefen umher wie begossene Pudel. Der König war auf einmal einverstanden mit den englischen Vorschlägen? Ihr Lebenswerk, die Arbeit zweier emsiger Maulwürfe, war zerstört. Ihre Auftraggeber in Wien würden sich mit ihnen überwerfen. Sie verloren die Gnade des Kaisers, sie verloren einen großen Teil ihrer Einkünfte. Ihr Lebensstil stand auf dem Spiel. Die beiden heimlichen Drahtzieher machten lange Gesichter. Doch nur für die Dauer eines Tages.

Am nächsten Morgen berief der König die Minister zu sich und verlangte von Sir Charles Hotham, nun möge man die Ehepakte aushandeln für Wilhelmine und Prinz Frederick. Sir Charles machte darauf aufmerksam, daß er erst über seine Unterredung mit Seiner Majestät in London berichten müsse. Das gab den sich schon halb verloren sehenden Intriganten Grumbkow und Seckendorff wieder Oberwasser. Nun steckten sie sich hinter den bestochenen deutschen Geschäftsträger Reichenbach, der aus London so gefärbte Berichte über den Lebenswandel des Prinzen von Wales schickte, daß dem frommen König von Preußen die Augen übergingen: Er ergehe sich mit Schauspielerinnen und Ballettmädchen, habe galante Krankheiten gehabt und trinke stark. Nach vollzogener Trauung würde England versuchen, Preußen zu einer abhängigen Provinz zu degradieren. Es gebe »in Berlin eine Partei, die dem König die Hände bindet«. Doch Friedrich Wilhelm war nicht so dumm, dies wirklich zu glauben. Er verhandelte weiter überaus verbindlich mit Hotham. Lavisse faßte es zusammen:

Er – der Londoner Hof – willigte ein, daß der Kronprinz von Preußen und seine Gemahlin die Statthalterschaft von Hannover erhalten; dafür forderte England auch keine Mitgift für Wilhelmine. »Keine Mitgift« – das mußte den König von Preußen vollends entzücken! Wußte er doch nicht, daß England im selben Augenblick vom Kronprinzen das Versprechen forderte, dereinst die Kosten der hannöverschen Statthalterschaft zurückzuzahlen!

Mit diesen Instruktionen versehen, sucht Sir Hotham um eine neue Audienz nach, die ihm am 4. Mai (1730) bewilligt wird. »Er bittet den König formell um die Hand der ältesten Prinzessin für den Prinzen von Wales und fügt hinzu, da Se. Majestät der König von Großbritannien und das englische Volk sich noch enger mit der preußischen Königsfamilie zu verbinden wünschen, so habe der König eine seiner Töchter für den Kronprinzen bestimmt und erbiete sich, diese Prinzessin zur Statthalterin von Hannover zu ernennen.«

Der König schien entzückt und antwortete sehr verbindlich, er werde mit seinen Ministern über den neuen ihm gemachten Vorschlag beraten. Jeden Tag ging er zu Rate mit seinen Ministern und mit sich selber. Acht Tage verflossen, ohne daß er seine Antwort gab. Acht Tage schwankte er, erwog das Für und Wider.

Das »Wider« ist seine beständige Abneigung, einen Entschluß zu fassen; er soll sich also mit England und Frankreich verbinden, am Vorabend des Tages, wo Frankreich vielleicht mit dem Kaiser Krieg führen will. Das »Wider« ist ferner, daß die englische Prinzeß, die sein Sohn heiraten soll, eines Tages Königin von Preußen sein wird. »Sie wird sich nie in das einfachere, sparsame Wesen gewöhnen, das in Preußen notwendig ist. Sie wird Aufwand veranlassen, um deswegen man die Armee wird vermindern müssen. Dann wird sein Staat und Haus den Krebsgang gehen.« Das »Wider« ist schließlich und immer wieder die Freude des Kronprinzen. »Ich hasse meinen Sohn«, sagte er, aber dieser Haß wird von andern nicht geteilt. Hotham, der ihn an der königlichen Tafel gesehen hat, meldet: »Es ist unmöglich, seine Schwermut und Niedergeschlagenheit zu beschreiben . . . Es liegt so viel Einnehmendes in der Persönlichkeit und dem Benehmen dieses jungen Prinzen, und jeder spricht so viel Gutes von ihm, daß es um so mehr schmerzt, ihn in so unglücklichen Verhältnissen zu sehen . . .«

»Wenn ich nicht sehr irre, wird dieser junge Fürst dereinst eine sehr große Rolle spielen.« Diese große Rolle fürchtete der König. Das »Wider« war also ersichtlich größer als das Für.[50]

Friedrich war in diesem schicksalsschweren Jahr 1730 achtzehn Jahre alt geworden. Wilhelmine sah ihrem einundzwanzigsten Geburtstag entgegen. Friederike, sechzehnjährig, befand sich in dem hohen Rang einer regierenden Markgräfin von Ansbach. Charlotte, im März vierzehn geworden, stand im Mai 1730 vor dem aufregenden Tag, an dem ihre Verlobung mit dem Erbprinzen Karl von Braunschweig-Bevern verkündet werden sollte. Sophie war elf, Ulrike zehn, August Wilhelm acht Jahre, Amalie, die man damals noch »die dicke Lily« nannte, zählte sieben, der kleine Heinrich vier. Die Königin befand sich in gesegneten Umständen. Man erwartete das Kind Ende Mai.

Die Verlobung zwischen Karl von Braunschweig-Bevern und Charlotte ging dann auch in einem etwas eingeschränkten Rahmen vor sich. Man nahm Rücksicht auf die Königin, die langwierigem Zeremoniell nicht mehr gewachsen war. Gegen Abend des 19. Mai versammelte sich der Hofstaat. Auswärtige Gäste waren außer der Familie des Herzogs Ferdinand Albrecht von Braunschweig-Bevern nicht anwesend. Kurz und bündig wurden die jungen Leute gefragt, ob sie einverstanden seien. Dann gab es eine fröhliche Gratulationscour. Der Schwiegersohn in spe mußte sich allerlei Neckereien gefallen lassen. Der König foppte ihn weidlich, weil er so schüchtern war, so daß er »derart errötete, daß er's den ganzen Abend nicht aus dem Gesicht verlor!«[51]

Bald danach rüsteten der König und Herzog Ferdinand Albrecht, um nach dem »Lager bei Mühlberg« aufzubrechen, das August der Starke mit kostbaren Zelten, einem riesigen Heerlager, bevölkert von einer Unzahl prächtig ausgerüsteter Truppen, ausgestattet hatte. Zahllose Gäste von allen europäischen Fürstenhöfen waren anwesend, es herrschte ein glanzvolles Getümmel in der weiten Ebene an der Elbe.

Der König erlebte die Geburt seines jüngsten Sohnes Ferdinand noch in Berlin. Man hatte ihm die Vornamen Ferdinand August gegeben, doch August dem Starken zu Ehren wurde der Rufname des neuen Prinzen zunächst auf August festgelegt. Aber nach zwei Jahren besann sich der König, die Sympathie zu Herzog Ferdinand Albrecht überwog, und kurzerhand taufte man den Jungen um und nannte ihn fortan Ferdinand.

Der König und Friedrich begaben sich zusammen nach Mühlberg. Schon hier machte Kronprinz Friedrich einen Versuch, den väterlichen Mißhandlungen zu entkommen. Er schickte Katte zum Kabinettsminister des Königs von Polen und bat um Vorspannpässe für Postpferde für zwei Offiziere, die inkognito nach Leipzig zu reisen wünschten. Der Minister, der die Sachlage kannte, teilte diesen Vorfall König August mit, da er nicht allein entscheiden wollte. Dieser ließ den Kronprinzen unauffällig zu sich bitten und nahm ihm sein Ehrenwort ab, seinen Vater während des Aufenthaltes in Sachsen nicht zu verlassen. Er befürchtete politische Nachteile; man würde ihn der Beihilfe zur Flucht beschuldigen. Die Unannehmlichkeiten würden kein Ende nehmen. Friedrich gab schweren Herzens das Versprechen.[52]

Der Kronprinz hatte allen Grund, sich die schlechte Behandlung durch seinen Vater nicht länger gefallen zu lassen. Lavisse berichtete:

Das war eine seltsame Riesenorgie, eine königliche Völlerei. Der Kronprinz von Preußen machte dabei eine traurige Figur. Die Schaustellungen bildeten einen schreienden Kontrast zu seinem Unglück. Viele Blicke waren auf ihn gerichtet, er zog sie durch den Zauber seines Wesens auf sich. Er mußte sich sagen, daß alle diese Menschen, Prinzen, Gesandte und Offiziere, seine Leidensgeschichte und sein schmachvolles Dasein kannten.

Nie war der König so roh gegen ihn gewesen wie im Lager von Mühlberg. Eines Tages hatte er ihn halb lahm geschlagen, zu Boden geworfen und an den Haaren gezerrt. Friedrich mußte in diesem gezausten Zustand bei der Parade erscheinen. Der König hatte die Schläge mit den grausamsten Schmähungen begleitet. Wäre er von seinem Vater so behandelt worden, sagte er, so hätte er sich totgeschossen, aber Friedrich achte nichts, er lasse sich alles gefallen. Schließlich ging er soweit, von seinem Sohne den Verzicht auf die Krone zu fordern. Aber Friedrich wollte König werden.[53]

Der auf Mühlberg folgende Juni 1730 verlief nicht besser als die vorhergehenden Monate. Die Ausschreitungen des Königs gegen Fritz nahmen noch zu. Es wurde so schlimm, daß Wilhelmine schließlich die einzige Vertraute des Bruders war. Er getraute sich nicht einmal mehr, der Königin von den Vorkommnissen zu erzählen, weil sie nicht schweigen konnte und sicher den König zur Rede gestellt hätte. Die Folgen wären unabsehbar gewesen.

Im Frühjahr, vor Hothams Ankunft, hatte Friedrich seiner Schwester anvertraut, der König habe den Versuch gemacht, ihn zu erdrosseln, er habe eine Gardinenschnur um seinen Hals gelegt und nur mit Mühe und durch die Hilfe eines Lakaien sei der Prinz gerettet worden. Der Vater muß sich in einer seelischen Verfassung befunden haben, die nicht mehr als normal bezeichnet werden konnte. Hatte er doch sogar einmal in Wusterhausen Anstalten getroffen, sich selbst aufzuhängen, als er unerträgliche Schmerzen litt. Damals hatte ein Bedienter gerade noch die Königin zur Hilfe rufen können. Im Anschluß daran hatte Friedrich zu Wilhelmine gesagt:

Täglich bin ich denselben Gefahren ausgesetzt, und meine Leiden sind so verzweifelt, daß ich ihnen nur gewaltsam ein Ende machen kann. Katte ist mir ergeben, ich bin seiner sicher, und er folgt mir ans Ende der Welt, wenn ich es will; Keith wird sich auch zu mir gesellen. Diese beiden Leute werden meine Flucht erleichtern und mir sie durchführen helfen. Der Königin werde ich nichts mitteilen . . .[54]

Erbitterte sich der König im Grunde doch über das englische Heiratsprojekt, das er selbst zum Scheitern gebracht hatte? Ein übriges bewirkten die Intrigen der österreichischen Partei. Grumbkow hatte von Reichenbach aus London erfahren, daß der Kronprinz sich ehrenwörtlich schriftlich verpflichtet hatte, keine andere als die Prinzessin Amalia von England zu heiraten. Grumbkow wußte daraufhin nichts Eiligeres zu tun, als diese Nachricht dem König zu hinterbringen. Nun zog der König die Heiraten völlig auf politisches Gebiet: er verlangte die Zurückstellung von Fritzens Heirat bis nach Beendigung des Konfliktes zwischen England und dem Kaiser, ferner, daß ihm England seine alten und angefochtenen Besitzrechte auf Jülich und Berg garantiere. Die Antwort aus London konnte nur negativ sein. Man hob hervor, daß die politischen Dinge nichts mit den Heiraten zu tun hätten, das Londoner Kabinett bestehe auf der Doppelheirat. Damit waren die Heiratspläne an einem toten Punkt angelangt, gleichsam als hätte es sie niemals gegeben. Der König wollte nie und nimmer einwilligen.[55]

Friedrich erinnerte sich später dieser Zeit kurz vor seiner versuchten Flucht, und er erzählte de Catt:

Die Härte meines Vaters gegen mich, meine Brüder und Schwestern (mit Ausnahme des Prinzen Heinrich, den er immer lieb hatte), die schreckliche, manchmal völlig unerträgliche Behandlung, das Verbot aller, auch der unschuldigsten und harmlosesten Vergnügungen, der fortwährende Zwang, dem ich unterworfen war, die stets erneute Furcht vor etwas Schrecklichem – das alles ließ mich den allerdings sehr leichtsinnigen Entschluß fassen, das väterliche Haus zu verlassen. Zum Teufel, wenn ich auch nur wußte, wo ich hinfliehen sollte?

Dies beweist Ihnen nur, daß ich als höchst erbitterter, sehr junger und außerordentlich übel beratener Mensch handelte.[56]

Auch von Wilhelmine gibt es genaue Schilderungen der Stimmung, die in jenen Wochen am Königshofe herrschte. Der Kronprinz muß zu so vielen Leuten von seiner Flucht gesprochen haben, daß sie als ein offenes Geheimnis galt:

Mein Bruder war unglücklicher denn je. Oberst von Rochow, der stets um ihn war, ließ die Königin benachrichtigen, daß der Prinz zu fliehen gedächte, daß er, aufs höchste erregt, oft davon spräche und daß er gewisse Maßnahmen träfe, die alles befürchten ließen . . . Dies Verfahren des Herrn von Rochow war sehr lobenswert, aber infolge seiner mangelnden Fähigkeiten beging er sehr große Fehler. Seine Lage war äußerst schwierig; widersetzte er sich dem Willen meines Bruders, so zog er sich dessen Haß zu, und ließ er ihn fliehen, so verfiel er der Ungnade des Königs und wagte vielleicht seinen Kopf.

Diese Erwägungen machten ihn so ängstlich, daß er mit seinen Klagen von Haus zu Haus ging, so daß sein Geheimnis bald überall bekannt wurde.[57]

Auch von Katte überlieferte Wilhelmine, daß er nicht verschwiegen war, sondern überall ausplauderte, daß der Prinz fliehen wollte. Außerdem zeigte er in der Gesellschaft höchst indiskret eine goldene Dose herum, auf der sich ein Miniaturporträt des Kronprinzen mit Wilhelmine befand. Vergeblich versuchte die Königin durch Vermittlung Fräulein von Sonsfelds, der Hofmeisterin Wilhelmines, dieses Porträt zu bekommen. Aber Katte weigerte sich hartnäckig, es herzugeben; er versprach Besserung und sagte, er wolle es nur kopieren, wie ihm der Kronprinz das erlaubt habe, dann gäbe er es zurück. Im übrigen möge sich Ihre Majestät beruhigen, solange er beim Kronprinzen sei, würde nichts geschehen, denn er suche ihn von seinem Vorhaben abzubringen. Die Königin glaubte seinen Versicherungen nur zu gerne.[58]

Als Sir Charles Hotham sich am 10. Juli vom König verabschieden wollte, sollte dies mit einem Knalleffekt geschehen. Sein Nachfolger Guy Dickens hatte aus London die Beweise mitgebracht, daß Grumbkow und Reichenbach unter einer Decke steckten. Als Hotham den Brief Grumbkows überreichte, und der König dessen originale Schrift erkannte, sprang er wütend auf, schleuderte mit den Worten »Meine Herren, ich habe genug von dem Zeug!« den Brief zu Boden und lief voller Zorn aus dem Zimmer, wobei er die Tür hinter sich zuschlug, Hotham nahm den Brief sorgfältig wieder auf, wartete kurz, dann zog er sich mit Guy Dickens zurück.

Unmittelbar danach tat dem König sein Verhalten gegenüber dem englischen Sonder-Abgesandten leid, er schickte Entschuldigungen und wollte Hotham versöhnen, allein vergeblich, dieser reiste indigniert am 10. Juli 1730 nach London zurück.[59] Nun war Guy Dickens derjenige, der die schwierige Situation in Berlin zu meistern hatte. Lavisse berichtete:

Guy Dickens hatte den Auftrag seiner Regierung, dem Prinzen das Bezahlen seiner Schulden anzubieten unter der Bedingung, daß er nicht entfliehen würde. Fritz nahm das Anerbieten an, seine Schulden zu bezahlen, und da er große Geistesgegenwart besaß, bat er sogar um 15.000 Taler, obwohl er nur 7.000 Taler Schulden hatte. Auch versprach er nicht, seinen Plan aufzugeben; nur das eine sagte er zu, nicht aus Potsdam zu entfliehen, wenn sein Vater ihn dort ließe. Während dieses nächtlichen Gespräches stand Katte Wache. Das Ganze war höchst romantisch und von kindlicher Unvorsichtigkeit.[60]

Es lag also im Interesse der englischen Regierung, alles nur Denkbare zu tun, um den Kronprinzen nur ja nicht in England aufnehmen zu müssen. Dies hätte unweigerlich die ärgsten familiären und diplomatischen Schwierigkeiten nach sich gezogen. Friedrich wußte, daß er wahrscheinlich in Frankreich willkommener war. Fieberhaft dachte er an die bevorstehende Reise des Königs nach Süddeutschland. Er war sich darüber im klaren, daß der König ihn nur deshalb mitnahm, um ihn unterwegs besser und strenger bewachen zu können als zu Hause.

Am 15. Juli früh nahm der König sehr zärtlichen Abschied von der Königin. Er drückte sein Bedauern über die »Sottise« (Dummheit) aus, die er Sir Hotham gegenüber begangen und seinen Wunsch nach der

Doppelheirat, allerdings mit der boshaften Einschränkung: »Mein Sohn hat es zu eilig, sich zu verheiraten. Solange er es so treibt, lasse ich ihn warten. Ich will, daß er keinen Willen mehr hat, sondern daß ich ihn habe.« Er ließ sich sogar das Geständnis entschlüpfen, er wisse wohl, daß Graf Seckendorff ihn »zum besten habe«.

»Sie fangen an, etwas vernünftiger zu reden«, entgegnete die Königin, »aber sobald Sie nur den Kirchturm von Seckendorffs Gut sehen, wohin Sie zuerst gehen, werden Sie ganz anders denken, und nach der Heimkehr von Ihrer Reise werden Sie Ihre Familie wieder rasend machen, und mich auch, und wir werden wie stets leiden.«

Der König erwiderte: »Nein, ich verspreche es dir! Ich liebe dich zu sehr, liebe Frau! Küsse mich.« Keiner von beiden ahnte, wie die Rückkehr sein würde. Trotzdem ahnte man etwas von den Plänen des Prinzen . . . Der König hatte befohlen, daß Oberst Rochow, General Buddenbrock und Oberst Waldow nicht von seinem Wagen wichen . . .[61]

Die Reiseroute führte über das Gut Meuselwitz des Grafen Seckendorff nach Bamberg, Nürnberg und Ansbach, wo man Friederike und den Markgrafen besuchen wollte. Wilhelmine berichtete die Flucht so, wie sie ihr der Kronprinz selbst erzählt hatte:

Als der Kronprinz in Ansbach ankam, beklagte er sich sogleich beim Markgrafen sehr bitter über die schlechte Behandlung des Königs. Nicht zufrieden, ihn im Innern des Familienkreises zu mißhandeln, hatte dieser ihn auch öffentlich beschimpft; er hatte ihn sogar mehrere Male wiederholt, was ich auch öfters gehört hatte: wäre mein Vater mir begegnet, wie ich dir, so wär ich tausendmal davongelaufen; aber du hast keinen Mut und bist ein bloßer Schurke. – Diese so oft wiederholten Worte brachten endlich den Prinzen zum Entschlusse. Er bat den Markgrafen, unter dem Vorwand eines Spazierritts, ihm eines seiner besten Pferde zu geben, da dieser aber etwas von seinem Vorhaben ahnte, wich er immer aus und verschob diesen Ritt bis zu des Königs Abreise. Da mein Bruder diesen Anschlag vernichtet sah, machte er sogleich einen anderen.

Einige Meilen von Ansbach erhielt er die Stafette von Katte, deren ich schon erwähnt habe, den Inhalt der Briefe, welche sie ihm brachte, erfuhr ich aber nie; er antwortete auf der Stelle, daß er in zwei Tagen zu entfliehen gedächte, und daß er ein gleiches tun sollte. Im Haag wollten sie zusammentreffen; zugleich versicherte er ihm, daß seine Flucht garnicht fehlschlagen könne, und setzte man ihm nach, so böten ihm die Klöster auf seinem Wege eine Zuflucht. Er sandte die Antwort mit einer

Stafette ab, vergaß aber unglücklicherweise die Aufschrift nach Berlin zu machen; ein Vetter von Katte stand zehn oder zwölf Meilen davon auf Werbung, und die Stafette, anstatt nach Berlin zu gehen, lieferte die Briefe diesem Katte aus.

Der König war indes bis in die Nähe von Frankfurt gereist, wo er in einem Dorfe (Steinsfurth) übernachtete und genötigt war, mit seinem ganzen Gefolge sein Lager in Scheunen aufzuschlagen. Meinem Bruder ward auch eine zuteil, die er mit dem Obersten Rochow und seinem Kammerdiener teilen sollte. Der König hatte Keiths Bruder zum Pagen angenommen; da der junge Mensch sehr dumm war, hatte mein Bruder nicht für gut befunden, ihn von seinem Vorhaben zu unterrichten, wollte aber demungeachtet aus seiner Dummheit Vorteil ziehen; unter dem Vorwand, in einem benachbarten Dorfe auf verliebte Abenteuer auszugehen, befahl er ihm, ihn früh um vier Uhr aufzuwecken und ihm Pferde zu verschaffen, welches, weil den Tag gerade Pferdemarkt war, sehr leicht war. Der Knabe tat es, aber anstatt meinen Bruder zu wekken, verfehlte er das Bett und weckte den Kammerdiener. Dieser Mensch (Gummersbach) hatte die Geistesgegenwart, nicht zu tun, als ob er etwas merkte und blieb ruhig liegen, um den Verfolg der Komödie abzuwarten. Mein Bruder sprang indes auf, kleidete sich selbst an und, statt seiner Uniform, zog er ein französisches Kleid an, worauf er ausging. Unverzüglich benachrichtigte der Kammerdiener Rochow von dem Vorgang, der augenblicklich in der größten Bestürzung zu den Generalen in des Königs Gefolge lief; Bodenbrock, Waldow und Verschow; dieser letzte war der größte Spitzbube, den die Erde je trug, er hatte alle Verdienste des Satans und war außerdem meines Bruders geschworener Feind.

Sogleich gingen sie alle vier aus, um ihn zu suchen, und nachdem sie den ganzen Flecken vergeblich durchstöbert hatten, fanden sie ihn auf dem Pferdemarkte an einen Wagen gelehnt. Seine französische Kleidung befremdete sie sogleich; anfangs fragten sie ihn sehr ehrerbietig, was er da mache? Mein Bruder hat mir oft gesagt, daß ihn damals Wut und Verzweiflung, sich entdeckt zu sehen, zu dem Äußersten hingerissen hätten, allein es fehlte ihm an Waffen. Er antwortete ihnen also sehr rauh. Rochow sagte ihm darauf: »Gnädiger Herr, der König ist aufgewacht und will in einer halben Stunde abreisen, verändern Sie also, um Gottes willen, Ihre Kleidung, ehe er Sie sieht.« Mein Bruder verweigerte es und sagte, er wolle spazierengehen, und ehe der König abreise, wieder zurückkehren. Sie stritten noch, als Keith mit den Pferden, die mein Bruder bestellt hatte, ankam; er wollte sich auf eines derselben werfen,

3 *Berliner Stadtschloß, Geburtshaus Friedrichs*

4 *Taufe Friedrichs in der Schloßkapelle, 31. Jan. 1712*

allein die Herren umgaben ihn, führten ihn mochte er wollen oder nicht, in die Scheune zurück, und zwangen ihn, seine Uniform wieder anzulegen.

Er war wie ein Rasender, mußte sich aber bemeistern lassen. Abends kamen sie nach Frankfurt und den Morgen darauf erhielt der König eine Stafette von Kattes Vetter, die ihm die Briefe meines Bruders überbrachte. Der König berief sogleich Rochow und Waldow und teilte ihnen die empfangenen schönen Nachrichten mit. Wie man sagt, soll ihm der Kammerdiener damals schon den Vorgang des vergangenen Morgens gemeldet haben; er befahl den beiden Herren, auf meinen Bruder acht zu geben und mit ihren Köpfen für ihn zu stehen; dann gebot er, ihn unverzüglich auf die Yacht zu bringen, auf welcher er den Weg von Frankfurt nach Wesel zu Wasser zurückzulegen gedachte. Seine Befehle wurden sogleich vollzogen – das war am elfen August.[62]

Der eigentliche Fluchtversuch hatte am 5. August 1730 stattgefunden. Bislang bewahrte Rochow Schweigen. Er war im Grunde ein anständiger Kerl und wollte dem Kronprinzen und sich selbst jede Verlegenheit ersparen. Aber der Bruder des Pagen Keith warf sich dem König am 6. August, einem Sonntag, zu Füßen und gestand ihm den ganzen Plan. Der König machte Rochow Vorwürfe, daß er nichts gesagt habe. Rochow erwiderte, er habe Vorsichtsmaßnahmen getroffen, und der Prinz sei ihm nicht entkommen. Der König beorderte den Prinzen nach Wesel. Am 8. August kam man nach Frankfurt, wo die Fahrt zu Wasser fortgesetzt werden sollte. Am 12. August abends traf der König in Wesel ein. Fritz wurde auf der Kommandatur verhört. Der Kronprinz verbrachte die erste Nacht im Arbeitszimmer mit zwei Schildwachen vor der Tür. So berichtete Lavisse.

Friedrich hatte den Mut, in dieser sich bedrohlich zuspitzenden Lage einen Brief an den König zu richten:

Friedrich an seinen Vater *Wesel, 13. 8. 1730*

Mein lieber Papa,

ich nehme mir nochmalen die Freiheit, meinem lieben Papa zu schreiben und ihn hierbei allerunterthänigst um Erlassung meines Arrests zu bitten; versichernde, daß Alles, was ich meinem lieben Papa gesagt oder sagen lassen, wahr sei. Wo ferner noch Soupçons (Argwohn) gegen mich seien, so wird die Zeit weisen, daß solche nicht gegründet seien, und versichere, daß ich eine solche böse Intention (Absicht), wie ge-

meint wird, nimmer gehabt habe. Ich bitte also meinen lieben Papa um seine Gnade und verbleibe zeitlebens mit unterthänigstem Respect meines lieben Papas gehorsamster Sohn . . .[63]

Dieses unterwürfige Schreiben wurde vom König nicht beantwortet. Er seinerseits hatte seine fertigen Pläne im Kopf und sandte Briefe an die Königin und ihre Oberhofmeisterin, Frau von Kamecke. Die Nachricht für diese lautete:

Der König an Frau von Kamecke *Wesel, 13. 8. 1730*
Meine liebe Madame de Kamke,
ich habe leider das Unglück, daß mein sohn hat desertieren wollen mit den pagen keut, ich habe ihn arretiren lassen, ich habe meine Frau geschrieben, sie mus es ihr von weitem vohrbringen, wan es auch ein paar tage tauern solte, das sie nicht krank wird, der ich stehts ihr ergebener Freund bin *Fr. Wilhelm*[64]

Der König traf nach der offiziellen Verhaftung des Kronprinzen seine Maßnahmen für dessen Transport. General Buddenbrock erhielt den Auftrag, Fritz den weiten Weg von Wesel nach Spandau zu begleiten, wo man ihn in der Festung einliefern sollte. Dabei habe er die Gebiete von Hannover und Hessen zu vermeiden, da dort Bundesgenossen des Kronprinzen vermutet wurden. Sollte der Wagen des Kronprinzen überfallen werden oder sollte man versuchen, ihn zu entführen, so habe er, Buddenbrock, den Auftrag, dafür zu sorgen, »daß die Andern ihn nicht anders als tot bekommen«.

Man fuhr mit schnellstens bestellten Postpferden ohne Aufenthalt von Wesel bis Halle. Der Befehl lautete, nur auf freiem Felde zu halten, wo man überall um sich sehen könne und keine Hecken und Büsche wären. Die Mahlzeiten wurden im Wagen eingenommen.[65]

Wie es in diesen aufregenden Tagen des Jahres 1730 im Berliner Schloß aussah und was die Familie durchmachte, schilderte Wilhelmine. Noch nach zwölf Jahren, als sie die Erinnerungen 1742 niederschrieb, spürt man ihre innere Beteiligung, die sie im Rückblick auf die dramatischen Begebenheiten überkam:

(Nach einem Ball in Monbijou am 15. August 1730)
Sobald ich mich zurückgezogen hatte, ließ ich meiner Hofmeisterin keine Ruhe und verlangte zu wissen, was geschehen sei. Sie antwortete mit Tränen in den Augen, die Königin habe ihr Schweigen geboten. Da glaubte ich wahrlich, mein Bruder sei gestorben, was mich in solche Verzweiflung stürzte, daß Fräulein von Sonsfeld für angezeigt hielt,

mich aufzuklären. Sie erzählte mir also, Frau von Kamecke habe am selben Morgen eine Stafette vom König mit Briefen für sich und die Königin erhalten. Der König habe ihr anbefohlen, die Königin langsam darauf vorzubereiten, daß er den Kronprinzen eines Fluchtversuchs halber habe verhaften lassen. Das Unglück meines Bruders durchbohrte mir das Herz; ich verbrachte die ganze Nacht in furchbarer Aufregung. Die Königin ließ mich am frühen Morgen rufen, um mir den Brief des Königs zu zeigen. Er war offenbar im größten Zorn geschrieben und lautete wie folgt:

Ich habe den Schurken von einem Fritz verhaften lassen, ich werde ihn behandeln, wie er es für sein Verbrechen und seine Feigheit verdient; ich erkenne ihn nicht mehr als meinen Sohn an, er hat über mich und mein ganzes Haus Schande gebracht, dieser Elende verdient nicht mehr zu leben.

Ich wurde halb ohnmächtig, als ich das las. Der Zustand der Königin und der meine hätte einen Stein erweicht. Sobald sie sich ein wenig erholt hatte, teilte sie mir mit, daß Katte verhaftet worden sei.[66]

Am 26. August traf der König wieder im Berliner Schloß ein. Die Tage waren für die Königin und Wilhelmine in Furcht und Bangen verstrichen; indessen war man nicht untätig gewesen. Katte hatte Vorsorge getroffen, daß eine große Tasche mit verräterischen Briefen der Königin heimlich zugestellt wurde. Diese konnte die belastenden Briefe herausnehmen. Es handelte sich um eine ziemlich große Menge, und mit Wilhelmine zusammen schrieb die Königin nun in tiefstem Geheimnis tagelang neue, unverfängliche Briefe, um die Tasche wieder zu füllen. Sie nahmen verschiedenfarbige Tinten, Papier von verschiedenen Jahrgängen, um ein gewisses Alter der Schriften vorzutäuschen. Bei dieser Arbeit wurden beide Frauen zuletzt so nervös, daß sie alle möglichen nichtigen Kleinigkeiten zu den Briefen in die Tasche taten und sie neu versiegelten. Ein Kammerdiener hatte im Garten von Monbijou zufällig Kattes Petschaft gefunden. Diesem glücklichem Umstand verdankte man es, daß der König keine Handhabe hatte, gegen seine Frau und Wilhelmine wegen Hochverrats vorzugehen. Die heimliche Korrespondenz mit England, der verborgene Briefwechsel mit dem Kronprinzen in Potsdam, in dem der König »der Brummer« oder »König Ragotin (Knirps)« genannt wurde, hätten ihn bestimmt nicht besänftigt in seinem Zorn.

Zum Empfang des Königs hatte sich die ganze Familie zusammengefunden. Die Königin und alle Kinder außer dem Säugling Ferdinand waren versammelt. Als der Zurückgekehrte eintraf, fiel sein Blick zuerst auf Wilhelmine, die sich mit den anderen verneigte, um ihm die Hand zu küssen. Wilhelmine sollte ihr Leben lang nicht die Worte vergessen, die ihr der wutentbrannte Vater entgegenschleuderte:

»Infame Canaille! Sie wagt es, vor mir zu erscheinen? Fort mit ihr. Sie mag ihrem Schurken von Bruder Gesellschaft leisten.«

Mit diesen Worten packte er mich bei der Hand und versetzte mir einige Faustschläge ins Gesicht, von denen mich einer so heftig traf, daß ich umfiel und mit dem Kopf gegen die Kante der Täfelung aufgeschlagen wäre, wenn Fräulein von Sonsfeld den Fall nicht aufgehalten und mich bei meiner Coiffüre ergriffen hätte.[67]

Die Königin und die Kinder umringten Wilhelmine so lange, bis der außer sich geratene König, der seine Tochter mit Fußtritten maßregeln wollte, so weit beruhigt war, daß er von ihr abließ. Man hob Wilhelmine auf, eine Schwester lief nach Wasser und Essenzen; die Verletzte wurde auf einen entfernten Stuhl in einer Fensternische gesetzt. Die Königin lief schreiend im Zimmer auf und ab. Der König war furchtbar anzusehen. Ihm war das Blut derart zu Kopf gestiegen, daß er fast schwarz im Gesicht wurde. Schaum stand ihm vor dem Mund, er war in einem Zustand äußerster und gefährlichster Erregung. Die Kinder hatten sich ihm zu Füßen geworfen, der kleine Heinrich umklammerte seine Knie, alle weinten und schluchzten durcheinander, dazwischen die Schreie der vor Angst außer sich geratenen Königin.

Der König hatte zwar einen anderen Ton angeschlagen: er gestand, daß mein Bruder noch am Leben sei –, aber die furchtbaren Drohungen, die er ausstieß, ihn töten und mich zeitlebens zwischen vier Mauern einsperren zu lassen, riefen diese Untröstlichkeit hervor. Er beschuldigte mich, an der Flucht des Kronprinzen, die er als Majestätsverbrechen betrachtete, beteiligt zu sein, einen Liebeshandel mit Katte geführt zu haben, von dem ich, wie er sagte, mehrere Kinder hätte.

Meine Hofmeisterin, die solche Beschimpfungen nicht mehr mit anhören konnte, fand den Mut zu sagen: »Es ist nicht wahr, und wer Eurer Majestät solche Dinge hinterbrachte, hat gelogen.« Der König gab ihr keine Antwort und fuhr fort zu schimpfen . . .[68]

Wilhelmine, die einzige Augenzeugin dieses Vorgangs, von der Aufzeichnungen hinterlassen wurden, vergaß nicht, die Tapferkeit zwei weiterer Frauen hervorzuheben. Die eine war die an sich intrigante Kammerfrau der Königin namens Ramen, die den König ermahnte, sich wie ein gottesfürchtiger Herrscher zu benehmen. Die zweite war die resolute Oberhofmeisterin der Königin, Frau von Kamecke. Diese appellierte an seine Selbstbeherrschung. Im ersten Zorn könne man einem Menschen vieles verzeihen, sagte sie. Aber wenn er sich dann nicht zu beherrschen trachte, werde seine Wut zum Verbrechen. Der König nahm es ihr nicht übel, drückte ihr im Gegenteil seine Hochachtung aus und bat sie, seine Frau zu beruhigen.[69]

Während Wilhelmine halbtot in der Fensternische saß, sah sie, daß man den gefangenen Katte über den Hof führte. Ehrerbietig grüßte er zu ihr hinauf. Zum Glück entging dies dem König. Wilhelmine zitterte, ob man wohl das Doppelporträt bei Katte entdeckt habe. Aber der junge Mann hatte einen Weg gefunden, es ihr kurz danach heimlich zustellen zu lassen. – Nach dem Auftritt mit seiner Familie begab sich der König zur Vernehmung Kattes.

Der König hatte Grumbkow, den General-Auditeur Mylius und den General-Fiskal Gerber, den Nachfolger des seit Jahren verstorbenen Katsch, bei sich versammelt.

Katte warf sich sogleich dem König zu Füßen. Dieser fühlte bei seinem Anblick von neuem allen Zorn in sich aufsteigen, und versetzte ihm Stockschläge und Fußtritte und mehrere Ohrfeigen, daß ihm das Blut hervorströmte. Grumbkow beschwor ihn, sich zu mäßigen und zu gestatten, daß man ihn verhöre.

Er gestand sofort alles, was er von der Flucht meines Bruders wußte und daß er daran beteiligt sei, beteuerte aber, daß sie niemals das geringste wider den König noch den Staat geplant hätten; sie hätten lediglich dem Groll des Königs entweichen, sich nach England flüchten und sich unter den Schutz dieser Krone stellen wollen.

Als er dann nach den Briefen der Königin und den meinen befragt wurde, sagte er aus, er habe sie der Königin auf Befehl des Kronprinzen zustellen lassen. Man fragte ihn, ob ich von ihrem Plan gewußt hätte, was er lebhaft leugnete.[70]

Nur einmal, so wußte sich Katte zu erinnern, habe er der Prinzessin Wilhelmine einen Brief gebracht, aber dann niemals wieder. Auch sie habe ihm niemals Post zu bestellen gegeben für den Kronprinzen. Dies genügte dem König schon völlig, um Wilhelmine zu verdammen. Als er zur Königin zurückkehrte, sagte er zu ihr:

»Ich wußte es wohl, Ihre nichtswürdige Tochter steht mit im Komplott. Katte hat gestanden, daß er ihr Briefe ihres Bruders zugestellt hat. Sagen sie ihr, daß ich ihr ihr Zimmer zum Gefängnis anweise; ich werde

befehlen, daß man die Wache verstärkt. Es mag zum Verhör mit ihr kommen, und ich will sie an einen Ort überführen lassen, wo sie ihre Untaten wird bereuen können; sie kann sich zur Abfahrt bereit halten, sobald sie befragt worden ist.«[71]

Am 4. September, nachdem der Kronprinz etliche Male verhört worden war, brachte man ihn in die Festung Küstrin. Er wurde in »ein elendes Loch« geworfen, nur dreimal täglich ging die Tür für wenige Minuten auf. Alle Wachpersonen hatten strengstes Schweigegebot, niemand durfte ihm Neuigkeiten von der Welt draußen bringen.

Lavisse hat die Maßnahmen zusammengefaßt, die über die Habe des Kronprinzen verhängt wurden:

Alles, was in irgendeiner Beziehung zum Prinzen gestanden oder ihn interessiert hat, verfällt der Wut des Königs. Durch Kattes Verhör erfuhr er von der Existenz der geheimen Büchersammlung, die dem Prinzen so teuer gewesen, daß er Weisung gegeben hatte, sie nach seiner Flucht nach England zu schicken. Der König ließ den Bibliothekar, einen armen Küster, rufen, inquirierte ihn anderthalb Stunden lang. Er fragte ihn unter anderem, ob atheistische Schriften darunter seien und wieviel er wöchentlich vom Prinzen bekäme. Als der Küster antwortete »Zwanzig Heller«, atmete der König einen Augenblick erleichtert auf. »Nun, das ist nicht zuviel« sagte er. Er begab sich dann persönlich in die Bibliothek, die fünfzehn Schränke füllte, und schlug mehrere Bände auf. Darauf befahl er, den Namenszug, ein gekröntes F, von dem Einband der Bücher zu tilgen und die ganze Bibliothek einzupacken. Sie wurde nach Hamburg geschickt, wo der preußische Resident Befehl erhielt, sie »aufs Beste« zu verkaufen, ohne daß jemand von ihrer Herkunft erfahre . . . Wie gegen die Bücher, wütete der König auch gegen die, die damit zu tun gehabt hatten. Duhan und der Küster wurden nach Memel verbannt.

Zugleich wurden die Diener des Prinzen entlassen, seine Wagen und Pferde verkauft. Das Regiment, dessen Oberst er seit drei Jahren war, erhielt sein Bruder August Wilhelm. Es sah aus, als ob der Kronprinz enterbt sei.[72]

Dem König waren jedoch die Ergebnisse aller Verhöre viel zu mager. Es war ihm nur zu deutlich der Wunsch anzumerken, Schwerwiegendes zu entdecken: Einen Anschlag auf sein Leben, eine Verschwörung gegen den Staat. Darum befahl er auch, die Verhöre mit Katte zu verschärfen. Nur mit Mühe gelang es, Katte vor der Folter zu bewahren. Als absoluter

Herrscher fühlte sich der König bei all diesen Verfahren auch noch im Recht. Dem Alten Dessauer schüttete Friedrich Wilhelm sein gramerfülltes Vaterherz unumwunden aus:

Der König an den Fürsten von Anhalt *11. September 1730*
... Was die Inquisition anlangt, die gehet fort. Katte ist fertig; des bösen Friedrich seine müssen sie nach Küstrin hin zu verhören, alsdann über ihn gesprochen werden kann. Indessen ist gewiß, daß England von Allem gewußt, aber die Desertion abgeraten. Der böse Mensch hat an (den) König von England geschrieben, sich über mir beschweret, daß er so übel und nit (nach) seinem Karakter gehalten würde, und würfe sich ins Königs Protection, er möchte ihn auf- und annehmen. Mit dem Brief hat er den englischen Residenten aus dem sächsischen Lager gesandt nach London, und der auch wiedergekommen, bevor ich nach das Reich verreiset.
Der König hat ihm abgeraten, nit zu desertieren. Der böse Mensch hat zu dem Resident gebeten, an König zu bitten, er möchte ihm 17.000 Taler geben, seine Schulden zu bezahlen, die sich nur auf 9.000 Taler belaufen. Inquisit (der Angeklagte) darauf geantwortet hätte, daß er mehr gefordert hätte, daß er noch was übrig hätte; also man sein treffliches Gemüt erkennen kann. Gott bewahre alle ehrlichen Leute vor ungeratene Kinder. Es ist ein groß chagrin (Kummer), doch ich habe vor Gott und der Welt ein reines Gewissen ...[73]

Doch sollte dieses hier beschworene reine Gewissen des Königs bald ins Wanken geraten, als im Laufe des Prozesses gegen den Kronprinzen Bittschriften und Gnadengesuche aus aller Welt auf seinen Tisch flatterten. In den Zeitungen sämtlicher europäischer Staaten hatte er eine recht schlechte Presse und er galt eine Zeitlang als »der Tyrann auf dem Thron«.

Seine Furcht vor Komplotten und Anschlägen auf sein Leben nahm groteske Formen an. So erfuhr er von einer angeblichen »Liebschaft«, die Fritz mit der Potsdamer Kantorstochter Doris Ritter gehabt haben sollte. Der Kantor war erst vor kurzem mit Frau und Kind nach Potsdam gekommen. Es war offensichtlich, daß die Familie nicht mit Glücksgütern gesegnet war. Fritz hatte wohl ein paarmal mit dem Mädchen musiziert, dabei rührte ihn die Not der Familie. Er schenkte ihr getragene Kleider, die umgeändert und ergänzt wurden. Einmal gab er dem Vater fünfzig Dukaten, dafür sollte er dem Mädchen etwas zum Anziehen kaufen. Es soll ein recht unschönes junges Mädchen gewesen sein, groß und knochig. Nun verdächtigte der König auch diese Doris Ritter des Hochverrats und behandelte sie schändlich. Der Fall erregte soviel Aufsehen, daß sogar die fremden Diplomaten darüber an ihre Höfe berichteten. Der Engländer Guy Dickens schrieb seine Information für den englischen Hof am 25. September 1730:

Etwa eine Woche nach des Königs Ankunft gab er Befehl, zwei Lieutenants vom Regimente der großen Grenadiere und die Tochter eines Schulmeisters (Dorothea Ritter) ins Gefängnis zu setzen. Das Mädchen wurde beargwöhnt, mit dem Kronprinzen intriguiert, und die beiden Offiziere wurden beschuldigt, Briefe hin- und zurückgebracht zu haben. Der König befahl, das Mädchen solle von einer Hebamme und einem Wundarzt untersucht werden, welche beide dem König versicherten, sie sei noch Jungfrau. Deßungeachtet, weil sich ergab, daß der Prinz den Eltern der Jungfrau ein Geschenk von 50 Kronen gemacht, um der Tochter einen Anzug zu kaufen, befahl der König, sie solle durch den gemeinen Henker durch die Stadt gepeitscht und zeitlebens in Spandau eingesperrt werden.[74]

Die Kabinettsorder, die diesen Bericht bestätigt, ist heute noch im Preußischen Hausarchiv, Repositur 47 A 2.144 ad C vol. IX aufbewahrt:

S. K. M. befehlen den Hof-Rat Klinte, daß er morgen die in Arrest allhier sitzende Kantors Tochter soll auspeitschen lassen, und soll dieselbe alsdenn ewig nach Spandow in das Spinn-Haus gebracht werden. Erstlich soll dieselbe vor dem Rat-Hause gepeitscht werden, hernach vor des Vaters Hause, und denn auf allen Ecken der Stadt.[75]

Bei seinen eigenen Verhören und Untersuchungen argumentierte der Kronprinz stichhaltig, betonte immer wieder, nie gegen seinen Vater intrigiert zu haben, und beteuerte, daß er nur die Mißhandlungen nicht mehr erdulden konnte. Auch das Schlußprotokoll zur Vernehmung war von seinem persönlichen Anstand diktiert. Er verwendete sich für seinen Freund Katte, den er in jeder Weise entschuldigte, er selbst habe ihn verführt, und wenn jemand am Leben gestraft werden solle, so sei er dies, und nicht Katte, der verleitet worden sei.[76]

Der König hüllte sich nicht etwa in finsteres Schweigen, sondern besprach mit allen möglichen Menschen sein hartes Los als Vater. So bezichtigte der König bei einer Unterredung mit dem niederländischen Gesandten Ginkel den Kronprinzen der Verschwörung, wobei er äußerte, England und Frankreich seien mit im Bunde, um ihn zu beseitigen und zu vernichten. Er meinte damals, eine große geheime Allianz habe sich gebildet, um seinen Sohn aus der Haft zu befreien, ja, er glaubte sogar, Friedrich habe ihn ermorden oder vergiften lassen wollen.

Den ganzen September über nahm sein Zorn noch zu. Bei all seinen Maßnahmen glaubte er sich strikt im Recht, er habe sich nichts vorzuwerfen. Auf die ihm vorgeworfenen Mißhandlungen ging er überhaupt nicht ein. Doch brachte er auffallend oft die Religion mit ins Spiel. Die Ereignisse, meinte er, würden seine erzieherische Härte vor Gott rechtfertigen, da Fritz ein böser Mensch sei. Lavisse zog einen psychologisch höchst interessanten Schluß daraus:

In seinem engen Gesichtskreis und in der fanatischen Selbstherrlichkeit seines Willens machte er sich nicht klar, daß jemand anders veranlagt sein könnte als er, und daß sein Sohn das Recht hätte, ihm nicht Zug für Zug zu gleichen, ja daß er, um nach seinem Tode seine Armee zu kommandieren, seinen Schatz zu verwerten und sein Preußen fortzusetzen, Eigenschaften nötig hätte, die ihm selbst fehlten. Zwar beginnt er die Fähigkeiten seines Sohnes allmählich zu erkennen, aber sie reizen ihn vollends, infolge eines Gefühls, das er sich nicht eingesteht. Er wundert sich, daß dieser Coquin (Schurke) sich so dreist und gewandt verteidigt. Es wurmt ihn, daß diese »Kanaille«, dieser »Taugenichts«, mehr Geist hat als jeder andere. Er ist eifersüchtig, und seine Eifersucht steigert seinen Haß und macht ihn abstoßend. Sein Nachfolger ist für ihn ein »furchtbarer Nebenbuhler«. Gibt er den Gefangenen aus der Haft frei, weiß Gott, wessen er dann fähig ist im Bunde mit seinen Freunden im In- und Ausland, mit Frankreich und England. An seine geheimen Beziehungen zum Ausland klammert sich der König mit Wut; er übertreibt sie, um den Fluchtplan des Prinzen mit Hochverrat zu verquicken. Zweifellos hat er nach Kapitalverbrechen gesucht.[77]

In welch diplomatischer Spannung sich die europäischen Staaten zu dieser Zeit befanden, geht aus einer Zusammenfassung des Historikers Poseck hervor:

Das Los des Kronprinzen in Küstrin blieb noch ungewiß. Von verschiedenen Seiten hatte man sich für ihn beim Vater verwendet. Auch Seckendorff hatte dem Kaiser den Entwurf eines Interzessionsschreibens zugunsten des Inhaftierten am 2. Oktober nach Wien eingesandt und am 8. Oktober die Ausfertigung des vordatierten kaiserlichen Handschreibens zur Übergabe an den König erhalten. Der Graf hielt den Zeitpunkt noch nicht für gekommen, es zu überreichen, obwohl die Königin bei ihrem eingeschworenen Gegner Seckendorff selber um seine Ver-

wendung für ihren Sohn bittstellig geworden war. »Ich habe darauf geantwortet« notiert der Graf sich, »daß ehe und bevor der König Ihro kaiserliche Majestät die sein Haus allein angehende Vertraulichkeit mitteilten, dieselben sich zu melieren nicht Ursache hätten, weil sein Stillschweigen glauben machte, daß er fremden Beistand nicht nötig, sondern schon Mittel wüßte, sich Ruhe in seinem Hause zu verschaffen.«

Er fügt hinzu: »Diese Antwort habe ich nur deswegen gegeben, weil der Republik Holland vom Könige sehr übel genommen, daß sie sich unbegrüßt der Sache annehmen wollen.« Aber er sagte der verzweifelten Mutter nicht, daß er dem Kaiser bereits einen Entwurf eingesandt hatte. Schweden, Dänemark, Holland, Rußland hatten bereits durch ihre Gesandten solche Briefe an den König übergeben lassen; Seckendorff hielt es für klüger, das Handschreiben Karls des Sechsten zurückzuhalten, »bis genau weiß, daß der König den Kronprinzen pardonnieren will«. Auch England legte in Wien nahe, Schritte zu unternehmen, um den König zur Begnadigung des Kronprinzen zu bestimmen; man antwortete, das wäre bereits geschehen.[78]

Es war durchaus nicht so sicher, daß der Kronprinz »pardonnieret würde«. Gerade die beiden Ohrenbläser, Seckendorff und Grumbkow, spielten da ein sehr gefährliches Spiel. Friedrich wurde natürlich, wenn nicht jetzt, so doch später, hinterbracht, was dieser und jener in der kritischen Zeit des Prozesses gegen ihn gesagt und getan hatte. So erfuhr er auch Grumbkows gemeinen Ausspruch:

»Eure Majestät müssen diesen Hund aus der Welt schaffen!«[79]

Dieser Ansicht vermochte sich das Kriegsgericht Ende Oktober jedoch nicht anzuschließen. Es wurden eine Reihe von Protokollen über die Urteilsfindung abgefaßt, denn mehrmals mußte das Gericht zusammentreten, weil dem König die Urteile nicht hart genug ausfielen. Die nachstehende Fassung ist besonders charakteristisch:

Immediatbericht des Generalleutnants von der Schulenburg

Köpenick, 29. Oktober 1730

E. Königl. Majestät übersende hierbei allergehorsamst die vom versammelten Kriegsgericht gegebene und daraus abgefaßte Sentention (Urteilsspruch) und werden Ew. Königl. Maj. allergn. ersehen, daß die Meinung aller Klassen wegen des Kronprinzen dahin gegangen, daß sie über denselben weiter nicht erkennen können, als daß sie Ew. Königl. Maj. höchsten Gnade diese Staats- und Familiensache überlassen. Wegen des Katten waren die vota discrepant (die Stimmabgabe ver-

schieden) und hatten die Hälfte zwar auf Todesstrafe, jedoch aus denen in votis (in der Stimmabgabe) enthaltenen Ursachen Ew. Königl. Maj. ihm Gnade widerfahren lassen möchten, die andere Hälfte aber auf ewigen Festungsarrest erkannt: dahero solches dem nochmals versammelten Kriegsgericht vorgetragen und obgleich jede Klasse bei ihrem voto (Entscheid) an sich geblieben, so ist doch mit allerseits Genehmhaltung, nach den in solchen Fällen gewohnlichen Rechts-Regeln und Gebrauch, die Sentenz auf ewigen Festungsarrest abgefasset und vollzogen worden. Dem Lieutenant von Spaen ist durch die meisten Stimmen Cassation und 3jähriger Festungsarrest, dem Lieutenant von Ingersleben aber 6monatl. Festungsarrest dictiert.

Und wegen des von Keith ist der Spruch dahin gefallen, daß er nach Kriegsmanier durch Trommelschlag 3 mal citiert und im Fall Außenbleiben infam erkläret, der Degen zerbrochen und in effigie (in Abwesenheit) aufgehangen werden soll.

Da wir nun allerseits bis auf E. K. Maj. Order versammlet bleiben, so will solche alleruntertänigst erwarten.

Alleruntertänigstes postscriptum

Weil auch Katte in denen Acten gebeten seine letztere schriftliche Submission (Unterwerfung) und Bitten um Gnade an Ew. Königl. Majestät zu übersenden und das versammlete Kriegsgericht bei Verlesung der Sentenz solches gut gefunden, als habe auch dieses noch beifügen sollen.

Eigenhändige Randbemerkung Friedrich Wilhelms des Ersten:

sie sollen recht sprech(en) und nit mit den Flederwisch vorüber gehn da (es) Katte also wohll getahn soll das Krichgerich wieder zusammenkomen und ein anderes sprechen. F. W.[80]

Der König war außer sich, daß sich das Kriegsgericht in der Urteilsfindung über den Kronprinzen für nicht zuständig erklärte und alles der Gnade des Königs anheimstellte. Er wollte unter allen Umständen ein Exempel statuieren und suchte nach einer Handhabe, dies mit dem Schein des Rechts zu tun.

Friedrich hatte eine sehr schwere Zeit in der Festung Küstrin zu durchleben. Er erinnerte sich später:

Ich sage Ihnen, mein Lieber, es ist eine schreckliche Geschichte. Die Behandlung, welche ich in jener höllischen Festung zu erdulden hatte, war fürchterlich. Niemand sprach mit mir, oder wagte mit mir zu sprechen. Ich war ganz allein und nur mit meinen traurigen Ahnungen in betreff meines Freundes beschäftigt, dessen Schicksal mir schrecklicher war als mein eigenes.

Mein Essen bekam ich durch ein kleines Schiebefenster und dies Essen war entsetzlich und nur gerade genügend, um nicht vor Hunger zu sterben. Etwas später bekam ich reichlicher zu essen und glaubte schon, die Sache würde bald vorüber sein . . .[81]

Diese strenge Behandlung erduldete Fritz aber nur in der ersten Zeit der Festungshaft. Er fand einen Helfer in dem redlichen und mitleidigen Kammerpräsidenten von Münchow, der sich bemühte, das Los des Kronprinzen zu erleichtern. Dessen Hilfsaktionen wurden von Preuß geschildert, auch von Kugler und schließlich von Hegemann, die alle gut dokumentierten:

Indes fand sich doch Gelegenheit, einige dieser strengen Anordnungen zu umgehen. Der Kammerpräsident von Münchow, der das Schicksal des unglücklichen Königssohnes mit inniger Teilnahme empfand, ließ in der Decke des Gefängnisses ein Loch machen, so daß er Gelegenheit bekam, den Kronprinzen zu sprechen, ihm seine Dienste anzubieten und seine Wünsche zur Verbesserung seiner gegenwärtigen Lage zu vernehmen.

Der Kronprinz klagte über das armselige Essen und Speisegerät und über den Mangel an geistiger Nahrung. Für beides wußte der Präsident bald Rat. Sein jüngster Sohn, acht Jahre alt, wurde in die weiten Kinderkleider gesteckt, die schon seit Jahren abgelegt waren, und die tiefen Taschen derselben füllte man mit Obst, Delikatessen und ähnlichem; dem Knaben verweigerte die Wache nicht den Eingang. Dann wurde ein neuer Leibstuhl mit verborgenen Fächern angeschafft, und so kamen dem Kronprinzen nach und nach Messer und Gabeln, Schreibgerät, Bücher, Briefe usw. zu. Die diensthabenden Offiziere untersuchten das Zimmer nur, soweit ihre Order reichte.[82]

Also auch in diesen düsteren Tagen fand der Kronprinz Freunde. Der Vater hatte ihm im Kerker nur zwei geistliche Bücher erlaubt. An dem Tage, da das Kriegsgericht in Schloß Köpenick auseinanderging und der König über seiner letzten Entscheidung brütete, schmuggelte Friedrich eine mit Bleistift geschriebene Nachricht zu Wilhelmine durch, die darüber in Tränen der Freude ausbrach:

Friedrich an Wilhelmine — *Küstrin, 1. November 1730*

Meine liebe Schwester,

das Kriegsgericht, welches jetzt zusammentritt, wird mich für einen

Ketzer erklären . . . Sie können sich die niedliche Behandlung, die mir bevorsteht, leicht denken . . . Glauben Sie, liebe Schwester, wenn ich nur weiß, daß Sie glücklich sind, so wird mir der Kerker ein glücklicher und angenehmer Aufenthalt. Wer Zeit gewinnt, lebt, sagen die Italiener, und damit wollen wir uns trösten.

Aus Herzensgrunde wünsche ich, nicht brieflich mit Ihnen reden zu müssen, und die seligen Tage wieder zu erleben, welche Ihren Principe und meine Principessa (Laute und Flöte) Küsse austauschen sehen, oder, um es einfacher auszudrücken, an welchen ich das Vergnügen haben werde, mit Ihnen sprechen und Ihnen die Versicherung geben zu können, daß nichts auf Erden meine Liebe für Sie schwächen kann. Leben Sie wohl,

Der Gefangene[83]

Während der oft dramatischen Sitzungen des Kriegsgerichts, an denen der König teilnahm, verhielten sich die Offiziere dem Kronprinzen gegenüber sehr loyal. Dem König waren, wie bereits erwähnt, die vorgesehenen Strafen zu mild, er wünschte den Vorgang als Kapitalverbrechen behandelt zu sehen. Dem verdienten Major von Buddenbrock wurde dieses Bohren und Drängen zu viel. Er riß sich temperamentvoll den Rock auf, entblößte seine Brust vor dem König und rief: »Wenn Ew. Majestät Blut verlangen, so nehmen Sie meines; jenes bekommen Sie nicht, solange ich sprechen darf.«[84]

Die Sucht, unbedingt ein Exempel statuieren zu wollen, trieb den König Katte gegenüber zum Äußersten. Kugler schilderte dies mit bewegten Worten:

Sein Zorn konnte nicht ohne ein blutiges Opfer gestillt werden; und so erklärte er zunächst, aus eigener Machtvollkommenheit, das Vergehen Kattes als ein Verbrechen an der beleidigten Majestät, da dieser, als Offizier der Garde-Gendarmerie, der Person des Königs unmittelbar verpflichtet gewesen sei und solche Verpflichtung durch einen Eid erhärtet, nichtsdestoweniger jedoch zur Desertion des Kronprinzen unerlaubte Verbindungen mit fremden Ministern und Gesandten zum Nachteil des Königs angeknüpft habe. Für ein solches Verbrechen habe er verdient, mit glühenden Zangen gerissen und aufgehenkt zu werden; doch solle er, in Rücksicht auf seine Familie, nur durch das Schwert gerichtet werden. Man solle dem Katte, wenn ihm dieser Ausspruch eröffnet werde, sagen, daß es dem Könige leid täte: es sei aber besser, daß er sterbe, als daß die Gerechtigkeit aus der Welt gehe.

Alle Bitten und Fürsprachen gegen dies strenge Urteil waren um-

sonst; vergebens flehte Kattes Großvater, der alte verdiente Generalfeldmarschall von Wartensleben, mit rührenden Worten um Gnade, nur damit ihm Gelegenheit bleibe, das Herz seines Enkels zur Buße und zur Demut zurückzuführen. Der Sinn des Königs blieb unerweicht, und wiederholt berief er sich darauf, es sei besser, daß ein Schuldiger nach der Gerechtigkeit sterbe, als daß die Welt oder das Reich zugrunde gehe.

Katte selbst vernahm sein Urteil mit großer Standhaftigkeit. So leichtsinnig er sich früher betragen hatte, so würdig erschien der zweiundzwanzigjährige Jüngling in den wenigen Tagen, die ihm jetzt noch zur Vorbereitung auf den Tod vergönnt waren. Der Gram, den er seinen Eltern und seinem Großvater durch das leichtsinnig heraufbeschworene Schicksal verursachen mußte, ergriff seine Seele mit Macht; die Briefe, mit denen er von ihnen Abschied nahm, waren von innigster Reue erfüllt . . .

Am 4. November wurde er nach Küstrin abgeführt. Es geschah auf Befehl des Königs, denn dieser wollte auch das härteste Mittel nicht unversucht lassen, das Herz des Kronprinzen zu erweichen. Unter den Augen des letzteren, so hatte es der König ausdrücklich angeordnet, sollte die Hinrichtung des Freundes stattfinden. Der Morgen des 6. November (1730) war zur Hinrichtung bestimmt.[85]

In den Gesprächen mit seinem Vorleser de Catt erinnerte sich Friedrich der Große später, wie er diesen grauenvollen Augenblick überstand:

. . . und ich glaubte schon die Sache (mit der Gefangenschaft) würde bald zu Ende sein, als eines Morgens ein alter Offizier mit mehreren Grenadieren in mein Zimmer trat. Alle schwammen in Tränen.

»Prinz«, sagte der Offizier schluchzend, »lieber, armer guter Prinz!« Ich glaubte, ich sollte enthauptet werden.

»Sprechen Sie«, sagte ich, »muß ich sterben? Ich bin bereit, wenn die Barbaren nur schnell machen.«

»Nein, lieber Prinz, nein, Sie sollen nicht sterben, aber gestatten Sie, daß die Grenadiere Sie an das Fenster führen und dort festhalten.«

Sie hielten mir den Kopf, damit ich den Vorgang sehen sollte. Guter Gott, welch entsetzliches Schauspiel! Mein lieber, lieber, treuer Katte sollte vor meinem Fenster hingerichtet werden. Ich wollte ihm die Hand hinstrecken, aber sie wurde gewaltsam zurückgezogen.

»Ach Katte!« rief ich aus, und fiel in Ohnmacht: so wurde die Barbarei, mit der ich gezwungen werden sollte, dieses furchtbare Schauspiel anzusehen, um ihre Absicht betrogen![86]

Man ließ Kattes Leichnam, mit einem Tuch bedeckt, bis zum Sonnenuntergang am Schafott liegen. Zunächst begrub man ihn innerhalb der Festung in einem Gewölbe. Die Familie bemühte sich später, ihn nach Gut Wust zu überführen. Seltsamerweise meldete sich der Henker nicht bei den Eltern Kattes, um die Kosten der Hinrichtung zu kassieren, sondern beim Großvater, dem alten Generalfeldmarschall von Wartensleben, der über diese Aufregung beinahe gestorben wäre.[87]

Hegemann zitierte den Wortlaut der Rechnung:

Nach der noch wohlerhaltenen »specification deren Execution Kosten des seeligen Katt« kostete die Hinrichtung 40 Taler 23 Groschen. Davon bekam der Scharfrichter Heyl aber nur 10 Thaler, der Rest wurde verrechnet für den eichenen Sarg mit schwarzen Leisten und eisernem Beschlag, ferner »für Leinwand, inwendig im Sarge den Körper damit zu belegen 2 Thaler 19 Groschen, für die zwei Betten, so vor die Nacht allhier geliefert, als dem von Katt und dem Feldprediger 1 Thaler, für Licht in der Nacht 16 Groschen, den 12 Trägern à Mann 16 Groschen«, zusammen 8 Thaler. »den Stützenträgern 6 à 2 Gr. 12 Groschen, dem Todtengräber für die Kute 1 Thaler.«[88]

Dank der Überzeugungskraft der beiden Geistlichen, die Katte vor seinem Ende seelsorgerisch betreuten, nahm der junge Mann sein Schicksal in großer Demut, Ergebenheit und im Vertrauen auf Gottes Gnade und Güte hin. So wurde ihm der Gang zum Schafott der kürzeste Weg zum ewigen Licht. Seine Standhaftigkeit war beispiellos. Er behielt seine Fassung bis zu letzten Sekunde. Der König hatte einen Märtyrer geschaffen.

Katte hinterließ seinem Freund Friedrich eine Reihe von Aufsätzen, die Feldprediger Müller diesem jetzt als Vermächtnis überbrachte.

Kugler befaßte sich auch eingehend mit den religiösen Streitpunkten, die außer allen sonstigen Meinungsverschiedenheiten zwischen dem König und dem Kronprinzen bestanden:

Diese Vorstellungen bestanden besonders darin, daß Katte sein Unglück als eine verdiente Strafe Gottes betrachtete, daß er den Kronprinzen beschwor, auch er möge hierin die Hand Gottes erkennen und sich dem Willen seines Vaters unterwerfen, besonders aber möge er dem Glauben an eine willkürliche Vorherbestimmung des Schicksals entsagen. Dies letztere war der wichtigste Punkt, und auch der König hatte bereits vor allem darauf gedrungen, daß der Prediger diese Glaubensansicht des Kronprinzen mit allem Eifer bekämpfen möge.

Denn der Prinz hatte sich, besonders durch Katte dazu verleitet, jener Prädestinationslehre ergeben, welche bekanntlich durch die Calvinisten mit einer trostlosen Strenge vertreten wurde, welche die einzelnen Menschen als von Ewigkeit her zur Seligkeit oder zur Verdammnis bestimmt darstellte und welche somit in der Sünde keine Schuld des menschlichen Herzens anerkennen konnte. So hatte auch Friedrich alles, was er bisher getan, nur als die Fügung eines ihm fremden Schicksals betrachtet. Jetzt aber war sein Gemüt einer wärmeren Ansicht geöffnet; zwar stritt er noch längere Zeit mit eifrigen Gründen zur Verteidigung seines alten Glaubens, aber endlich siegte die bibelfeste Beredsamkeit des Predigers. Er fühlte sich überwunden und klagte, daß ihn jetzt seine Gedanken verließen.

Nachdem er seine Kräfte wieder zusammengerafft, war seine erste Äußerung, daß er also selbst schuld sei, nicht nur an seinem eigenen Unglück, sondern auch an dem Tode seines Freundes. Der Prediger bejahte dies; er ließ ihn absichtlich die ganze Größe seiner Schuld ins Auge fassen. Aber er verwies ihn zugleich auch an die göttliche Gnade, welche größer sei als alle Schuld. Aber nun meinte der König, wenn Gott ihm auch vergeben werde, so habe er doch den König in einem Maße beleidigt, daß er von diesem keine Verzeihung hoffen könne, und gewiß sei der Prediger nur in der Absicht gesandt, auch ihn, wie Katte, auf den Tod vorzubereiten . . .

Der Prediger sandte in den ersten Tagen nach Kattes Hinrichtung täglichen Bericht an den König über die Sinnesänderung des Kronprinzen. Aber er fügte auch hinzu, daß der Prinz wegen seiner anhaltenden Traurigkeit in eine Gemütskrankheit fallen dürfte, und er bat den König, dem Sohne das Wort der Gnade nicht mehr lange vorzuenthalten. . . . So durfte dieser denn schon am 10. November dem Prinzen die Mitteilung machen, daß der König ihm zwar noch nicht gänzlich verzeihen könne, daß er aber des scharfen Arrests entlassen werden und sich nur innerhalb der Festungsmauern halten solle, und daß er fortan als Rat in der neumärkischen Kammer zu Küstrin werde beschäftigt werden.

Die Erscheinung der väterlichen Gnade erschütterte den Kronprinzen so, daß er an der Wahrheit der Nachricht zweifelte und die Tränen nicht zurückzuhalten vermochte; nur erst der Anblick des königlichen Handschreibens an den Prediger konnte ihn davon überzeugen. Zugleich aber hatte der König verlangt, der Kronprinz solle vor einer besonders dazu verordneten Deputation einen Eid ablegen, daß er seinem Willen und Befehle in Zukunft den strengsten Gehorsam leisten und alles tun werde, was einem getreuen Diener, Untertan und Sohne zukomme; er hatte ihn ausdrücklich auf die Bedeutung eines Eides aufmerksam machen lassen.[89]

Die angekündigte Delegation aus Berlin erschien am 17. November 1730 in Küstrin. Sie sollte den neuen kronprinzlichen Hofstaat einrichten. Ihr Anführer war Grumbkow! Zunächst war Friedrich konsterniert, seinen alten Widersacher vor sich zu sehen. Doch dann überwand er seine Antipathie und hatte eine lange Aussprache mit dem alten Feind, in welcher er sich mit ihm versöhnte. Insgeheim wurde er jedoch das Gefühl nicht los, daß Grumbkow schon anfange, mit der soeben begnadigten »neu aufgehenden Sonne« zu sympathisieren und zu paktieren.

Am 19. November, einem Sonntag, erhielt Friedrich seinen Degen zurück; jetzt trug er wieder den Schwarzen-Adler-Orden, legte den verlangten Treueid ab und nahm das Abendmahl. Er verließ nun sein Quartier in der Festung, das die härtesten Stunden seines jungen Lebens gesehen hatte. Man mietete ihm ein Haus in der Stadt Küstrin. Die neuen Weggenossen waren dort versammelt. Sein Hofmarschall wurde ein Herr von Wolden, ein angenehmer Mensch in den Vierzigern. Außerdem standen ihm zwei Kammerjunker, die Herren von Natzmer und von Rohwedell zur Verfügung. Ferner gab es zwei Pagen und einen Kammerdiener für den Kronprinzen, außerdem vier Lakaien, die sogar, nach Preuß, in »einer prächtigen Livree« steckten.

Von Wolden hatte vom König eine seitenlagen und sehr strenge Instruktion erhalten, in welcher wieder einmal Friedrichs Tageslauf bis in die kleinsten Einzelheiten festgelegt wurde. Der Kronprinz sollte als »wirklicher Rat« in Finanz- und Polizeisachen bei der Kammer in Küstrin arbeiten. Der Vater legte Wert darauf, er solle sich überzeugen, »daß kein Staat bestehen könne sonder Wirtschaft und gute Verfassung, und daß ohnstreitig das Wohl des Landes davon dependiere [abhinge], daß der Landesherr alles selbst versteht und ein Wirt und Ökonomus ist; sonsten, wenn dieses nicht geschiehet, das Land den Favoriten und Premierministern zur Disposition bleibt, welche den Vorteil davon haben und alles in Konfusion setzen«. Der Sohn müsse sich darüber klar werden, daß echte Tätigkeit und persönlicher Einsatz von ihm verlangt wurden. »Fritz soll nicht bloß unterschreiben, er soll selbst arbeiten«.[90]

Aufschlußreich über die Tage als »Auskultator« in Küstrin ist die Korrespondenz derjenigen Männer, die mit der Aufsicht über den Kronprinzen betraut waren. Neben dem Hofmarschall von Wolden war dies Kammerpräsident Hille, ein redlicher und ordentlicher Mann, nicht ohne Humor. Beide sandten von Zeit zu Zeit Berichte an den Feldmarschall und ersten Minister Grumbkow, der sich zum Mittler zwischen dem Kronprinzen und dem immer noch grollenden Vater gemacht hatte.

Hille an Grumbkow *18. Dezember 1730*
... Er stellt sich so, als wollte er von Heiraten nichts wissen, und er spricht sich darüber in einer Weise aus, die uns samt und sonders zum Lachen gebracht hat. Mein Vater, erklärte er, hat mir selbst geraten, ich solle nicht jung heiraten, und bei meiner Natur wäre ich bald eines Frauenzimmers überdrüssig, das mir alljährlich ein Kind beschert und bald häßlich würde. Dann würde ich blindlings in den Ehebruch hineinrennen, der nach meiner Ansicht etwas Verwerfliches ist. Ich will mit vierzig Jahren heiraten, und zwar eine fünfzehnjährige Prinzessin, so schön, als ich sie finden kann ...
Sie glauben, seine Lieblingsleidenschaft sei die Musik. Gott gebe, daß dem so wäre! Aber er hat eine stärkere Neigung: er will Verse machen und ein Reimschmied werden. Während er nicht weiß, ob seine Vorfahren Magdeburg im Kartenspiel oder sonstwie gewonnen haben, kann er die Regeln der Poetik des Aristoteles an den Fingern herzählen und quält sich seit zwei Tagen ab, deutsche Verse, die ihm der Narr, der Wilcke (ein Domänenrat) gegeben hat, ins Französische zu übersetzen ... All das muß ihm noch abgewöhnt werden ...
Kann man beim König nicht durchsetzen, daß er ehrliche Leute, die hier am Orte sind, zu Tische laden darf? Er wünscht es heiß, und ich sehe keinen Nachteil darin; denn wir sprechen ja täglich mit ihm. Se. Kgl. Hoheit sind lustig wie ein Buchfink ...[91]

Wolden an Grumbkow *Küstrin, 19. Dezember 1730*
... Bei heutiger Post habe ich I. Kgl. Maj. geschrieben, um anzufragen, wie Sie es wollten gehalten haben mit I. Kgl. Hoh. des Kronprinzen Kleidung, Betten und Leinenzeuge, als an welchen Stücken bei demselben sich ein großer Mangel findet. Wildbret haben I. Kgl. Maj. uns gleichfalls zu unserer Ménage (Haushalt) accordiert (zugestanden), und die Briefe, so wir erhalten, sind auch in viel gnädigern Terminis (Ausdrücken) als vor diesem abgefasset, welches mich denn alles gutes hoffen machet. Dem ohngeachtet wird vor der Hand noch ein wenig Geduld und Réflexion vonnöten sein ...[92]

Hille an Grumbkow *Küstrin, 23. Dezember 1730*
Ew. Exzellenz werden vom König durch die gestern abgesandte Stafette erfahren haben, daß der Kronprinz zwei Anfälle von Wechselfieber gehabt hat. So viele Aufregungen, Kummer und Ängste mußten unbe-

dingt eine heftige Wirkung auf seinen Körper haben. Gottlob hat es nicht zu einer ernsteren Erkrankung geführt. Da Kranke mißlaunig sind, war er es auch und führte bittere Klage, daß er bei aller Unterwerfung noch nicht die geringste Freiheit erhalten habe, nicht einmal die, ein gutes Buch zu lesen oder bei Tisch Leute zu sehen, mit denen er zu sprechen wage. Er und seine drei Höflinge haben sich völlig ausgesprochen; man gähnt, langweilt sich und muß schreiben oder Schach spielen oder garnichts tun . . .[93]

Hille an Grumbkow — *Küstrin, 30. Dezember 1730*

. . . Der Präsident (Münchow) und ich sind besorgt, ob es erlaubt ist oder nicht, am 24. Januar den Geburtstag des Kronprinzen durch ein kleines Fest zu feiern. Wir bitten Ew. Exzellenz um gnädigen Bescheid . . .[94]

Wolden an Grumbkow — *Küstrin, 28. April 1731*

. . . Wir übrigen Insassen des Klosters bersten vor Langerweile, wenn diese Lebensführung noch weiter fortgeht. Der Geist ist stets erregt und unruhig »wegen der großen Verantwortung«, und der Leib leidet gleichermaßen darunter. Vor einer Weile haben wir Herrn Stahl (den Leibarzt) über unseren Gesundheitszustand konsultiert; er hat uns zum Trost nichts weiter als Helleborum nigrum (schwarze Nieswurz) geschickt, eine Arznei, die man gewöhnlich den Leuten gibt, denen es im Kopfe rappelt – eine üble Vorbedeutung für uns, wenn Herr Stahl dies in einer Art von Vorahnung getan hat . . .[95]

Zwischen den gedämpften Beschwerden des kleinen Hofstaates, daß man nicht genügend Unterhaltung habe, flackerte immer wieder das Mißtrauen des Königs auf, ob die Wandlung des Kronprinzen auch von Herzen komme. Erneut wurde über die »Gnadenwahl« disputiert; der König zweifelte, ob der Prinz der Prädestinationslehre wirklich entsagt habe. Was der Prediger auch von Küstrin aus versichern mochte, es war wie in den Wind gesprochen, und Mißtrauen und Übellaunigkeit des Königs warfen ihre Schatten bis in den entfernten kleinen Ort, wo man auf Gnade und Erleichterung des Lebens hoffte. Aber der König hielt die Zeit noch nicht für gekommen. In einer Anweisung für den Kronprinzen vom 22. Januar 1731 hatte es unmißverständlich geheißen:

Nit Musicke, nit Tanzen, denn dieses nit der Ort davor ist.[96]

In den Briefthemen von Wolden und Grumbkow tauchten in zunehmendem Maße Heiratserwägungen auf. Der Kronprinz selbst brachte seine Umgebung durcheinander mit der Idee, ob er denn nicht die Tochter des Kaisers, Maria Theresia, heiraten könne. Grumbkow lehnte es jedoch ab, diesen absurden Vorschlag an seine Majestät weiterzuleiten. Friedrich wollte, wenn er die Kaisertochter, die ja selbst einmal Kaiserin sein würde, heiratete, auf die preußische Krone zugunsten seines Bruders verzichten. Mußte er in seiner Einsamkeit nicht glauben, daß dies, was man vordem so oft und so brutal von ihm verlangt hatte, seinem Vater auch jetzt noch angenehm sein würde?[97]

Doch Grumbkow kannte die derzeitige Stimmung des Königs am besten und gab Wolden unverzüglich Anweisung, in welcher Weise man schreiben solle. Dieser Plan mit Maria Theresia sei mit keinem Wort zu erwähnen. Man müsse nur danach trachten, das Mißtrauen des Königs zu vermindern. So war es nichts mit den hochfliegenden Plänen des Prinzen, und man verharrte bei der strikten Ausführung der Instruktion und der Beachtung eines zurück gezogenen Lebens. »Nit Musicke, nit Tanzen –«

In der Umgebung des Kronprinzen gab es jedoch auch Männer, die nicht allein gehorsame Untertanen, sondern außerdem auch vernünftige Menschen waren. Da dem Kronprinzen alle Vergnügungen der Jugend untersagt waren, langweilte er sich zuweilen fast zu Tode. Die Geschäfte der Domänenkammer von Küstrin waren nicht derart rege, daß er seinen Tag damit ausfüllen konnte. Der Generalmajor von Schwerin besorgte ihm einen jungen Mann zur Gesellschaft, der ausgezeichnet Flöte spielen konnte. Es war Michael Gabriel Fredersdorf, ein schlichter, gutaussehender junger Mensch von zweiundzwanzig Jahren. Er nannte sich »Hautboist«, wie man damals die Oboisten schrieb, aber er spielte außer der Oboe auch sehr gut Flöte. Friedrich hatte ihn schon vorher einmal gesehen, bei Gelegenheit einer Reise durch Frankfurt an der Oder. Dort gaben ihm Studenten ein Ständchen, und Fredersdorf blies das Flötensolo. Dieser Bursche, mit dem ihn bald eine aufrichtige und enge Freundschaft verband, wurde nun sein Gefährte bei den ersten Anfängen erneuten Musizierens in Küstrin. Und obwohl es keine Tanzmusik war, was die beiden aufführten, sondern strenge Sonaten, Etüden oder einzelne Sätze aus Suiten oder Symphonien, so hielt man doch auch diese »ernste Musik« vor dem König und seinen zuweilen auftauchenden Spähern sorglich geheim, sie wurde stillschweigend vom Hofmarschall geduldet. Die Freundschaft zwischen Friedrich und Fredersdorf war wohl einzig in ihrer Art. Fredersdorf wurde nur fünfzig Jahre alt und starb Anfang des Jahres 1758, jenes Unglücksjahres, in dem Friedrich auch seinen Bruder August Wilhelm und die geliebte Schwester Wilhelmine verlor. Fried-

5 *Friedrich im Alter von etwa vier bis fünf Jahren*

6 *Friedrich als Kronprinz*

rich hat Fredersdorf so aufrichtig und herzlich geliebt, wie kaum Geschwister sich lieben. Ihm gegenüber trug er das Herz auf der Zunge. Die spätere deutsche Korrespondenz zwischen diesen beiden, dem Herrscher und seinem »Geheimen Kämmerer«, ist ebenso menschlich rührend wie sie stellenweise von umwerfender Komik ist. Beide hatten Sinn für Humor, eine Gabe, die bestimmt dazu beitrug, daß die Küstriner Zeit der Abstinenz von den Freuden des Lebens nicht gar so trist ausfiel.

So vergingen Monate voller Hangen und Bangen, in Langeweile und Ungewißheit, mit nur ganz wenigen Lichtpunkten. Der Vater wünschte, diese Absonderung vom wirklichen Leben noch eine Weile aufrechtzuerhalten und sandte am 25. Mai eine neue Instruktion, aus der seine ganze Einstellung dem Sohn gegenüber hervorging:

Der König an Wolden *25. Mai 1731*
Ich habe ersehen, was Ihr unter dem 22. dieses berichtet. Soviel die 60 Thlr. Hausmiethe betrifft, selbige werde ich Euch übersenden lassen, und habe deshalb Ordre gestellet, das Holz aber könnt Ihr in Vorrath von den menagierten Geldern erkaufen. (Das ist von schlimmer Vorbedeutung, fügte Wolden hinzu.)
Im übrigen habt Ihr meinem Sohn zu sagen, daß er bedenken sollte, was er gethan hat, und hätte an Gott zu denken. Er sollte sich gewöhnen, ein stilles Leben zu führen; denn wenn ich das gethan hätte, was er gethan hat, würde ich mich zu Tode schämen und mich vor Niemand sehen lassen. Er soll nur meinen Willen thun, das französische und englische Wesen aus dem Kopf schlagen, und nichts als Preußisch, seinem Herrn Vater getreu sein und ein deutsches Herz *haben, alle Petitmaîtres (Gecken), französische, politische und verdammte Falschheit aus dem Herzen lassen und hingegen Gott fleißig anrufen um seine Gnade, denselben nicht aus den Augen setzen, so wird Gott alles so wenden, wie es ihm zeitlich und ewig nützlich sein wird.*
Er sollte auch wissen, daß seine älteste Schwester sich in Zeit von vier Wochen, oder vielleicht noch eher, verheirathen würde, mit des Markgrafen von Bayreuth seinem Sohn, und also mit England glatt rumpieret (gebrochen) wäre, und wofern ich es à propos (passend) finde, sollte er auch heirathen, und zwar eine Prinzessin, die nicht aus dem englischen Haus, doch sollte er von etlichen die Wahl haben, welches Ihr ihm sagen könnet, ich bin Euer wohlaffectionierter König.[98]

Letzere Bemerkungen konnten als kleine Anzeichen gedeutet werden, daß die Laune des Königs sich besserte. Ein Schneider und ein Schuhmacher wurden geschickt, um dem Prinzen neue Kleidung anzufertigen.

Man bekam Pferde, und es hieß, der König werde bald einen Besuch in Küstrin abstatten, um sich persönlich zu überzeugen, ob »das böse Herz gebessert sei«.

Ungeachtet dieser Vorankündigung herrschte große Aufregung in Küstrin, als man erfuhr, der König würde am 15. August tatsächlich an den Ort der Verbannung kommen. Er war auf der Durchreise nach Sonnenburg zum Johanniterorden. Über das Treffen liegt das Protokoll Grumbkows vor, das er für Graf Seckendorff zur Berichterstattung an den Kaiser anfertigte:

Grumbkow an Seckendorff *Küstrin, 15. August 1731*
Nachdem Seine Königliche Majestät gestern in Küstrin angelangt, begaben Sie sich sofort ins Gouvernment unter Begleitung vieler hundert Menschen. Nachdem Sie in einer Kammer abgetreten, beorderten Sie den Generalmajor von Lepel, Obersten von Derschau und mich hereinzugehen. Der König befahl hierauf dem Geheimen Rat von Wolden, den Kronprinzen aus seinem Hause nach dem Gouvernement zu bringen, welcher denn auch in wenig Minuten in Gesellschaft des von Rowedel und von Natzmer in das Zimmer hereintrat, worin Seine Königliche Majestät waren.
Sobald Seine Königliche Majestät sich nach dem Kronprinzen umwandten, fiel derselbe Sie zu Füßen. Nachdem Seine Königliche Majestät ihm befohlen aufzustehen, sagten Seine Königliche Majestät mit sehr ernsthafter Miene:
»Ihr werdet Euch zu besinnen wissen, was nunmehro vor Jahr und Tag passiret ist, und wie schändlich Ihr Euch aufgeführet, auch was vor ein gottloses Vornehmen Ihr gehabt. Da ich Euch von Jugend auf bei mir gehabt und Euch also wohl kennen müssen, habe ich alles in der Welt getan mit Gutem und Bösen, um Euch zum ehrlichen Manne zu machen, und da ich Euer böses Vornehmen schon einigermaßen soupçonnieret (im Verdacht gehabt habe), habe ich Euch aufs aller rudeste und härteste im sächsischen Lager tractiret, in Hoffnung, Ihr würdet in Euch gehen und eine andere Conduite (Aufführung) annehmen, mir Eure Fauten (Fehler) offenbaren und um Verzeihung bitten, aber alles umsonst, und seid Ihr immer verstockter geworden.

Wenn ein junger Mensch Sottisen (Dummheiten) tut in Courtoisiren (flirten), liederliche Händel anfängt und dergleichen, solches kann man noch als Jugendfehler pardonnieren, aber mit Vorsatz Lacheteéen (Niederträchtigkeiten) und dergleichen garstige Action zu tun, ist impardonnable (unverzeihlich).

Ihr habt gemeint, mit Eurem Eigensinne durchzukommen, aber höre, mein Kerl, wenn Du auch 60 und 70 Jahre alt wirst, so sollst Du mir nichts vorschreiben. Und da ich mich bis Dato gegen Jedermann souteniret (behauptet), wird es mir an Mitteln auch nicht fehlen, Dich zur Räson zu bringen.

Wie habe ich es nicht in allen Occasionen (bei allen Gelegenheiten) ehrlich mit Euch gemeint: wie ich das letzte Mal Nachricht kriegte von Euren Schulden, wie habe ich Euch väterlich vermahnt, mir Alles zu entdecken. Ich wollte Alles bezahlen. Ihr solltet mir nur die Wahrheit sagen. Worauf Ihr mir gesagt: Ihr wäret über die benannte Summe noch 200 Taler schuldig, welche ich denn bezahlet und meinen Frieden mit Euch gemacht. Nachero hat es sich aber gefunden, daß Ihr überdem noch viele Tausende schuldig gewesen, und da Ihr nun gewußt, daß Ihr es nicht bezahlen können, so war es so gut, als wäre das Geld gestohlen worden . . .«

Seine Königliche Majestät frugen ihn hernach, ob seine Intention (Absicht) nicht wäre gewesen, nach England zu gehen? So er mit Ja beantwortete, worauf Seine Königliche Majestät sagten: »Nun höret die Suiten (Folgen) an: Eure Mutter würde in das größte Unglück geraten sein, weil ich sie naturellement soupçonnirt haben würde, als wenn sie mit von der Sache gewußt; Eure Schwester hätte ich lebenslang an einen Ort gesetzet, wo sie weder Sonne noch Mond beschienen hätten. In das Hannöversche wäre ich mit meiner Armee gezogen und hätte alles brennen und sengen lassen, sollte ich auch mein Leben, Land und Leute sacrificiret (geopfert) haben. Seht, das sind die Früchte Eures unbesonnenen und gottlosen Verfahrens. Und da ich Euch sonsten in allerhand Kriegs- und Civil-Commissionen (Aufträgen) wollte employiren (beschäftigen), wie dürft Ihr Euch nun nach einer solchen Action von meinen Offizieren und übrigen Bedienten zeigen? Das Einzige, was dieses reparieren kann, ist, daß Ihr mit Hintersetzung Eures Blutes suchet, diese Faute zu repariren.«

Worauf der Kronprinz sich wehmütig zu Seine Königlichen Majestät Füßen warf, bittend, ihn auf die härtesten Proben zu stellen, und wollte er alles ausstehen, Seiner Königlichen Majestät Gnade und Estime (Wertschätzung) wiederzugewinnen; darauf Ihro Königliche Majestät ihn frugen; »Hast Du Katten verführt oder hat Katte Dich verführt?« Worauf der Kronprinz ohne häsitiren (zu zögern) antwortete: »Ich habe ihn verführt.«

Worauf Seine Königliche Majestät replicirten (antworteten): »Es ist mir lieb, daß Ihr einmal die Wahrheit gesagt.«

Sie continuirten (fuhren fort) ferner: Wie ihm das Leben von Cüstrin gefiele? Ob er noch so eine Aversion (Abneigung) vor Wusterhausen und seinem Sterbekittel, wie er ihn genannt, zu tragen? Es könnte sein, daß ihm des Königs Compagnie (Gesellschaft) nicht anstünde; es wäre wahr, er, der König, hätte keine französischen Manieren, könnte auch keine Bonmots auf die Petitmaîtres-Manier hervorbringen, welches er für die größten Bärenheutereien hielte. Er wäre ein deutscher Fürst, *und würde als solcher leben und sterben. Er möchte nun sagen, was er mit seinen Capricen (Launen) und opinatren (halsstarrigen) Herzen gewonnen, da er alles das gehaßt, was Er geliebt, und wenn Er, der König, einen distinguiret (schätzt), so hätte er ihn meprisiret (verachtet). Wenn ein Offizier wäre in Arrest gekommen, so hätte er ihn beklagt und sich seiner angenommen. Seine rechten Freunde und die es ehrlich mit ihm meinten, hätte er gehaßt und verläumdet, diejenigen, so ihn flattiret (geschmeichelt) und in seinem bösen Vorhaben gestärkt, hätte er caressirt (wäre nett zu ihnen gewesen). Er sähe nun die Früchte davon, indem seit etlicher Zeit in Preußen und in Berlin keiner nach ihm gefragt, ob er in der Welt wäre oder nicht, und wenn nicht einer oder der andere aus Cüstrin gekommen wäre und erzählt hätte, daß er mit Ballons spielte und französische Haarbeutels trüge, so hätte man nicht gewußt, ob er lebte oder todt wäre.*

Hernach kamen Seine Majestät auf seine Principia in der Religion, und zeigten ihm aufs allerbündigste, was für horrible Suiten aus dem absoluto decreto, darinnen man Gott für einen Urheber der Sünde machet, daß Christus nicht für alle Menschen gestorben wäre, entspringen.

Worauf denn der Kronprinz hoch und teuer versicherte, daß er nunmehr ganz seiner Majestät christlichen und orthodoxen Meinung beistimme.

Worauf Ihro Königliche Majestät ihn väterlich und zärtlich vermahnten, daß, wenn bei ihm Gottlose sich gegen seine Pflichten, gegen Gott, den König und Vaterland äußerten, sollte er alsbald auf seine Knie fallen und Jesum Christum inbrünstig bitten, ihn durch Hilfe des heiligen Geistes von solchen bösen Menschen zu entledigen und auf bessere Wege zu bringen. Und wenn es ihm von Herzen ginge, würde Jesus, der alle Menschen selig haben wolle, ihn nicht unerhört lassen.

Worauf Seine Königliche Majestät ihm das Vergangene, in der Hoffnung auf bessere Aufführung, gänzlich vergaben, welches der Kronprinz mit der größten Gemütsbewegung annahm, des Königs Füße küßte und viele Tränen vergoß.

Und da Seine Königliche Majestät in eine andere Kammer gingen, folgte ihm der Kronprinz, und da es die Gelegenheit gab, von Seiner Königlichen Majestät Geburtstag zu reden, so ließ der Kronprinz solche innerliche Freude merken, sich zu des Königs Füßen werfend, daß ihn Seine Königliche Majestät zuletzt umarmten, und da Seine Königliche Majestät sich in den Wagen setzten, küßte der Kronprinz Seiner Königlichen Majestät in Presence (Anwesenheit) vieler hundert Menschen die Füße, und Seine Königliche Majestät umarmten ihn und sagten, daß, weil Sie glaubten, daß seine Reue aufrichtig wäre, wollten Sie nun auch weiter für ihn sorgen, welches denn in dem Kronprinzen solche Freude setzte, die man mit keiner Feder exprimiren (ausdrücken) kann; worauf Seine Königliche Majestät wegfuhren und sich zu Wasser nach Sonnenburg begaben . . .[99]

Es vergingen nur wenige Tage, dann traf in Küstrin bei Geheimrat von Wolden eine neue Instruktion für den Kronprinzen ein, die einige der ersehnten Erleichterungen brachte.

Potsdam, 21. August 1731

. . . Des Morgens soll der Kronprinz wöchentlich drei Mal auf die Krieges- und Domänenkammer gehen, der Nachmittag aber soll vor ihn sein zu reiten und zu fahren, zu dem Ende Seine Majestät ihm Pferde und Wagen schicken werden. Der von Wolden soll ihn auch zuweilen des Nachmittags ein plaisir machen, auf dem Wasser zu fahren, Enten zu schießen und solche Lust machen, die permittiret (erlaubt) ist. Es soll aber jederzeit, wo der Kronprinz hingehet, reitet oder fährt, einer von Sie drei (Wolden, Natzmer oder Rohwedel) bei ihm sein, daß er niemals allein ist, auch mit niemanden allein sprechen kann und derjenige soll sodann davor responsable (verantwortlich) sein, daß er bei kein Mägden oder Frauenmensche kommt und soll derselbe auch jederzeit bei ihm schlafen.

Der Kronprinz soll mit keinem korrespondiren als mit des Königs und der Königin Majestäten, an welche Er schreiben kann ohne daß die Briefe geöffnet werden. Sonst wird dem Kronprinzen permittiret, alle Mahlzeiten zwei Gäste zu bitten, wehm Er will, auch alle Wochen zweimal zu Gaste zu gehen. Es muß aber der von Wolden verhüten, daß kein Frauenzimmer mit dabei zugegen ist, sondern lauter Mannspersonen. Französische Bücher, auch deutsche weltliche Bücher und Musik bleibet so scharf verboten, wie jemals gewesen; ingleichen Spielen und Tanzen, und soll bei Leib und Leben von alle Dehm, so hierin verboten, nicht statuiret werden und soll der von Wolden den Kronprinz jederzeit auf solide Sachen führen . . .[100]

Diese neuen Verhaltensmaßregeln ließen immerhin so viel Spielraum, daß man dem Kronprinzen jetzt kleine Feste gab, von denen Wolden am 21. August an Grumbkow berichtete. Ganz Küstrin atme auf nach der öffentlichen Versöhnung, alles sei nur noch voller Freude und Vergnügen. Wenige Tage später, am 25. August 1731, schrieb Wolden zum erstenmal, daß der Kronprinz das Gut Tamsel besuchen werde. Der Oberst habe für künftigen Montag den Kronprinzen »nach Tamsel auf das Mittag« gebeten.[101]

Zwischen dem Kronprinzen und dem Vater lief jetzt eine regelmäßige und verhältnismäßig sanfte Korrespondenz, die allerdings weiterhin Mahnungen von seiten des Königs enthielt:

Friedrich Wilhelm an Friedrich, der ihn gebeten hatte, ihn wieder zum Soldaten zu machen: *28. August 1731*

. . . Also vermahne ich Dich, daß Du Dich recht auf Deine eigene Menage und Haushaltung befleißigst, Dein Geld wohl handtierest, fleißig Acht gibest, wie man einen Umschlag machen und die Sachen, die nötig sind, wohlfeiler kaufen und also jedesmal etwas ersparen könne; und daß Du Dein Geld nicht für Döschen, Etuichens, bernsteinerne und andere Bagatellen verschwendest. Alsdann wenn Ich sehen werde, daß Du ein guter Wirt wirst und selbst mit Deinen Sachen vernünftig haushalten lernest und dabei eine gute Conduite und schuldigsten Respect und Gehorsam gegen mich haben wirst, Ich auch bei Dir eine ernstliche Inclination (Neigung) zum Soldatenwesen verspüre, so werde ich Dich wieder zum Soldaten machen.
Ich bin übrigens mit väterlicher Liebe,
Dein getreuer Vater bis in den Tod
Fr. Wilhelm[102]

Es war nicht viel, womit Friedrich hauszuhalten hatte. Seine monatlichen Einkünfte waren geradezu lächerlich gering für den Kronprinzen eines Königreiches. So hatte es Wolden einmal Grumbkow geklagt:

Für den Haushalt des Kronprinzen gibt der König 221 Taler 6 Groschen monatlich, einschließlich Pferdefutter, Hausmiete, Kostgeld für acht Dienstboten, und schließlich Holz, Licht, Wäsche usw. Das ist nicht viel, aber wir versuchen, damit auszukommen.[103]

Die Aufnahme im Hause des Obersten von Wreech auf Tamsel war sehr freundlich gewesen, und in den kommenden Wochen führte den Kronprinzen immer wieder eine Einladung dorthin. Zwischendurch verband ihn ein heiterer und drolliger Briefwechsel mit der Hausherrin, die

die ganze Familie daran teilhaben ließ. Fritz machte Verse, und Frau von Wreech mühte sich gleichfalls mit solchen ab, wobei sie hervorhob, man habe ihr in der Familie dabei geholfen.

Über die zarten Bande, die Friedrich und Frau von Wreech damals verbanden, gibt die zuverlässigste Auskunft Theodor Fontane in seinen »Wanderungen durch die Mark Brandenburg«. Fontane hatte Zugang zu der vor etwas mehr als hundert Jahren (er sagte »erst kürzlich«) aufgefundenen Original-Literatur, die aus Briefen und Versen bestand, gewechselt zwischen dem noch in halber Verbannung lebenden preußischen Kronprinzen und der Herrin von Schloß Tamsel. Aus ihnen schöpft Fontane seine Erkenntnis, daß es sich dabei wirklich nur um eine starke Verliebtheit des Kronprinzen gehandelt habe, die von Luise Eleonore von Wreech teils mit Heiterkeit, teils mit literarischer Anteilnahme, aber auch zu einem großen Teil duldend und geduldig ertragend hingenommen wurde. Sie mochte fühlen, was dem etwas aus der Bahn geratenen jungen Prinzen der Aufenthalt in geistreicher und kultivierter Umgebung in Tamsel bedeutete. Sie wollte ihn nicht kränken, sie erwiderte seine Verse, seine Briefe.

Einen gänzlich anderen Akzent erhielt die »Affäre Wreech« am preußischen Königshof. Dort saß Grumbkow, der alte Intrigant und Ohrenbläser, der dem König von einer »starken amour« seines Sohnes berichtete. In der Tabagie wurde nicht verabsäumt, über Friedrich und Frau von Wreech die weitestgehenden Mutmaßungen zu erörtern, ja, der König sollte sogar einmal gesagt haben, es wäre ihm recht, wenn aus dieser Verbindung ein Sohn entstünde. Nach dieser Richtung hin gab es dann noch mehr Kommentare, so daß sich das schließlich auf die Casino-Gespräche des gesamten preußischen Offiziers-Korps auswirkte. Natürlich kamen die üblen Nachreden auch dem Obersten von Wreech zu Ohren, und aus anderen Quellen erfahren wir, daß jener auf Grund dieser Redereien die Vaterschaft seines nächsten Kindes nicht anerkennen wollte.

Für Theodor Fontane, der sich strikt an die originalen Briefe und Verse hielt, hatte jedoch die Liebelei keinen anderen Charakter als den eines mal mehr, mal weniger lebhaften Geplänkels. Er schildert das Aussehen der Briefe:

Diese Briefe sind auf gewöhnlichem grobem Schreibpapier und oft bis an den untersten Rand hin vollgeschrieben; die Linien sind krumm, die Orthographie höchst mangelhaft, Zeit- und Ortsangabe fehlen. Nur einer trägt das völlige Datum, und zwar den 5. September 1731. Doch er-

gibt sich aus dem Inhalt der Briefe mit Bestimmtheit, daß sie zwischen Ende August 1731 und Ende Februar 1732 geschrieben sein müssen.[104]

Fontane bemerkt sarkastisch, der Esprit der Küstriner Garnisonoffiziere habe zweifellos für den Kronprinzen nicht ausgereicht, das Verständnis für Verse sei wohl bei den Kameraden auch nicht unbedingte Voraussetzung, so habe der poetische Umgang mit Schloß Tamsel für den jungen Dichter Friedrich viel Reizvolles enthalten. Er erhoffte sich nicht nur einen guten Eindruck, er warb förmlich um ein Urteil, ein positives natürlich, weil er niemanden weit und breit hatte, dem er seine französischen Verse hätte vorlegen können. Luise Eleonore von Wreech wurde von ihm nicht nur verehrt und angehimmelt, sie sollte auch das Amt eines gerechten Kritikers versehen, mochte ihr dies nun gefallen oder nicht.

Aus einem der ersten Briefe geht dies ganz eindeutig hervor, wie sehr es Friedrich um seine Werke und dann erst um die Aufnahme seiner Person zu tun war:

Madame,
die Heuschrecken, die das Land verwüsten, haben die Rücksicht genommen, Ihre Besitzungen und Ländereien zu verschonen. Ein zahlloses Heer viel schlimmerer und gefährlicherer Insekten indes steht auf dem Punkte, sich bei Ihnen niederzulassen, und nicht zufrieden damit, das Land zu zerstören, haben die Geflügelten die Dreistigkeit, Sie persönlich und in Ihrem eigenen Schlosse zu überfallen.
Diese Geflügelten führen den Namen Verse, sind Sechsfüßler, haben scharfe Zähne und einen langgestreckten Körper, dazu eine gewisse Kadenz, die genau genommen ihr Grundprinzip ist und ihnen das Leben gibt.
Es ist eine böse Rasse, jüngst vom Parnaß angekommen, wo sie der gute Geschmack nicht länger dulden wollte. Ein gleiches Schicksal wird ihrer in Tamsel harren. Wie immer dem sein möge, ich freue mich, daß Apollo sich aufgerafft hat, um seinen Musenberg von der Spreu der nüchternen Poeten zu säubern. Sein Staubbesen hat gründlich aufgeräumt. Ich selbst freilich bin unter den zumeist Getroffenen; aber ich verzeihe alles, verzeihe es umso lieber, als ich sehr wohl weiß, daß überall da, wo dem Bösen seine Strafe wird, auch das Gute seinen Lohn erhält.
Sie, Madame, werden diesen Lohn empfangen, und ich bitte Sie dann um Ihr aller gnädigstes Fürwort . . .[105]

Friedrich spinnt seine Geschichte vom Apoll noch weiter aus, wird dabei aber recht weitschweifig.

Ein Gedicht, das angekündigte »Insekt mit den scharfen Zähnen«, ist überliefert, Fontane meint, »in leidlichen Alexandrinern«, auf welches auch die Antwort von Frau von Wreech vorliegt:

Hab' ich zuviel gesagt und ging mein Lied zu weit,
So wiss', in Bangen nur übt' ich Verwegenheit,
So denke, daß ich schwieg, als ich zuletzt dich sah,
Ich schwieg, denn Göttin-gleich, wortraubend standst du da.

Gebiet'rin, die du bist, gestatte mir noch oft
Geständnis all des Glücks, d'rauf meine Seele hofft,
Geständnis dessen all, was ich bisher bezwungen,
Darbringungen im Lied all meiner Huldigungen[106]

Frau von Wreech schrieb ihre Antwort, zumindest das Konzept dazu, gleich auf die Rückseite von Friedrichs Gedicht, so blieb der Text erhalten, denn in der Familie Wreech hob man diese kleine Korrespondenz auf, während Friedrichs Briefe in alle Winde verstreut wurden.

Welch' Wunder trug sich zu? Was ist's, das sich begab?
Es steigt ein Königssohn, ein Prinz zu mir herab,
Besingt in Liedern mich und fordert mich zum Streit;
Antworten seinem Lied wär wie Verwegenheit,
Ich kann es nicht, nein, nein, verwirrt in jedem Sinn
Fährt, über was ich schrieb, die Feder wieder hin.

Wohl hab ich oft gehört, an diesem, jenem Ort,
Wer nur im Herzen fühlt, dem gibt sich auch das Wort,
Doch trät' ich keck zum Kampf mit dir. Erhabener, ein,
Müßt' ich an Witz und Wort zuvor dein Echo sein.

Solch' Echo bin ich nicht: all meiner Seele Schwung
Entspringt aus einem nur, aus der Bewunderung
Womit ich vor dir steh'; dein Tun, das in mir lebt,
Dein Schicksal ist's allein, was mich zu dir erhebt.

Es huldigt mir dein Wort; ich habe des nicht Leid,
Ist doch huldvolles Wort der Hoheit schönstes Kleid,
Und du, du botest mehr, der Grazien schöne Hand
Gestaltete zum Lied, was deine Huld empfand,
Du gabst mehr Ehre mir, als je mein Herz erfuhr,
Und all mein Sein ist Dank und stille Huld'gung nur.[107]

Deutlich ist hier das wohlabgesteckte Verhältnis der Untertanin ihrem künftigen Souverän gegenüber spürbar. Durch seine Leiden und seine Verbannung hatte der Kronprinz sich schon zur damaligen Zeit eine gewisse Aureole des Ruhmes erworben.

Es besteht kein Zweifel, daß Friedrich von der jungen Frau sehr eingenommen war. Sein Leben in der Garnison, in Dürftigkeit bei hartem Dienst, die nüchterne Schulung zum preußischen Beamten, die er in Küstrin erfahren hatte, all dies ist wohl nicht geeignet gewesen, einen phantasievollen, zweifellos begabten jungen Mann zu befriedigen. Da traf er nun im Hause des Obersten von Wreech ein äußerst charmantes weibliches Wesen, das imstande war, seinen Gedankenflügen zu folgen, ja diese mitzumachen und zu erwidern – welch unverhofftes Glück.

Friedrichs Abschiedsgedicht an Frau von Wreech, geschrieben im Februar 1732, ist in gewissem Sinne rührend, mag es nun gut oder schlecht abgefaßt sein; man spürt, daß es dem jungen Kronprinzen schwerfiel, von Schloß Tamsel endgültig fortzugehen:

Als mein Gesandter soll mein Bild dich grüßen,
Und des Gesandten Dolmetsch sei dies Lied,
Was ich zu sagen dir bisher vermied,
Ich sag' es nun: ich liege dir zu Füßen.

Ich trage Fesseln, aber jene süßen,
Von denen nie ein Herz freiwillig schied, –
Mit jedem Ringe, jedem neuen Glied
Wächst nur die Lust zu tragen und zu büßen.

Doch halt, o Lied, verrate nicht zu viel,
Verberge lieber hinter heitrem Spiel
den Schmerz des Abschieds und des Herzens Wunde.

Verberge Deiner Wünsche liebstes Ziel,
Verschweige, daß nur Eine dir gefiel,
Um die du sterben möchtest jede Stunde. [108]

Für Wilhelmine nahte im Herbst 1731 der Termin ihrer Hochzeit. Der König hatte ihr versprochen, daß der Kronprinz sie wiedersehen dürfe, bevor sie endgültig nach Bayreuth ginge. Aber den Tag des Wiedersehens wußte sie nicht. So schaute sie während der Trauung und am Tage danach sehnsüchtig überall herum, wandte sich an Grumbkow und bat, auf diskrete Art den König an sein Versprechen zu erinnern. Am dritten Tag der Hochzeitsfeierlichkeiten wurde im Schloß ein großer Ball abgehalten. Man hatte vier Quadrillen aufgestellt. Die neuvermählte Erbprinzessin von Bayreuth, Wilhelmine, führte die erste an, die in der Bildergalerie tanzte. Sie war so versunken in ihren Reigen, daß sie Grumbkows Auftauchen zunächst sehr irritierte. Er machte sie auf »die Fremden« aufmerksam, die soeben gekommen waren. Wilhelmine sah wohl einen grau gekleideten jungen Mann mit einigen Begleitern, aber sie erkannte in ihm nicht den Kronprinzen. Erst als Grumbkow ihr bestätigte, daß er es sei, fühlte sie eine unnennbare Freude in sich aufsteigen. So hatte das Opfer ihrer Heirat doch seinen Zweck erfüllt, der Kronprinz war endgültig frei, war wieder in Berlin und befand sich auf einem Fest zu Ehren ihrer Hochzeit! Sie fiel dem Bruder um den Hals, sie weinte und lachte. Später schrieb sie, in ihrem ganzen Leben habe sie keine solche Freude empfunden. Mit dem Prinzen eilte sie zum König, und es gab rührende Dankesszenen, die die Königin mit säuerlicher Miene beobachtete, weil sie nicht die Urheberin derselben war.[109]

Wilhelmine schilderte auch die Veränderungen, die mit dem Kronprinzen vor sich gegangen waren. Er sah dicker aus, hatte einen sehr kurzen Hals bekommen und ein anderes Gesicht, das nicht mehr so schön wie früher war. Daher hatte ihn Wilhelmine auf den ersten Blick auch nicht erkannt. Sein Benehmen enttäuschte sie noch ärger. Er war sehr zurückhaltend, fast frostig, und erwiderte ihre Zärtlichkeiten nur zerstreut. Dem Erbprinzen von Bayreuth gegenüber verhielt er sich kühl und hochmütig, wie ein erbitterter Nebenbuhler, der dem glücklicheren Rivalen gegenübersteht. Wilhelmine versuchte vergebens, sich einen Reim auf dies Betragen zu machen.

War Friedrich deshalb so zerstreut, weil sein Auge nicht nur die Schwester suchte? Er wußte, daß Frau von Wreech auf diesem Hochzeitsfest anwesend war. Sollte er deswegen so geistesabwesend gewirkt haben, weil er unermüdlich die Herrin von Tamsel beobachtete? Wie eng die Verbindung mit allen Familienmitgliedern auf Tamsel gewesen sein muß, geht aus einem Brief an Frau von Schöning hervor, die Mutter Frau von Wreechs, an die Friedrich kurz nach Wilhelmines Hochzeit schrieb:

Madame,
ich habe das Vergnügen gehabt, Ihre Frau Tochter in Berlin zu sehen. Ich sah sie aber so flüchtig, daß ich kaum Gelegenheit fand, ihr guten

Tag und guten Weg zu wünschen. Dennoch, so kurze Zeit ich sie sah, konnt' es mir nicht entgehen, wie sehr sie sich vor allen anderen Damen des Hofes auszeichnete, und obschon ein ganzer Haufe von Prinzessinnen (une foule de Princesses) zugegen war, die an Glanz sie übertrafen, so verdunkelte Ihre Frau Tochter doch alle durch Schönheit und majestätische Miene, durch Haltung und feine Sitte. Ich war wirklich in einer Tantalus-Lage, immer versucht, zu einer so göttlichen Person zu sprechen, und nichtsdestoweniger zum Schweigen verpflichtet.
Sie feierte schließlich einen völligen Triumph, und alles am Hofe kam überein, daß Frau von Wreech den Preis der Schönheit und feinen Sitte davontrage. Diese Worte müssen Ihnen wohltun, da Sie dieser liebenswürdigsten aller Frauen so nahestehen. Aber seien Sie versichert, Madame, daß Ihre Teilnahme an diesem allen nicht lebhafter sein kann als meine eigene, der ich alles liebe, was dieser liebenswürdigen Familie zugehört, und immer bin und sein werde Ihr ergebenster
Freund, Neffe und Diener Friedrich.[110]

Am nächsten Tag, dem 24. November 1731, wurde Friedrich wieder in die Armee aufgenommen. Er sollte zwar vorerst noch in Küstrin bleiben, um seine kameralistischen Studien zu vollenden, aber das Ende der Verbannung schien in greifbare Nähe gerückt zu sein. Friedrich schrieb nach seiner Rückkehr aus Berlin dem König von Küstrin aus einen sehr ergebenen Brief, der mit den Worten schloß:

Friedrich an den Vater
... Ich erkenne die Gnade, die mir mein allergnädigster Vater getan, mir wieder zum Offizier zu machen. Finden Sie eine falsche Ader an mir, die Ihnen nicht ganz ergeben, so tun Sie mit mir nach Ihrem Willen.[111]

Küstrin hatte jetzt schon seine Schrecken weitgehend verloren. Noch aus dem Oktober 1731 liegt eine Aufzeichnung vor, die das später in die Welt gesetzte Gerücht, Friedrich habe eine Vorliebe für Pagen und überhaupt für männlichen Umgang, widerlegen. Man findet diese Stelle im Bericht des Generals Graf Schulenburg, Kommandeur der Grenadiere in Landsberg, der am 4. Oktober 1731 ein Gespräch an Grumbkow übermittelte, das er mit dem Kronprinzen gehabt habe:

Sogleich nahm ich mir die Freiheit, zu ihm zu sagen:
»Gnädiger Herr, augenblicklich liegt es in Ihrer eigenen Hand, an Ihrem Glück oder Ihrem Unglück zu arbeiten. Inwiefern? Führen Sie sich

gut auf, so gewährt der König Ihre Wünsche: damit müssen Sie absolut anfangen.«

»Ich tue nichts, was dem Könige mißfallen könnte.« –

»Das wäre jetzt wahrlich auch zu früh. Ich spreche vielmehr von der Zukunft. Das erste, was ich Ihnen empfehle, ist Gottesfurcht. Gibt sich der Mensch erst Mühe, ein Christ zu werden, so kann er alle Leiden ertragen und wird Herr über seine Leidenschaften. Es ist nur eine Stimme darüber, daß Sie die Gesinnungen eines Ehrenmannes haben; das ist ein guter Anfang, aber ohne Gottesfurcht erstickt die Leidenschaft selbst die besten Gesinnungen. Sie müssen darnach streben, der Welt ein fleckenloses Leben zu zeigen, und sich vor allem davor in acht nehmen, sich den Frauen hinzugeben. Vermeiden Sie diesen Fehler nicht, so wird Ihnen das bißchen Vergnügen tausendfachen Ärger bereiten . . .«

Der Kronprinz erwiderte, er sei jung und könne sich in diesem Punkte nicht beherrschen. Gott sei gut, und das seien nur kleine Sünden. Um den König brauche er sich nicht zu kümmern, sobald er nur nichts gegen ihn oder den Staat tue . . .[112]

Fritz wurde zum Oberst des Goltzschen Regiments ernannt, das in Ruppin stand. Der König legte ihm nahe, dafür zu sorgen, daß seine Truppe »kein Salatregiment« sei. Friedrich wußte, daß er seinen Vater in dieser Beziehung nicht enttäuschen, daß keine Nachlässigkeiten vorkommen durften. Er mokierte sich zwar noch über den »Exerzierteufel« bei den preußischen Regimentern, aber langsam begann er doch, Geschmack an militärischen Dingen zu finden.[113]

So war jetzt also abzusehen, wann sein Küstriner Aufenthalt ein Ende finden sollte. Aber noch stand er vor dem Problem, mit wem er sich verloben solle. Vor nicht langer Zeit hatte der Vater ihm noch sagen lassen, er würde »von mehreren die Wahl« haben können. Davon schien heute nicht mehr die Rede zu sein. Der König hatte seine Pläne schon fertig.

Friedrich wehrte sich zunächst gegen die Ehe als solche. Damit hoffte er, der unerwünschten Prinzessin von Braunschweig-Bevern zu entgehen. Er steckte sich hinter seinen vermeintlichen Freund Grumbkow, dem er in diesen Tagen beschwörende Briefe schickte:

Friedrich an Grumbkow — *Anfang Januar 1732*

. . . Was die Worte der Kaiserin angeht, so gestehe ich, daß es mir mehr Freude machen würde, wenn sie mir eine ihrer Töchter als eine ihrer Nichten zur Frau gäbe. Immerhin entscheide ich mich für nichts, und solange man mir gestattet, Junggeselle zu bleiben, werde ich Gott danken. Wenn ich heirate, werde ich gewiß einen sehr schlechten Ehemann

abgeben; denn ich fühle weder Beständigkeit noch Zuneigung für das weibliche Geschlecht, um mir einzubilden, das käme in der Ehe nach. Schon der bloße Gedanke an meine Frau ist mir so zuwider, daß ich nicht ohne Abscheu daran denken kann. Ich würde trotzdem aus Gehorsam stets alles tun, nur gäbe es keine gute Ehe . . .
p. s.: Ich werde nie eine Frau nehmen, es sei denn aus den Händen der Frau Markgräfin von Bayreuth.[114]

Im Grunde entspann sich dieser ganze, zuweilen sehr erbitterte und kämpferische Briefwechsel vor der Verlobung nur aus Gründen mangelnder Informationen über die vom König auserwählte Dame. Eine kleine Reise und ein Treffen, ein zuverlässiger Maler, hätten genügt und alle Emotionen des Kronprinzen, alle Aufregung und alle erregten Briefe wären unnötig gewesen. Aber die wenigen Bilder und Miniaturen, die damals für Verlobungszwecke hergestellt wurden, waren wenig vertrauenswürdig. Man nahm von vornherein an, sie seien geschmeichelt und man dürfe ihnen nicht trauen. Aus dieser Unzulänglichkeit hinsichtlich der Informationsmöglichkeiten entstanden in jener Zeit zahlreiche Konflikte. Allerdings verdankt man im Falle Friedrichs jenem Umstand einige Aufschlüsse zum Thema: der Kronprinz und die Frauen.

Der Kronprinz an Grumbkow *26. Januar 1732*
Was die Prinzessin von Bevern angeht, so kann man darauf rechnen, daß sie, wenn man mich zwingt, sie zu nehmen, verstoßen werden wird, sobald ich Herr sein werde, und ich glaube, daß die Kaiserin davon nicht sehr erbaut sein würde. Ich will nicht, daß meine Frau ein Dummkopf ist, ich muß mit ihr vernünftig reden können, sonst ist es nicht mein Fall . . .[115]

Der König an den Kronprinzen *4. Februar 1732*
Mein lieber Sohn Fritz,
Es freuet Mich sehr, daß Ihr keine Arznei mehr brauchet. Ihr müßt Euch noch etliche Tage schonen vor der großen Kälte, denn Ich und alle Menschen schrecklich von Flüssen (Schnupfen) incommodiret (belästigt) sind; also nehmt Euch hübsch in acht. Ihr wißt, Mein lieber Sohn, daß wenn Meine Kinder gehorsam sind, Ich sie sehr lieb habe, so wie Ihr zu Berlin gewesen, Ich Euch alles von Herzen vergeben habe und von der Berliner Zeit, daß ich Euch nicht gesehen, auf nichts gedacht, als auf Euer Wohlsein und Euch zu etablieren, sowohl bei der Armee als auch mit einer ordentlichen Schwiegertochter, und Euch suchen, bei Meinem Leben noch zu verheiraten.

Ich könnt wohl persuadieret (überzeugt) sein, daß ich habe die Prinzessinnen des Landes durch andere, so viel als möglich, examinieren lassen, was sie für Conduite (Betragen) und Education (Erziehung); da sich denn die Prinzessin, die älteste von Bevern gefunden, die da wohl aufgezogen ist, modeste (bescheiden) und eingezogen (zurückhaltend), so müssen die Frauen sein.
Ihr sollt mir cito (schnell) Euer Sentiment (Meinung) schreiben. Ich habe das Haus von Katsch gekauft, das bekommt der Feldmarschall als Gouverneur, und das Gouvernementshaus werde lassen zurechtbauen und alles meublieren, und Euch soviel geben, daß Ihr allein wirtschaften könnt, und will Euch bei der Armee im April commandieren.
Die Prinzessin ist nicht häßlich, auch nicht schön. Ihr sollt keinem Menschen was davon sagen, wohl aber der Mama schreiben, daß ich Euch geschrieben habe. Und wenn Ihr einen Sohn haben werdet, da will ich Euch lassen reisen; die Hochzeit aber vor zu kommenden Winter nicht sein kann. Indessen werde sehen Gelegenheit zu machen, daß Ihr Euch etliche mal sehet in allem Honneur (Ehren), doch damit Ihr sie noch lernet kennen. Sie ist ein gottesfürchtiges Mensch, und dieses ist alles, und comportable (verträglich) sowohl mit Euch als mit den Schwiegereltern . . .[116]

Die vom Vater ausgesuchte Prinzessin hieß Elisabeth Christine und war, am 8. November 1715 in Wolfenbüttel geboren, die älteste Tochter des apanagierten Herzogs Ferdinand Albrecht von Braunschweig-Bevern. Dieser stand einer großen Familie vor, denn zahlreiche Kinder gingen aus seiner glücklichen Ehe mit Herzogin Antoinette Amalie, einer ungemein hübschen und liebenswürdigen Frau, hervor. Die Herzogin liebte die preußischen Königskinder sehr, besonders Wilhelmine. Fritz nannte die Herzogin einmal in seiner Wut »das alte Hökerweib«, was jedoch eine wirklich ungerechtfertigte Entgleisung gewesen ist. Antoinette Amalie war die Schwester der Kaiserin Elisabeth Christine, der Gemahlin Karls VI. Diese hohe Verwandtschaft erwies sich jedoch für keinen der Familienangehörigen je von Vorteil.

Elisabeth Christine, die Nichte der Kaiserin, hatte einen Bruder, den Erbprinzen Karl von Bevern, der seit Mai 1730 mit Friedrichs dritter Schwester, Charlotte von Preußen, verlobt war. So verband sich das preußische Königshaus derzeit gleich zweimal familiär mit dem Hause Braunschweig. Dies rührte nicht zuletzt her von der tiefen Zuneigung und Freundschaft, die zwischen Herzog Ferdinand Albrecht II. und dem preußischen König bestand. Der Soldatenkönig hatte »die Braunschweiger« in sein Herz geschlossen.

Kaiserin Elisabeth Christine war die Mutter der jungen Erzherzogin Maria Theresia, deren Verbindung mit dem Herzog Franz von Lothringen-Toskana schon im Gespräch war. Zur offiziellen Verlobung kam es allerdings erst drei Jahre später. Als die Braunschweiger Herzogin der Einladung des Königs von Preußen folgte und mit ihrer Tochter den Weg nach Berlin einschlug, erwartete man weitere hohe Gäste in Berlin, unter anderem auch jenen Herzog Franz von Lothringen. Der Historiker Poseck berichtete darüber:

So langten Mutter und Tochter am 16. Februar (1732) in Potsdam an, ungefähr gleichzeitig mit einem weiteren Gast, dem kaiserlichen Feldmarschall Prinz Alexander von Württemberg. Ferdinand Albrecht war mit seinen beiden Söhnen tags zuvor allein eingetroffen; er hatte den Herzog von Lothringen, der sich eine Erkältung zugezogen hatte, in Magdeburg zurücklassen müssen. Man war also zunächst unter sich, und der König hatte Muße, sich die von ihm für seinen Sohn ausgewählte Prinzessin Elisabeth anzusehen.

Er war begeistert; das bescheidene, etwas schüchterne, ungekünstelte junge Wesen gefiel ihm ungemein, am erstauntesten war er über die liebliche Anmut der Sechzehnjährigen. Sofort schrieb er seinem Ältesten einen geradezu überströmenden Brief, mit einem Hymnus auf die Prinzessin. Im Beisein der Königin äußerte er sich ebenso beglückt gegen Ferdinand Albrecht über seinen Eindruck; er erzählte allen, daß er dem Kronprinzen schon geschrieben, wie ihn Elisabeth entzückt habe, nun wolle er auch beruhigt die Augen schließen, wenn die Vermählung vollzogen wäre.

Auch Grumbkow, der das »corpus delicti« zum erstenmal sah, war überrascht und bekehrt. Er traf Elisabeth am 18. Februar bei einem Nachmittagskaffee, den die Königin der Herzogin Antoinette und Elisabeth im Holländischen Haus in Potsdam gab, und bei dem auch Lotte zugegen war. Sie mußte sich auf Wunsch ihres Vaters ihrer zukünftigen Schwägerin annehmen und leistete ihr überall Gesellschaft.[117]

Als Friedrich den begeisterten Brief des Königs erhalten hatte, hielt er es für richtig, eingedenk seines Eides, dem Vater gegenüber sofort seine gänzliche Willfährigkeit und Ergebenheit auszudrücken. Schließlich hatte er ihm Gehorsam in allen Dingen gelobt, dies war nun die Probe aufs Exempel.

Friedrich an den Vater *Küstrin, 19. Februar 1732*

Allergnädigster König und Vater,

Ich habe heute die Gnade gehabt, meines allergnädigsten Vaters Brief zu empfangen und ist mir lieb, daß mein allergnädigster Vater von der Prinzessin zufrieden ist. Sie mag sein, wie sie will, so werde jederzeit meines allergnädigsten Vaters Befehl nachleben; und mir nichts Lieberes geschehen kann, als wenn ich Gelegenheit habe, meinem allergnädigsten Vater meinen blinden Gehorsam zu bezeigen, und erwarte all in untertänigster Submission (Ergebenheit) meines allergnädigsten Vaters weitere Order. Ich kann schwören, daß ich mich recht freue die Gnade zu haben, meinen allergnädigsten Vater wieder zu sehen, dieweil ich ihn recht aufrichtig liebe und respektiere . . .[118]

Seine geheime Korrespondenz mit dem Feldmarschall Grumbkow sah anders aus. Er war ausgesprochen aufgebracht und versuchte das Letzte, um der ihm unheilvoll erscheinenden Heirat zu entgehen.

Friedrich an Grumbkow *Küstrin, 18. Februar 1732*

. . . Noch einmal, Monsieur, wenn die Prinzessin nicht angenehm und wenn sie dumm ist, werde ich sie niemals nehmen. Und wenn man sich auf den Kopf stellte, man käme doch nicht zum Ziele. Denn ich will mich nicht fürs Leben unglücklich machen. Ich weigere mich nicht, überhaupt zu heiraten, aber könnte ich doch wenigstens die Prinzessin von Eisenach oder die Schwester derselben nehmen, die man mir aufladen will! Meine Schwester hat in ihrem Arrest die Wahl zwischen drei Prinzen gehabt, und mich will man zu einer einzigen Prinzessin zwingen: dies Verfahren wird stets gerügt werden. Ich bitte Sie um der Wunden Jesu Christi willen, machen Sie doch, daß man mich nicht zu einer *zwingt. Will man mich aber verheiraten, so biete ich noch heute der Prinzessin Christiane von Eisenach die Hand. Schließlich kann ein Vater wohl zu seinem Sohne sagen: »Du sollst die und die* nicht *heiraten«, aber er kann ihn nicht zu einer Bestimmten zwingen. Statt daß der König glaubt, sich meiner zu versichern, wird nie etwas daraus, wenn ich nicht eine Frau bekomme, die ich lieben kann.*[119]

Der sonst so geschmeidige Grumbkow war diesmal aufs äußerste empört über Friedrichs Doppelzüngigkeit. Am 21. Februar schrieb er an Wolden, daß er darum bäte, sich aus der Korrespondenz mit dem Kronprinzen zurückzuziehen zu dürfen. Es läge »ein Fluch auf dem königlichen Hause«, und unter diesen Umständen triebe alles dem Untergange zu. Der Prinz könne nicht dem König seine Ergebenheit und seinen absoluten Gehorsam versichern und sich umgekehrt seiner, Grumbkows, als Rammbock bedienen, um seine geheimsten Absichten doch noch durchzusetzen. Dies hieße für ihn, Leib und Leben riskieren, und davon hätte er nun genug. Er sei gewiß ein treuer Diener des Hauses gewesen, aber es hätte alles seine Grenzen.

Jetzt lenkte Friedrich ein und unterwarf sich dem Wunsche seines Vaters, allerdings nicht ohne Sarkasmus und auf seine eigene Weise:

Der Kronprinz an Grumbkow *Küstrin, den 22. Februar 1732*
... Nur eine Bedingung muß ich dem Herzog von Bevern stellen, daß nämlich das corpus delicti bei ihrer Großmutter erzogen wird. Lieber will ich Hahnrei oder der gehorsame Knecht meiner Zukünftigen werden, als eine Närrin heiraten, die mich durch ihre Albernheiten ärgert, und die ich mich schämen muß, andere Leute sehen zu lassen. Ich bitte Sie, sich in diesem Sinne zu bemühen, denn wenn man so die Romanheldinnen verabscheut, so fürchtet man die spröde Tugend: die schlechteste Berliner Hure wäre mir lieber als eine Heilige, der ein halbes Dutzend Frömmler an der Schürze hängen. Wenn es nur noch möglich ist, ihr etwas Bildung zu geben! Ich bezweifle es. In jedem Falle muß ich darauf bestehen, daß sie bei ihrer Großmutter erzogen wird. Ich bin überzeugt, lieber Freund, daß Sie, was Sie nur können, zur Erreichung dieses Zieles beitragen werden.
Es hat mich etwas bekümmert, daß der König über mich im Zweifel ist, obgleich ich ihm bei einer Sache meinen Gehorsam gezeigt habe, welche meinen Anschauungen diametral widerspricht. Wie kann ich ihm denn einen noch vollgültigeren Beweis liefern, wenn er seine Zweifel nicht aufgeben will? Und wenn ich mich auch dem Teufel verschreiben wollte, es würde doch immer die alte Leier sein.
Glauben Sie aber deshalb nicht, daß ich den Herzog, die Herzogin oder ihre Tochter irgendwie rücksichtslos behandeln will. Ich weiß zu genau, was ich ihnen schuldig bin und achte ihre guten Eigenschaften zu hoch, als daß ich mich nicht in den Grenzen des strengsten Anstandes halten würde, selbst wenn ich sie und ihre Nachkommenschaft wie die Pest haßte ...[120]

Der Historiker Poseck war es, der den eigentlichen Grund klar erfaßte, weshalb es zwischen Friedrich und Elisabeth Christine keine gute Ehe geben *konnte*. Er erzählt dies im Zusammenhang mit dem ersten Kennenlernen der Brautleute:

Drei Tage später, am 26. Februar (1732), hielt das kronprinzliche Fähnlein seinen Auszug aus der Kapitale der Neumark (Küstrin), wo Fritz nun anderthalb Jahre gelebt hatte. Die Herzen waren unbeschwert ob der Dinge, die die nächste Zukunft bringen würde.

Die Königin kam mit ihren Töchtern, der Herzogin von Bevern und der Prinzessin Elisabeth schon am 25. abends in Berlin an. Die Herren brachen, mit Ausnahme des Königs, erst am Morgen des 26. von Potsdam nach Berlin auf, aßen in Spandau beim Gouverneur von Gersdorf zu Mittag und erreichten die Hauptstadt gegen 5 Uhr nachmittags. Der König war wegen einer Erkältung auf direktem Wege nach Berlin abgefahren. Hier fand nun ein nochmaliger offizieller Empfang des Lothringers und der übrigen Gäste statt.

Als um 6 Uhr abends die preußische Königsfamilie, die Herzogin Antoinette und ihre Tochter Elisabeth in den Zimmern der Königin versammelt waren, trat der eben aus Küstrin angekommene Kronprinz bei seiner Mutter ein. Hier traf er nun also auf das vielbeschriene »corpus delicti«. Der Eindruck, den die Prinzessin auf ihn machte, war denn doch nicht so fürchterlich; allerdings hatte Fritz hier noch nicht viel Gelegenheit, sich mit Elisabeth zu beschäftigen, aber die Neugier war nun jedenfalls geweckt, und das junge Mädchen sagte ihm auf flüchtigen Blick soweit zu, daß es ihm wenigstens möglich schien, sich ernsthafter mit ihm zu beschäftigen. Sie war hübsch, doch viel zu still, viel zu unselbständig und, wenigstens für ihn – zu groß! *Und gerade diese Unstimmigkeit im beiderseitigen Wuchs mußte einem so willensstarken, selbstbewußten jungen Menschen grotesk vorkommen. So würde er, eher klein, einst neben einer ihn überragenden Königin die Cour und Empfänge unter dem Thronhimmel abnehmen müssen! Fritz war sehr empfindlich, wo man seinen Stolz verletzte. Es war ihm klar: diese Frau, mochte sie noch so hübsch sein, würde stets sein Selbstbewußtsein kränken.*[121]

Am Berliner Hof war man, was die Königin, die Prinzessinnen und die Hofdamen betraf, alles andere als begeistert über die zukünftige Kronprinzessin. In ihren Memoiren berührte Wilhelmine mehrfach diesen Punkt:

Kurze Zeit darauf erhielt ich Briefe von meinem Bruder, der sehr klagte. »Bis jetzt«, schrieb er, »habe ich ruhig gelebt; meine Flöte, meine Bücher und ein paar anhängliche Freunde gestalteten mein Leben recht annehmbar. Jetzt will man mich herausreißen, um mich mit einer Prinzessin von Bevern zu vermählen, die ich gar nicht kenne, man zwang mir mein Jawort ab, das ich schweren Herzens gegeben habe. Soll denn die Tyrannei neimals ein Ende haben? Wenn doch wenigstens meine teure Schwester bei mir wäre, ich würde dann alles in Geduld ertragen«.

Die Not meines Bruders ging mir sehr nahe. Ich liebte ihn leidenschaftlich und freute mich lebhaft, daß er mir wieder sein Vertrauen zuwandte. Die Königin bestätigte mir bald darauf die Verlobung des Kronprinzen. Sie schrieb mir folgendes über meine künftige Schwägerin: »Die Prinzessin ist schön, aber strohdumm und ohne jegliche Erziehung. Weiß der Himmel, wie mein Sohn sich mit diesem Grasaffen vertragen wird«.

. . . (Prinz Alexander von Württemberg als Bote Friedrichs in Bayreuth.)

Der Prinz kam zu sehr später Stunde an. Als die ersten Begrüßungen vorüber waren, entledigte er sich der Aufträge meines Bruders und sagte mir, dieser sei trostlos über seine Heirat; die Prinzessin sei so unerzogen, daß sie auf alles nur ja oder nein erwidere; viele glaubten zwar, sie verhielte sich aus guten Gründen stumm, denn ein Sprachfehler hindere sie, sich deutlich auszudrücken.[122]

Anfang März wurden die letzten Vorbereitungen zur Verlobung des Kronzprinzen getroffen, die auf den 10. März festgesetzt war. Das Berliner Schloß sah zahlreiche Gäste in seinen weitläufigen Räumen, alle waren liebenswürdig und höflich zueinander. Der König erwies sich seinem Sohn gegenüber sehr gnädig und bestimmte großzügig die Verlobungsgeschenke:

Seckendorf an den Prinzen Eugen — *4. März 1732*

Inzwischen hat der König eine kostbare, mit Diamanten besetzte Uhr nebst einem Etui dem Kronprinzen gegeben, welcher solches an die Prinzessin von Bevern verehren müssen, auch hat der König einen Ring von 24.000 Talern an Werth aus des verstorbenen Königs Juwelen ausgesucht, welcher zur Versprechung dienen soll. Der Kronprinz stellt sich ganz gelassen dabei an, und da ihn Grumbkow gestern gefragt, wie es mit seiner amour stünde, hat er geantwortet: »Ich habe keinerlei Abneigung gegen die Prinzessin; sie ist eine gute Seele. Ich will ihr nicht übel, aber ich werde sie niemals lieben können.«[123]

Vom Biographen Elisabeth Christines, Poseck, liegt eine eingehende Beschreibung der Verlobungsfeier Friedrichs vor:

Man kam kaum zur Ruhe: Bälle und Diners und Truppenparaden wechselten miteinander ab. Täglich wurde die Wachtparade besichtigt, man zeigte den Gästen die Kunstkammern und die Bibliothek. So näherte sich der Verlobungstag.

Am 10. März, nachmittags um fünf Uhr, versammelte sich das Königspaar mit dem Kronprinzen und dem übrigen Hause in den Räumen des bevernschen Herzogspaars im Schloß. Der König hielt in seinem Namen und in dem der Königin nochmals bei den Eltern der Prinzessin für seinen Ältesten um Elisabeths Hand an; dann begaben sich alle in die Prunkräume, wo etwa 250 geladene Personen sie schon erwarteten. Die Anwesenden bildeten einen Kreis, in dem die beiderseitigen Eltern des Paars und es selbst standen. Der König wandte sich mit einer kurzen Anrede und der Aufforderung an Fritz und Elisabeth, sie möchten nun, nachdem sie beide in die Absicht ihrer Eltern, sie miteinander zu versprechen, eingewilligt hätten, die Ringe wechseln. Als das geschehen war, umarmte Friedrich Wilhelm die beiden und fügte dem Glückwunsch für seinen Sohn noch einige Worte väterlicher Ermahnung zu. Darauf begann die Gratulationscour.

Den aufmerksamen Beobachtern entging nicht, daß dem Kronprinzen Tränen in den Augen standen, mit denen sich der Hofklatsch nun beschäftigen konnte. Einige meinten, sie sollten sein Mißvergnügen an der Verlobung ausdrücken, die Harmloseren führten sie nur auf eine innere Bewegung über den feierlichen Augenblick zurück, was Friedrichs Art am nächsten lag, denn in dem anderen hätte er sich zu beherrschen gewußt. Seckendorff hielt es mit der ersten Mutmaßung . . .

Ein Sphinxgesicht zeigte die Königin. Selbst Bevern, der wußte, wie wenig genehm ihr seine Tochter war, wunderte sich, wie huldvoll und gnädig sie sich den ganzen Abend gab und mit keiner Miene ihr Mißfallen an der Sache verriet. Olympia! Ihr Spitzname war passend.

Nach der Gratulationscour eröffneten Friedrich und Elisabeth den Ball, der bis zum Souper um neun Uhr währte; erst um zwei Uhr morgens fand das Fest sein Ende. Dem Wunsch des Sohnes, die Verlobung mit Glanz zu begehen, hatte der Vater entsprochen.[124]

Von allen Seiten wurde jetzt Friedrich befragt, wie er denn seine Verlobte fände und was er sich anders an ihr wünsche. So machte er denn Seckendorff und Grumbkow gegenüber kein Hehl aus seinen Ansichten und bat die beiden »Kaiserlichen«, dafür Sorge zu tragen, daß die Familie der Braut die entsprechenden Anstalten träfe, die Beanstandungen zu ändern.

Bald wurden die Urteile günstiger. Schon gleich nach der Verlobung schrieb Seckendorff an den Prinzen Eugen am 19. März 1732:

Ich hoffe, es soll der Kronprinz die Prinzessin beim ersten Wiedersehen an Gestalt und Manieren dergestalt geändert finden, daß sie ihm besser als nun gefallen wird. Die Manieren wird die Oberhofmeisterin als eine sehr vernünftige und belobte Frau ändern machen und weil der Kronprinz sonderlich an dem Tanz der Prinzessin ausgestellt, qu'elle dansoit comme une oye (sie tanze wie eine Gans), so habe (man) nach einem sehr berühmten Tanzmeister nach Dresden geschickt . . .

An den Änderungen der Gestalt ist nicht zu zweifeln, denn da sie in der That die schönsten traits (Züge) von Gesicht, auch in der That einen wohlgeschaffenen Leib hat, so wird die Schönheit im Gesicht offenbar zunehmen, wenn die übrigen Flecken, so die Blattern zurückgelassen, vergehen, und der Hals bei zunehmenden Jahren etwas vollkommener werden.[125]

Prinzessin Charlotte kümmerte sich in diesen Tagen des Braunschweiger Besuches viel um die künftige Doppel-Schwägerin: Frau ihres Bruders, Schwester ihres Mannes. Die Gäste blieben noch bis Ende März. Inzwischen war Friedrich schon nach seiner neuen Garnison in Ruppin abgereist, Charlotte schrieb ihm getreulich, als die Prinzessin abreiste:

Charlotte an Friedrich — *1. April 1732*

Die Prinzessin ist diesen Morgen aufgebrochen, sehr traurig, von hier fortzumüssen, sie hat mir noch aufgetragen, Ihnen ihre Komplimente zu übermitteln. Sie hat sehr geweint, ich weiß nicht, ob das meinetwegen war; ich fürchte, Sie können ganz überzeugt sein den Ruhm zu haben, daß sie Ihretwegen geweint hat. Der Herzog und die Herzogin haben mir aufgetragen, Sie ihrer Freundschaft und all ihrer Wertschätzung zu versichern. Auch Prinz Karl hat gebeten, Ihnen seine Komplimente zu übermitteln . . .[126]

Friedrich ging in Ruppin einem ruhigen Garnisonleben nach, er richtete sich dort nach und nach alles sehr bequem und angenehm ein. Nun machte ihm auch niemand mehr Vorschriften bezüglich seiner Bücher und seiner musikalischen Neigungen. Die Hauptsache war, daß er sein Regiment im Zug hatte und bei Revuen damit gut abschnitt. Dies ließ er sich vor allem angelegen sein.

Die Etikette erforderte, daß er seiner Verlobten häufig schrieb. Wie der Vater sich um alles kümmerte, so auch darum, ob dieser Briefwechsel wohl pünktlich funktioniere:

Der König an den Kronprinzen *Potsdam, 2. September 1732*
Ich erfahre, daß Ihr mit Eurer Verlobten Prinzessin Braut nicht fleißig correspondieret, und lange nicht an dieselbe geschrieben, schreibt mir doch die Uhrsache, und wird mir lieb seyn, wenn Ihr fleißig an dieselbe schreibt.

Ich bin
Euer getreuer Vater
Fr. Wilhelm

Friedrich an den Vater *Ruppin, 4. September 1732*
Allergnädigster König und Vahter,
ich habe die Gnade gehabt, meines allergnädigsten Vahters schreiben zu erbrechen, und antworte meinen allergnädigsten Vahter in aller unterthänigkeit, das den letzten brif, so ich von der Printzes bekommen kurtz fohrher gewesen ist, als ich nach Potzdam gegangen und ich auf solchen heute vohr 8 tage schon geantwortet habe, und seiterdem keinen brif nicht von Ihr gekriget, morgen mit der Post hatte nun den auch schreiben wollen, die briwe kommen aber alle und gehen sehr lanksam von hier wek, den sie müssen alle von Fehrbellin, wohe die Post station ist über Berlin gehen und von dar erst nach ihren adressen. Dieses mach wohl die ursache sein, welche die briwe so lange aufhelt, sonst habe doch alle woche 1 mahl gewis hingeschrieben . . .
. . . der ich mich in meines allergnädigsten Vahters beständige gnade empfehle und verharre in tiefstem respect

meines allergnädigsten Königs und Vahters
getreu gehorsamster
Diner und Sohn
Friderich[127]

In diesem Antwortbrief an seinen Vater schrieb Friedrich voller Devotion und Sanftmut. Aber wie er wirklich über jenen von ihm verlangten Briefwechsel dachte, geht aus einem Schreiben an den General von Grumbkow hervor. Hier machte Friedrich seinem Herzen Luft:

Friedrich an Grumbkow *Ruppin, 4. September 1732*
Teuerster General,
heute früh habe ich einen Brief des Königs bekommen, der mich beinahe ganz niedergeschmettert hat. Es handelt sich wieder um einen ange-

nehmen Gegenstand, nämlich um meine Dulcinea. Ich soll durchaus verliebt werden, wenn es auch durch Prügel erreicht wird. Nun habe ich aber doch unglücklicherweise nicht das Temperament eines Esels, und so fürchte ich denn lebhaft, daß der gewünschte Zweck nicht erreicht werden wird. Der König schreibt etwa folgendermaßen: ich habe gehört, daß Sie nicht eifrig genug an Ihre Prinzessin schreiben. Ich will, daß Sie mir den Grund dieses Schweigens mitteilen, und daß Sie häufiger schreiben usw. Ich erwiderte, sie habe mir seit vierzehn Tagen nicht geschrieben, während mein letzter Brief vor acht Tagen abgegangen sei, und daß ich selbst außerstande sei, einen Grund dafür anzugeben.
Der wahre Grund ist, daß ich keinen Stoff habe und oft genug nicht weiß, womit ich eine Seite füllen soll. Mein Gott, wenn der König doch nur einen Augenblick daran denken wollte, daß mir diese Heirat nolens volens entgegengebracht wurde, und daß der Preis, den ich dafür empfangen sollte, die Freiheit war.
Aber ich glaube, das dicke Hökerweib, die edle Frau Herzogin (Antoinette), spielte mir diesen Streich und bildet sich ein, mich dadurch beizeiten zum Gehorsam bringen zu können; aus dem Grunde meines Herzens wünsche ich, daß der Teufel sie und ihre stolze Haube hole.
Ich hoffe, der König wird sich, bin ich erst verheiratet, nicht in meine Angelegenheiten mischen; denn dann, fürchte ich, würde die Sache übel ablaufen, und die Frau Prinzessin dürfte dabei schlecht wegkommen: die Heirat macht mündig, und sobald ich mündig bin, bin ich Herr im Hause. Meine Frau hat nichts darin zu sagen; nur kein Weiberregiment in irgend etwas auf Erden. Ich glaube, daß ein Mann, der sich von Weibern regieren läßt, der größte Kujon ist, den man sich denken kann und überhaupt nicht verdient, ein Mann genannt zu werden . . .[128]

Der König schickte Rebhühner und Fasanen nach Ruppin, um zur Tafel des Kronprinzen beizusteuern. Ende September berichtete Friedrich, er sei bei der Ausarbeitung eines neuen General-Pachtanschlages für Ruppin und Umgebung. Ferner bat er den Vater um ein Andenken, das er der Prinzessin schicken könne, da er ihr lange kein Geschenk gemacht habe. Der Brief schloß mit der dem König sicher sehr angenehmen Ankündigung, daß er demnächst frische Austern nach Berlin schicken wolle für den allergnädigsten Vater.

Nach wie vor war Grumbkow derjenige, dem er unumwunden alles klagte, wenn er merkte, es gab Gerede über ihn und seine Lebensführung. Noch war er nicht daran gewöhnt, daß die Leute in jedem Falle über ihn reden würden, selbst dann, wenn er wie ein Benediktiner leben würde. Einzig und allein aus dem Grunde, weil er als Kronprinz von Preußen im Mittelpunkt des Interesses stand.

Friedrich an Grumbkow *Ruppin, 23. Oktober 1732*

... Gott weiß, daß ich jetzt so zurückgezogen wie denkbar lebe. Ich widme mich den Angelegenheiten des Regiments und exerziere viel; ferner beschäftigen mich ökonomische Aufträge, die mir der König gegeben hat. Dann kommt die Essensstunde, nachher die Parole; schließlich, wenn ich nicht irgendein Dorf besuche, unterhalte ich mich mit Lektüre oder Musik. Gegen sieben Uhr begebe ich mich in die Gesellschaft der Offiziere, die entweder bei den Hauptleuten oder bei Buddenbrock oder bei andren zusammenkommen, und spiele mit ihnen. Um acht Uhr esse ich zu abend, um neun Uhr ziehe ich mich zurück, und so vergeht regelmäßig ein Tag wie der andere, außer wenn die Post von Hamburg kommt (sie brachte Delikatessen, Austern, frischen Seefisch). Dann habe ich eine Gesellschaft von zwei bis drei Personen in meinem Zimmer und wir speisen allein zu Abend, denn meine Börse reicht nicht aus, um zehn Personen mit so teurem Futter zu sättigen.

Meine ganze Zerstreuung besteht in einer Wasserfahrt oder in einem kleinen Raketenfeuerwerk in einem Garten vor der Stadt. Das ist aber auch alles, was sich hier ereignet; ich wüßte nicht, wie man an einem stillen Ort seine Zeit anders verbringen kann. Ich wünschte jedoch von Herzen, ich könnte den König über dies alles eines Besseren belehren. Nach meiner Ansicht gibt es nichts Harmloseres und ich sehe nicht ein, wie man noch zurückgezogener leben kann. Unter uns gesagt, hat man der Königin in den Kopf gesetzt, ich führte hier ein ausschweifendes Leben, und sie scheint es zu glauben. Ich weiß nicht, woher es kommt, daß alle Welt in dieser Hinsicht soviel von mir redet; denn um die Wahrheit zu sagen: jeder hat Fleisch und ich leugne nicht, daß es bisweilen schwach ist; aber wegen einer kleinen Sünde kommt man nicht gleich in den Ruf des größten Wüstlings auf Erden! Ich kenne keinen, der es nicht ebenso macht, und es gibt viele, die es schlimmer treiben. Wie es kommt, daß von ihnen niemand redet, weiß ich nicht.[129]

Der Kronprinz war im August 1732 Patenonkel geworden. Wilhelmine hatte in Bayreuth einer kleinen Tochter das Leben geschenkt, die den Namen Friederike erhielt. Wilhelmine litt an Heimweh. Außerdem hatte ihr der König strikt anbefohlen, gleich nach der Entbindung zu einem langen Besuch nach Berlin zu kommen. Wilhelmine lebte in so drückenden finanziellen Verhältnissen, daß es ihr schwerfiel, das Reisegeld aufzutreiben. Der König hatte ihr zwar versprochen, dafür zu sorgen, aber er hielt dieses Versprechen genauso wenig, wie er viele seiner anderen Verheißungen ihr gegenüber nicht einhalten sollte. Erst im November kam Wilhelmine mit ihrer Hofmeisterin Fräulein von Sansfeld und kleinem Gefolge in Berlin an. Der Empfang war schlecht. Im dunklen Schloßhof stürzte sie der Länge nach hin, man hatte ihn nicht erleuchtet, es war, als käme eine lästige Fremde und nicht die Tochter des Hauses. Sie war noch mehr betroffen über die Art, wie ihre Mutter sie begrüßte. Erst am nächsten Tag sah sie den König, aber auch er war keineswegs freundlich zu ihr. Der Aufenthalt begann so mit Demütigungen schlimmster Art. Man hielt ihr dauernd ihre Armut vor. Erst nach Tagen sah sie Friedrich, der aus Ruppin gekommen war. Die Geschwister sprachen sich endlich einmal wieder aus:

»Wir sind allein«, versetzte er, »ich halte vor Ihnen nichts geheim und will Ihnen die Wahrheit sagen. Die Königin mit ihren verwünschten Intrigen ist die einzige Quelle unserer Leiden. Kaum waren Sie weg, als sie wieder ihre Unterhandlungen mit England aufnahm. Sie wollte Ihre Schwester Charlotte an Ihre Stelle setzen und sie mit dem Prinzen von Wales verheiraten. Sie können sich denken, daß sie alle Hebel in Bewegung setzte, um ihren Plan zur Ausführung zu bringen und mich mit der Prinzessin Amalie zu vermählen. Sobald ihre Pläne reif waren, wurde der König davon in Kenntnis gesetzt, da ihm die Ramen (Kammerfrau der Königin) – sie ist mehr in Gnaden denn je – alles hinterbrachte. Er war höchst ungehalten über diese neuen Umtriebe, und es kam zwischen ihm und der Königin zu neuen Händeln. Endlich mischte Seckendorff sich darein und riet dem König, dem Unwesen ein Ende zu machen, indem er mich mit der Prinzessin von Braunschweig verlobe. Die Königin ist untröstlich darüber, ihr Kummer macht sich dadurch Luft, daß sie die arme Prinzessin mit ihrem Hasse verfolgt. Sie wollte, daß ich die Partie unweigerlich ausschlage, und sagte mir, es kümmere sie nicht, falls die Zwistigkeiten zwischen dem König und ihr von neuem ausbrächen; ich solle nur standhaft sein, und sie würde mich schon zu halten wissen. Ich habe mich aber geweigert, ihren Rat zu befolgen, und ihr geradeheraus erklärt, daß ich die Ungnade meines Vaters nicht von neuem auf mich ziehen wolle, da ich genug darunter gelitten hätte.

Was die Prinzessin betrifft, so ist mein Haß nicht so groß, als er scheint; ich stelle mich, als haßte ich sie, um meinen Gehorsam dem König gegenüber um so besser zur Geltung zu bringen. Sie ist hübsch, hat einen blühenden Teint und feine Züge, so daß ihr Gesicht schön zu nennen ist. Es fehlt ihr an Erziehung und sie kleidet sich sehr schlecht, aber ich hoffe, daß Sie auf sie einwirken werden, wenn sie herkommt. Ich lege sie Ihnen ans Herz, teure Schwester, und ich hoffe, Sie werden sie unter Ihren Schutz nehmen.«

Es läßt sich leicht denken, daß meine Antwort seinem Wunsche gemäß ausfiel.[130]

Der Haß der Königin auf die künftige Kronprinzessin war zunächst tatsächlich groß und spürbar. Sophie Dorothea lebte in einer Art Monomanie mit ihren immer wieder aufflackernden englischen Heiratsplänen. Wer sich ihr dabei in den Weg stellte, hatte schlechte Behandlung zu gewärtigen. Unrecht war es von Charlotte, sich bei der Mutter dadurch beliebt zu machen, daß sie ihrerseits von Elisabeth Christine schlecht sprach. Eines Mittags bei Tisch wäre Wilhelmine vor Scham beinahe zu Boden gesunken, als Charlotte vor allen Bedienten und sämtlichen Geschwistern ausplauderte, die Prinzessin von Bevern habe einen schlechten Körpergeruch, sicher habe sie Ausschlag, der so röche. Sie sei auch schief gewachsen, ihr Rock sei an einer Seite auswattiert. Der Kronprinz bekam einen roten Kopf, die Königin lächelte befriedigt, Charlotte dachte im nächsten Moment an etwas anderes, wie es ihre Art war. Aber Wilhelmine konnte es nicht fassen, daß solche Reden bei Tisch geduldet wurden.[131]

Die österreichische Partei am preußischen Hofe tat jetzt während der Verlobungszeit und auch später noch wirklich mehr, als nur Intrigen zu spinnen und Unheil zu stiften. Ihre Aufgabe war erfüllt. Sie hatte die Interessen des Kaisers und des Reiches am preußischen Hof durchgesetzt. Durch Seckendorffs Vermittlung waren die Schulden des Kronprinzen aus der Küstriner Zeit in vorsichtiger und taktvoller Weise geregelt worden. Jetzt im November 1732, als Wilhelmine in Berlin war, kamen ihr die Segnungen der kaiserlichen Schatulle ebenfalls zugute. Der Kronprinz verwendete sich für sie, die ohne einen Heller am väterlichen Hofe leben sollte. Friedrich und Wilhelmine waren wieder so einig wie einst. Sie verstanden sich vorzüglich, und nur zu dieser Schwester konnte der Kronprinz rückhaltlos sprechen. Bald kehrte er nach Ruppin zurück, während Wilhelmine mit dem Erbprinzen noch lange Monate unter der elterlichen Fuchtel aushalten mußte. Der Bayreuther war Chef eines Dragonerregiments in Pasewalk, und dieses Regiment zu disziplinieren und zu betreuen, war er überhaupt gekommen.

Der König begann jetzt, vor seinem ältesten Sohn mit allen seinen Eigenarten eine gewisse Hochachtung zu hegen. Wenn dies auch manchmal nicht sehr überzeugend zu Tage trat, so gab es doch Anzeichen dafür.

Friedrich an Grumbkow *Ruppin, 2. Dezember 1732*
Ich habe Briefe von einem Freunde erhalten, wonach der König, als er den Husten hatte, zu Hacke sagte: »Nuhn werden die leute sagen, der alte menschen queler (Menschenquäler) wird sterben, aber saget ihnen unten, das der nach mihr kommen wird, der werde sie alle zum teufel jagen und das würden sie davon haben.«
Mich läßt das alles völlig kalt. Wie Sie, lieber Freund, gehe ich meinen geraden Weg und lasse jeden nach Lust schimpfen . . .[132].

Als Friedrich im Januar 1733 vom König nach Braunschweig befohlen wurde, stellte er fest, daß seine Mittel völlig erschöpft waren. Wieder einmal war er ohne Geld und suchte seine Zuflucht bei der kaiserlichen Kasse in Wien. Er wandte sich an Seckendorff:

Friedrich an Seckendorff *Januar 1733*
Ich komme vom König, der mir soeben sagte, daß ich mich zur Reise nach Braunschweig rüsten soll. Da ich höre, daß meine Auslagen mir nicht vergütet werden, bin ich in großer Verlegenheit und sitze völlig auf dem Trockenen. Ich gestehe Ihnen hier unumwunden, lieber Freund, daß Sie mich sehr aus der Klemme ziehen würden, wenn Sie mir etwas Geld liehen. Ich weiß, ich schulde Ihnen jetzt fast 1.000 Taler. Aber ich versichere Ihnen, sobald ich verheiratet bin, will ich auf Mittel sinnen, um alles zu begleichen, Ihnen aber alle Dankbarkeit bewahren, die ich Ihnen dafür schulde.

Friderich[133]

Sicher hat Friedrich keine Fehlbitte getan. Während er dann mit schönen Geschenken aus des Vaters Hand für seine Braut in Braunschweig eintraf, hatten die Braunschweiger schon ihre Pläne gemacht, wie die für Juni vorgesehene Vermählung ausgerichtet werden sollte; jetzt beriet man noch Zeremoniell und Speisenfolge. Aber eines erfuhr der Kronprinz nie: wie schwer sich das Herzogtum tat, um all die ungewohnten Unternehmungen zu finanzieren. Nur war der regierende Herzog Ludwig Rudolf, der Großvater der Braut, gegenüber dem Kronprinzen in einem kleinen Vorteil: er hatte überall Kredit! Während für Friedrich noch das Dekret in Kraft war, wonach den königlichen Prinzen bei Karrenstrafe oder Galgen niemand Geld leihen durfte.

Die günstige Konstellation für die Braunschweiger Hochzeit begann sich noch im letzten Moment zu verändern. Am 1. Februar 1733 starb

August der Starke. Sein politisches Geschick und die Macht seiner Persönlichkeit hatten sein Kurfürstentum Sachsen und sein Königreich Polen bisher ausgezeichnet zusammengehalten. Um seine Nachfolge jedoch entbrannte ein erbitterter und langwieriger Streit zwischen seinem Sohn August III. und Stanislaus Leszczyński. August III. genoß die Unterstützung Rußlands und Österreichs, während Leszczyński der Schwiegervater des Königs von Frankreich, Ludwig XV., war. Kriegerische Verwicklungen standen zu befürchten. Der Kaiser in Wien versuchte England für sich zu gewinnen, und wieder sollten die englischen Heiraten mit Preußen ein Mittel der Politik werden, diesmal vom Kaiser selbst angeregt, der sie bisher hatte hintertreiben lassen. Man hatte vor, Elisabeth Christine wie eine Schachfigur aus Berlin zurückzuziehen und ihr einen englischen Prinzen zum Mann zu geben. Aber das Arrangement dieses neuen Planes dauerte so lange, daß er zu spät nach Berlin gelangte. Erst am Morgen der Hochzeit sollten die Neuigkeiten aus Wien beim König eintreffen. Er änderte seine Pläne nun nicht mehr.[134]

Ungeachtet der neuen Intrigen und der politischen Verwicklungen hatte man in Berlin unterdessen am bisherigen Gouvernementshaus eifrig gebaut und geändert, modernisiert und verschönert. Es erhielt den Namen »Kronprinzenpalais« und sollte Friedrich und Elisabeth Christine als erste Wohnung in Berlin dienen.

Noch lebte Friedrich in Ruppin bei seiner Garnison ein ruhiges Junggesellenleben. Er versuchte, seinen dortigen Aufenthalt auch durch ein paar bauliche Kleinigkeiten so angenehm wie möglich zu gestalten. Lavisse ist im 19. Jahrhundert den Spuren dieser Idylle nachgegangen, er fand noch Überreste aus der Glanzzeit des bescheidenen Ruppiner Quartiers vor:

Die Soldaten, die in Küstrin den Befehl hatten, den degradierten Offizier nicht mehr zu grüßen, erwiesen ihm jetzt die Honneurs. »Hier«, sagte er, »fühle ich mich mehr geehrt als anderswo.« und er hatte es gern, geehrt zu werden. Er war stolz auf seine Obersten-Uniform.

Der König hatte ihm die Erlaubnis gegeben, daß er und seine Offiziere statt der goldenen Stickereien silberne trügen, die ihn vornehmer dünkten. Als die neue Uniform fertig war, versammelte er seine Offiziere an einem großen Feuer auf dem Marktplatz und alle warfen die alte Uniform in die Flammen und legten die neue an – vor den Augen der Ruppiner Bürger, die erstaunt waren, einen vornehmen Herrn so lustig zu sehen.

Er gab sich große Mühe, seine Residenz zu verschönern und ihr ein heiteres Gepräge zu geben. Da er in den zwei für ihn eingerichteten Häusern schlecht untergebracht war, wollte er wenigstens einen Garten haben. Die Stadt legte ihre Wälle nieder, er rettete einen Teil davon und ließ am Fuße der mit großen Bäumen bestandenen Waldböschung Alleen anlegen.

Dieser Garten Friedrichs war noch im 19. Jahrhundert erhalten. Ich sah dort geschwärzte, moosbewachsene und zerbrückelte Satyrn, die Blumenkörbe trugen, lachen und die Zunge herausstrecken, Kapudan-Paschas (türkische Großadmirale) und Eisenfresser, trommelschlagende und flöteblasende Putten. Auf einer kleinen Bodenwelle erhebt sich ein von sechs Säulen getragenes Tempelchen. Das Deckenbild stellt Venus dar, wie sie in einer von Delphinen gezogenen Muschel über das Meer fährt. Antike Köpfe, Tritonen, die auf Muscheln und Hörnern blasen, Spiegel in goldenen Rahmen und Wandverkleidungen von blauer und rosa Seide vervollständigen die Ausschmückung. Heute wirkt dies alles höchst schwermütig, wie der Anblick aller Dinge, die einst heiter und frohsinnig waren. Friedrich hatte diesen Frohsinn gesucht. Er hatte die hübsche Ausschmückung geschaffen, um hier das väterliche Jagdschloß zu vergessen, das von Bären und Adlern bewacht wurde und dessen Hauptluxus in einem Hundestall bestand.

Er fühlte sich wohl inmitten dieser Gestalten aus der italienischen Komödie, der alten Geschichte und der Mythologie. Er nannte seinen Garten Amalthea – wie die Amme des Herkules –, ein Name, den einst eine Villa des Atticus getragen hatte. (Atticus lebte von 109 bis 32 v. Chr., war ein hochgebildeter reicher Römer, Historiker und Buchverleger.)

An schönen Abenden speiste Friedrich dort; er aß gern Melonen, die er selber zog. So gab er seinem Leben wenigstens den vornehmen Zuschnitt, von dem er damals träumte; Melonen waren eine Seltenheit im Lande, eine fürstliche Rarität, gleich den Satyrn und Eisenfressern, den antiken Säulen und dem Deckengemälde.

Leider fand Friedrich in Neu-Ruppin nicht die geistreiche Gesellschaft, die er sich gewünscht hätte: der König hatte sie ihm untersagt. Er war fast völlig auf den Verkehr mit den Offizieren seines Regiments angewiesen. Der König pflegte zu sagen: »Ich finde ihn noch nicht imstande, daß ich ihn allein gehen lassen könnte.« [135]

Ruppin sollte vorerst Friedrichs Residenz bleiben, denn nach wie vor rangierte sein Dienst beim Regiment an erster Stelle. Es war geplant, daß auch nach vollzogener Hochzeit die Kronprinzessin weitgehend allein in Berlin Hof halten sollte, Friedrich kam nur zu Besuch.

In Wolfenbüttel nahmen die Hochzeitsvorbereitungen konkrete Formen an. Großeltern und Eltern der Braut waren gleicherweise bemüht, alles würdig und angemessen zu gestalten. Besonders Herzogin Antoinette Amalie, die Brautmutter, hatte den Ehrgeiz, daß die Hochzeit prächtig ausfiele. Bei Antoinette Amalie war es ein Auftrumpfen gegen manche Herabsetzung von seiten der Königin. Die alte Herzogin dagegen wollte den großen Rahmen, weil dies ihrer, »der Mutter der Kaiserin«, würdig sei. Kaiserin Elisabeth Christine, die Tante der Braut, in der Familie »das Lisebethchen« genannt, hatte sich mit einem Paket kostbarer Stoffe an den Zurüstungen beteiligt. Die nachstehenden Aufzeichnungen aus den braunschweigischen Archiven förderte der Historiker Poseck zutage:

Die Feierlichkeiten sollten sich im engen Familienkreise abspielen, das war die einzige Einschränkung; sonst aber sollten sie von allem möglichen Glanz begleitet werden, den der Kronprinz von Preußen bei dieser Gelegenheit nur wünschen konnte. Die regierende Herzogin hatte sich vorgenommen, ihm ein Schauspiel zu bieten, das der Mutter einer Kaiserin würdig schien. Hatte schon der verflossene letzte Besuch des Königs und des Kronprinzen am Braunschweiger Hof einen Sonderetat von 2888 Talern, 33 Groschen (und einem Pfennig) erfordert, so handelte es sich diesmal um ganz andere Summen, die die Kammer aufzubringen hatte, worüber die Abrechnungen des Kämmerers Cleve unterrichten. Trotz der langen Fristen, die für die Bezahlung der Rechnungen eingeschoben wurden, reichten die verfügbaren Beträge bei weitem nicht aus, um ohne die Hilfe Alexander Davids und anderer Darlehnsgeber auszukommen.

Bei den zerbrochenen Fensterscheiben im Lustschloß Salzdahlum, als dem Ort der Feiern, fing es an; der Kaufmann Peine in Magdeburg erhielt den Auftrag, für 153 Taler Spiegelgläser zu besorgen. Die den Dienst versehenden Marschälle mußten Stäbe erhalten; ein Teil wurde mit Goldblech belegt, wofür der Goldschmied Degen 290 Taler, 4 Groschen in Rechnung stellte; der Rest wurde lackiert.

Das silberne Tafelgeschirr wurde aufgearbeitet und ergänzt, ein Teil vergoldet. Mit 1000 Talern waren die Relaispferde bei der Einholung der königlichen Familie eingesetzt; das Brautbett, das Elisabeth erhielt, kostete 567 Taler 29 Groschen, und so ging es weiter.

In zwei Raten waren im Februar und März die von Ludwig Rudolf versprochenen Schmuckgelder an Bevern ausgezahlt worden; von den 8000 Talern wurde aber nur ein Teil wirklich für Schmuck angelegt; 4000 Taler lieh sich Bevern davon jetzt aus, um sie seiner Tochter später einmal wiederzugeben, etwas davon ging in »Präsenten« auf, die Elisabeth an alle, die an ihrer Erziehung mitgewirkt hatten oder an ihrer Vermählung beteiligt waren, teils in Silbersachen, teils in barem Geld machte. Ferdinand Albrecht hatte zu diesem Zweck eigenhändig eine Liste aufgestellt.

Für Elisabeth wurde »eine Masche unter dem Halse«, mit Juwelen besetzt, sowie eine Repetieruhr mit Diamantenbesatz bestellt, die sie am Hochzeitstag tragen sollte. Der Kronprinz sollte von ihr ein goldenes Etui erhalten, Frau von Katsch (ihre Oberhofmeisterin) eine goldene Repetieruhr mit goldenem Etui, Elisabeths zwei Hofdamen silberne Waschservices, Pastor Oldekop, ihr ehemaliger Lehrer, einen silbernen Suppentopf . . .[136]

Der dreißigjährige und schon berühmte Vizekapellmeister und Komponist am Braunschweiger Hof, Carl Heinrich Graun, erhielt von Elisabeth »12 Spezie-Dukaten« für musikalische Unterweisungen. Auf der gleichen Liste standen jedoch auch die ganze Reihe der niederen Bediensteten bis zur letzten Waschfrau. Obgleich mit dem für ihn ausgesetzten Etat nicht gerade zwischen geistiger Elite eingeordnet, bekam der begabte und geschätzte Graun jedoch genügend Gelegenheit, mit einer neuen eigenen Oper bei der Hochzeit zu brillieren.

Seit dem März (1733) begegnen in den Kämmereirechnungen laufend hohe Posten, die »Serenissimo zu extraordinären Hofstaatsausgaben« anforderte. Bald 1500, 3000, 4000 Taler, und immer überstieg der Bedarf die greifbaren Summen, nachdem man schon die ersten 10 000 Taler bereits erreicht hatte, die ausschließlich dem Verbrauch an der Tafel gewidmet wurden. Daneben liefen die kostspieligen Opern und Schauspielaufführungen, deren festliche Ausstattung wiederum mit hohen Ziffern zu Buche stehen. Graun hatte den Auftrag bekommen, eine eigene Oper für das Hochzeitsfest zu komponieren; als zweite war Händels »Parthenope« gewählt worden.[137]

In den alten braunschweigischen Hofakten war alles aufbewahrt und erhalten, sogar welche Delikatessen zu den Hochzeitsessen gegeben werden sollten und wie der wichtige Punkt der Konditorwaren zu den Nachtisch-Aufbauten behandelt werden sollte, z. B. wieviel »süße Orangen aus Portugal« und wieviel »à la glace« [Eis] es geben sollte.[138]

Wie der neue österreichische Heiratsplan am Morgen der Hochzeit vor den König von Preußen gebracht wurde, klingt kaum glaublich. Friedrich Wilhelm lag ausnahmsweise einmal wohlgelaunt und nichtsahnend noch im Bett, als sich Graf Seckendorff völlig verwirrt bei ihm melden ließ. Er erklärte ihm in wohlgesetzten, wenngleich zunächst unverständlichen Worten, der kaiserliche Hof wünsche sehnlichst, daß der Kronprinz von Preußen doch nicht seine Nichte Elisabeth Christine heiraten möge, sondern eine englische Prinzessin.

Der König nahm diese Nachricht wesentlich ruhiger auf, als Seckendorff befürchtet hatte. Er meinte, dies sei wieder einmal eine typische Finesse Englands, das sich jetzt hinter den Kaiser gesteckt hätte, um doch noch zum Ziele zu kommen. Dies alles hätten die Engländer schon vor etlichen Jahren haben können. Jetzt könne er als ein Mann von Ehre sein dem Herzog Ferdinand Albrecht gegebenes Wort nicht brechen und die Vermählung müsse stattfinden. Er war empört, daß man ihn für so wankelmütig hielt, kurz vor einem so wichtigen Ereignis noch umzuschwenken. Er fertigte Seckendorff mit gemessenen Worten ab, daß er eine abschlägige Antwort an den Prinzen Eugen senden möge. Erleichtert verabschiedete sich der österreichische Diplomat mit tiefen Verbeugungen.[139]

Der Tag der Hochzeit verging mit dem Austausch der Eheverträge, dem Erbverzicht der Braut, wobei die allerhöchsten Personen ihre Unterschriften zu leisten hatten, Eide ablegten und mit diesen Staatsangelegenheiten sehr geschäftig waren. Dann setzte man sich zur Tafel, wobei sich die preußische Königin geradezu perfide höflich gegenüber den beiden Herzoginnen benahm. Sie mochte sie nicht. Der braunschweigische Hof war bis an die Grenzen seiner Kräfte gegangen, um die illustre neue Verwandtschaft zu ehren und geziemend aufzunehmen. Das Verhalten der Königin trug nicht gerade zum gegenseitigen guten Einvernehmen bei.

Dem König hatten die Unterzeichnungen der Pakten und der praktische, urkundliche Vollzug der Heirat noch nicht die genügende Ruhe gegeben. Nachdem er am vergangenen Morgen die Überraschung aus Wien erlebt hatte, sah er vor seinem geistigen Auge ständig irgendwo einen galoppierenden Reiter auftauchen, der sich des nichtsahnenden Kronprinzen bemächtigen und ihn jählings hinwegraffen würde. Außerdem vermißte er seine Tabagie, und das Fehlen des gewohnten Tabaksgenusses machte ihn nervös. Die Stunden vergingen am 12. Juni 1733 anscheinend besonders langsam.

Nachmittags um fünf Uhr fanden sich alle Damen in den Zimmern der Prinzessin Elisabeth ein, die Herren in denen des Kronprinzen, um das Paar zur Schloßkapelle zu führen. Gegen sechs setzte sich der kleine Zug in Bewegung, die Kammerjunker öffneten die Tür der Kapelle, und der Erbmarschall von Oldershausen sowie der Erbküchenmeister von Veltheim dirigierten mit ihren »eigens dazu verfertigten Marschallstäben« den Train.

Friedrich und Elisabeth traten vor den Altar, vor dem eine rotsamtne, von Silbertressen eingefaßte Decke lag, auf der eine mit einer gleichen Decke und zwei Kissen belegte Bank stand. Der König und der Herzog von Bevern stellten sich »ganz nahe bei den Kronprinzen rechterseits neben den Altar«; Friedrich Wilhelm traute dem Landfrieden noch immer nicht ganz; alle anderen Herrschaften nahmen zu beiden Seiten der Kapelle Aufstellung.

Abt Dreyssigmark, Elisabeths Beichtvater, trat vor den Altar, segnete die Ehe durch eine kurze Ansprache ein und vollzog die Trauung. Der König atmete befreit auf, als beim Ringwechsel ein Trompeter von der Galerie der Kapelle herab ein Signal gab, worauf die im Schloßhof aufgestellten Pauker und Trompeter einfielen, die Gewehre der Garden und darauf die außerhalb des Schlosses postierten vierundzwanzig Kanonen eine dreimalige Salve losfeuerten. Der König und danach alle Familienmitglieder umarmten das junge Paar, und man marschierte im selben Zuge, wie man gekommen war, zurück in die Zimmer der Königin. Von hier wurden die Herrschaften in den Saal vor der berühmten Galerie geführt, wo eine Tafel für 19 Kuverts angerichtet stand und die Speisen vom Erbküchenmeister aufgesetzt wurden.

... Mit einem im oberen Saal des Schlosses von sechzehn braunschweigischen Kavalieren ausgeführten Fackeltanz, der symbolischen Auskleidung und dem Zubettbringen des Paares schloß der Hochzeitstag; danach »retirierten sämtliche Herrschaften in dero Zimmer«.[140]

Anzunehmen, Friedrich habe sich als verliebter Bräutigam nun voller Leidenschaft seiner jungen Gemahlin zugewandt, dazu fehlten wohl die Voraussetzungen. Doch war er es Elisabeth schuldig, sich in dieser Nacht das teure Brautbett für 567 Taler und 29 Groschen zum Nachtlager zu wählen. Zu viele Augen sahen, zu viele Ohren horchten, und der König würde seine Spione überall haben, um zu erfahren, ob die Ehe wirklich vollzogen worden sei. Zuvor trieb es den Kronprinzen jedoch mit Macht an ein Schreibpult, um Wilhelmine eine Nachricht zu senden:

Friedrich an Wilhelmine *Salzdahlum, um 12 Uhr nachts, 12. Juni 1733*

Meine geliebteste Schwester,
Eben in diesem Augenblicke ist die feierliche Handlung zu Ende, und Gott sei Dank, daß alles vorüber ist. Ich hoffe, Sie empfinden es als Ausdruck meiner Zuneigung, wenn ich die erste Nachricht davon Ihnen gebe. Möchte ich bald die Ehre haben, Sie wiederzusehen und Ihnen zu versichern, geliebteste Schwester, daß ich ganz der Ihre bin. Ich schreibe in aller Eile, so daß ich von Förmlichkeiten absehen muß. Leben Sie wohl![141]

Baron Keyserling wurde mit diesem Billett nach Berlin abgesandt, und Wilhelmine registrierte den Empfang der Zeilen voller Freude und Stolz in ihren Memoiren:

Ich erwartete ungeduldig Nachrichten aus Braunschweig, um zu erfahren, was dort vorgegangen war. Mein Bruder hatte die Aufmerksamkeit, mir Meldung zukommen zu lassen. Er schickte Herrn von Keyserling, seinen damaligen Günstling, zu mir. Dieser teilte mir mit, mein Bruder sei mit seinem Lose sehr zufrieden. Er habe an seinem Hochzeitstage, dem 12. Juni, seine Rolle sehr gut gespielt, sich fürchterlicher Laune gestellt und seine Dienerschaft in Gegenwart des Königs heftig gescholten; der König habe ihn darob zweimal zur Rede gestellt und sei sehr nachdenklich geworden; die Königin sei vom braunschweigischen Hofe entzückt, könne aber die Kronprinzessin nicht leiden und habe die beiden Herzoginnen schmählich behandelt; die regierende Herzogin wollte sich beim König darüber beschweren und sei nur mit Mühe davon abzuhalten gewesen.[142]

Nachdem in Salzdahlum, Wolfenbüttel und Braunschweig die Hochzeitsfeierlichkeiten ihren Fortgang genommen hatten, fing die Kronprinzessin schon an, die Packwagen mit der Aussteuer beladen zu lassen und die Garderobe für die Berliner Festlichkeiten zurechtzulegen. Der Braunschweiger Hof begab sich Ende Juni nach Berlin, da dort am 3. Juli die Hochzeit der Prinzessin Charlotte mit dem Erbprinzen Karl von Bevern gefeiert werden sollte.

Am 27. Juni hielt die Kronprinzessin ihren Einzug in Berlin. Es war ein heißer Tag, und eine Menge Neugieriger standen zu seiten des Reiseweges. Elisabeth Christine hatte zu lächeln, würdevoll die Hand zum Gruß zu erheben, und Oberhofmeisterin Frau von Katsch wachte darüber, daß sie all dies ungeachtet ihrer Schüchternheit auch formgerecht ausführte. Die Kronprinzessin kam etwas abgespannt am Berliner Schloß an, wo sie von ihrem jungen Ehemann und dessen Geschwistern empfangen wurde. Wilhelmine erzählte in ihren Denkwürdigkeiten, welchen Eindruck sie von dem neuen Familienmitglied gehabt habe.

Die Kronprinzessin sei groß, stellte sie fest, ihre Taille sei nicht schlank, sie habe die Angewohnheit, den Leib etwas vorzustrecken, was sie sehr verunziere. Sie habe eine blendend weiße Haut und lebhafte Farben. Ihre Augen seien blaßblau und sprächen nicht gerade von Geist. Ihr Mund sei klein, die Gesichtszüge zierlich. Sie sei nicht schön, aber sie sehe sehr kindlich aus und so reizend, daß man sie dem Gesicht nach für ein zwölfjähriges Mädchen halten könne. Sie habe hübsches blondes Haar, aber leider verdürben ihre häßlichen schwarzen Zähne alles. So sei der Gesamteindruck recht zwiespältig.

Friedrich sah, wie zerzaust und mitgenommen von der Reise seine junge Frau war. Er befahl, sie in ihre eigenen Zimmer zu führen und bat Wilhelmine, mitzukommen. Beide waren nun um Elisabeth bemüht. Wilhelmine nahm sich ihrer herzlich an, sie umarmte die Schwägerin und sagte ihr viele Zärtlichkeiten. Diese war aber derart verschüchtert und gehemmt, daß sie stocksteif wie eine Statue alles über sich ergehen ließ. Friedrich hatte ihr viele Ermahnungen mit auf den Weg gegeben, besonders solle sie immer Wilhelmine bei allem, was sie tue, vorher fragen. Diese Schwester solle ihr mehr gelten als König und Königin. Elisabeth jedoch wagte kaum Luft zu holen, sie ließ sich willig neu pudern, kämmen und mit Kölnisch Wasser erfrischen. Wilhelmine machte dies alles selbst, denn die Kammerfrauen der Kronprinzessin waren noch nicht angekommen. Als Elisabeth dann noch immer nichts sagte, wurde Friedrich nervös über soviel Unbeholfenheit und er platzte heraus:

»Zum Teufel mit der Gans. Danken Sie doch meiner Schwester!« [143]

Daraufhin soll Elisabeth nur eine steife Verbeugung gemacht haben. Dieser Anfang war bestimmt nicht sehr vielversprechend.

Die beiden Neuvermählten waren sich gerade in jenem Punkte völlig wesenfremd, auf den Friedrich größten Wert legte. Er liebte es, wenn jemand schlagfertig, witzig, ideenreich war, neue Formulierungen erdachte, blitzschnell Gedankenverbindungen herstellte, auf alles einging, auf berühmte Lektüre anspielte, und er fand es köstlich, wenn ein männliches oder weibliches Wesen ein wahres Feuerwerk an Beredsamkeit abbrannte. Doch das war von Elisabeth in ihrem bisher so stillen Leben noch niemals verlangt worden. Außerdem konnte man billigerweise von einem Menschen, der etwas stotterte, keine sehr flüssige Rede erwarten.

Daß es dadurch Zusammenstöße gab, daß Friedrich von Anfang keine Geduld mit seiner jungen Frau hatte, das mochte ein Fehler sein, war aber von seinem Temperament her verständlich. Er war weit davon entfernt, in der Ehe eine Einrichtung zur Aufmunterung schüchterner Gemüter zu erblicken.

Das junge Paar lebte zunächst getrennt. Elisabeth Christine zog ins renovierte Kronprinzenpalais ein, Friedrich fuhr zurück in seine Garnison nach Neu-Ruppin. Natürlich sah man sich hin und wieder, oft führte ein väterlicher Befehl den jungen Ehemann nach Berlin. Aber sowohl am Königshof als auch bei den jungen Leuten war man sich darüber im klaren: so konnte es nicht bleiben.

Friedrich hielt daher Umschau im Land nach einem geeigneten Platz für eine eigene Sommerresidenz. In Ruppin und Umgebung suchte er natürlich zuerst, aber ohne Erfolg. Wo die Gegend reizvoll war, zeigten sich meist die Besitzverhältnisse nicht günstig. Endlich fand er, was er suchte.

Durch eine Wildnis dichter, hochstämmiger Bäume, die im Schmuck vielfarbigen Laubes standen, kam Friedrich an einem Herbsttage des Jahres 1733 zu Besuch nach Rheinsberg. Es war nicht das erstemal, daß er hier als Gast des Obersten von Béville erschien. So willkommen er auf dem Schlößchen war, so gern suchte er auch diesen Platz auf, dessen romantische Lage an dem glitzernden See es ihm angetan hatte. Der Wunsch, hier als Herr zu wohnen, wurde immer sehnlicher, und so war er heute gekommen, um dem Obersten vorzuschlagen, ihm das Gut zu verkaufen. Béville sagte zu, und Friedrich teilte seinem Vater mit, daß er hier gerne seine kleine Residenz aufschlagen möchte.

Bereitwillig ging Friedrich Wilhelm auf seine Bitte ein und beauftragte eine Kommission mit der Veranschlagung des Kaufpreises. Der Oberst forderte 75 000 Taler . . . Der König war einverstanden und schickte am 1. November 1733 seine Zusage. Hocherfreut dankte ihm Friedrich am folgenden Tage mit den Worten:

. . . ich bedanke mihr gantz unterthänigst vohr die Gnade, so mein allergnädigster Vahter vohr mihr gehabt wegen des Guhts Rheinsberge zu kaufen. Ich werde solche Zeit meines Lebens mit gantz unterthänigstem respect erkennen . . .

Am 12. Dezember 1733 wurde der Kauf abgeschlossen, die Übergabe sollte Trinitatis 1734 stattfinden.[144]

Vor dem geistigen Auge des jungen Friedrich muß sein künftiger Hofstaat in Rheinsberg schon fertig dagestanden haben. Langsam stellten sich dann all diejenigen ein, die dereinst Rheinsberg zu einem Hort der Musen machen sollten. Aus dem Braunschweigischen traf im November 1733 der ehemalige Musiklehrer der Kronprinzessin ein, der von ihr »12 Spezie-Dukaten« als Geschenk erhalten hatte: Karl Heinrich Graun, der »jüngere« Graun, der überaus geschickt als Sänger, Komponist und Kapellmeister war. Seine Oper zur Hochzeit »Der Spiegel der Treue« in italienischer Sprache hatte alle entzückt.[145]

Für den Ausbau des Schlosses Rheinsberg hatte der König seinem Sohn den Rat gegeben, »sich einen guten Baumeister zu suchen, der ihm etwas Artiges baut und commode anlegt«. Friedrich beauftragte zunächst den Baurat Kemmeter mit den Planungen und dem Beginn der Arbeiten. Man riß einen Teil des Gebäudes nieder, errichtete ein Quergebäude und zwei Flügel, wobei man den bestehenden alten Turm mit einbezog und ihm ein Gegenstück an die andere Seite des Gebäudes stellte.

Als dann Friedrichs Freund Georg Wenzeslaus von Knobelsdorff von einer Italienreise zurückkehrte, entstand zwischen den beiden Türmen eine reizende Kolonnade, die das Ganze abrundete und ihm eine gewisse Geschlossenheit verlieh. Auch in zahlreichen Einzelheiten war die Hand des Kunstkenners und Kunstschwärmers Knobelsdorff zu erkennen. Das Schloß erhielt die Inschrift:

Fridericus tranquillitatem colenti

(Friedrichs Feierstille.) Für die Innenausstattung war der Hofmaler Antoine Pesne tätig, die Blumenstücke und einige Supraporten malten Verwandte von ihm. Die Ausstattung war in keinem Falle luxuriös, aber durch die Sparsamkeit der Dekorationen und die Wahl gut abgestimmter zarter Farben wurde eine sehr elegante Wirkung erzielt. Die Bauzeit dauerte bis August 1736, und auch dann war der große Konzertsaal noch nicht fertig, zu dem Antoine Pesne ein großes Deckengemälde beisteuerte.

Das ganze Jahr 1735 war erfüllt von Plänen und Zukunftsträumen um dies neue Schlößchen am Grienericksee. Indessen ging das getrennte Leben des Kronprinzenpaares weiter – Friedrich blieb in Ruppin, die Kronprinzessin in dem Stadthaus, dem Kronprinzenpalais. Der König war im Herbst sehr krank gewesen, was zu den größten Befürchtungen Anlaß gegeben hatte. Jetzt, im Januar 1735, fing er an, sich sichtlich zu erholen. Friedrich konnte an Wilhelmine nach Bayreuth melden, er äße und trinke für vier, und es wäre ein so außerordentliches Wunder, wie es je eines gegeben habe, denn er sei wirklich auf den Tod krank gewesen.[146]

In Wolfenbüttel trug man Trauer, und das Kronprinzenpaar mußte sich eilig dorthin begeben, denn der regierende Herzog Ludwig Rudolf von Blankenburg-Wolfenbüttel war gestorben, Elisabeth Christines Großvater. Jetzt trat ihr Vater die Regierung an, ein Mann in der Vollkraft seiner Jahre, dem jeder eine lange und glückliche Regierungszeit prophezeite. Charlotte hatte ihr kleines Haus aufgegeben und die geräumigere Wohnung der Schwiegereltern bezogen, die ins Wolfenbütteler Schloß übergesiedelt waren.

Zurückgekehrt war für Elisabeth Christine das Leben in Berlin nicht immer leicht. Zwar unterließ es die Königin jetzt, sie bewußt zu ärgern oder zu demütigen, denn sie hatte gemerkt, daß an der Liebenswürdigkeit und Harmlosigkeit der Schwiegertochter alle Ränke, Intrigen und jede üble Nachrede abprallten. Ja, Elisabeth war so bescheiden und im wahrsten Sinne des Wortes liebenswert, daß die Königin sogar anfing, sie zu schätzen. Elisabeth war findig in ihrem sparsamen Hofhalt, sie zeigte sich als eine sehr gute Gastgeberin in dem Rahmen, den ihr die Mittel des kronprinzlichen Haushalts ließen. Es kam hinzu, daß sie persönliche Tapferkeit in kleinen Dingen zeigte. Poseck machte hierüber eine Notiz:

Wenn sie die Zahnschmerzen überkamen, so war sie ihnen hilflos ausgeliefert, denn einen hoffähigen »Arracheur des dents«, einen Zahnreißer, gab es nur in Paris; er machte gute Geschäfte und weite Reisen, denn an Zahnschmerzen litt man an allen Höfen. Der Mann wußte oft nicht, wohin er zuerst fahren sollte, und wohin er kam, wurde er von Kaisern, Kaiserinnen, von Königen und Königinnen in Audienz empfangen. Den Berlinern war der berühmte Mann unerreichbar; der Kronprinz bediente sich in Notfällen selbst, die erforderlichen Instrumente begleiteten ihn auf allen Fahrten. Seine junge Frau kannte das kleine samtne Etui, das sie barg, und nachdem sie zwei Tage vergebens auf das Ende der Qual gewartet hatte, öffnete sie es. »Unsere Prinzessin hat sich selbst einen großen Zahn gerissen, das hat sie nun von allem Übel befreit«, berichtete die Königin beifällig ihrem Gemahl.[147]

Der Kronprinz machte sich derweil seinen Aufenthalt in Ruppin so gemütlich wie möglich. Er lebte praktisch ein Junggesellendasein mit allem, was dazu gehörte. Lavisse faßte einige Briefstellen mit Kommentar zusammen. Darunter eine recht schlagende Beweisführung für die Tatsache, daß Friedrich dem weiblichen Geschlecht in keiner Weise abgeneigt gewesen ist:

In Küstrin hatte ihm der König nur Andachtsbücher oder Verwaltungsschriften gestattet. Endlich, in Neu-Ruppin, konnte sich Friedrich ganz seiner Leidenschaft hingeben.

»Ich rühre mich nicht aus dem Bau; ich unterhalte mich mit den Toten, und ihre stumme Zwiesprache ist mir nützlicher als jede, die ich mit Lebenden halten könnte.« Er las mit Wonne, am warmen Kaminfeuer sitzend, in einen schönen Pelz gehüllt, die ganzen stillen Nächte durch. Erst gegen Morgen legte er sich zu Bett und blieb bis zur Wachtparade liegen, »die erst um 11 Uhr stattfand, damit Monsieur Zeit hat, bis tief in den Tag hinein zu schlafen.«

Er nannte sich vollkommen glücklich. In Anlehnung an alte und neue Dichter vergleicht er den Zwang des Hoflebens mit dem ländlichen Frieden. »Sorge und Unruhe sind aus dem Geiste verbannt . . . Von der Last befreit, die uns die Geschäfte aufbürden, ist uns ein friedlicher Schlummer beschieden. Holde Träume lassen uns die Nacht köstlich verbringen. Hat der Schlaf seinen Mohn auf unsere Lider gestreut, so öffnen sie sich erst wieder, wenn der Kammerdiener uns durch heftiges Schütteln zwingt, sie aufzuschlagen. Ein frugales Mahl mit gutem Wein ist stets bereit und harrt der Stunde, wo der Hunger sich meldet und gestillt sein will . . . Kurz, alles gereicht uns zur Freude, und manche ländliche Nymphe, die aus der Achselhöhle duftet, sagt mehr zu, als die Gräfin D . . . h . . . mit ihrem gezierten Wesen.«[148]

In diesem Jahre, 1735, zog sich Seckendorff vom preußischen Hof zurück. Er führte seinen Neffen und bisherigen Sekretär als seinen Nachfolger ein. Natürlich war der König nicht darüber begeistert, den langjährigen Freund zu verlieren. Aber offenbar erforderte die Gesundheit Seckendorffs, daß er damit aufhörte, Gastmähler zu geben oder zu besuchen. Er hatte sich im Dienste des Königs gesundheitlich manchesmal übernommen, wenn er trinken mußte und im voraus wußte, daß es ihm nicht bekommen würde. Der Neffe konnte seinem Onkel nicht das Wasser reichen, er hatte keineswegs seine Fähigkeiten, noch weniger den Einfluß in Wien, und die persönliche Geschicklichkeit im Umgang mit dem König war auch nicht vorhanden. Allein der Name gab eine gewisse Bürgschaft, daß die Geschäfte ihren Gang gehen würden.

Diesem »jüngeren Seckendorff« verdankt die Nachwelt einmal mehr Beweise dafür, daß es mit der immer wieder Friedrich nachgesagten Homosexualität nicht weit her gewesen ist. Friedrich hat sich im Kreise seiner vertrauten Freunde Manteuffel, Wartensleben und Seckendorff ganz offen über sexuelle Dinge ausgesprochen. Und Seckendorff führte

7 Graf Keyserlingk

8 Hans Hermann von Katte auf dem Weg zur Hinrichtung, 6. Nov. 1730

»geheime Tagebücher« in französischer Sprache, in denen alles getreulich verzeichnet wurde. Hegemann, der sehr eingehend dokumentiert hat, notierte für den Juni 1735:

Weiter soll Friedrich als Kronprinz (er erscheint in den Geheimjournalen als »Junior«) seinem Vertrauten Friedrich von Wartensleben Mitteilungen gemacht haben (Das Folgende ist aus dem Französischen übersetzt):

»Junior b . . . seine Frau nachmittags, sagt, sie hat einen schönen Körper und einen schönen c . . .!«

Mit derselben Offenheit soll damals Kronprinz Friedrich gern und viel gesprochen haben. Nach einer Unterredung mit Grumbkow, der noch immer dem Kaiser treu war, machte der kaiserliche Gesandte Seckendorff folgende Eintragungen in sein Tagebuch (21. Oktober 1734):

Der Kronprinz liebt die Kronprinzessin; er hat Schulenburg ihre Briefe gezeigt und gesagt: »Sie hat doch gesunden Verstand.« Er f . . . und f . . . sie. Schulenburg kann nur lachen, wenn es heißt, er werde sie nach dem Tode des Königs heimschicken (die Kronprinzessin scheint es zu jemand gesagt zu haben) und er werde dann ihre Schwester Amalie keiraten.« (Der französische Urtext im Anhang.) Nach dem Tode des Königs hat Friedrich seine Schwägerin Luise Amalie mit seinem ältesten Bruder (August Wilhelm) verheiratet.[149]

Im Juni des folgenden Jahres enthalten die Geheimtagebücher nochmals interessante Abschnitte und Gespräche.

Den Rang eines Generalmajors erhielt der Kronprinz im Juni 1735 vom Vater zuerkannt.[150] Er nahm es als Zeichen dafür, daß seine militärische Arbeit beim Regiment gewürdigt wurde.

Im September 1735 beorderte eine eilige Stafette den Kronprinzen von Ruppin nach Berlin, um dort mit der Kronprinzessin zusammenzutreffen und gemeinsam weiterzureisen. Elisabeths Vater, Herzog Ferdinand Albrecht II. von Bevern-Wolfenbüttel, war völlig unerwartet gestorben, nachdem er nur ein halbes Jahr regiert hatte. Der Schmerz seiner jungen Frau beeindruckte Friedrich sehr. Er war außerordentlich aufmerksam zu ihr, machte ihr kleine Geschenke und ersann Aufheiterungen, denn in Braunschweig und Wolfenbüttel herrschte, wie Charlotte schrieb, »die barbarischste Trauer der Welt«. Alle waren in Wolle und Krepp gehüllt und nur die Nasenspitzen guckten aus den schwarzen Schleiern hervor. Friedrich führte seine junge Frau und Charlotte zum Essen aus, man soupierte in einem vornehmen Gasthof, und das war eine kleine Ablenkung.[151]

Friedrich hatte um diese Zeit den einzigen Wunsch, wieder in ein Feldlager des Prinzen Eugen gehen zu können. Er erinnerte sich nur zu gut der angenehmen Zeit, die er im Juni 1734 im Lager bei Wiesenthal verbringen durfte. Seit Oktober 1733 hatten sich Österreich und Frankreich im Kriegszustand befunden. Man versammelte Truppen, errichtete mehrere prunkvolle Lager, und die Österreicher erwärmten sich am Ruhme ihres greisen Oberbefehlshabers, des Prinzen Eugen. Aber im Grunde geschah an kriegerischen Handlungen nur sehr wenig. Friedrich war damals, wohlversehen mit tausend Instruktionen und drei Aufpassern, vom König nach Wiesenthal beordert worden. Man belagerte das von den Franzosen eingenommene Philippsburg. Zuweilen kam es zu Geschützfeuer und zu einigen Kanonaden. Prinz Eugen war sehr liebenswürdig zu Friedrich und begegnete ihm in Freundschaft.

Nun suchte der Kronprinz jetzt, 1735, noch einmal in die Freiheit eines solchen Feldlagers zu entkommen. Der König hatte jedoch andere Pläne. Friedrich sollte Ostpreußen bereisen, was ihm gar nicht behagte. An Wilhelmine schrieb er um diese Zeit, der Vater schicke ihn zum Trost auf eine Reise nach Preußen, das sei etwas anständiger als Sibirien, aber nicht viel. Das habe er nun davon, er sei sehr ärgerlich darüber.[152]

Andrerseits zeigte diese Reise voll und ganz die Begabung des Kronprinzen für seine künftige Stellung. Er hatte strikte Weisungen vom König mitbekommen, worauf er zu achten habe. Zunächst sollte er das gesamte Militärwesen kontrollieren. Wo auch immer er hinkam, hatte er die Kriegs- und Domänenämter zu visitieren und etwaige Mißstände sofort durch entsprechende Weisungen zu korrigieren. Über alles und jedes wollte der König seinen Bericht haben. Friedrichs landwirtschaftliche und Verwaltungs-Studien in Küstrin und deren Fortsetzung in Ruppin fanden jetzt zum erstenmal eine praktische Anwendung. Er brachte eine solche Fülle von Beobachtungen und dicke Bündel beschriebenen Papiers mit nach Hause, daß der König mit dem Ergebnis dieser Reise höchlich zufrieden war. Friedrich jedoch fand von da ab Geschmack an Inspektionsreisen, die er sein ganzes Leben lang in alle Provinzen beibehalten sollte, bis ihn seine Kräfte verließen. Seine Neigung hatte sich einem neuen Gebiet zugewandt: der Kultur eines Landes. Es urbar zu machen, zu besiedeln, Manufakturen anzulegen, dem Handwerk und Gewerbe günstige Bedingungen zu schaffen – das war jetzt neben den bisherigen Interessen seine Lieblingsbeschäftigung geworden.

Die Kronprinzessin lebte indessen bescheiden, nur von den Damen ihres Hofstaates umgeben, ein meist von Kronprinzen getrenntes Leben. Sie gewöhnte sich daran, ihren Tag mit allerlei Beschäftigungen auszufüllen. Der König war ihr sehr wohlgesinnt, und sie schrieb ihm zuweilen kleine Billetts, um ihn über ihren Tageslauf zu unterrichten.

Mit dem ersten warmen Sonnenstrahl, an einem österlich grünen Sonntag im April, war sie in Schönhausen. Der König hatte ihr geraten, mehr an die Luft zu gehen.

»Ich bin tüchtig herumgelaufen und habe dort Abendbrot gegessen«, berichtete sie ihrem Schwiegervater, »wobei wir so frei waren, auf das Wohl Eurer Majestät zu trinken. Ich finde den Ort umso schöner und anziehender, je öfter ich ihn sehe. Ich gehe überhaupt viel spazieren und genieße mit Erlaubnis Ew. Majestät das schöne Wetter; es bekommt meiner Gesundheit gut«.[153]

Auf diese Weise bekam Elisabeth Christine einen Vorgeschmack von der Schönheit ihres künftigen Privat-Besitztums: des Schlosses Schönhausen. Sie mußt dem Kronprinzen erzählt haben, wie angenehm sie diesen Ort fand, denn eines Tages sollte er ihr Schloß und Park zum Geschenk machen.

Die Kronprinzessin war mehrfach krank gewesen. Leibarzt Eller hatte sie auf ein Magenleiden hin behandelt, aber kein Mittel wollte helfen. Der König hoffte, daß diese Beschwerden auf eine Schwangerschaft zurückzuführen seien, aber nichts von alledem traf zu. Im Juni hatte die Kronprinzessin das Pech, von einem Insekt so gefährlich in den Fuß gestochen zu werden, daß die Schwellung geschnitten werden mußte. Elisabeth lag den ganzen Juni über im Bett, und danach konnte sie den Fuß nur mit Vorsicht gebrauchen.

Die Gedanken des Kronprinzenpaares waren jetzt ganz auf den neuen Sommersitz gerichtet, auf Rheinsberg, das kurz vor der Fertigstellung stand. Friedrich suchte die Möbel aus, seine Finanzen erlaubten keinerlei Prunk. Aber alles wurde im Geschmack der Zeit zierlich und farbenfroh und mit einer gewissen Eleganz eingerichtet. Noch führte er sein Junggesellenleben, und seine jungen Freunde und Vertrauten waren eingeweiht in all seine Kümmernisse, die damit begannen, daß er arm war wie eine Kirchenmaus. Was ihm der Vater gab, reichte bei weitem nicht aus, auch nur annähernd seine Wünsche zu erfüllen. Bei seinem letzten Besuch hatte er seine Gemahlin herzlich gebeten, zum Einzug für Rheinsberg und den Anfang der neuen eigenen Haushaltung zumindest die Summe von 3 000 Talern über den Kredit zu beschaffen, den ihr Bruder, der junge Herzog Karl I. von Braunschweig, dort ohne Schwierigkeiten erhalten konnte. Er würde es ihm unmittelbar nach seinem eigenen Regierungsantritt zurückzahlen. Elisabeth schrieb sofort, aber schon jetzt drückten den Kronprinzen wieder Schulden, die er dem Vater nicht eingestehen konnte. Hegemann hat auch über diese Probleme des Geldmangels und die Kinderlosigkeit des Kronprinzenpaars seine Erhebungen angestellt – wieder in den Geheimtagebüchern des »jüngeren Sekkendorff«:

Ein anderer Vertrauter des Kronprinzen war Graf Manteuffel (derselbe, der Friedrich 1728 zum erstenmal zu der Unterschrift »Frédéric le pfilosophe« *anregte). Er erscheint in dem Geheimjournal als Diable, also Übersetzung und Abkürzung von Manteuffel. Es ist derselbe, dessen Schloß Kummerfrei einen so schönen Namen hatte, daß der Kronprinz ihn zuerst für sein Rheinsberg und später für sein Sanssouci ins Französische übersetzte.*

Im Juli 1736 berichtete der junge Seckendorff von der Geldnot, die der Kronprinz dem Grafen Manteuffel geklagt hat und die ihn gegen seinen Vater erbitterte. »Denn Junior gesteht dem Teufel offen, daß er an manchen Tagen keinen Taler in der Tasche hat, usw. usw.« Hierauf gab Manteuffel dem Kronprinzen den Rat, dessen Befolgung ihn am schnellsten mit seinem Vater ausgesöhnt hätte.

Nachdem Junior dem Teufel alle diese Vertaulichkeiten mitgeteilt hatte, wagte dieser zu ihm zu sagen:

»Es gibt da eine Sache, der Kgl. Hoheit mehr Aufmerksamkeit widmen müßte, nämlich Kinder zu haben, das würde Ihre Lage sofort günstiger machen und Ihnen in Zukunft viel Kummer ersparen. Denn wenn man sieht, daß Sie keine Kinder haben, wird man Ihren Bruder Wilhelm verheiraten und die Ränke und Intrigen werden nicht aufhören.«

Junior gab das alles zu. »Aber«, sagte er, »ich kann mit meiner Frau nicht aus Leidenschaft zu Bett gehen, und wenn ich mit ihr zu Bett gehe, dann tue ich es mehr der Pflicht halber als aus Neigung.«

Teufel: »Dazu gehört nicht immer Leidenschaft. Denn wieviele Kinder kommen nicht auf die Welt, deren Vater und Mutter sich nicht lieben? Aber mir scheint, daß Eure Kgl. Hoheit dieser entscheidenden Sache nicht genug Aufmerksamkeit widmet; sonst könnte es Ihr nicht an Kindern fehlen. Denn ich bin überzeugt, daß die Form (in welche die Nachkommenschaft gegossen werden soll) schön und eigens dafür gemacht ist«.

Junior: »Das ist wahr, die Form ist sehr reizend; aber ich war niemals in sie verliebt. Allerdings müßte ich der niedrigste der Menschen sein, wenn ich sie nicht aufrichtig schätzen würde. Denn erstens hat sie ein sehr sanftes Gemüt, zweitens ist sie so gelehrig, wie man es nur sein kann, und drittens ist sie so im höchsten Maße gefällig, daß sie tut, was sie mir nur an den Augen absehen kann, um mir Freude zu machen. Auch kann sie sich nicht beklagen, daß ich nicht mir ihr zu Bett gehe; ich weiß also nicht, woran es liegt, daß wir keine Kinder haben.«

Teufel: »Es liegt daran, daß Eure Kgl. Hoheit sich nicht die nötige Mühe geben.«

. . . Der Kronprinz weilte bei seinem Regiment in Neu-Ruppin, wo er sich zwei Häuser eingerichtet hatte. Die Kronprinzessin hielt Hof im . . . Kronprinzenpalais in Berlin . . . Manteuffel konnte deshalb zum Kronprinzen sagen:

»Hoheit kommen hierher mit der Post und machen sich ebenso wieder davon, tun wacker Ihre Pflicht. Aber Hoheit müßte sich dazu die erforderliche Zeit nehmen und es machen wie die Bauern, die regelmäßig und ganze Nächte lang mit ihren Frauen zu Bett gehen usw.«

Junior: »Ich glaube, Sie haben recht. Aber wenn ich hier bin, bin ich immer unruhig und ängstlich, denn man macht mir Vorwürfe und sieht mich mit unfreundlichen Augen (der König). Nach meiner Rückkehr aus Ostpreußen aber werde ich mit meiner Frau in Rheinsberg sein, wo ich als guter Ehemann ganz nach Behagen wohnen werde und ich verspreche Euch, dann acht auf das zu geben, was Ihr mir gesagt habt.« [154]

Im Juli 1736 wurden in Neu-Ruppin einige Kisten mit denjenigen Sachen gepackt, die der Kronprinz in Rheinsberg nicht entbehren wollte. Andererseits blieb der Haushalt insoweit erhalten, als Friedrich zuweilen dort zu übernachten hatte oder aus militärischen Anlässen dort gebunden war. Aber Ruppin sank herab in den Rang eines Behelfsquartiers, bis nach vielen Jahren einmal Prinz Ferdinand, des Königs jüngster Bruder, kommen sollte, um die Wohnung des Kronprinzen zu beziehen und den Garten Amalthea zu genießen.

Der Kronprinz ging nach Rheinsberg. Jetzt begann die Zeit, die Friedrich selbst später in seinem Leben als »die glücklichste« bezeichnete. Endlich war er sein eigener Herr, endlich redete ihm niemand mehr in sein Tun und Lassen. Er konnte zum Gottesdienst gehen, wann und wo er wollte. Er konnte kleine Überlandfahrten machen, ohne erst um die Erlaubnis des Königs nachsuchen zu müssen. Er hatte seinen eigenen Hofstaat und einen angenehmen Freundeskreis. Endlich war er der etwas eintönigen, wenngleich zuweilen unterhaltsamen Gesellschaft der Offiziere enthoben, obwohl er unter ihnen schätzenswerte Menschen gefunden hatte.

Friedrich richtete sein Haus ein, er selbst überwachte die letzten Tapeziererarbeiten. Anfang August 1736, während eines Besuches in Berlin, schrieb er auch seinen ersten Brief an Voltaire.

Friedrich an Voltaire *Berlin, 8. August 1736*

». . . Obwohl ich nicht das Vergnügen habe, Sie persönlich zu kennen, sind Sie mir doch durch Ihre Werke nicht weniger bekannt. Diese sind, wenn ich so sagen darf, Schätze des Geistes, Schriften, die mit so viel Geist, Feinheit und Kunst gearbeitet sind, daß ihre Schönheiten jedesmal, wenn man sie liest, neu erscheinen. Ich glaube in ihnen den Charakter ihres genialen Verfassers erkannt zu haben, der unserer Zeit und dem menschlichen Geiste Ehre macht.

Die großen Männer unserer Zeit werden Ihnen, und Ihnen allein, dafür zu danken haben, daß Sie, wenn der Streit aufs neue ausbrechen sollte, ob ihnen oder den Alten der Vorzug gebührt, die Wagschale zu ihren Gunsten zum Sinken bringen werden.

Sie verbinden mit der Eigenschaft eines ausgezeichneten Dichters eine Fülle anderer Kenntnisse, die zwar in der Tat einige Verwandtschaft mit der Poesie haben, aber ihr doch nur durch Ihre Feder ganz verbunden wurden. Niemals hat ein Dichter metaphysische Gedanken in Rhythmen gebracht; diese Ehre war Ihnen als dem ersten vorbehalten . . .

Die Milde und Förderung, die Sie allen denen erweisen, welche sich den Künsten und Wissenschaften widmen, läßt mich hoffen, daß Sie mich nicht aus der Zahl derer ausschließen werden, welche Sie Ihrer Unterweisungen würdig finden. So nenne ich den brieflichen Verkehr mit Ihnen, der jedem denkenden Wesen nur vorteilhaft sein kann. Ja, ich wage zu behaupten, ohne dem Verdienste eines andern Abbruch zu tun, daß es auf der ganzen Welt nicht einen Menschen gibt, dessen Lehrer Sie nicht sein könnten. [155]

Dies war der Beginn eines Briefwechsels, der zwar zeitweilig durch Zwistigkeiten unterbrochen wurde, aber im Grunde ein ganzes Leben lang bis zu Voltaires Tod vorgehalten hat. In diesen Briefen suchte Friedrich sein Bestes zu geben, um dem hohen Anspruch des Empfängers zu genügen.

Mit seinem Vater versuchte Friedrich sich weiterhin gut zu stellen. Aber immer gab es Trübungen seltsamster Art, die nur auf Einflüsterungen und Ohrenbläserei Übelwollender zurückzuführen waren. Dennoch war im ganzen gesehen das Leben für Fritz jetzt erträglich zu nennen. Als frischgebackener Gutsbesitzer von Rheinsberg ließ er es sich nicht nehmen, dem elterlichen Hofe Präsente an Früchten, jungem Vieh und anderem zu schicken. Er schrieb, es würde, nachdem sein Vater die

Gnade gehabt habe, ihm Rheinsberg zu schenken, sehr undankbar von ihm sein, wenn er ihm nicht die ersten Früchte von allem zum Geschenk darbrächte, was er selbst erzeuge. Er nehme sich deshalb die Freiheit, seinem allergnädigsten Vater »ein vet Kalb« in aller Untertänigkeit zu präsentieren, und er wünsche »hertzlich«, daß es ihm »smecken« möge. Der König sandte als Gegengeschenk einen großen halben Salm und bedankte sich für das gemästete Kalb, das sehr schön ausgefallen wäre.[156]

Der August war zur Hälfte vergangen, die Kronprinzessin hatte ihre Koffer und Körbe gepackt. Als Reisetag nach Rheinsberg war der 21. August 1736 bestimmt worden. Poseck notierte über ihren Aufbruch:

»Einen Tag vor Elisabeths Abreise brachte ihr Karls ehemaliger Hofmeister von Heimburg die sehnlich erwarteten 3000 Taler; er war auf dem Wege zu Anton Ulrich (ihrem zweiten Bruder) nach Petersburg.

Am nächsten Morgen, es war der 21. August, verließ sie die Hauptstadt. Sie hatte in diesen Jahren erfahren, was es hieß, in Berlin zu leben, auf der »Galeere«, wie Fritz sagte. Die Stunde der Erlösung war auch für sie nun gekommen, die sie in die Freiheit des Landlebens und an die Seite des Mannes führte, an den sie die Liebe mit jeder Faser ihres Herzens kettete. Das neue Gespann hatte ihr der König gegeben, und frische Pferde erwarteten sie schon auf den Postämtern in Oranienburg und Zepernick. So flog sie mit ihren Damen schnell dem Ziel zu, das noch am gleichen Tage erreicht werden sollte.[157]

Das herrlichste Wetter begleitete sie auf dem Weg, und am späten Nachmittag tauchte Rheinsberg vor ihren Blicken auf, die winzige Landstadt mit ihren französischen Kolonisten, ihren kleinen Häusern, in denen kaum siebenhundert Seelen wohnten, überragt von dem dicken alten Schloßturm, dem »Klingenberg«, den das leuchtende Nachmittagslicht umstrahlte. Auf dem Marktplatz hatten sich die Bürger zur Begrüßung versammelt; die Straße dahin und der Platz waren gepflastert, die Häuser aufgefrischt, die Dächer geschindelt worden, und dann fuhren die Wagen vorsichtig über das kleine Holzbrückchen mit den geschnitzten Laternenträgern zum Schloß. Seine Bewohner erwarteten die Ankommenden; jeder war herbeigeeilt, um die Frau des Hauses zu empfangen. Inmitten des Halbkreises stand der Kronzprinz mit seinen Adjutanten und Freunden, einige waren erst wenige Stunden vorher mit ihm aus Ruppin eingetroffen. Manche waren Elisabeth unbekannt; der Kronprinz stellte sie ihr vor.[158]

Der Senior des Freundeskreises war der sechzig Jahre alte Major Senning, der aber gut zu der jungen Hofgesellschaft paßte. Er war Friedrichs erster militärischer Mentor gewesen. Dann kamen die jungen Leute: der neunundzwanzigjährige »junge« Buddenbrock, Freiherr von Wylich, Major von Stille, Isaak Franz Egmont de Chasot mit seinen zwanzig Jahren, und als überragende Erscheinung Hauptmann Baron Heinrich August de la Motte-Fouqué, der kraft seiner souveränen Persönlichkeit eine Art Schirmherr des jungen Hofes war. Es fehlten der von Friedrich so sehr geliebte Jordan, der sich in Berlin aufhielt, es fehlten Keyserling und Knobelsdorff, der erneut in Italien war. Ein berühmter Gast hatte abgesagt zu kommen: der französische Lustspieldichter Gresset.

Die Herren führten Elisabeth in ihre Privaträume im ersten Stock; fünf von Licht, Luft und Wärme durchflutete Zimmer, wo ein herrlicher Überfluß an hohen, schweifenden Blicken sich öffnenden Fenstern die Mauern nicht fühlen ließ, die diese Wohnung abschlossen, die an ihrem Ende in die des Kronprinzen überging . . .

Festlich leitete ein Vorsaal den Bereich der Kronprinzessin ein . . . Das Weiß, Grün und Gold der Wände, Tür und Fensterverkleidungen, das Kerzenlicht einer sechzehnarmigen Kristallkrone wurde von vier . . . Wandspiegeln mit vergoldeten Festons zurückgeworfen; vor jedem der vier Fenster stand ein Tisch mit Marmorplatte auf vergoldeten Füßen, in den entgegengesetzten Ecken zwei eichene Spieltische, die die Bestimmung des Raums als abendlicher Gesellschaftssaal des Hofs, zu Tanz und Spiel verdeutlichten . . . Ein verstecktes Türchen führte zu einem kleinen Kabinett, in dem eine marmorne Wanne stand.

Durch eine hohe, weißlackierte Flügeltür . . . gelangte man in einen großen Wohnraum, das sogenannte »rote Zimmer«; die Wände waren mit roséfarbenem Atlas mit silbernen Tressen ausgeschlagen, mit dem auch das Sofa und die Sitze der sechs Stühle und vier Taburets bezogen und woraus auch die Vorhänge der vier hohen französischen Fenster gemacht waren; alle Möbelbeschläge und Schnitzereien waren versilbert . . .

Man trat von hier in ein in Gelb und Silber gehaltenes Eckzimmer, Elisabeths Arbeits- und Schreibkabinett. Von gelbem Atlas mit ausgenähten Banden war die Tapete, waren die Vorhänge der sechs Fenster und die Bezüge der beiden Stühle. An der Wand wiederum ein großer Spiegel in versilbertem Rahmen. Die Einrichtung war aus silbrig-mattem Zedernholz . . .

Das nächste Kabinett war nun in Blau und Gold gehalten, etwas vollständiger ausgestattet, in blauem Atlas, mit Goldleisten tapeziert, aus demselben Stoff, mit schmalen goldenen Tressen bordiert, die Gardinen vor den vier Fenstern, der Kaminschirm, der Bezug des Ruhesofas, der Kissen und Polster darauf und der fünf ungleichen Stühle . . . Obwohl nun auch dieses Zimmer noch keinen Wandschmuck erhalten hatte, konnte man es doch in seiner Gesamtwirkung als das »Vornehmste« bezeichnen.

Mit dem Schlafzimmer war Elisabeths Wohnung dann zu Ende. Dies aber war in seiner Vereinigung von Silber, Blau, Gold und Weiß, von Seidenstoffen und Metall ein Meisterwerk dezenten französischen Geschmacks, so massig sich darin auch das riesige Prachtbett, ein Geschenk des Königs und der gewaltigste, wenn zweckgebundene, so doch fremdartige Gegenstand, ausnahm. Die Wände waren mit Silberstoff und blauer Atlasseide, von goldenen Leisten eingefaßt, verkleidet. Vorhänge aus blauem Atlas mit goldnen Tressen schlossen die beiden Fenster, aus blauem Atlas und Gold waren auch die Bezüge eines Lehnsessels und zweier Armstühle, und dieselben Stoffe nahmen dem alles erdrückenden Prachtbett etwas von seinem Schrecken.

Die kostbare Ruhestatt, Menetekel eines besorgten Schwiegervaters, versank unter einem Vorhang aus blauem Atlas mit goldnen Tressen und einer Borte aus metallenen Fransen; die Innenseite war mit weißer Seide abgefüttert. Unweit dieses Kolosses stand, unscheinbar an die Wand geschmiegt, ein kleines Bett, das Elisabeth wirklich benutzte. Seine Ausstattung war dieselbe wie die des ungeschlachten Bruders, auch die Bettdecke und die Kopfkissen waren aus der gleichen Atlasseide, mit rotem Taft gefüttert. Nur noch drei Gegenstände hatten Platz in diesem verschwiegenen Gemach gefunden: eine geschweifte braunschweigische Kommode mit Marmorplatte und vergoldeten Griffen. Wie vieles des Besten in Rheinsberg ein Geschenk Ferdinand Albrechts, der kleine Zedernschreibtisch, die letzte Gabe des Vaters, und ein einfaches kiefernes Tischchen mit blauem Taftbehang, auf dem Waschnapf und Wasserkanne standen. Über der Tür war, als einziger Bildschmuck, ein holländisches Blumenstück in vergoldeter Leiste angebracht.

Hier also endete Elisabeths eigenes Reich, dahinter lagen die sieben Räume, die der Kronprinz bewohnte, mit dem großen Spiegelsaal für besondere Feste und Theateraufführungen, und ein kleines Musikzimmer, in dem Fritz die Hauskonzerte geben wollte. – . . . Alles atmete Geschmack und Kultur.[159]

Die jungen Leute waren von ihrem neuen Heim begeistert. Vor allem in jener Zeit war, allen überkommenen Zeugnissen nach, Friedrich alles andere als ein Frauenfeind. Er genoß sein Leben, und all seine Briefe sprachen von Heiterkeit und Zufriedenheit – ungeachtet der vielen geborgten Taler. In einem Brief erwähnt er, jetzt, wo das schöne Geschlecht hier angekommen sei, scheine es ihm, als habe die Glanzseite einen neuen Schimmer bekommen; die Unterhaltung sei dadurch nur noch lebhafter, das Vergnügen herrlicher geworden. Er besang den »holden Minnedienst« und schien mit seinem Dasein restlos zufrieden. Und dies in internen Äußerungen Freunden gegenüber und nicht nur, um dem allergnädigsten Vater zum Munde zu reden.[160]

Die ersten Gäste in Rheinsberg sollten der König und die Königin sein, dies hatte Friedrich schon lange vor seinem Einzug festgelegt. Der Historiker Hamilton verzeichnete dies (teilweise aus Pöllnitzens Memoiren übernommen):

Die Einladung wurde gnädig aufgenommen und der Besuch bald abgestattet.

Das Programm der dem König zugedachten Unterhaltungen war folgendes: Erster Tag: Hetzjagd; zweiter Tag: Fischzug. Dritter Tag: Taubenschießen. Die hohen Herrschaften blieben drei Tage in Rheinsberg und amüsierten sich vortrefflich. Seine Majestät befand sich in ausgezeichneter Laune und, wenn ich nicht irre, war es damals, wo gewisse Personen, die in des Prinzen Wünsche eingeweiht waren, die Gelegenheit benutzten, sich bei ihm beliebt zu machen, indem sie den König zu seinen Gunsten bearbeiteten. Wenigstens scheint es zweifellos, daß Pöllnitz einen dieser Tage – wahrscheinlich war es der letzte des Besuches – im Sinne hat, wenn er uns erzählt, daß eines Tages, im Sommer 1736, als der König beim Kronprinzen zu Mittag speiste und in vortrefflicher Laune zu sein schien, Grumbkow die Gelegenheit benutzte, sich bei Letzterem, mit dem er nicht gerade auf dem besten Fuße stand, in Gunst zu setzen.

So begann er das glänzende Diner zu loben, das der Kronprinz dem König vorgesetzt habe, und fügte scherzend hinzu, solche Bankette werde er wohl nicht oft veranstalten können, sonst möchten seine Finanzen darunter leiden. Da fragte der König seinen Sohn, ob er Schulden habe, und wie hoch sie sich beliefen. Der Kronprinz getraute sich nicht, eine höhere Summe zu nennen als 40 000 Taler, worauf der König sagte, er werde sie ihm bezahlen. Darauf fragte Grumbkow, ob dies so zu verstehen sei, daß die jährlichen Einkünfte des Kronprinzen um die genannte Summe erhöht werden sollten. Friedrich Wilhelm tat indessen, als habe er nichts gehört, schickte aber am anderen Tage seinem Sohne die 40 000 Taler.«[161]

Der Kronprinz stand weiterhin, wie schon in der Küstriner und der Ruppiner Zeit, im Briefwechsel mit Grumbkow, und diesem gegenüber nahm er auch kein Blatt vor den Mund:

Friedrich an Grumbkow *Rheinsberg, 23. September 1736*

... Ich bin Ihnen sehr verpflichtet für die Wünsche, die Sie mir für meine Fortpflanzung aussprechen, und wenn ich dieselbe Bestimmung habe, wie die Hirsche – die gegenwärtig in der Brunstzeit sind –, so könnte jetzt in neun Monaten geschehen, was Sie mir wünschen.

Ich weiß nicht, ob es ein Glück oder ein Unglück für unsere Neffen und Großneffen sein würde; die Königreiche finden immer Nachfolger, und es ist ganz ohne Beispiel, daß ein Thron leer geblieben ist.[162]

Friedrich hatte vom König einen langen Urlaub vom Militärdienst erhalten. Er konnte vom August bis Ende Dezember Ferien machen, das erste Mal in seinem Leben. Sein ganzes Glück sprach aus seinen Briefen. An Wilhelmine schrieb er in diesen Tagen, er hoffe, nun die Segnungen des Landlebens zu genießen und einmal Ruhe zu finden, nachdem er so lange im Sturm habe standhalten müssen.[163]

Das einzig Lästige an diesen sonst so harmonischen Rheinsberger Tagen war immer wieder die Beschäftigung mit dem Geld. Und wäre Elisabeth nicht so unendlich gefällig gewesen, immer wieder Herzog Karl von Braunschweig, ihren ältesten Bruder, um Darlehen zu bitten, so wäre damals das Leben kaum weitergegangen in Rheinsberg. Daran konnten auch die 40 000 Taler des Königs nichts ändern. Friedrich hatte zu geringe Einkünfte, und auch die Kronprinzessin war – für damalige Verhältnisse – nicht hoch bedacht. Ihr Etat ist erhalten geblieben:

Etat von der Crohn-Printzessin und denen sämtliche Bediente und Domestiquen	*Rth.*
1) Die Crohn-Printzessin Hoheit zu ihrer Kleidung, täglichem Handgeld, Spiel Geld und sonst zu ihrer eigenen Disposition überhaupt	*7200,–*
2) Die Hof-Meisterinn überhaupt vor Alles	*1200,–*
3) zwey Adeliche Fräuleins, jede 300 rth. thut	*600,–*
4) Der Hofmeister stehet schon auf einem anderen Etat	
5) ein Cammer Junker steht auch schon auf einem andern Etat	
6) ein Sekretarius	*400,–*
7) zwei Pagen, jeder 40 rth.	*80,–*
8) ein Cammerdiener	*150,–*

9)	*drey Laquaien von der Crohn Printzessin, jeder 88*	*264,–*
10)	*zwey Cammerfrauens jede 120 rth.*	*240,–*
11)	*eine Nähterin*	*100,–*
12)	*eine Wäscherin*	*88,–*
13)	*ein Laquais vor die Hofmeisterinn*	*88,–*
14)	*eine Magd vor dieselbe*	*60,–*
15)	*ein Laquais vor die Cammerfräuleins*	*88,–*
16)	*eine Magd vor dieselben*	*60,–*
	Summa	*10 618,–*

Friedrich Wilhelm[164]

Friedrichs versprochenes Gehalt an Duhan betrug 2400 Taler im Jahr. Das mußte reichlich sein für einen Gelehrten und Bibliothekar. Später wollte der Alte Fritz seine ausgedienten Soldaten mit drei Talern monatlich versorgen. Das war sicher wenig. Alles in allem waren die Etats des Kronprinzenpaares nicht üppig bemessen. Die Lebenshaltung war aufwendig und das Thronfolgerpaar konnte und wollte sich bei Extra-Zuwendungen und Geschenken nicht scheel ansehen lassen. Daher kam es stets zu neuen Schulden, herrschte immer Geldknappheit.

Dieser ganze Rheinsberger Hof war vorwiegend mit jungen Leuten bevölkert, von denen kaum jemand zur Schwermut neigte. Friedrich war vierundzwanzig, Elisabeth einundzwanzig Jahre. Manches Zeugnis aus jener Zeit spricht davon, daß beide trotz alledem ein feines Gefühl für maßvolle Lebensführung hatten. Wie sie ihren Haushalt einteilten, wie sie ihre Beschäftigungen sinnvoll über die Stunden des Tages verteilten, kann als durchaus vernünftig angesehen werden.

So ist der Wortlaut eines Briefes erhalten geblieben, den Elisabeth an ihre Großmutter, die etwas skurrile Herzogin Christine Luise von Blankenburg-Wolfenbüttel, schrieb:

Die Kronprinzessin an ihre Großmutter *Rheinsberg, 3. Oktober 1736*
Hier ist ein Gelehrter namens Jordan. Er hat viel Geist und Wissen, er disputiert glänzend. Er speist stets mit, und es ist ein Vergnügen, ihn reden zu hören; er disputiert über alles und gibt von allem einen richtigen Begriff. Mit der Zeit wird er ein großer Mann werden.
Will man Kunst, wahre und richtige Philosophie und Geist finden, so muß man sicherlich hierher kommen. Man findet sie in höchster Vollendung; denn unser Herr und Gebieter steht an der Spitze. Ich habe ihn noch nie so fleißig gesehen wie jetzt. Von sechs Uhr morgens bis ein Uhr beschäftigt er sich mit Lektüre, Philosophie und allen schönen Dingen.

Von halb zwei bis drei Uhr ist Mittagstafel, danach trinken wir bis vier Uhr gemeinsam Kaffee; dann setzt er sich bis sieben Uhr wieder an die Arbeit. Hierauf beginnt die Musik; sie dauert bis neun Uhr. Dann schreibt er und kommt zum Spiel; die Abendtafel ist gewöhnlich um halb elf Uhr. So vergeht die Zeit sehr rasch mit mannigfacher Beschäftigung. Wahrlich, man kann sagen, er ist der größte Fürst unserer Zeit, nicht nur als Fürst, sondern als Zeitgenosse. Er ist Gelehrter, besitzt Geist, soviel wie man haben kann. Er ist gerecht, hilfsbereit, mag niemandem etwas Böses tun, ist großmütig, mäßig, liebt keine Ausschweifungen, weder im Wein noch sonstwie. Er hat das Herz auf dem rechten Fleck. Kurz und gut, er ist ein Phönix unserer Zeit, und ich bin selig, die Frau eines so großen Fürsten mit so vielen guten Eigenschaften zu sein. Wer ihn kennt, muß ihn lieben. Wäre ich auch nicht seine Frau, ich müßte ihn wegen seiner guten Eigenschaften und seiner großen Gaben lieben. Der liebe Gott, der alles gut macht, hat auch dies wohlgetan, daß er so große Gaben einem Mann verliehen hat, der sie so gut zu gebrauchen weiß wie er.

Da ich hier geschildert habe, wie das Leben des Kronprinzen im einzelnen verläuft, will ich jetzt auch meine Lebensweise schildern.

Um sieben Uhr stehe ich auf, nachdem ich gebetet und meine Andacht verrichtet habe. Dann lese ich noch in dem Buche von Reinbeck (ein religiöses Buch), und nachdem ich zu Mittag gespeist und Kaffee getrunken habe, arbeite ich und lasse mir bis sieben Uhr vorlesen. Hierauf spiele ich Schach, und dann geht es hinaus zum Spiel. Ich kann wohl sagen, die Zeit verstreicht blitzschnell, und man weiß nicht, wo sie bleibt. Stets bedaure ich es, wenn der Tag vorüber ist. Man ist lange wach und schläft wenig; denn ich komme vor zwei Uhr nie zu Bett und stehe um sieben auf. Dabei geht es mir ausgezeichnet. So viel von dem Leben, das wir hier führen.[165]

So lebte das Kronprinzenpaar wie auf einem Eiland, dennoch lastete auf Friedrich dauernd die geheime Besorgnis, wie wohl der König in Berlin gestimmt sei und was er von ihm denke. Er hatte sich den vierzehnjährigen Bruder August Wilhelm einmal im Vertrauen beiseite genommen und ihn gebeten, ein wenig auf die Reden des Vaters zu achten und ihm dann zu schreiben, wenn sie etwas Wichtiges enthielten. Grumbkow allein schien Friedrich kein wirklich verläßliches Auskunftsmittel über den Vater zu sein.

Zu dieser Zeit legte Friedrich viel Wert auf elegante Kleidung, er war stets gepflegt und hatte eigene modische Ideen, was man in Rheinsberg anziehen sollte. Der König war über alles informiert. Was er nicht selber sah, erzählten ihm ergebene Hofleute. Aus Wusterhausen kam dann von August Wilhelm auch prompt die Nachricht, der König habe unter anderem gesagt, er könne die Gecken nicht leiden, auch wenn er einen in seiner Familie habe. Er wisse wohl, wer das sei, aber er könne es ihm nicht mehr sagen; denn er sei schon zu groß.[166]

Dies stimmte nur aus der Sicht des Königs, der zwar sehr für Sauberkeit, aber gegen jede Eitelkeit eingenommen war. Er verbot sogar seinen noch bei ihm lebenden Töchtern Ulrike und Amalie die modischen weiten Reifröcke, wie die französischen Damen auf den Modekupfern sie zeigten. Sie mußten die »kleinen« Reifröcke tragen, damit Stoff gespart wurde. Aber Friedrich war, selbst für Übelwollende, alles andere als ein Geck. Dazu arbeitete er zu viel und zu intensiv. Sein Wissensdurst war nahezu unstillbar. Er versuchte mit allen möglichen Tricks, seinen Körper zu überlisten, ihm Schlafstunden abzugewinnen. Doch das rächte sich, dazu war er nicht robust genug. Sporadisch litt er an Fieberanfällen, die er mit dem damals neu aufkommenden Chinin bekämpfte. Die Ärzte schüttelten die Köpfe über seine Gewaltkuren. Friedrich wollte sich von der Krankheit einfach nicht bezwingen lassen, aber zuweilen erlag er ihr doch.

Es war, als erfülle ihn eine innere Rastlosigkeit, sich das fehlende Wissen anzueignen, um den Geistesheroen seiner Zeit im Gespräche ebenbürtig zu sein. Es war ein äußerst diszipliniertes Selbststudium, dem Friedrich sich freiwillig unterwarf, und damit steckte er den ganzen jungen Rheinsberger Hofstaat an. Alle lasen, studierten und informierten sich, um in der Lage zu sein, an der Tafel oder bei sonstigen Gesprächen neue Themen aufzuwerfen und zu kommentieren.

Friedrich fing jetzt auch an, seinen schriftstellerischen Neigungen intensiv nachzugehen. Schon im Jahre 1736 hatte er eine Abhandlung mit dem Titel: »Betrachtungen über den gegenwärtigen Zustand des europäischen Staatensystems« verfaßt. Die Arbeit wurde später von Fachleuten als für einen vierundzwanzigjährigen jungen Mann höchst erstaunlich gewürdigt.[167]

Es schien, als sei Friedrich auf der Höhe seiner Leistungsfähigkeit, denn neben seinen Studien wurden das gesellschaftliche Leben und die Korrespondenz nicht vernachlässigt.

Friedrich an Wilhelmine *Februar 1737*
– Gewöhnlich sind wir zwei- bis vierundzwanzig Personen bei Tafel . . . Wir amüsieren uns mit allerlei harmlosem Nichts und halten uns alles

fern, was uns das Leben unbehaglich machen und unser Vergnügen stören könnte. Wir führen Tragödien und Comödien auf, geben Bälle und machen Musik à toutes sauces (aller Art). Da haben Sie einen Abriß unseres täglichen Lebens.[168]

Friedrich an Grumbkow *Ruppin, 24. März 1737*
– Ich kehre jetzt nach Rheinsberg zurück; es ist mein Sanssouci. Glücklich, wer ohne Ehrgeiz seine Tage an einer Stätte beschließen kann, wo man nur Ruhe kennt, die Blumen des Lebens pflückt und die kurze Zeit genießt, die uns auf Erden beschieden ist![169]

Mehrmals im Briefwechsel der Familie wurde betont, daß man die Kronprinzessin sehr zum Vorteil verändert fände. Sie sei frischer, lebhafter und hätte sich entschieden noch gestreckt. Das war insofern bedauerlich, als es das Größenverhältnis zum Kronprinzen noch ungünstiger machte. Die Königin schrieb ihrem Gemahl im Mai von Berlin nach Potsdam, die soeben aus Rheinsberg angekommene Prinzessin sei guter Laune und sie schiene ihr gewachsen zu sein.[170]

Der vom König befohlene Aufenthalt in Berlin war durchaus nicht harmonisch. »Hier ist alles aufgeregt und verdrossen«, schrieb Elisabeth in einem Brief. Aber ohne Erlaubnis des Königs konnte sie sich nicht wieder nach Rheinsberg begeben. Zudem waren wichtige Dinge zu erledigen. Karl, ihr Bruder, der Herzog von Braunschweig, war mit seiner Frau Charlotte gekommen, die sich krank fühlte, da sie in anderen Umständen war. Sophie aus Schwedt fehlte nicht, lag jedoch mit einem Gallenleiden zu Bett, das sie sich bei dem fortwährenden Ärger mit ihrem Mann, dem »tollen Markgrafen«, geholt hatte. Friedrich litt unter einer Magenverstimmung, und Elisabeth mußte die Plage eines schweren Schnupfens über sich ergehen lassen. Die Königin zeigte sich äußerst mißmutig, denn zur Krankenpflegerin hatte sie kein Talent, außerdem beanspruchte der König ihre ganze Fürsorge, er hatte einen Gichtanfall und war höchst übler Laune.

Das Kronprinzenpaar hatte eine Meinungsverschiedenheit mit Herzog Karl. Es handelte sich um den jüngeren Bruder, Ferdinand von Braunschweig, dessen militärische Laufbahn, wenn es nach dem König und Friedrich gegangen wäre, in Preußen ihren Anfang genommen haben würde. Da aber die Kaiserin-Tante bereits vom Kaiser die Weisung erhalten hatte, sowohl Ludwig als auch Ferdinand hätten in österreichische Dienste zu treten, so war Ferdinand für Friedrich unerreichbar. Er hätte ihn brennend gern in seinen Diensten gesehen. Erst im Siebenjährigen Kriege sollte Ferdinand von Braunschweig auf preußischer Seite einer der bedeutendsten Heerführer werden. Außerdem ging es noch um ein neues Darlehen aus Braunschweig, hier zeigte sich jedoch Herzog Karl so hilfsbereit wie immer. Sein Kammeragent besorgte die erbetenen 2 000 Taler für den kronprinzlichen Haushalt.[171]

Die Mai-Revuen 1737 gingen ohne Sensationen, aber auch ohne Katastrophen vorüber. Wegen des schlechten Wetters verdarben all die schönen neuen Uniformen. Auch das so gut gedrillte Regiment des Kronprinzen errang keine Lorbeeren, immerhin – der König mußte es lobend zur Kenntnis genommen haben, denn er tadelte nicht. Zur Zeit der Revuen spielte gerade einmal wieder eine Intrige gegen Friedrich; er klagte Suhm sein Leid:

Friedrich an Suhm *22. 6. 37*
Bredow fand ein Mittel, den König auf den Gedanken zu bringen, ich sei ein gottloser Mensch, Manteuffel und Sie hätten sehr viel dazu beigetragen, mich zu verführen, und Wolden sei mein Günstling und dazu ein Tor, der bei uns nur den Hausnarren spiele. Sie wissen ja, daß die Anklage der Gottlosigkeit die letzte Zuflucht der Verleumder ist, und daß, hat man diese Anklage vorgebracht, nichts weiter übrig bleibt.
Der König war erzürnt, ich verhielt mich still, mein Regiment tat Wunder; die Gewehrexerzitien, etwas Puder auf dem Kopfe der Soldaten, Leute, die über sechs Fuß groß waren, und viele Rekruten – das waren meine besten Vernunftsgründe gegen meine Verleumder. Jetzt ist alles still, und kein Mensch spricht mehr von Religion, Wolden, meinen Verfolgern und meinem Regimente.
Wahrhaftig, die meisten Menschen denken überhaupt nicht. Sie beschäftigen sich nur mit der Gegenwart und sprechen nur von dem, was sie mit Augen sehen, ohne an die verborgenen Ursachen und den letzten Grund aller Dinge zu denken. Heute mittag hörte ich ein Gespräch mit an, das sich um die Unterschiede mehrerer Suppen und die beste Art drehte, eine gewisse Krankheit zu heilen. Gestern abend fand ein Disput über Frisuren, Reifröcke und Moden im allgemeinen statt. Und diese Menschen, die ganz voll von Kleinigkeiten stecken und stets von der Langeweile geplagt werden, lieben das Leben und fürchten den Tod![172]

Im gesamten Briefwechsel jener Zeit tauchten mehrfach gewisse Andeutungen über Friedrichs zukünftiges Wirken auf, wenn er einmal Herrscher wäre. Besonders deutlich tritt dies im nachstehenden Brief hervor:

Friedrich an Grumbkow *Rheinsberg, 1. 11. 1737*
Gott weiß, daß ich dem Könige ein langes Leben wünsche, aber wenn der

Erbfall nicht bei seinen Lebzeiten eintritt, so wird man sehen, daß man keinen Grund gehabt hat, mich anzuklagen, ich opferte meine Interessen andern Mächten; ich fürchte vielmehr, man wird mir zu viel Kühnheit und Lebhaftigkeit zum Vorwurf machen. Der Himmel scheint den König dafür bestimmt zu haben, alle Vorbereitungen zu treffen, welche die Weisheit und Klugheit vor Beginn eines Krieges erfordern; wer weiß, ob die Vorsehung nicht für mich die Aufgabe ausersehen hat, rühmlichen Gebrauch von diesen Vorbereitungen zu machen und sie zur Erfüllung der Absichten anzuwenden, für die sie der König mit weitem Blick vorausbestimmt hat.[173]

Der König hatte beschlosssen, in diesem Jahre der Kronprinzessin zu ihrem Geburtstag im November sein Porträt zu schenken. Die Königin wollte nicht zurückstehen, ließ sich malen und schickte im Januar den Hofmaler Antoine Pesne persönlich nach Rheinsberg. Er sollte ihre Glückwünsche überbringen sowie den Kronprinzen mit einem neuen Bildnis seiner Mutter überraschen. Es wurde in einem romantischen Aufbau vor der Tür von Friedrichs Schlafzimmer postiert, inmitten zwischen Blumen und Früchten. Als der Kronprinz heraustrat, erblickte er das getreue Abbild seiner Mutter in einem eleganten lila Samtkleid mit weißgefüttertem Kapuzenschal, sie hielt ein Bologneserhündchen auf dem Arm, und an ihren Handgelenken schimmerten mehrreihige Perlenarmbänder.[174]

Die Verbindung des Kronprinzen mit Voltaire hatte sich inzwischen vertieft. Friedrich erhielt die Werke des Dichters und sandte gelegentlich kleine Geschenke für ihn und seine Lebensgefährtin, die Marquise du Châtelet, darunter als wohl kostbarstes einen Smaragdring. Eines Tages schickte er seinen Freund Keyserling, den er liebevoll »Césarion« nannte, nach Schloß Cirey in der Schweiz, wo der Dichter lebte.

Er wurde 1737 in die »Provinz der Vernunft« geschickt. Als Geschenk brachte er Ungarwein und ein Porträt des Kronprinzen mit. Als Gegengeschenke sollte er Voltaires »Philosophie de Newton«, »Le siècle de Louis Quatorze« und vor allem »La Pucelle« mitbringen, nach der Friedrich geradezu lechzte (Ihr goldenes Vlies!). Voltaire gab die Pucelle nicht her. Sie sei seit einem Jahr in den Händen der Marquise: »Die Freundschaft, mit der sie mich beehrt, erlaubt ihr nicht, eine Sache leichtfertig aus der Hand zu geben, die mich auf immer von ihr trennen könnte . . . sie weiß, daß dieses Werk, sobald es nur im geringsten bekannt würde, einen Sturm heraufbeschwören würde.« (Juli 1737) Kein Wunder, daß Friedrich der Marquise nicht gewogen war.[175]

Friedrichs Briefwechsel mit Voltaire wurde von beiden Seiten mit Interesse fortgeführt. Voltaire fühlte sich geehrt durch die Bewunderung des jungen Fürsten, Friedrich war höchst geschmeichelt, mit einem so berühmten Manne zu korrespondieren. Beide gaben zahllose Weisheiten über unendlich viele Themen von sich. Im November 1737 waren sie bei der Technik der Geschichtsschreibung angelangt:

Friedrich an Voltaire *Rheinsberg, 13. November 1737*

... Alle Handlungen der Menschen sind verschiedener Auslegung unterworfen. Man kann Gift über die guten ausgießen und den schlechten eine Wendung geben, durch die sie entschuldbar und selbst lobenswert werden; die Parteilichkeit oder Unparteilichkeit des Geschichtsschreibers entscheidet über das Urteil des Publikums und der Nachwelt.[176]

Der Kronprinz hatte große Pläne und erbat sich literarische Informationen von Voltaire nicht ohne Grund. Es gab in seiner Bibliothek einen Band des berühmten italienischen Geschichtsschreibers Niccolò Macchiavelli, »Das Buch vom Fürsten«. Darin war gründlich und bis ins einzelne ausgeführt, was zu tun sei, um die Alleinherrschaft in einem Staate zu bekommen und zu behaupten. Das galt für das Florenz zu Anfang des 16. Jahrhunderts. All die Zeit hindurch hatte Macchiavelli als richtungsweisend für Staatsmänner gegolten. Infolge der vielen Finessen und Falschheiten, die den Staatsoberhäuptern darin empfohlen wurden, kam für diese Verhaltensweise das Wort »macchiavellistisch« auf, was ein ränkevolles, verschlagenes Wesen bezeichnete.[177]

Friedrich hatte sich mit dem Idealismus seiner jungen Jahre vorgenommen, dieses traditionsgebundene und weithin bekannte Werk Punkt für Punkt zu widerlegen. Im Jahre 1737 entstanden die ersten Anfänge dazu. Das Buch wurde zum »Antimacchiavell« und war 1740 beendet. Es verfocht die Lauterkeit des Wesens, Ehrlichkeit, Aufrichtigkeit auch in der großen Politik und enthielt besonders Traktate gegen die Angriffskriege der Fürsten. Das Ganze war gut und amüsant geschrieben und enthielt so bildhafte Sentenzen wie folgende: Friedrich fand zwischen dem Straßenräuber und dem erobernden Potentaten nur den einen Unterschied, daß die Stirn des einen von Lorbeer beschattet wird, während der Hals des anderen vom Strick umwunden ist. In der Praxis seiner Regierung hat Friedrich jedoch später all die schönen Postulate, die er selbst aufgestellt hatte, nicht erfüllt. Seine erste Handlung war ein wohlbegründeter Angriffskrieg.[178]

Die Altersverhältnisse in der königlichen Familie waren im Jahre 1737 so beschaffen, daß Friedrich noch mit einer langen Kronprinzenzeit zu rechnen hatte. Sein Vater war erst neunundvierzig Jahre alt und hatte eine so bärenstarke Konstitution, daß er sich bisher von den schwersten Krankheiten immer wieder in der überraschendsten Weise erholte. Die schwere Krise des Winters 1734/35, während der Friedrich sogar schon auf Befehl des Vaters die Staatsgeschäfte provisorisch führte und Dekrete unterzeichnete, war vorübergegangen. Im Januar 1735 befand sich der König wohlauf und »aß und trank für vier«! Friedrich konnte sich auf eine lange Zeit des Studiums und der geistigen Arbeit einstellen, und das tat er auch. Die nachstehenden Zeilen an seinen Freund, den Obersten Camas, sind kennzeichnend für die Rheinsberger Zeit:

Friedrich an Oberst Camas — *Rheinsberg, Dezember 1737*
Der Bericht über die vier letzten Monate dürfte nicht sehr interessant ausfallen . . . Auf jeder Seite wirst Du einen Mann erblicken, der seine Nase ins Buch steckt, und sie nur herauszieht, um dann sofort die Feder zu ergreifen . . .[179]
Ich weiß wirklich kaum, was für Wetter hier ist. Mein Wirkungskreis beschränkt sich auf mein Arbeitszimmer und meine Bibliothek.[180]
Friedrich an Duhan — *1738*
Ich bin begraben in meinen Büchern, und jage hinter der Zeit her, die ich in meiner Jugend so gedankenlos weggeworfen, mich nach besten Kräften bemühend, Schätze an Wissen und Erkenntnis einzusammeln.[181]

Zuweilen veranstaltete man Bälle und Maskeraden. Friedrich hatte sich angewöhnt, meistens seine Uniform zu tragen. Er wußte, daß Späher dies dem König berichten würden. Aber für Festtage und außergewöhnliche Anlässe hatte er für sich und seine Herren eine Art Fest-Uniform entworfen, einen Phantasie-Anzug aus seladongrünem Stoff mit breiten silbernen »brandenburger Schleifen« und kleinen Quasten besetzt. Dazu trugen die Herren Westen aus silbernem Moiré mit Tressen. Friedrichs Anzug war etwas reicher ausgestattet als diejenigen der Höflinge, die aus einfacherem Tuch hergestellt waren. Die grün-silbern gekleideten Herren boten ein hübsches Bild. Diese Privat-Uniform gehörte zu den Extravaganzen, für die es im Etat des Kronprinzen keinen Spielraum gab. Es war eine jener seiner Ideen, die mit geliehenen Talern bezahlt werden mußten.[182]

Im Zeitalter der elektronischen Verstärkeranlagen kann man sich von der Feinheit und dem subtilen Klang der damaligen Tanzmusik kaum noch einen Begriff machen. Am ehesten verbindet sich die Vorstellung von ausschließlicher Geigenmusik zu Tänzen noch mit einem Straußschen Walzer. Doch diesen gab es zu Friedrichs Zeiten noch nicht. Da hieß er »Deutscher« und wurde ganz anders getanzt. Damals spielten die Geigen hauptsächlich Menuetts, dann noch Gigues, Sarabanden und Quadrillen. Alles waren Schreittänze, bei denen es auf die Beherrschung der Figuren, die Gemessenheit der Bewegungen und auf eine berechnete Anmut ankam.

Die Rheinsberger Kapelle bestand aus fünfzehn Musikern, die bei den Konzerten die ganze Fülle der verschiedenen Instrumente erklingen ließ. Neben dem jüngeren Carl Heinrich Graun und Franz Benda waren schon damals glänzende Namen vertreten: Der »ältere Graun«, der ein vorzüglicher Geiger war; dann die beiden Brüder Benda, Johann und Joseph. Der strahlendste Stern, Carl Philipp Emanuel Bach, des großen Johann Sebastian Bach zweiter Sohn, stieß erst im Jahre 1749 zu dem kleinen königlichen Orchester.[183]

Man hatte in Rheinsberg, voll hochfliegender Ideen von menschlicher Verbundenheit und voller Ideale, auch einen Freundschafts-Orden gegründet. Friedrich war der Initiator. Kugler faßte die Einzelheiten darüber kurz zusammen:

Bedeutsamer noch zeigte sich das poetische Streben in der Stiftung eines eigenen Ritterordens, welcher mehrere verwandte und befreundete Prinzen sowie die nächsten militärischen Freunde des Kronprinzen umfaßte. Der Schutzpatron des Ordens war Bayard, der Held der französischen Geschichte. Sein Sinnbild war ein auf einem Lorbeerkranze liegender Degen und führte als Umschrift den bekannten Wahlspruch Bayards: »Ohne Furcht und Tadel«. Der Großmeister des Ordens war Fouqué, der nachmals unter den Helden Friedrichs eine so bedeutende Stellung einnehmen sollte; er weihte die zwölf Ritter (denn nur so viele umfaßte der Orden) durch Ritterschlag ein und empfing von ihnen die Gelübde des Ordens, die auf edle Tat überhaupt und insbesondere auf Vervollkommnung der Kriegsgeschichte und Heeresführung lauteten. Die Ritter trugen einen Ring, der die Gestalt eines umgebogenen Schwertes hatte, mit der Inschrift: »Es lebe, wer sich nie ergibt.« Sie führten besondere Bundesnamen, Fouqué hieß der Keusche, Friedrich der Beständige; der Herzog Wilhelm von Bevern hieß der Ritter vom goldenen Köcher. Den entfernten Gliedern des Ordens wurden Briefe im altfranzösischen Ritterstil geschrieben, und noch bis in den Siebenjährigen Krieg hinein, ja noch später, finden sich Zeugnisse, daß man des

9 *Elisabeth Christine von Braunschweig-Bevern*

10 *Vermählung Friedrichs mit Elisabeth Christine von Braunschweig-Bevern, 12. Juni 1733*

11–12 *Schloß Rheinsberg, See- und Landseite*

13 *Friedrich kurz vor der Thronbesteigung*

Bundes in Freude gedachte und seine Formen, wie in den Zeiten der unbefangenen Jugend, mit Ernst beobachtete.[184]

Weitgehend unbekannt ist, daß auch Friedrichs Schwester, die Herzogin Philippine Charlotte von Braunschweig, Mitglied des Bayard-Ordens wurde, dem sie »unendlichen Gehorsam« gelobte. War es die Belohnung dafür, daß Charlotte in uneigennütziger Weise ihren persönlichen Kredit ausnützte, um dem Bruder ohne Wissen des Herzogs Karl Geld zu beschaffen? Charlotte bestätigte die Mitgliedschaft brieflich am 4. Dezember 1739.[185]

Der Kronprinz führte in Rheinsberg auch weiterhin ein sehr gleichmäßiges Leben. Mit großer Ausdauer blieb er bei seinen Studien und Arbeiten. Jeden Sonntag ritt er bei gutem Wetter nach Ruppin, um dort für die Soldaten seines Regimentes eine Predigt beim Gottesdienst zu lesen. Für die Kronprinzessin und die Hofgesellschaft predigte der Hofgeistliche Des Champs in Rheinsberg.

An seine ferne Schwester Wilhelmine nach Bayreuth schrieb Friedrich am 3. März 1738, der kleine friedliche Kreis bleibe seinen Satzungen treu. Diese Woche tanzten sich alle die Füße wund, nächste Woche würden sie bis zur Heiserkeit deklamieren. Das sei der Welt Lauf; solange man jung sei, übertreibe man leicht, aber das Alter »mache bald verständig und gelangweilt«. Friedrich äußerte, er sorge sich nicht um seine Würde, in zwanzig Jahren glaube er, es mit dem feierlichsten Chinesen aufnehmen zu können.[186]

Zweifellos das wichtigste Ereignis des Jahres 1738 war die Aufnahme des Kronprinzen in eine Freimaurer-Loge. Es geschah in aller Heimlichkeit während einer Reise nach Braunschweig. Kammerherr Bielfeld hat uns in seinen Tagebüchern davon ganz exakte Kunde hinterlassen:

Hamburg, den 20. 7. 1738

In einigen Tagen reise ich mit zwei Freunden nach Braunschweig, wo selbst sich der Kronprinz von Preußen in unseren Orden aufnehmen lassen will. – Der Wunsch, Freimaurer zu werden, scheint im Kronprinzen plötzlich und ganz zufällig erweckt worden zu sein. Ganz vor kurzem kam der König, sein Herr Vater, mit einem zahlreichen Gefolge nach dem Loo, um den Prinzen von Oranien zu besuchen; der Kronprinz begleitete ihn. Bei Tafel ist von Freimaurerei die Rede, von der der König ziemlich nachteilig spricht. Der Graf von der Lippe, der gegenwärtig ist, verteidigt sie und erklärt sich selbst, ohne ängstliche Rücksicht und mit edler Freimütigkeit für einen Maurer. Nach der Tafel nimmt ihn der

Kronprinz beiseite und entdeckt ihm den Wunsch, unserm Bunde beizutreten. Er fügt hinzu, daß dies ohne Aufsehen zu erregen nur in Braunschweig geschehen könne, wo selbst sich während der Messe immer eine große Anzahl Ordensmitglieder zur Loge versammeln. Der Graf von der Lippe wendet sich an unseren Meister, erzählt ihm, welche Ehre uns der Kronprinz erweisen will . . .
Der Prinz bestimmte die Nacht zwischen dem vierzehnten und fünfzehnten und wählte unser Quartier zum Logenlokal . . .
Dem Prinzen schien alles sehr zuzusagen und er zeigte so viel Geist als Geschick. Ich gestehe Ihnen, lieber Bruder, daß mir dieser Prinz für Preußen eine schöne Zukunft zu versprechen scheint. Er ist nicht groß, also kein König Saul, allein die Größe seines Genies wird überall sichtbar, und er ist es wert, einen Thron zu besteigen. Seine Bildung ist einnehmend, seine Miene geistreich, seine Haltung edel und es hängt nur von ihm ab, für einen schönen Mann zu gelten. Ein Pariser petit-maître würde vielleicht etwas gegen seine Frisur einzuwenden haben, doch hat sein Haar ein schönes, zu seinem Kolorit passendes Braun und fällt in natürlichen Locken. Sein großes blaues Auge ist ernst, angenehm und freundlich; ich wundere mich, daß er noch so jung aussieht . . .
Nach vier Uhr morgens war alles zu Ende. Der Prinz kehrte nach dem herzoglichen Schlosse zurück und schien in dem Grade mit uns zufrieden, wie wir von ihm entzückt waren.[187]

Diesem Baron Jakob Friedrich von Bielfeld verdanken wir aus seinen »Familiären Briefen« eine Reihe von Impressionen aus Friedrichs und der Kronprinzessin Leben. Bielfeld kam im Herbst 1739 nach Rheinsberg und hat somit noch ein gutes halbes Jahr dort verbracht und seine Beobachtungen niedergelegt. Er war entzückt von der Kronprinzessin und entwarf eine sehr einnehmende Schilderung von ihr, fast könnte man meinen, er habe sich ein wenig in sie verliebt.

Die Frau Kronprinzessin ist stattlich und vorzüglich gebaut. Nie sah ich ein ähnliches Ebenmaß aller Glieder. Ihr Busen, ihre Hände und Füße könnten einem Maler als Modell dienen. Ihr Haar, auf das ich besonders achtgab, ist vom schönsten Aschgrau, das es gibt. Es spielt etwas ins Blonde, und schimmert wie Perlen, wenn es nicht gepudert ist. Ihr Teint ist sehr schön und in ihren großen blauen Augen sieht man Lebhaftigkeit und Sanftmut vereint, was ihrem Blick etwas sehr geistreiches gibt. Sie hat eine offene Stirn und schön geschwungene Brauen, eine kleine, spitze, aber sehr schön gezeichnete Nase, einen lieblichen Mund und rote Lippen; Kinn und Hals sind reizend. Güte spricht aus ihrem Gesicht

und ihre ganze Gestalt scheint von den Händen der Grazien gebildet, um eine große Fürstin zu schaffen.
Selbst die kleinen Nachlässigkeiten in ihrem Putz und in ihrer Haltung sind glücklich, obwohl ihre Haartracht und Kleidung im allgemeinen tadellos und geschmackvoll sind. Keine Prinzessin in Europa hat schönere Diamanten, und keine weiß sie besser anzubringen als sie. Ich sah sie in einer Garnitur von großen Brillanten mit Amethysten vermischt, deren Glanz meine Augen kaum ertrugen. Sie spricht wenig, namentlich bei Tisch, aber alles, was sie sagt, ist geistvoll. Sie scheint hochbegabt und verschönert ihre Anlagen durch emsiges Lesen der besten französischen Schriftsteller. Wie Frau von Katsch mir versicherte, hat sie ein treffliches Herz und einen himmlischen Charakter. Immerfort läßt sie Züge davon erscheinen, die mich entzücken.
Allabendlich spielt sie eine Partie Quadrille oder Trisset, und zwar mit größter Selbstlosigkeit. Nach meiner Meinung tanzt keine Prinzessin besser als sie. Ihre Haltung und Miene sind majestätisch, regelmäßig und ganz ungezwungen; sie tanzt die Figuren und reckt die Hand nach den Regeln der Kunst, doch ohne Zwang. Man sieht auf den ersten Blick, daß sie mehr als eine gewöhnliche Dame ist.[188]

Baron Bielfeld rühmte den Rheinsberger Hof vor allem auch deshalb, weil es dort keinen Müßiggang gab, sondern ein jeder studiere und bilde sich. Die Geselligkeit fand er reizend. Alle Mitglieder der Hofgesellschaft wurden mit großem Wohlwollen geschildert. Er hob Fredersdorf, den Kammerdiener des Kronprinzen, besonders hervor und prophezeite ihm eine große Zukunft.

Im Augenblick war sowohl Fredersdorfs als auch Friedrichs »große Zukunft« noch ein Phantasiegebilde. Der Kronprinz hatte ständig wiederkehrenden Ärger mit Intrigen in Berlin. Es war so, daß der kranke König nur zu gern sein Ohr denjenigen lieh, die ihm vom Kronprinzen Gottlosigkeit, Ausschweifungen oder was ihm sonst noch abträglich sein konnte, meldeten. Friedrich erfuhr es natürlich, aber derjenige, der ihm davon berichtete, der zwielichtige Grumbkow, war nicht selten auch der Urheber der Verleumdungen. Friedrich hatte ihn all die Jahre hindurch erkannt und durchschaut, er wußte, was er von diesem Menschen zu halten hatte. Gern hätte Friedrich mit seinem Vater in einem ungetrübten Verhältnis gelebt, besonders, nachdem der König von selbst in vielen Dingen vernünftiger wurde. Er revidierte seine Einstellung zur Wissenschaft und gewann allgemein außerordentlich an Einsicht, was Friedrich anerkennend vermerkte. Aber immer wieder wurde das Einvernehmen zwischen Vater und Sohn gestört. Der Kronprinz klagte es nach Bayreuth:

Friedrich an Wilhelmine *(Rheinsberg) 15. 2. 1739*
Nun bin ich wieder an der Stätte des Friedens, nach der ich mich in Berlin so gesehnt habe. Ich genieße die Freuden des Daseins, ohne daß ein wütender Hund mich anfällt oder jemand mir Schimpf antut. Offen gestanden, liebste Schwester, so sehr ich Sie wiederzusehen wünsche, möchte ich Sie doch nicht den wunderlichen Launen des Sternes ausgesetzt wissen, der hier seinen unheilvollen Einfluß ausübt. Nie ging die Tyrannei so weit wie es jetzt in jeder Hinsicht der Fall war. Sicher haben die Soliman, Fedorowitsch und Caligula nicht zu klagen, daß ihr Geschlecht ausstirbt; es bleiben ihrer noch genug übrig.[189]

Grumbkow starb unvermutet am 19. März 1739. Danach trat sofort ein so augenfälliger Umschwung in der Gesinnung des Königs gegen seinen Ältesten ein, daß klar zu Tage trat, wer der ständige Urheber allen Zwistes gewesen war. Friedrich machte einen Vers auf den Tod des alten Widersachers, mit dem Freundschaft zu halten er so lange gezwungen war. Er bezeichnete ihn als »größten Ränkeschmied der Zeit«.

Der Kronprinz begleitete in diesem Sommer den König auf einer erneuten Reise nach Ostpreußen und war von dem guten Einverständnis, das nun zwischen ihm und dem Vater herrschte, zutiefst befriedigt. Drei Briefe von einem einzigen Posttag sind von ihm erhalten:

Der Kronprinz an die Kronprinzessin *Petersdorf, 27. Juli 1739*
Wir werden immer durch die Flut der Ereignisse, die alles behindern und in Wirklichkeit auf nichts hinauslaufen, davongetragen. Nachts schlafen wir nicht, um munter zu bleiben, und am Tage sind wir auf den Beinen, damit wir nicht ausruhen.
Die Zeit, die unserem Wanderleben vorgeschrieben ist, läuft ab; ich freue mich mächtig auf Rheinsberg und noch mehr auf das Vergnügen, Sie in die Arme zu schließen. Im übrigen bin ich Gott sei Dank ruhig, wüßte auch nicht, wie ich noch zufriedener mit dem König sein könnte; er ist wirklich so, wie ich ihn mir immer wünschen möchte und gewünscht hätte, daß er zu mir gewesen wäre. Sie wissen ja, wie empfänglich ich für seine Gunst bin, also werden Sie auch meine Zufriedenheit einzuschätzen wissen. Gott bewahre Sie![190]
Friedrich an Wilhelmine *Lager von Wehlau, 27. Juli 1739*
Ich bin entzückt, von Ihnen selbst zu hören, daß der Markgraf von seiner Reise nach Berlin befriedigt ist.

Seit Grumbkows Tode ist dort alles verändert. Sein Ableben hat bei uns den politischen wie den häuslichen Frieden wiederhergestellt. Dem Himmel sei Dank, mein Verhältnis zum Könige ist jetzt das beste von der Welt; er hat die Gnade gehabt, mir sein ganzes preußisches Gestüt (Trakehnen) zu schenken; das bringt mit der Zeit 18.000 Taler Einkünfte.[191]

Der dritte Brief ging an Voltaire und gab einen ausführlichen Bericht von »einem Lande, das ich als das äußerste Ende der gebildeten Welt betrachte«, schrieb Friedrich.

Aber es verlohne sich, es kennenzulernen. Vor dreißig Jahren habe hier die große Pest-Epidemie mehr als dreihunderttausend Menschenleben gefordert. Das einst so blühende Land sei verödet gewesen. Sowie König Friedrich Wilhelm I. an die Regierung gekommen sei, habe er das Land bereist, um mit eigenen Augen zu sehen, wo es fehle. Er habe Befehl gegeben, die Häuser in fünf total ausgestorbenen Städten wieder aufzubauen, etwa fünfhundert Dörfer wieder instand zu setzen. Er rief Siedler und neue Kolonisten aus allen Ländern der Welt ins Land und heute, nach nur dreißig Jahren, sei dort mehr Überfluß als vorher und Handel und Wandel im besten Stand. Friedrich sprach sich in diesem Brief sehr lobend über den Weitblick und die Vorsorge seines Vaters aus. Es könne als eine Schöpfung seiner Majestät des Königs angesehen werden.[192]

Bei den anziehenden Schilderungen des Barons Bielfeld vom Rheinsberger Hof finden wir viele »wohlanständige« Begebenheiten und Vergnügungen. Sein Bericht von einer einzigen etwas übermütigen Nacht darf als Ausnahme gelten:

30. Oktober 1739

Es ist ohngefähr vierzehn Tage, daß der königliche Prinz bei der Tafel außerordentlich lustig war. Seine Fröhlichkeit setzte die ganze Tischgesellschaft in gleiche Gemütsverfassung. Einige Gläser Champagner brachten unseren Witz in Bewegung. Der Prinz ward gewahr, daß auch ein kleiner scherzhafter Einfall schon hinlänglich war, uns zu ermuntern; und wer hätte sich nicht wollen ermuntern lassen? Er sagte daher beim Aufstehen, daß er entschlossen sei, dieses kleine Bachusfest an eben dem Orte, wo wir es des Mittags gelassen hätten, des Abends bei der Tafel wieder anzufangen. Gegen Abend wurde ich zum Concert gerufen. Beim Beschluß sagte der Prinz zu mir: Vertreiben Sie sich jetzt die Zeit bei der Prinzessin; so bald sie ihr Spiel wird geendigt haben, wollen

wir uns zur Tafel setzen, und nicht eher aufstehen, als bis die Wachslichter verlöschen, und der Champagner den Kopf ein wenig aufgeklärt hat.
Ich nahm diese Drohung für einen Scherz an, weil ich wohl wußte, daß dergleichen Lustbarkeiten, wenn sie vorsetzlich angestellet sind, selten glücken, oder vielmehr unartig als angenehm ablaufen. Allein, da ich zu Ihro königlichen Hoheit ins Zimmer kam, versicherten sie mich, daß ich es nicht als einen Scherz ansehen sollte, und prophezeiten mir mit lachendem Munde, daß ich der Geschicklichkeit des Prinzen nicht ausweichen würde.
Und in der Tat! Wir hatten uns kaum zur Tafel gesetzt, als er den Anfang machte, viele wichtige Gesundheiten, eine nach der anderen auszubringen, auf welche man notwendig Bescheid tun mußte. Auf dieses erste Scharmützel erfolgte eine ganze Lage von scherzhaften und sinnreichen Einfällen, sowohl von Seites des Prinzen als einiger andern, die zugegen waren. Die finstersten Stirnen heiterten sich auf, die Fröhlichkeit ward allgemein, und selbst die Damen nahmen Teil daran.
Nach Verlauf zweier Stunden bemerkten wir, daß auch die größten Behältnisse keinem Schlunde ähnlich wären, worein man ohne Aufhören flüssige Materien schütten kann, ohne selbigen wieder einen Ausgang zu verschaffen. Die Notwendigkeit litte weiter kein Gesetz, und die Ehrfurcht selbst, welche man der Gegenwart Ihro königlichen Hoheit der Prinzessin schuldig war, konnte verschiedene nicht zurückhalten, daß sie nicht aufgestanden wären, und im Vorgemach frische Luft geschöpft hätten.
Ich selbst war von dieser Zahl. Beim Hinausgehen befand ich mich noch so ziemlich frisch; aber nachdem mich die Luft getroffen, spürte ich beim Hereingehen in den Saal eine kleine Umnebelung, welche mir den Verstand zu verdunkeln anfing.
Ich hatte ein groß Glas Wasser vor mir stehen gehabt. Die Prinzessin, der ich gegenüber zu sitzen die Ehre hatte, war durch eine kleine Schalkhaftigkeit bewogen worden, mir das Wasser auszugießen und das Glas mit Selleriewein, so klar wie Quellwasser, anfüllen zu lassen; und überdies hatte man noch den Schaum und Gischt davon abgeblasen. Auf diese Art, da ich schon das Feine im Geschmack verloren hatte, vermischte ich wider Willen meinen Wein mit anderm Wein, und statt der Abkühlung, die ich erhoffte, trank ich mir ein Räuschgen, aber ein solches Räuschgen, das einem Rausche ziemlich nahe kam. Um mir völlig den Rest zu geben, befahl der Prinz, das ich mich an seine Seite setzen sollte, er schwatzte mir viel von seinen gnädigen Gesinnungen vor; er

ließ mich einen Blick in die Zukunft tun, so weit als damals meine umnebelten Augen sehen konnten, und ließ mich ein gestrichen Glas nach dem andern von seinem Lünelwein ausleeren.

Indessen empfand die übrige Gesellschaft so gut als ich die Wirkung dieses Nektars, der an diesem Feste wie Wasser floß. Eine von den fremden Damen, die sich schwanger befand, verspürte eben dergleichen Ungemächlichkeit, wie wir, und stand hastig von der Tafel auf, um sich einige Augenblicke in ihr Zimmer zu begeben. Wir fanden diese heroische Handlung bewunderungswürdig.

Der Wein macht zärtlich. Die Dame wurde bei ihrer Zurückkunft mit Schmeicheleien und Lobeserhebungen überhäuft. Niemals hat eine Frau bei ähnlicher Verrichtung so viel Beifall erhalten.

Endlich, es sei nun durch Zufall oder aus Vorsatz, zerbrach die königliche Prinzessin ihr Glas. Dies war gleichsam die Lösung für unsere ungestüme Freude, und schien uns ein großes und der Nachahmung würdiges Beispiel zu sein. Den Augenblick flogen die Gläser in alle Winkel des Saals und alles Kristall, Prozellan, Schalen, Spiegel, Leuchten, Geschirre und dergleichen wurden in tausend Stücken zerschlagen . . .

Mitten in dieser gänzlichen Verwüstung bezeigte sich der Prinz, wie dort beim Horaz, der gesetzte Mann, der bei dem Umsturz des ganzen Weltgebäudes die Trümmer davon mit einem ruhigen und heiteren Auge betrachtet; allein, da sich die Freude in einen Tumult verwandelte, so entzog er sich dem Handgemenge und begab sich mit Hilfe seiner Pagen zurück in sein Zimmer.

Die Prinzessin verschwand in dem nämlichen Augenblicke. Ich für meine Person hatte das Unglück, daß ich auch nicht einen einzigen Bedienten antraf, der so viel Menschlichkeit besessen hätte, mich zu führen, und sich meiner wankenden Figur anzunehmen. Ich kam also der großen Treppe zu nahe, und ohne mich lange zu verweilen, fiel ich selbige von oben hinunter und blieb unten an der letzten Stufe ausgestreckt und ohne Verstand liegen. Ich wäre daselbst vermutlich umgekommen, wenn nicht eine alte Magd mein Schutzengel gewesen wäre. Ein ohngefehrer Zufall hatte sie an diesen Ort gebracht, und da sie mich im Finstern für den großen Schloß-Pudel ansah, so belegte sie mich mit einem gar garstigen Titel und gab mir mit dem Fuße einen Tritt vor den Bauch. Da sie aber merkte, daß ich ein Mensch, und was noch mehr, ein junger Hofmann war, so mochte sich ihr ganzes Herz im Leibe bewegen; sie schrie nach Hilfe, meine Bedienten liefen herbei, man trug mich in mein Bette; man holte den Chirurgen, man ließ mir zur Ader. Den Morgen darauf schwatzte man mir vom Trepanieren vor, allein ich wurde von

dieser Furcht befreit, und mußte nur vierzehn Tage lang das Bette hüten, in welcher Zeit der Prinz die Gnade hatte, mich alle Tage zu besuchen und zu meiner Genesung alles mögliche beizutragen.
Eben diesen Morgen darauf war das ganze Schloß zum Sterben krank. Weder der Prinz noch ein andrer von seinen Cavalieren konnten aus dem Bette steigen, und Ihro königliche Hoheit die Prinzessin befanden sich allein an der Tafel.[193]

Die Briefe Bielfelds sind nachträgliche Aufzeichnungen, aber er verstand es sehr geschickt, den Eindruck zu erwecken, als habe er sie zu der Zeit verfaßt, als sich seine Beobachtungen zutrugen.

Rheinsberg und seine Umgebung barg damals so manchen schönen, geheimnisvollen Platz. Die Remusinsel mitten im Grienericksee sollte, so erzählte die Sage, das eigentliche Grab eines der Begründer Roms enthalten. Es seien deswegen sogar einmal zwei vom Vatikan abgesandte Priester dagewesen, die danach gesucht hätten. Friedrich nannte deshalb auch oft in Briefen das Schloß »Remusberg«.

Die Gartenanlagen und der Park gewannen im Laufe der Jahre eine Gestalt, die ihnen noch nach langen Jahren viel Reiz verliehen hat. Das heutige Rheinsberg jedoch hat in seinen Grundzügen nicht Friedrichs Hand geschaffen, sondern Prinz Heinrich war es, der weitaus länger als Friedrich dort lebte. Fast die Hälfte seines langen Lebens, nahezu vierzig Jahre, bildete Rheinsberg die elegante, gastfreie und musische Residenz des zweitjüngsten Prinzen der Königskinder.

Friedrich hatte sich, bald nach seinem Einzuge, 1737 etwa, einen massiven steinernen Wachtturm in Richtung auf die Berliner Chaussee errichten lassen. Dort saß Tag und Nacht ein Wachtposten, der sorgfältig abgelöst wurde, damit keine Unterbrechung im Wachtdienst eintrete. Er hatte jeden königlichen Reisewagen aus Richtung Berlin zu melden, falls der König einmal eine Überraschung planen sollte. Dazu mußte er Leuchtsignale geben, die Friedrich von seinem Arbeitszimmer aus sehen konnte. Es ist nicht überliefert, ob dieser befürchtete Fall einmal eingetreten ist.[194]

Der Winter 1739/40 sah den König in derart leidendem Zustand, daß man mehrmals für sein Leben fürchtete. Doch zogen sich seine Krankheiten in die Länge und Ärzte wie Angehörige, die zuerst gemeint hatten, es würde nicht mehr lange mit ihm dauern, wurden unsicher in ihrem Urteil. Die auswärtigen Töchter fragten an, ob sie den Vater noch einmal sehen könnten. Friedrich schlug es allen ab, sogar Wilhelmine. Nur Charlotte hatte eine turnusmäßige Einladung des Königs im Dezember 1739 gehabt. Sie hat ihn noch gesehen. Das Kronprinzenpaar war sich über die Situation völlig im klaren:

Friedrich an Elisabeth Christine *Ruppin, 25. Januar 1740*
Ihr Brief hat mich in eine Angst versetzt, die mich seitdem nicht mehr zur Ruhe kommen läßt . . . Ich habe mit Feldmann (Stadtphysikus in Ruppin) und unserem Oberchirurgus gesprochen: beide meinen, es sei unmöglich, daß der König davonkomme, ein Erstickungsanfall oder sonst eine unvorhergesehene Wendung sei sehr zu befürchten.
Wenige Monate werden uns Gewißheit geben; denn daß der gegenwärtige Zustand der Dinge von Dauer wäre, ist fast undenkbar. Man muß Geduld haben und alles der Vorsehung anheimstellen, die alles nach ihrem Gefallen lenken wird.
Ich wünsche durchaus nicht den Tod meines Vaters, Gott bewahre mich davor! und ich werde, glaube ich, betrübter über seinen Tod sein als so manche, die sich zu seinen Lebzeiten in Liebedienerei nicht genug tun können. Die Stimme der Natur waltet doch allzu stark in mir, und ich bin nicht herzlos genug, sie zu ersticken.[195]

Aber niemand kannte Tag und Stunde, wann Friedrich Wilhelm das Zepter aus der Hand legen würde. Vorläufig schwang er es noch, vorläufig tanzte noch manchmal der Rohrstock auf dem Rücken der Bedienten. Indessen erlaubten des Königs Kräfte die jahrelang geübte Praxis unmittelbarer Bestrafung seiner nächsten Umgebung weniger und weniger. In klaren und schmerzfreien Momenten tat es der König wie der reiche Hiskia in der Bibel, dem der Prophet Jesaja geboten hatte, sein Haus zu bestellen. Alle Vorbereitungen zur letzten Reise wurden getroffen. Die Lakaien bekamen sogar neue Uniformen. Wer weiß, ob ein gesunder König sie ihnen bewilligt hätte.

Friedrich schrieb im Februar 1740 an Wilhelmine, der Krankheitszustand des Königs habe sich rapide verschlimmert, er bezweifle, ob er die kommende Woche überleben würde. Der Vater habe Wilhelmine seinen Segen gegeben und sehr gut von ihr gesprochen. Gegenwärtig sei sein Fieber so heftig, daß er kaum sprechen könne und daß man allen Grund habe, eine Unterleibsentzündung zu befürchten. Friedrich riet der Schwester, ruhig zu bleiben und sich nicht zu sehr zu grämen, denn gegen etwas, das nun einmal so sei, gäbe es kein Mittel.[196]

Das Frühjahr verging in ängstlichem Warten und in tiefer Besorgnis für den Zustand des Königs. Das gesellige Leben war in Rheinsberg jetzt gedämpfter. Es war auch niemand nach lauten Freuden zumute. Die Gemütsart des Königs hatte sich wesentlich geändert, er war milder und weiser geworden. Friedrich sah sehr klar, welche guten Eigenschaften er gehabt hatte. Achtzehn Jahre später, während des großen Krieges, sagte Friedrich in Neiße zu seinem Vertrauten de Catt:

Welch ein schrecklicher Mann war mein Vater, aber zugleich wie gerecht, wie klug und geschäftskundig! Sie haben keine Vorstellung von der vortrefflichen Ordnung, welche er in allen Zweigen der Verwaltung eingeführt hat. Es hat nie einen Fürsten gegeben, der so fähig war wie er, in die geringsten Einzelheiten einzudringen, und das tat er, wie er selbst sagte, um alle Teile der Verwaltung möglichst vollkommen zu machen. Durch seine Sorgfalt, seine unermüdliche Arbeit, seine stets von der strengsten Gerechtigkeit geleitete Politik, seine bewunderungswürdige Sparsamkeit und die strenge Mannszucht, welche er in der von ihm geschaffenen Armee einführte – durch alles dies bin ich erst in den Stand gesetzt worden, zu tun, was ich bis jetzt ausgeführt habe.
Er war von außerordentlicher Mäßigkeit, aber er verlangte sie auch mit fast unerhörter Härte von andern. Spaßen konnte man mit ihm nicht. Stockschläge und Fußtritte waren denjenigen nur allzugewiß, die ihm in den Weg traten, wenn er übler Laune war . . .[197]

Die aufkeimende Wertschätzung für den Vater war das eigentlich Positive, das die ruhigen Rheinsberger Jahre hervorgebracht hatten.

Angstvolle Stunden erlebten die Bewohner des Schlosses Rheinsberg Mitte April 1740: die Stadt Rheinsberg brannte mit Ausnahme einiger Häuser bis auf die Grundmauern nieder. Es waren nur wenige Gebäude rund um die Kirche, die verschont blieben. Die Stadt war eng gebaut gewesen und hatte Strohdächer oder Dächer aus Holzschindeln, vieles waren Fachwerkbauten. Obwohl das Schloß nicht weit von den Häusern der Stadt entfernt lag, blieb es vom Funkenflug verschont, und das Feuer erreichte es nicht.

Aber die Not der Einwohner und das Entsetzen der Brandnacht griffen den Hofleuten ans Herz. Notunterkünfte mußten geschaffen werden, denn viele Bediente des Schlosses hatten in der Stadt gewohnt, da die Dienerschaftswohnungen noch nicht fertig waren. Friedrich veranlaßte sofort, daß ein ganz neuer Stadtplan von Knobelsdorff entworfen wurde, der breite, schöne Straßen vorsah und einer weiten Ausdehnung des Stadtbezirks Rechnung trug. Das heutige Rheinsberg entstand nach dem Brande von 1740, deshalb wirkt die Stadt durchgehend moderner als andere märkische Städte vergleichbarer Größe.[198]

Am Himmelfahrtstag 1740 schrieb der sterbende König zum letztenmal an seinen Sohn. Er hatte sich von Berlin nach Potsdam bringen lassen und beim Abschied ausgerufen »Leb wohl, Berlin, in Potsdam will ich sterben!« Wenige Tage später folgte ihm die Königin mit Ulrike und Amalie. Die Prinzen August Wilhelm, Heinrich und der zehnjährige Ferdinand waren schon draußen beim Hofstaat des Königs.

Der Vater an Friedrich *Potsdam, 26. Mai 1740*

Mein geliebter Sohn,

Ich habe Euer Schreiben vom 24. dieses wohl erhalten, daraus Euer herzliches Mitleid mit meinen elenden Umständen, auch Eure löbliche Entschließung, in allen Stücken Meinem väterlichen Rate zu folgen, ersehen. Ich bin sehr davon attendrirt (finde es sehr aufmerksam) und habe nicht den geringsten Zweifel an dem Effect Eures Versprechens und Eurer guten Sentiments, wenn Gott über mein Leben gebieten sollte, wie es das Ansehen hat. Daß Ihr gegen Pfingsten anhero kommen wollet, solches ist Mir sehr lieb, und wird mir ein rechtes Vergnügen sein, Euch, so Gott will, noch zu embrassiren (umarmen) . . .[199]

Friedrich war zweifellos gerührt. Er spürte, daß es für den Vater jetzt keine Rettung mehr gab. Die ganze Familie wußte es. Schon am 3. Mai war eine geheime Instruktion Friedrichs an August Wilhelm abgegangen, damit man in Potsdam wisse, wie man sich verhalten solle, falls der König die Augen schließen würde, bevor Friedrich eingetroffen war.

Pfingsten fiel in jenem Jahr auf den 5. Juni. Es sollte nicht zu diesem Termin des Wiedersehens kommen. Am 27. Mai langte ein geheimer Kurier in Rheinsberg an, um den Kronprinzen aufzufordern, sich sofort nach Potsdam zu begeben. Die Königin muß von diesem Eilboten gewußt und seine Absendung gutgeheißen haben. Friedrich traf im Umsehen alle Vorbereitungen, schickte einen Husaren los, der unterwegs die Pferde bestellen mußte. Er brauchte sie in besonders kurzen Abständen, denn er fuhr ein so scharfes Tempo, daß seine wertvollen Apfelschimmel allein auf der kurzen Strecke von Rheinsberg nach Ruppin beinahe die Kolik bekommen hätten. Dort war der nächste Pferdewechsel.

Es klingt unglaublich, was der kranke König seinem von Wassersucht, Steinleiden, Gicht und anderen Krankheiten geplagten Körper immer noch abforderte. Als Friedrich in Potsdam eintraf, fand er seinen Vater in der Stadt am Rande eines Bauplatzes im Rollstuhl sitzen. Er wollte sehen, wie hier ein neues Haus für einen französischen Handwerksmeister gebaut wurde. Friedrich Wilhelm nahm die überraschende Ankunft seines ältesten Sohnes gut auf und umarmte ihn voller Freude. Man begab sich sofort an die gemeinsame Arbeit. Trotz größter Schmerzen hielt der König eine Unterredung mit dem Kabinettsminister von Podewils voller

Energie durch. Als später die Offiziere und anderen Beamten des Königs eintraten, sagte der König: »Tat Gott mir nicht viel Gnade, daß er mir einen so braven und würdigen Sohn gegeben?« und danach: »Mein Gott, ich sterbe zufrieden, da ich einen so würdigen Sohn und Nachfolger hinterlasse.«[200]

Der König fand noch die Zeit, eine regelrechte Abdankung vorzubereiten, die zu unterschreiben er jedoch nicht mehr die Konzentration hatte. Dennoch blieb er bemerkenswert klar und im Vollbesitz seiner Geisteskräfte. Am Tage vor dem Tode verließ ihn das Gedächtnis, aber er beobachtete sich scharf und gründlich, ließ sich sogar einen Spiegel reichen, ob man ihm wohl ansähe, daß der Tod ihm nahe sei. Seinen Sarg hatte er in sein Krankenzimmer befohlen und dem Kronprinzen seinen Letzten Willen hinsichtlich der Bestattungsfeierlichkeiten schriftlich überreicht. Mehrere Ohnmachten überkamen ihn, mehrmals kehrte noch das Bewußtsein zurück. Friedrich Wilhelm I. starb mit einem Gebet auf den Lippen. Gerade, als der Arzt dem Kronprinzen bedeutete, er möge die Königin hinausführen, tat der König seinen letzten Atemzug. Er hatte bis zum 31. Mai 1740 gelebt; sein zweiundfünfzigstes Lebensjahr sollte er nicht mehr vollenden.

Friedrich Wilhelm I. hinterließ zehn Kinder, seine Gemahlin Sophie Dorothea war ein Jahr älter als er. Von seiner Tochter Wilhelmine hatte er eine Enkelin Friederike; seine Tochter Friederike, die Markgräfin von Ansbach, hatte einen vierjährigen Sohn Alexander. Von seiner »dullen Lotte«, der Herzogin von Braunschweig, hatte er vier Enkel, Charles, Sophie Caroline, Christian Ludwig und Anna Amalie, außerdem erwartete Charlotte wieder ein Kind. In Schwedt hatte ihm Markgräfin Sophie die Enkeltöchter Dorothee und Luise beschert. Friedrichs Ehe war kinderlos. Die anderen Königskinder waren 1740 noch nicht verheiratet. Vergleicht man den ungemein kräftigen, bärenstarken Friedrich Wilhelm I. mit seinem zierlichen, feingliedrigen Vater Friedrich I., so ist der massige Sohn mit einundfünfzig Jahren dahingegangen, während der stets kränkelnde, schwindsüchtige erste König in Preußen immerhin siebenundfünfzig Jahre alt wurde. Friedrich II. sollte einmal weit älter als beide werden: mit vierundsiebzig Jahren war es ihm vergönnt, die biblisch festgesetzte Zeit für ein Menschenalter zu überschreiten.

Zweiter Teil
1740–1786

Nach dem Tode seines Vaters am 31. Mai 1740 gab es für Friedrich nur wenige Stunden der Besinnung und des Schmerzes. Seine neuen Pflichten als König forderten seine volle Energie. Einer seiner ersten Briefe galt Elisabeth Christine in Rheinsberg, der jetzigen regierenden Königin:

Friedrich an Elisabeth Christine *Potsdam, 31. Mai 1740*
Madame,
Gott hat den König heute nachmittag um dreieinhalb Uhr zu sich gerufen. Er hat an Sie gedacht und uns allen aufrichtige Mitleidstränen abgepreßt. Sie können sich keine Vorstellung davon machen, mit welcher Standhaftigkeit er gestorben ist. Kommen Sie gütigst am Mittwoch oder Donnerstag nach Berlin. Knobelsdorff soll sich gleich nach Berlin begeben. Wir wohnen in unserem alten Hause. Fangen Sie gleich nach Ihrer Ankunft damit an, der Königin Ihre Aufwartung zu machen, von da gehen Sie nach Charlottenburg, für den Fall, daß ich selbst dort bin. ... Ich habe keine Zeit, mehr zu schreiben, Adieu ...[201]

Der Brief enthielt außerdem noch die Mitteilung, daß der Befehl für die Hoftrauer der Damen sogleich folgen würde.

Im Schloß Rheinsberg verharrte man nach der Abreise des Kronprinzen in unendlicher Spannung. Man erwartete einen reitenden Boten, das war die ganze Möglichkeit der Information. Bielfeld notierte, daß schon jeder Karrengaul, der im Schlosse etwas lieferte und über die Brücke polterte, alle Gesichter des Hofes an den Fenstern erscheinen ließ. Jeder Ochse, jede Kuh mit ihren Hufgeräuschen erzielten denselben Effekt. Endlich in der Nacht vom 31. Mai zum 1. Juni traf nachts um zwei Uhr der Meldereiter ein, der sich unterwegs noch verirrt hatte, deshalb mußte man so lange auf ihn warten. Nun stand man mit der Nachricht vom Tode des Königs Friedrich Wilhelm I. vor dem Zimmer der schlafenden neuen Königin. Wie sollte man es ihr sagen?

Bielfeld *notiert am 3. 6. 1740*
Wir berieten uns nun, wie die wichtige Nachricht der noch schlafenden Königin vorzubringen sei.
Demoiselle Bortefeld trat in das Schlafzimmer der Prinzessin und zog

die Vorhänge leise zurück. Die Prinzessin fragte, was es gäbe. »Verzeihen Ew. Majestät, daß ich so früh komme, allein . . .« »Warum nennst Du mich Majestät, träumst Du?« sagte die Fürstin. »Nein, Ew. Majestät,« erwiderte die Kammerfrau, »eben kommt der Baron Wylich als Kurier von Potsdam und bringt die Nachricht vom Tode des Königs.« Frau von Katsch trat auf diese Worte ein, sie hielt ein niederschlagendes Pulver, welches sie der Prinzessin reichte, bereit, und begrüßte sie darauf ebenfalls als Königin. Nach Verlauf einer halben Stunde erschien die unvergleichliche Königin in einem schwarz und weißen Négligé: nie sah ich sie so schön. Sie nahm im Audienzsaale unsere Huldigungen an. Die Beileidsbezeigungen waren kurz, die Glückwünsche aber aus dem innersten Herzen gesprochen.
Die junge Königin wollte gleich nach dem Frühstück mit uns allen nach Berlin. Auf jeder Station waren achtzig Postpferde nötig. Schon um acht Uhr morgens war alles zur Abreise bereit. Unser Frühstück war ein Festmahl, die Köche hatten sich selbst übertroffen . . . Die Oberhofmeisterin ließ sich ein großes Glas Wein reichen und brachte die Gesundheit des neuen Monarchen und der Königin, seiner Gemahlin, aus.[202]

König Friedrich II. residierte zunächst in Charlottenburg. Zu den Begräbnisfeierlichkeiten zeigten sich der König und die Königin gemeinsam. Der verstorbene König wurde in der Garnisonkirche in Potsdam in der Gruft beigesetzt. Noch lange Monate sollte der Hof in tiefster Trauer sein, besonders der Hof der Königin-Mutter, die sich in Schloß Monbijou etablierte. Sogar die heiteren Seidentapeten und Gemälde in den Räumlichkeiten waren mit schwarzen Stoffen überdeckt und alle Wände schwarz ausgeschlagen. Dies blieb lange so, Wilhelmine sah es noch bei ihrem Besuch im Oktober 1740.

Das jetzt bestehende Verhältnis zwischen Friedrich und seiner Gemahlin gibt Kugler sehr treffend wieder:

Mit derselben Hochachtung begegnete er seiner Gemahlin, obgleich sich bald das Gerücht verbreitete, daß er sich, da seine Ehe nicht mit Kindern gesegnet war, von ihr trennen und zu einer zweiten Ehe schreiten würde. Aber Friedrich dachte an keine Ehescheidung. Es wird im Gegenteil erzählt, daß er sie kurz nach der Thronbesteigung dem versammelten Hofe mit den Worten »Das ist Ihre Königin!« vorgestellt, sie auch angesichts der Versammelten zärtlich umarmt und geküßt habe. Das anmutige Verhältnis indes, welches sich zwischen Friedrich und seiner Gemahlin in der glücklichen Zeit des Rheinsberger Aufenthaltes gebildet hatte, kehrte nicht zurück; sie lebten bald abgesondert voneinander und sahen sich zumeist nur noch bei festlichen Gelegenheiten. Die zarte weibliche Frömmigkeit, die das innerste Seelenleben dieser seltenen Fürstin ausmachte, stimmte vielleicht zu wenig mit der Schärfe des Verstandes überein, welche Friedrich, in freier Kraft, als Maßstab an die heiligen Überlieferungen legte. Wohl aber ließ es sich Friedrich angelegen sein, sie in allen den Ehren, welche der regierenden Königin zukamen, zu erhalten, und eifersüchtig wachte er darüber, daß ihr auch von den Gesandten fremder Mächte der gebührende Zoll der Ehrfurcht dargebracht wurde. Dafür bewies sie ihm bis an seinen Tod die rührendste Teilnahme und Ergebenheit.[203]

Friedrich schenkte bald darauf seiner Gemahlin das Schloß Schönhausen als Sommersitz. Sowie Königin-Mutter Sophie Dorothea in Monbijou etabliert war, räumten Friedrich und Elisabeth das Kronprinzenpalais und zogen in die Räume der Eltern im Berliner Schloß. Gut und Schloß Schönhausen lagen damals noch bei Berlin, nahe dem Dorf Pankow, das erst über hundert Jahre später der Hauptstadt eingemeindet wurde. Der Großvater der Königskinder hatte den Platz einmal als »Lustschloß« erworben. Er behielt den damals schon alten Bau bei und ließ ihn von Eosander von Göthe für 25 000 Taler erweitern. Es war mehr ein Schlößchen als ein Schloß, und die Räumlichkeiten waren beengt. Während der Regierungszeit des Soldatenkönigs bewohnte es ein Hofmarschall von Erlach, der keinerlei Reparaturen bezahlte. Das Bleidach war eingedrückt und durch ein hölzernes Notdach ersetzt. Der vor Jahren schöne und elegante Park mit zahllosen tropischen Gewächsen stand verwahrlost und nur noch an Einzelheiten war erkennbar, wie herrlich dieser Ort einmal gewesen war.

In den sechziger Jahren des 18. Jahrhunderts ließ Friedrich jedoch das Schloß erheblich erweitern, völlig renovieren, und man datiert auch das Treppenhaus mit seinem einmalig schönen Geländer aus dieser Zeit. Die Ausstattung des großen Festsaals ist ebenfalls noch heute erhalten.[204]

Baron Bielfeld berichtete, daß am Tage nach der Bestattung des Königs das Riesenregiment seinen Abschied erhielt. Der König ließ die schönsten Leute davon aussuchen und in sein Regiment in Ruppin stecken, das von nun an den Namen Garderegiment erhielt. Man sagte, so schrieb Bielfeld, daß Friedrich Wilhelm seinem Sohn in seinen letzten Tagen vorgerechnet und durch Aufzeichnungen belegt habe, daß ihn das große Regiment jährlich so viele Kosten verursacht habe, wie normalerweise der Unterhalt von zehntausend Mann und zusätzlich eine große Oper.

Friedrich war in nahezu fieberhafter Tätigkeit, was hier wörtlich zu nehmen ist, denn die Überfülle der Arbeit und die wenige Schonung, die er sich gönnte, bewirkten, daß ihn wieder sein Wechselfieber heimsuchte. Er unterzeichnete Akten, besprach Erlasse, schaffte unverzüglich die Folter ab und war mit einer Intensität bei seinem neuen Amte, daß man sich wunderte, wie er alles schaffte. Das Volk strömte nach Charlottenburg hinaus, wo der König noch den ganzen Juni über war. Seine Wohnungsangelegenheiten ordneten sich erst nach und nach.

Daneben berief Friedrich sofort Carl Philipp Emanuel Bach in sein Orchester, schrieb einen Brief an den berühmten französischen Gelehrten Maupertuis, der die Abplattung der Pole der Erde entdeckt hatte, und machte ihn mit seinem Einverständnis zum neuen Präsidenten seiner Akademie der Wissenschaften.

Bielfeld hatte das hektische Treiben in Charlottenburg selbst miterlebt:

notiert am 20. Juni 1740

Ich kam den 5. Juni nachts in Charlottenburg an. Alle Gasthöfe, sogar die Schenken waren so mit Fremden jedes Standes überfüllt, daß ich nur mit Mühe notdürftig Dach und Fach erhielt . . .

Der verstorbene König zeigte während seiner siebenundzwanzig Regierungsjahre einen entschiedenen Widerwillen gegen Charlottenburg. Seine Einwohner trugen das Gepräge des Verwaistseins. Die Gastwirte waren nicht mit dem Geringsten versehen, als der neue König seine Residenz unvermutet daselbst aufschlug. So wurden in kurzem alle Vorräte in Charlottenburg in dem Grade aufgezehrt, daß man für schweres Geld nicht einmal ein Stück Brot erhalten konnte. Münchow und ich mußten uns deshalb, hingestreckt auf eine Bank, bei einem Glase Wasser von den Mühseligkeiten der Reise erholen.

Sobald der Tag dämmerte, kleidete ich mich um und ging aufs Schloß, wo ich mich beim Könige melden ließ. Der König beschied mich in Keyserlingks Zimmer, wo er Brunnen trank. In seinem Blick lag Schwermut. Meinen Gückwunsch nahm er gnädig auf, doch sagte er, ich wisse nicht, was er an seinem Vater verloren habe. Ich erwiderte, daß der Gewinn eines Königreiches für vieles entschädige. Er lächelte ein wenig und sprach von anderen Dingen.

Aber doch entging es mir nicht, daß mitten im neuen Glanz der König traurig und sein Schmerz aufrichtig war.

Umso ausschweifender ist die Freude aller Untertanen, es ist hier, wie ich schon sagte, ein solcher Andrang von Fremden, daß man erstickt zu werden fürchten muß, wenn man über den Schloßhof geht. Sowie man den König erblickt, ist das Jubelgeschrei ohne Ende.

Der Baron Keyserlingk ist an der Spitze aller dieser freudigen Untertanen. Seine Zimmer werden nicht leer . . . er beantwortete alle schriftlichen Glückwünsche und beschäftigt fünfzig Sekretäre[205]

Friedrich war nun König, ein absoluter Herrscher mit entsprechender Machtvollkommenheit. Waren seine Geschwister ihre ganze Jugend lang abhängig vom Vater, später dann von ihm, der Vaterstelle als Familienoberhaupt vertrat, so hat er selbst sich niemandem zu unterwerfen. Seine Stellung innerhalb des Geschwisterkreises war überragend. Von ihm erhielten sie ihr Geld, er hatte die Höhe der Apanagen zu bewilligen, ihre Schulden zu bezahlen oder dies abzulehnen, was übrigens nur selten vorkam. Er allein hatte Pfründen und andere Einnahmequellen zu vergeben, s. z. B. Coadjutor-Stellen in Stiften wie Quedlinburg oder Gandersheim, die gleichen Würden für den Johanniterorden zu Sonnenburg, in den auch immer wieder Familienmitglieder aufgenommen wurden. Friedrich legte stets Wert auf ein gutes, wahrhaft friedliches Einvernehmen mit seiner Familie. Man beobachtete den jungen Herrscher scharf. Die kleinsten seiner Handlungen wurden genau registriert und für die Nachwelt festgehalten – gleich, ob er je ein großer und bedeutender Herrscher werden, oder ob seine Regierungszeit kurz und unerheblich sein würde.

Außer dem, daß er auch des vorigen Königs Bedienten mit einträglichen Diensten versehen, ist seit seines Herrn Vaters Absterben fast kein Tag verstrichen, daran er nicht seinen Prinzessinnen Schwestern und Herrn Brüdern, die er überhaupt mit ordentlichen Pensionen versorgt, annoch einige Präsente gemacht hat.

Denn man kann sich kaum einbilden, wie armselig diese königlichen Kinder vorhin gehalten worden, sonderlich was ihre Garderoben betrifft, da die Prinzessinnen keine weiten Reifröcke tragen dürfen, damit desto mehr Zeug an den Kleidern erspart werden mögen, von Spitzen aber und dergleichen mehr so wenig an sie gekommen, daß auch die Prinzen kaum jemals ein ganz Dutzend Hemden gehabt, und auch diese noch von geringer Leinwand.

Der andern schlechten Erziehung nicht zu erwähnen, da unter andern derjenige mit dem Strange bedroht war, welcher sich unterstehen würde, einen Königlichen Prinzen in der lateinischen Sprache zu unterrich-

ten. Daher hat der neue König sich ein besonderes Vergnügen daraus gemacht, seine königlichen Geschwister anitzt nicht nur besser erziehen zu lassen, sondern auch mit dem Notwendigen zu versehen und Tag für Tag mit mancherlei Nippes an Ringen, Uhren, Tabatieren, Fächern, Stock, Degen, Petschaften und dergleichen zu beschenken, welches bei denselben desto mehr Freude verursacht hat, als sie zuvor fast gar nichts von allen solchen Dingen in Besitz gehabt; daher ihnen auch das Vergnügen aus den Augen leuchtet, so oft sie nur den König, ihren Herrn Bruder, erblicken.[206]

Die so reich beschenkten Königskinder in Berlin waren nur noch zu fünft. Ulrike war mit ihren zwanzig Jahren jetzt die Älteste im Kreise. Mit der siebzehnjährigen Amalie zusammen zog der König sie ungewöhnlich oft zu seinen Gesellschaften hinzu. Die beiden Mädchen waren eine Zierde des Hofes. August Wilhelm war achtzehn Jahre alt und wurde dem Hofstaat des Königs zugeteilt. Heinrich mit vierzehn und Ferdinand als Zehnjähriger befanden sich noch in der Ausbildung und lebten mit ihren Gouverneuren und Erziehern im Berliner Schloß. König Friedrich hatte ein scharfes Auge auf das Benehmen seiner jüngeren Brüder, ungeachtet der schönen Geschenke und der »leuchtenden Augen« von seiten der Kinder, sollte es in Zukunft manchen Ärger mit Heinrich und Ferdinand geben.

Die auswärtigen Schwestern hatten alle ihre Kondolenz- und Glückwunschadressen an den König geschickt: Wilhelmine aus Bayreuth, Friederike aus Ansbach, Charlotte aus Braunschweig und Sophie aus Schwedt.

Es ist für denjenigen, der sich mit Friedrichs Leben heute beschäftigt, eigenartig zu sehen, wie er von Wilhelmine immer als von seiner »angebeteten Schwester«, die er »über alles liebe«, spricht und schreibt, aber in den Jahren 1741 bis 1747 etwa war er so kühl, übelnehmerisch und verstockt gegen sie, daß man sich nur schwer vorstellen kann, er habe es mit seiner großen Liebe zu ihr ernst gemeint.

Seine Gemahlin Elisabeth Christine, von der er als werdender Bräutigam brüsk behauptete, er werde sie »sitzenlassen«, wenn er einmal sein eigener Herr sei, hat er im Grunde besser behandelt als Wilhelmine. Es war auch keineswegs so, daß er sich abrupt von Elisabeth abwandte. Der Hofhistoriker Preuß hat auf Grund seiner profunden Dokumentenkunde einmal gesagt:

14 *Der Tod Friedrich Wilhelms I., 31. Mai 1740*

15 *Friedrich II. als junger König*

Friedrich hat länger als zehn Jahre immer ehelich mit seiner Gemahlin gelebt und sie ihrer vielen Tugenden wegen lebenslang überaus hoch schätzen müssen.[207]

Versucht man, dem Geheimnis von Friedrichs Ehe auf die Spur zu kommen, so wird man zum Schluß kommen, daß hier zwei Menschen zusammengekoppelt worden waren, von denen immer nur der eine Teil, nämlich Elisabeth, sich anzupassen bestrebte. Aber auch dies war ihr bei Friedrichs Natur nur bis zu einem gewissen Grade überhaupt möglich. Die Interessen Friedrichs waren so vielseitig, daß für eheliche Gemeinsamkeit im Sinne einer auf echter Liebe beruhenden Bindung nicht genügend Zeit übrig blieb.

Wie einst schon Manteuffel beobachtete hatte, »der Kronprinz verwende zu wenig Aufmerksamkeit auf die Liebe«, so verwandte Friedrich als König zu wenig Aufmerksamkeit auf die Ehe. Außerdem ließen, das zeigen die Gemälde von Elisabeth, deren optische Vorzüge im Laufe der Jahre nach. Sie wurde behäbiger und verlor die zarte Anmut, die sie als Mädchen und junge Frau ausgezeichnet hatte. Dessenungeachtet blieb sie eine gutaussehende, wohl auch schöne Frau, wenn man von den Zähnen absah. Selbst die Bilder als Greisin zeigen noch eine stattliche und angenehme Erscheinung.

Allein Friedrichs Charakter war nun einmal der eines Einzelgängers, und es ist heute wohl unmöglich festzustellen, welchem geheimen Leitbild er folgte, wem er gleichen wollte, auf welches Ziel der Persönlichkeitsbildung er hin lebte. Der philosophierende Einzelgänger, mit Schnupftabak bedeckt wie sein bewunderter Feldmarschall Turenne, dies erschien ihm ein passenderer Habitus als der eines besorgten Ehemannes. Einmal schrieb er »Menschen, die zur Liebe neigen . . .«. Er teilte demnach also die Menschheit in solche ein, die die Liebe mochten, und in solche, die keinen Geschmack an ihr fanden. Schon seine berühmte Tante Liselotte von der Pfalz hatte einmal in ihren Briefen über die eheliche Liebe geschrieben »Der Handel gefiel mir nicht genung . . .«.[208] Er mochte sich ihrer Meinung angeschlossen haben. Jedenfalls ordnete er sein Leben als König manchen Neigungen unter, aber nur nicht der Liebe.

Sehr bald nach seinem Regierungsantritt befahl Friedrich den Bau eines Opernhauses Unter den Linden in Berlin. Dieser Knobelsdorff-Bau war geglückt in seinen Abmessungen und in seiner Akustik. Hier gingen Schönheit und Gebrauchswert einen schier unverbrüchlichen Bund ein. Dreimal wurde der Bau rekonstruiert: Einmal im 19. Jahrhundert, nachdem er ausbrannte, einmal im Zweiten Weltkrieg, wo ihn Hermann Göring wieder aufzubauen befahl und mit den »Meistersingern« einweihte. Die verarmten Berliner prüften die roten Seidentapeten mit den Fingern, ob es denn auch wirklich Seide war in diesen knappen Zeiten – oder etwa nur Papier! Und als das Gebäude dann ein drittes Mal gegen Ende des Zweiten Weltkrieges zerstört wurde, baute die Ostberliner Regierung das Haus mit viel Einfühlsamkeit wieder auf und brachte auch die umliegenden Gebäude wieder auf eine Höhe, die den Bau nicht beeinträchtigte. So zeigt sich die Oper, mit geringfügigen Änderungen, heute wie einst zu Friedrichs Zeiten.

Im Grunde waren des Königs enge Freunde etwas enttäuscht von den Gnadenbeweisen, die sie nach seiner Thronbesteigung erhielten. Viele gingen leer aus. Lediglich Jordan als Geheimer Rat und Polizeipräfekt von Berlin hatte ein bedeutendes Amt. Er leistete Beachtliches auf dem Gebiet der Armenpflege und der Steuerung des Bettlerunwesens.

Knobelsdorff war Direktor aller Bauten. Michael Gabriel Fredersdorf, der einstige Kammerdiener, wurde Geheimer Kämmerer. Diese Amtsbezeichnung schloß die verschiedensten Funktionen ein. Er verwaltete die Privatschatulle des Königs, gleichzeitig wuchs er in das Amt eines Intendanten der königlichen Schauspieler und Sänger hinein. Er veranlaßte die Engagements; alle Befehle des Königs auf diesem Gebiet gingen über ihn.

Am 28. August 1740 versammelte sich der Berliner Hof erstmalig im renovierten Schloß Schönhausen. Es war festlich beleuchtet, im Park hatte man die Hecken gestutzt, die barocken Gartenparterres neu angelegt und einige Statuen aufgestellt. Schönhausen erwachte für Elisabeth Christine zum neuen Leben. Man weihte es ein durch ein festliches Konzert im großen Saal. Die Sommerresidenz der jungen Königin wurde offiziell ihrer Bestimmung übergeben.[209]

Bald darauf reiste der König über Bayreuth, wo er Wilhelmine traf, nach Wesel und inkognito nach Straßburg. Die Erlebnisse der Fahrt hat Friedrich in einem Scherzgedicht, halb in Prosa, halb in Versen, festgehalten. Unterwegs ergab sich die Gelegenheit, zum erstenmal den französischen Dichterfürsten Voltaire zu treffen. Leider geschah dies unter mißlichen Umständen, Friedrich lag krank mit heftigem Fieber zu Bett. Dennoch war die Unterhaltung sehr angeregt, und der König bat Voltaire dringend, ihn doch im Oktober in Rheinsberg zu besuchen. Die Idylle am Grienericksee lebte noch einmal auf unter den leuchtend bunten Bäumen des Herbstes 1740.

Endlich im Oktober schien die Gelegenheit gekommen, und am neunzehnten hielt der König mit seinem Hofe Einzug in die Stätte, wo die Hoffnungen seiner Jugend den Tag erblickt hatten, wo der Jüngling zum Mann gereift war, und wo das Andenken an Stunden wohnte, wie er sie glücklicher nie mehr erleben sollte.

Im Städtchen wurde fleißig gearbeitet; zwischen Trümmerhaufen erhoben sich die Mauern neuer Häuser, die mit des Königs Unterstützung errichtet werden sollten. Ein furchtbarer Brand hatte im April den Ort bis auf neunzehn Häuser in Asche gelegt. Das Schloß auf seiner sicheren Insel war verschont geblieben . . .

Eine so glänzende Gesellschaft, wie sich diesmal hier einfand, hatte Rheinsberg noch nie gesehen. Friedrichs Gemahlin, der Markgraf von Bayreuth, seine Frau, die Lieblingsschwester des Königs, der Herzog von Holstein und ein großer Kreis alter und neuer Freunde versammelte sich im Schlosse . . . Die geselligen Vergnügungen erlitten viel Einbuße durch das Wechselfieber, an dem Friedrich litt. Seit Wochen peinigte es ihn. »Das Fieber und ich, wir reisen zusammen.« schrieb er. Sein eiserner Wille bekämpfte die Schmerzen und die Schwäche, die ihm das Leiden brachte, soviel wie möglich, um sich den eilenden Arbeiten seiner Zukunftspläne und seinen Gästen zu widmen. Bielfeld schrieb, daß im Schlosse »immer eine traurige Stimmung herrschte«, wenn die Fieberanfälle kamen, die »Seine Majestät stets in nicht allzu aufgeräumte Laune« setzten.

Ab und zu veranstaltete Friedrich in seinem Zimmer ein Konzert und reichte gar der Königin den Arm auf einem Ball. Elisabeth Christine, die Friedrichs Anwesenheit glücklich machte, schrieb aus dieser Stimmung heraus:

»Der König hat noch das Fieber, aber es nimmt von Tag zu Tag ab; ausgenommen davon amüsieren wir uns sehr gut. Wir haben Maskeraden, tanzen und führen Theaterstücke auf. Die Tettaus haben sehr gut gespielt, und besonders Finette hat geradezu Wunder geleistet . . . Der Herzog von Holstein, Schwerin, Wartensleben, Bock und Buddenbrock hatten sich auf der letzten Maskerade als alte Berliner Fischweiber verkleidet. Bei ihrem Anblick hätte man sterben können vor Lachen.«

Seit Wochen schon war Voltaires Ankunft gemeldet. Ende November traf dieser »Cicero«, »Plinius«, »Agrippa«, diese »Zierde des Jahrhunderts und Frankreichs« ein. Nur wenige Tage blieb er, gefeiert als bewunderten Freund des Königs, als Autor der Theaterstücke, die man aufführte. Seine Eitelkeit und Ruhmsucht fand hier das schönste, wohlvorbereitete Feld. . . . Nur hierin wurde er enttäuscht: Es gab keine po-

litischen Geheimnisse auszuforschen, denn Friedrich behielt seine Pläne sehr weise für sich.[210]

Als aber der große Freund und Ratgeber dann um die Erstattung seiner Reisekosten bat, angeblich auch noch um die Begleichung von Auslagen an einen holländischen Buchdrucker, der den »Antimacchiavel« durch Voltaires Vermittlung verlegt hatte, war Friedrich ziemlich konsterniert.

Wahrscheinlich war dies das erstemal, daß der König den bisher von ihm so hoch geschätzten caractère in einem anderen Lichte erblickte; er macht denn auch gar kein Hehl daraus, wie er über die Sache denkt. Die Ordre, welche er an Jordan zur Zahlung des Geldes ergehen läßt, lautet wörtlich wie folgt:

»Dein Geizhals soll seinen unersättlichen Golddurst bis auf die Hefe stillen; er soll die dreitausend Taler haben. Auf diese Weise wird mir sein sechstägiger Besuch fünfhundertfünfzig Taler pro Tag kosten; das heißt einen Hanswurst etwas teuer bezahlen. Wohl niemals hat ein Hofnarr eine so hohe Gage bezogen.[211]

Zwischen Friedrichs Fieberanfällen und Voltaires Versen schreckte die Nachricht auf, daß am 20. Oktober 1740 Kaiser Karl VI. in Wien verstorben war, Maria Theresias Vater, der letzte Habsburger. Maria Theresia erhielt jetzt dank der Pragmatischen Sanktion von 1713, die die weibliche Erbfolge sicherte, die Krone der österreichischen Erblande. Ihren Gemahl, den Großherzog Franz von Lothringen-Toskana, ernannte sie unverzüglich zum Mitregenten. Diese neue politische Konstellation ließ in Friedrich noch während des Rheinsberger Aufenthaltes Entschlüsse reifen, mit denen die Welt nicht rechnete. Preußen hatte seit mehreren Jahrzehnten keinen Krieg von sich aus begonnen. Die Feldzüge, an denen der Soldatenkönig sich mit preußischen Truppenkontingenten beteiligt hatte, waren während des Spanischen Erbfolgekrieges in Flandern und während des Nordischen Krieges in Pommern gewesen.

Friedrich hatte seine Pläne fertig im Kopf, aber er sprach wenig darüber. Er war sich klar darüber, daß seine Chancen vor allem auf einem Überraschungseffekt beruhen würden. Daneben sann er auf politische Finessen und möglichst auf eine Rechtfertigung seiner Handlungsweise. Alle diese Erwägungen wollten sorgfältig durchdacht sein. Von allen Anekdoten dieser spannungsgeladenen Tage ist eine kennzeichnend:

Die anfängliche Geheimhaltung der wirklichen Marschziele veranlaßte den General von Kalckreuth zu der neugierigen Frage: »Majestät, die Deichsel steht wohl auf Schlesien?« »Kann Er schweigen?« fragte der König. »Unbedingt,« erwiderte der General. »Ich auch!« meinte der König lakonisch.[212]

Friedrichs Gesundheitszustand besserte sich. Es war üblich, schon Anfang Dezember einige karnevalistische Veranstaltungen zu haben, ungeachtet der Adventszeit. Am 13. Dezember fand ein großer Maskenball im Königlichen Schloß in Berlin statt. Man sah den König mit seinem Gefolge in eleganten Dominos auf diesem bunten Treiben. Am 14. Dezember befand sich Friedrich schon in Crossen an der Oder, am 16. betrat er schlesischen Boden. Die Armee betrug nicht mehr als etwas über zwanzigtausend Mann. Aber Friedrich hatte die Phantasie und die Rednergabe, seine Soldaten zu begeistern. Die erste Ansprache, die er an seine Offiziere anläßlich einer kriegerischen Unternehmung richten sollte, formulierte er am 12. Dezember in französischer Sprache:

Meine Herren,
ich unternehme einen Krieg, für welchen ich keine andern Bundesgenossen habe als Ihre Tapferkeit, und keine andere Hilfsquelle als mein Glück. Erinnern Sie sich stets des unsterblichen Ruhms, den Ihre Vorfahren auf den Gefilden von Warschau und Fehrbellin erworben haben und verleugnen Sie nie den Ruf der brandenburgischen Truppen. Leben Sie wohl, brechen Sie auf zum Rendezvous des Ruhms, wohin ich Ihnen ungesäumt folgen werde.[213]

Es herrschte bei diesem »Spaziergang nach Schlesien« eine allgemeine Begeisterung. Nirgendwo gab es Widerstand, nie die geringste Schwierigkeit. Sogar schlechte Vorzeichen wurden eilig in günstige umgedeutet. Als in Crossen beim Ehrengeläut der Dachstuhl einer alten Kirche einstürzte, beruhigte Friedrich seine erschrockene Umgebung: »Das Hohe wird erniedrigt werden!«

Friedrich legte allergrößten Wert darauf, daß dieser Schachzug, sich Schlesien einverleiben zu wollen, einzig und allein sein Werk und seine Idee gewesen sei. Die Begründung leitete er aus uralten, im Grunde längst verjährten Erbansprüchen Brandenburgs auf die Herzogtümer Liegnitz, Jägerndorf, Brieg und Wohlau her. Seine Minister und die Fachgelehrten, Archive oder Universitäten erhielten schleunigst die Weisung, jede nur irgend gültige Beurkundung, die sich in alten Akten fände, ans Tageslicht zu bringen und zu publizieren. Friedrichs Plan war, sich die Zustimmung zur »Pragmatischen Sanktion«, die ja einst sein Vater mit seiner Kurstimme schon gegeben hatte, von Österreich mit der Herausgabe Schlesiens nochmals zu erkaufen. Daß man damit in Wien nicht einverstanden war und die junge Königin Maria Theresia Friedrich als den größten Landräuber, den die Welt je gesehen, bezeichnete, war nicht verwunderlich.

Von all den herbeizitierten Gründen, alten Erbansprüchen und verklausulierten Dokumenten abgesehen, bewogen im Grunde Friedrich noch ganz andere Motive zu seiner Handlungsweise.

Sein ganzes junges Leben war Friedrich entweder selbst der Spielball österreichischer Intrigen gewesen, die ihn im Endeffekt beinahe den Kopf gekostet hätten, oder aber er war Zeuge, wie sein Vater und sein Haus vom Kaiser und dessen Machenschaften gedemütigt wurden. Vielleicht mochte er es auch nicht verwunden haben, daß einst sein Vorschlag, doch lieber des Kaisers Tochter als des Kaisers Nichte zu heiraten, auf so besonders brüske Ablehnung gestoßen war. Die Sentiments dem Hause Österreich gegenüber waren somit nicht die freundlichsten. Der Gedanke, es »denen einmal zu zeigen«, hatte für Friedrich etwas Bestechendes.

Es soll, so berichteten die Zeitungen, ein Krieg wie im Bilderbuch gewesen sein. Auf blanken Straßen 16 000 Mann Infanterie, 5 000 Mann Kavallerie und vierunddreißig Geschütze. Man marschierte mit schmetternder Militärmusik unter bunten Fahnen. Alles war guten Mutes, Verwundete gab es nicht. Friedrich schrieb optimistisch:

Der König an Minister Podewils — *Schweinitz, 16. Dezember 1740*
Lieber Podewils,
Ich habe mit fliegenden Fahnen und klingendem Spiel den Rubicon überschritten; meine Truppen sind voll guten Willens, die Offiziere voll Ehrgeiz, und unsere Generale dürsten nach Ruhm. Alles wird nach unseren Wünschen gehen und ich habe Ursache, alles mögliche Gute von diesem Unternehmen zu erwarten . . .

Jordan an den König — *31. Dezember 1740*
Majestät,
Berlin ist voll von der Einnahme Glogaus. Die Zeitungen sprechen davon, und die näheren Umstände sind so genau bekannt . . .
Es werden hier viele Kanonen fortgeschafft. Dieser Nachschub gibt zu vielen Erwägungen Anlaß. Die Leute wundern sich darüber und verstehen nicht, wozu sie bestimmt sind, da Schlesien als bereits im Besitze Eurer Majestät angesehen wird.

Der König an Podewils *Breslau, 4. Januar 1741*
Ich habe Breslau; morgen werde ich gegen den Feind vorgehen und hoffe, ihn in Partien noch vor dem Beginn des kommenden Frühjahrs zugrunde zu richten.
Friedrich an Jordan *Schweidnitz, 24. Februar 1741*
... Ich liebe den Krieg um des Ruhmes willen; aber wenn ich nicht Fürst wäre, würde ich nur Philosoph sein. Schließlich muß in dieser Welt jeder sein Handwerk betreiben, und ich habe die Grille, nichts halb tun zu wollen ...
Der König an Podewils *Anfang März 1741*
... Beiläufig bemerkt, bin ich zweimal den Anschlägen österreichischer Husaren entwischt. Sollte mir das Unglück begegnen, lebend gefangengenommen zu werden, so erteile ich Ihnen den gemessenen Befehl, für dessen Befolgung Sie mir mit Ihrem Kopfe einstehen, meine Befehle in meiner Abwesenheit nicht zu beachten, meinem Bruder mit Rat beizustehen und den Staat nichts Unwürdiges zur Erlangung meiner Freiheit vornehmen zu lassen. Im Gegenteile will und befehle ich, daß in diesem Falle lebhafter als jemals vorgegangen werde. Ich bin nur König, so lange ich frei bin.
Falle ich, so soll meine Leiche nach römischer Art verbrannt und die Asche in einer Urne in Rheinsberg beigesetzt werden. In diesem Falle soll ferner Knobelsdorff ein Denkmal errichten wie das des Horaz in Tusculum.[214]

Der heitere Friedrich – der ernste Friedrich –, wie oft noch sollte seine Stimmung Schlesiens wegen den stärksten Schwankungen unterworfen sein. Es begann ja alles erst in diesen Wochen und Monaten. Der Anfang einer Auseinandersetzung war gemacht worden, die mit jahrzehntelangen Unterbrechungen, erst im Jahre 1763 ihren Abschluß finden sollte. An ihr ist Friedrich als Mensch gereift, hat sich sein Charakter gebildet, hat er als König seine härteste Bewährungsprobe bestehen müssen, eine Prüfung, wie sie nur je einem verantwortungsbewußten Manne auferlegt worden ist. Schlesien war seine Lieblingsidee. Schlesien wurde für Preußen zur Prestigefrage.

Ein Historiker unserer Zeit, Hans-Joachim Schoeps, faßte Friedrichs schlesische Ouvertüre 1740 einmal mit folgenden Worten zusammen:

Der Entschluß zum Feldzug nach Schlesien war eine kühne Improvisation gewesen, der Gunst des Augenblicks entsprungen und nicht ohne kluge politische Berechnung. Eine diplomatische Vorbereitung fehlte völlig ... Friedrich nahm es mithin in Kauf, vor der Welt als Angreifer, ja als offenen Rechtsbrecher zu erscheinen, sagte doch auch Georg der Zweite von England dem sächsischen Gesandten über seinen Neffen: »Das ist ein Fürst ohne Treu und Glauben.« Aber von antiquierten »Rechtsansprüchen« hat sich sein Expansionsdrang, die künstlichen Grenzen seines Staates etwas besser abzurunden, nicht leiten lassen, zumal ja auch juristische Deduktionen in Wien kaum tieferen Eindruck gemacht hätten. Die Berufung auf altehrwürdige dynastische Erbverträge war auch nicht friderizianischer Stil; dieser bestand viel eher in der Schaffung von Tatsachen, ohne die er Verhandlungen über seine schlesischen Gebietsansprüche für aussichtslos hielt.[215]

Auch die Gegner wachten endlich auf. Die ersten österreichischen Truppen setzten sich im Februar 1741 in Bewegung, und es sollte nicht lange dauern, daß Friedrich dem Augenblick entgegensah, der die ersten Scharmützel und Treffen bringen würde. Anfang April erhielt der neunzehnjährige Prinz August Wilhelm, Friedrichs ältester Bruder, ein privates briefliches Testament, ähnlich dem, das vor einiger Zeit Podewils erhalten hatte. Wie oft in seinem Leben würde Friedrich noch politische und private Testamente verfassen, letztwillige Verfügungen erlassen und Bestimmungen im Falle seines Todes formulieren!

Friedrich an August Wilhelm *Pogarell, 8. April 1741*

Teuerster Bruder,
der Feind ist in Schlesien eingefallen, wir stehen nur eine Viertelmeile von ihm entfernt. Der nächste Tag muß über unser Schicksal entscheiden. Falle ich, so vergessen Sie den Bruder nicht, der Sie stets auf das innigste geliebt hat. Wenn ich sterbe, so empfehle ich Ihnen meine heißgeliebte Mutter, meine Diener, mein erstes Bataillon . . .
Erinnern Sie sich stets an mich, aber trösten Sie sich über meinen Verlust. Der Ruhm der preußischen Waffen und die Ehre meines Hauses haben meine Handlungsweise bestimmt und sollen sie bis zum Tode bestimmen. Sie sind mein einziger Erbe. Sterbend empfehle ich Ihnen die Männer, die ich lebend am meisten geliebt habe: Keyserlingk, Jordan, Wartensleben, Hacke, der ein sehr ehrenwerter Mann ist, Fredersdorf und Eichel, in die Sie Ihr ganzes Vertrauen setzen können.
Ich vermache meinen Dienern die achttausend Taler, die ich bar bei mir habe. Alles, was ich besitze, gehört im übrigen Ihnen. Machen Sie meinen Brüdern und Schwestern ein Geschenk in meinem Namen; tausend Grüße an meine Schwester von Bayreuth . . .[216]

Zwei Tage später schlug Friedrich die erste Schlacht seines Lebens. Sie lief ab nach altem Brauch, ohne die Rasanz seiner späteren Angriffe. Wären Generale und Offiziere, Infanterie und Kavallerie nicht so vorzüglich gewesen, wer weiß, ob nicht das ungewohnte Instrument einer Armee in Friedrichs Hand zerschlagen worden wäre.

Gleich zu Anfang gab es, als man die Österreicher in ihren Stellungen bei dem Dorfe Mollwitz attackierte, einen verwirrenden Angriff der feindlichen Kavallerie, der die Preußen zurückwarf und tief in die preußischen Linien vorgetragen wurde. Der König bemühte sich selbst, einige Schwadronen wieder zu sammeln, um sie mit anfeuernden Zurufen erneut in die Schlacht zu führen. Allein die hastig formierte Truppe hatte nicht genügende Schlagkraft. In aller Eile beriet sich Friedrich mit Feldmarschall Schwerin, der beim linken Flügel der Armee stand. Dieser fürchtete wohl nicht zu Unrecht, daß sich der junge König zu sehr exponiere und ersann eine List, ihn mit guten Argumenten vom Schlachtfeld zu entfernen. Er meinte, der König könne den größten Nutzen erzielen, wenn es ihm gelänge, sich am anderen Oderufer mit einem bedeutenden Corps, das man bisher nicht hatte erreichen können, zu vereinigen. Nach langem Zögern entschloß sich Friedrich, diesen Ausweg zu versuchen und das Schlachtfeld seinen Generalen zu überlassen.

Er fand jedoch Oppeln von Österreichern besetzt und war gezwungen, in finsterer Nacht einen anderen Weg einzuschlagen. Er kam nach Löwen, zwischen Mollwitz und Oppeln gelegen, und erhielt dort die Nachricht von der gewonnenen Schlacht.

Friedrich hat später, als er die »Geschichte meiner Zeit« schrieb, sich selbst und seine ganze Handlungsweise bei Mollwitz schärfstens kritisiert.[217]

Dennoch, es war Friedrichs erste gewonnene Schlacht. Um zu ermessen, welche Dimensionen sie hatte, muß man die Zahlen der Verluste kennen. Österreich verlor 180 Offiziere und 7 000 Tote an Kavallerie und Infanterie, 7 Kanonen, 3 Fahnen und 1 200 Gefangene. Auf preußischer Seite zählte man 2 500 Tote und 3 000 Verwundete. Besonders das Erste Bataillon Garde wurde sehr schwer betroffen und behielt von 800 Mann nur 180 kampffähige Leute.

Jetzt erblickte Friedrich erstmalig das wirkliche Antlitz des Krieges. Vorbei war es mit »klingendem Spiel«, ringsum gab es die unzähligen notdürftig eingerichteten Lazarette; er sah, wie die preußischen Soldaten auf dem Schlachtfeld von Mollwitz die Toten begruben, denn der Sieger hatte die Bestattung vorzunehmen. In langen Wagenkolonnen wurden die transportfähigen Verwundeten weit hinter die Linien zurückgeführt.

Man wollte jetzt Brieg belagern und alle Vorkehrungen treffen, das günstige Ergebnis von Mollwitz für Preußen so weit auszunützen, wie es überhaupt nur ging. Friedrich war unermüdlich tätig und widmete sich mit einem Eifer und einer Intensität seinen Truppen, daß sein Vater seine helle Freude daran gehabt hätte.

Inzwischen war durch die Erbansprüche auf Österreich von seiten des bayerischen Kurfürsten Karl Albrecht der Österreichische Erbfolgekrieg ausgebrochen. Maria Theresia mußte ihre Truppen aufteilen, um auch in Richtung Bayern schlagbereit zu sein, da von hier aus Gefahr drohte.

Friedrich hatte die Zeit benutzt, um mit Frankreich einen Geheimvertrag abzuschließen, der so lange strikt sekretiert blieb, bis Frankreich wirklich in der Lage war, seine Soldaten in Marsch zu setzen. Kurfürst Karl Albrecht hatte gleichfalls mit Frankreich ein Bündnis abgeschlossen, das dahin zielte, daß ihm Frankreich helfen würde, seine Erbansprüche in Österreich durchzusetzen und seine Wahl zum deutschen Kaiser zu unterstützen.

Die europäische Lage war äußerst unruhig. Im Zuge der Strömungen für und gegen Österreich formierten sich hier und dort Truppenteile. Zu den Kräften in Hannover stießen Dänen und Hessen. In Livland sammelten sich russische Regimenter.

Am 5. Juli 1741 trat Friedrich ausdrücklich dem Nymphenburger Bündnis bei. Er unterstützte jetzt auch die Wahl des bayerischen Kurfürsten zum deutschen Kaiser.

Militärisch gönnte sich Friedrich eine Ruhepause. Der Feind tat ihm den Gefallen, ihn dabei nicht zu stören. Es war das Lager bei Strehlen, in dem er mehr als zwei Monate zubrachte, und das eine sehr günstige Verteidigungsposition bot. Das Leben dort war recht vergnügt, Friedrichs Laune vorzüglich, einer der vielen munteren Briefe an seinen Freund Jordan spricht davon:

Friedrich an Jordan — *Lager von Strehlen, Sommer 1741*

Mein lieber Herr Jordan,

mein süßer Herr Jordan, mein sanfter Herr Jordan, mein guter, mein milder, mein friedliebender, mein allerleutseligster Herr Jordan! Ich melde Deiner Heiterkeit, daß Schlesien so gut als erobert ist und daß Neiße schon bombardiert wird; ich bereite Dich auf wichtige Projekte vor und kündige Dir das größte Glück an, das Fortunens Schoß jemals geboren hat. Das mag Dir für jetzt genug sein. Sei mein Cicero bei der Verteidigung meiner Sache; in ihrer Ausführung will ich Dein Cäsar sein. Leb wohl, Du weißt selbst, ob ich nicht mit der herzlichsten Liebe Dein treuer Freund bin.[218]

Am 9. Oktober wurde die Geheimkonvention von Klein-Schnellendorf abgeschlossen. Darin erklärte sich Österreich bereit, Niederschlesien an Preußen abzutreten, wenn Friedrich zusichern würde, seine kriegerischen Operationen auf eine Schein-Belagerung von Neiße zu beschränken. Friedrich war nicht der einzige, der geheime Verhandlungen betrieb. Die österreichische Seite war emsig bestrebt, das zum neutralen Gebiet erklärte Breslau zurückzugewinnen, und man hatte zu diesem Zweck eine Art Bürgerverschwörung angezettelt. Aber Friedrich sandte eine Spionin, die ihm alles entdecken konnte, und bald darauf gelang es ihm, durch eine List die Stadt im Handstreich zu nehmen, ohne daß ein Tropfen Blut geflossen war. Friedrich war unerhört wachsam geworden. Sein unermüdlicher Einsatz hinterließ die ersten Spuren von Vernachlässigung an seiner äußeren Erscheinung. Als er zur Huldigung nach Breslau kam, war Bielfeld anwesend und konnte berichten:

Breslau, 15. 10. 41

Der König trug eine nichts weniger als neue Uniform, sein Haar war nicht vorzüglich frisiert und sein ganzes Erscheinen keineswegs von äußerem Glanz umgeben. In diesem Aufzuge erstieg er die Stufen des Throns und nahm auf seinem Lehnstuhl Platz.

Es folgte die Vereidigung. »Es lebe der König von Preußen, unser souveräner Herzog!« donnerte durch den Saal. Der Adel stand; die Abgeordneten des Kardinals, der Geistlichkeit und der Städte lagen auf den Knieen.[219]

Und unter dem Baldachin ein ruppig anzusehender König, kein geschniegelter Geck, kein »damoiseau«, wie ihn der Vater »tausendmal reprimandiret«. Da saß der erste Entwurf des »Alten Fritz«, nachlässig gekleidet, das Haar unordentlich, der Hut zerdrückt, der Uniformrock vertragen und durchaus nicht ohne Fehler, was keinem Offizier durchgegangen wäre. Je tiefer sich die Waagschale beim König zur Souveränität hin neigte, um so leichter verflüchtigte sich die Eitelkeit in alle Winde.

Im Verlaufe des Österreichischen Erbfolgekrieges mit Bayern kam es zu dem Kuriosum, daß die Österreicher große Teile Bayerns besetzt hielten, während der bayerische Kurfürst Karl Albrecht in Frankfurt am Main als Karl VII. zum deutschen Kaiser gekrönt wurde. Es war jene denkwürdige Kaiserkrönung, die Wilhelmine in ihren Memoiren genau schilderte, auf der sie sich so prächtig amüsierte und die vielen Festlichkeiten und die illustren Gäste genoß. Die Audienz, die Wilhelmine bei der neuen Kaiserin Amalie erhielt, gehörte zu den skurrilsten Begebenheiten in der Geschichte des europäischen Hofzeremoniells.

Friedrich indessen bereitete wachsam und geschäftig den nächsten Feldzug vor. Humor und Lebensfreude kamen trotz allem nicht zu kurz, wie das bei einem jungen Mann von dreißig Jahren nicht anders zu erwarten war.

Friedrich an Jordan *Znaim, 28. Februar 1742*

... Die Häuser haben hier alle platte Dächer wie in Italien, die Straßen sind sehr unreinlich, die Berge steil, die Weinberge häufig, die Männer albern, die Weiber häßlich und die jungen Esel sehr zahlreich. Das wäre Mähren in einem Epigramm ...

Znaim, 8. März 1742

... Ich lebe sehr philosophisch, arbeite unendlich viel, amüsiere mich, soweit es möglich ist, und denke im übrigen an nichts als daran, mir das Leben angenehm zu machen ...

Znaim, 19. März 1742

... Kaufen Sie in der Stadt einen Boileau und schicken Sie ihn mir; ebenso Ciceros Briefe vom dritten Teile an bis zu Ende. Auch legen Sie, wenn es Ihnen gefällig ist, noch die Tusculanischen Untersuchungen bei, desgleichen die Philippischen Reden und Cäsars Denkwürdigkeiten.[220]

Das erste größere Gefecht, das Friedrich mit Geschick und Glück selbst leitete und namhaft beeinflußte, war das Treffen zwischen Czaslau und Chotusitz am 16. und 17. Mai 1742. Den ersten Tag hatte Friedrich benutzt, seine Magazine vor dem Zugriff der Österreicher zu sichern und sich in eine günstige Angriffsposition zu bringen. Am 18. Mai früh entschied sich dann die ganze Schlacht innerhalb von nur drei Stunden.[221]

Friedrich an Elisabeth *Schlachtfeld von Chotusitz, 17. Mai 1742*

Madame,

wir befinden uns Gott sei Dank alle außerordentlich wohl und haben die Österreicher ordentlich geschlagen.

Der Sieg ist größer und vollständiger als der bei Mollwitz. Wir haben unsterblichen Ruhm für unsere Truppen erfochten.

Wir haben nur geringe Verluste, der Feind dagegen sehr bedeutende gehabt. Leben Sie wohl![222]

Der König an Jordan *Lager von Brzezy, Mai 1742*

Fredericus Jordano, salut.

Es ist gekommen, was Sie vorausgesehen haben. Wir haben eine ent-

scheidende Schlacht gehabt; Sie wissen schon ihren Ausgang. Ihre Folgen sind, daß Prinz Karl Böhmen verläßt und gegen Brünn oder Wittingau abzieht . . .
Da ist Dein Freund nun zum zweitenmal Sieger in einem Zeitraum von dreizehn Monaten. Wer würde wohl vor einigen Jahren geglaubt haben, daß Dein Schüler in der Philosophie, der Schüler Ciceros in der Rhetorik und Bayles in der Vernunft, eine militärische Rolle in der Welt spielen würde? Wer hätte geglaubt, daß die Vorsehung sich einen Poeten dazu ausersehen hätte, das System Europas umzustürzen und die politischen Berechnungen seiner Könige und Herrscher gänzlich umzudrehen? Es gibt so viele Ereignisse, deren Gründe schwer anzugeben sind, und dieses kann kühnlich zu ihnen gerechnet werden . . .
Ich erwarte ungeduldig Nachricht von Dir. Schreibe mir gründlich über alles: Bauten, Möbel und Tänzer. Das erfrischt mich und gibt mir Erholung von meinen Beschäftigungen, die infolge ihrer Wichtigkeit schwierig und ernst werden. Ich lese, soviel ich kann und ich versichere Dir, daß ich in meinem Zelte ebensoviel Philosoph bin wie Seneca oder noch mehr. Wann werden wir uns unter den schönen friedlichen Buchen von Rheinsberg oder unter den herrlichen Linden von Charlottenburg wiedersehen?[223]

Noch war die Idee von Sanssouci nicht geboren, noch wanderten Friedrichs Gedanken zu den anderen Stätten, wo er sich gern aufgehalten hatte. Charlottenburg wurde ausgebaut. Nach dem Architekten heißt der langgestreckte Seitenflügel noch heute der »Knobelsdorff-Flügel«. In diesem neuen Anbau (wenn man vor dem Schloß steht, an der rechten Seite) pflegte der König künftig zu wohnen, wenn Staatsempfänge oder Sommerfeste, Hochzeiten oder andere Festlichkeiten ihn nach Charlottenburg riefen. Mit diesem Erweiterungsbau war Charlottenburg ein repräsentativer Ort geworden, geräumig genug für Gäste.

Königin Elisabeth Christine erhielt in diesen Tagen nach Chotusitz einen der wenigen herzlichen Briefe von Friedrich, in welchem er eine spontane Äußerung seiner Hochachtung machte:

25. Mai 1742

Madame, man muß Sie lieben, wenn man Sie kennt, und die Güte Ihres Herzens verdient, daß man es schätzt.[224]

Im übrigen scheint die Korrespondenz zwischen den Ehegatten weitgehend von Friedrichs Stimmungen abgehangen zu haben. In späteren Jahren waren seine Briefe oft kalt und unpersönlich, selbst wenn es sich um noch so empfindsame Anlässe handelte, Trauer in der Familie, Unglücksfälle, bei welchen man in jenem Jahrhundert seinem Mitgefühl freien Lauf zu lassen pflegte.

Daß Friedrich derzeit gut gelaunt war, ergab sich aus der befriedigenden Wendung der militärischen und politischen Lage. Am 11. Juni 1742 wurde der Friede zu Breslau geschlossen, der Preußen den Besitz Schlesiens und der Grafschaft Glatz garantierte. Am 30. Juni zogen die Herolde durch Berlin, um mit Trompetenschall und Trommelschlag an allen Ecken der Stadt dieses Ereignis bekanntzumachen. Friedrich kehrte, geehrt und schon in jungen Jahren berühmt und gefeiert, zurück, kümmerte sich um seine Bauten und hoffte, noch zum Winter das neue Opernhaus einweihen zu können.

Am Hofe Elisabeth Christines gab es eine personelle Veränderung. Anstelle der Frau von Katsch trat die jetzt verwitwete Frau von Camas als Oberhofmeisterin ihren Dienst an. Sie wurde von Friedrich in den Grafenstand erhoben und erfreute sich lebenslang seiner ganz besonderen Achtung und Zuneigung. Fortan erhielt sie Briefe vom König, die mit »Meine liebe Mama Camas« begannen, oder »mein gutes Mütterchen!«.

Die Strapazen seines ersten Feldzuges hatten die Gesundheit Friedrichs recht angegriffen. Er nahm sich die Zeit, vom 26. August bis 7. September nach Aachen zur Kur zu fahren. Diese wenigen Tage sollten genügen, ihn zu regenerieren. Es war und blieb so, daß der König sich selbst stets zu wenig Muße gönnte. Zu sehr hatte ihn sein Amt gepackt, zu sehr fühlte er sich gebunden an seine Obliegenheiten. Ob es die Neuordnung der Universitäten, die gänzliche Neuformung der Akademie der Wissenschaften betraf oder die Zusammenstellung seines Balletts, seiner Operntruppe, seines Schauspielensembles – all diese Dinge ließen ihn ruhelos und ständig beschäftigt erscheinen. Als sein Freund Keyserling im November 1742 Hochzeit machte, steuerte er zu den Festlichkeiten eine Komödie bei: »Die Schule der Welt«.[225]

Sein ganzes Augenmerk war auf die Fertigstellung der Oper Unter den Linden gerichtet gewesen. Überhastet und eigentlich viel zu früh wurde für den 7. Dezember 1742 die erste Vorstellung angesetzt. Es war Grauns Oper »Cesare e Cleopatra«. Noch lange war man nicht fertig, außen gab es Gerüste und im Innern fehlte jegliche Vergoldung. Die Decke hatte man mit Segeltuch notdürftig drapiert und in den Logen standen anstelle von bequemen Polsterstühlen einfache hölzerne Bänke wie in einem Biergarten.[226]

Dieses Ereignis gab der Berliner Bevölkerung einen enormen Auftrieb. Erst ein Jahr später war der Bau wirklich vollendet. Aber welch einen Glanz verbreitete er schon in seinem jetzigen Stadium. Die Berliner mußten sich nicht länger als »hinter dem Mond« befindliche Provinzler vorkommen. Bisher kannten sie nur deutsche Schauspieltruppen von minderem Niveau. Das Aufziehen einer Menagerie bedeutete schon ein Ereignis. Diese Eröffnung der königlichen Oper Unter den Linden gab den Auftakt zu einer jahrhundertelangen Tradition, die viele Stürme und Zusammenbrüche überdauern sollte.

Im Jahr 1743 herrschte in den europäischen Staaten eine geradezu fieberhafte diplomatische Verhandlungstätigkeit, in die Friedrich, mochte er wollen oder nicht, zur Wahrung seiner Interessen hineingezogen wurde. Nur kurze Wochen dauerte ein Besuch Voltaires in Berlin, aber der König hatte sich eine stoische Reserve ihm gegenüber auferlegt, was politische Gespräche betraf. Friedrich wußte nur zu gut, das Voltaire sich auch als Kundschafter Frankreichs Lorbeeren verdienen wollte.

Der König ließ sich sein Mißtrauen nicht anmerken. Es war amüsant zu sehen, wie der Dichterfürst verliebt schien in die Prinzessin Ulrike, die mit Amalie zusammen die Blüte des Berliner Hofes präsentierte. Voltaire dichtete Ulrike an und mußte es sich gefallen lassen, Verse des Königs zu erhalten, in denen er quasi mit einem »Hund, der den Mond anbellt« verglichen wurde.

Doch bald waren die Tage der Dichterlesungen, Theateraufführungen, des endlosen Deklamierens und Zitierens Voltairescher Verse vorüber. Wenn Friedrich den Blick in die Runde seiner Nachbarländer schweifen ließ, so sah er dort nicht gerade Erfreuliches. Kaiser Karl VII. war aus Bayern vertrieben. Maria Theresia hatte sich, nachdem die Franzosen Bayern geräumt hatten, dort huldigen lassen. Sollte Bayern ihr Ersatz geben für Schlesien?

Fast sah es so aus. Am 27. Juni wurden die für den Kaiser kämpfenden Franzosen mit 60 000 Mann bei Dettingen von den Engländern geschlagen. Der König konnte seine Verbündeten bewegen, sich in der »Frankfurter Union« zusammenzuschließen. Man wollte eine Neutralitätsarmee aufstellen und somit ein Gegengewicht gegen Österreich und seine Bundesgenossen schaffen. Diese fühlten sich daraufhin bewogen, ebenfalls demonstrativ ein Bündnis zu schließen; im Wormser Vertrag fanden sich Österreich, Sachsen, England und Sardinien zusammen. Als Kernpunkt enthielt dieser Pakt die nochmalige Garantie der Pragmatischen Sanktion.

Der Wormser Vertrag erschien Friedrich als ernsthafte Bedrohung seines Besitzrechtes auf Schlesien. Außerdem sah er besorgt, welche militärischen Erfolge die Österreicher im Elsaß gegen die Franzosen hatten.

Friedrich erneuerte seine Bindung an Frankreich und Bayern. Noch während er anscheinend unbekümmert zur Kur nach Bad Pyrmont fuhr, stand sein Entschluß fest: er würde noch einmal zu den Waffen greifen müssen, um Schlesien endgültig für sich zu behaupten.

Das Frühjahr 1743 brachte ihm im Mai so angenehme Dinge wie die Erbschaft von Ostfriesland, das wegen seines Zuganges zum Meer vorübergehend seine Phantasie beschäftigte. Ferner traf die berühmte Tänzerin Barbara Campanini in Berlin ein, um die sich in der Folgezeit Legenden bilden sollten. Sie war eine ungewöhnlich schöne und begabte Frau, die nicht nur mit ihrer Tanzkunst die Menschen bezauberte, sondern die sich auch klug und gewinnend zu unterhalten verstand.

Friedrich hatte sie schon länger unter Vertrag, aber die Signorina kam und kam nicht fort von Venedig, wo ein junger Lord, so hieß es, sich um sie bemühe und sie an der Abreise hindere. Der König steckte sich durch seinen venezianischen Geschäftsträger hinter den Senat der Stadt und bewirkte, daß man der Tänzerin eine Eskorte stellte mit dem Befehl zur sofortigen Ausreise und Vertragserfüllung. Diese Geste muß wohl furchteinflößend gewirkt haben, denn »die Barberina«, wie sie allgemein genannt wurde, machte sich mit Sack und Pack und ohne den englischen Lord auf die Reise.

Im Mai 1743 korrespondierten Friedrich und August Wilhelm scherzhaft über die Ankunft der schönen Tänzerin und kamen mehrfach auf ihr »reizendes Gesicht« zurück. Sie begann rasch, die ersten Erfolge bei den Berlinern zu erringen und bald sagte man ihr eine Liaison mit Friedrich nach. Zweifellos war es aufsehenerregend, daß sich der sonst meist recht abweisende König ihr gegenüber so galant verhielt. Er gewöhnte sich sogar an, nach der Oper in ihrem Kabinett Tee zu trinken. Oftmals lud er sie zu kleinen Soupers ein, aber immer befand sich Gesellschaft dabei. Ob zwischen diesen beiden Berühmtheiten ihrer Zeit innigere Bindungen gewaltet haben als eben zwischen einem kunstinteressierten König und einer bildschönen und gefeierten Tänzerin, dafür gibt es keinen Beweis.

Die Barberina hatte einen sehr günstigen Vertrag. Allerdings wünschte der König nicht, daß sie sich verheirate. Dies hatte zur Folge, daß das lebhafte Temperament der Italienerin sich nach verschiedenen Seiten wandte. So waren nacheinander Algarotti, ein geistreicher Italiener, ferner der junge Cocceji, der Sohn des Justizministers, und ein Gardeoffizier von Stechow mit ihr im Gespräch. Einer versuchte, den anderen zu übertrumpfen. Es gab »Affronts«, Ehrenhändel, Theaterskandale und Skandälchen. Der Effekt war, daß Friedrich die Barberina im Jahre

1748 nach England ziehen ließ, aber es sah durchaus nicht nach einem »huldreichen Abschied der Favoritin« aus. Sie hatte Schulden gemacht, und man quartierte so lange einen Polizeioffizier bei ihr ein, bis alle Kaufleute befriedigt waren. Später, als ihre Heirat mit dem jungen Cocceji schon zur Rede stand, erhielt sie sogar den Befehl, sie »möge Preußen verlassen, wo sie doch nur Unheil stifte«. Cocceji wurde einer »unanständigen Passion« beschuldigt und die Tänzerin mit so wenig freundlichen Ausdrücken wie »verführerische Kreatur« belegt.

Trotz aller königlichen Vorsichtsmaßnahmen – Verwahrung des jungen Cocceji in Alt-Landsberg mit einem »lettre de cachet« – hielten sie zusammen. Die Barberina führte in Berlin sogar ein großes Haus, erwarb ein Gebäude mit ausdrücklicher Erlaubnis des Königs, und es hatte den Anschein, als würden der junge Cocceji und die Tänzerin wohl ein ewiges Liebespaar bleiben. Sie hatten allerdings den echten Mut, nach allem, was geschehen war, 1749 heimlich zu heiraten. Das blieb natürlich nicht lange verborgen. Zwei Jahre später gestand dann die Barberina reumütig alles bei Gelegenheit dem König. Sowohl sie als auch ihr Mann fanden unerwartete Milde bei ihm. Bald erfolgte Coccejis Versetzung als Oberpräsident nach Glogau. Der König hatte die ganze Sache mehr als eine Caprice einer hübschen Frau denn als ihm bewußt zugefügte Kränkung genommen und sich sehr gnädig seiner Primaballerina gegenüber gezeigt.

Die Barberina machte im Alter große Stiftungen und verwendete ihr Vermögen weitgehend zu wohltätigen Zwecken. Friedrichs Nachfolger, König Friedrich Wilhelm II., erhob sie in den neunziger Jahren in den Grafenstand. Die Gräfin von Campanini starb am 7. Juni 1799 auf ihrem Rittergut Barschau an einem Schlaganfall. Sie war neunundsiebzig Jahre alt geworden, und selbst auf einem Altersporträt kann man noch erkennen, eine wie schöne Frau sie einst gewesen. Pesne schuf etliche lebensvolle Darstellungen von ihr.[227]

Im August 1744 verklang für Friedrich die Musik des Tamburins der Barberina, dafür drang ihm die kriegerische Musik der Tambourmajors seiner Regimenter in die Ohren. Am 15. August marschierten die Preußen in Böhmen ein – der Zweite Schlesische Krieg hatte begonnen.

Vergessen waren die ersten Planskizzen von dem neuen Schloß auf dem Weinberg bei Potsdam, zu dem schon die Terrassenbauten ausgeführt worden waren. Jetzt hatte Friedrich die Karte der Umgebung Prags vor sich liegen, und während er die Höhenschraffierungen des Ziskaberges studierte und seine Berechnungen machte, gingen seine Gedanken ausschließlich dahin, wie er wohl die 12 000 Mann starke Besatzung der

Stadt aus dieser hinaustreiben könne. Die Belagerung der Stadt erfolgte massiv und mit soviel taktischem Geschick, daß sich die zahlreichen Verteidiger am 16. September 1744 ergaben. Der Weg nach Süden lag frei. Tabor, Budweis und Frauenberg wurden eingenommen, man näherte sich der österreichischen Grenze. Aber das Kriegsglück blieb der 80 000 Mann starken Armee der Preußen nicht besonders gewogen.

Das Land war Feindesland. Die Bauern hatten die Anweisung, ihre Hütten zu verlassen, das Getreide zu vergraben, Vieh und alles nur denkbar Eßbare mit sich zu nehmen. Wenn die Preußen furagieren wollten, so fanden sie nur öde und verlassene Plätze. Kein Bauer bot Lebensmittel an, nichts weit und breit außer den Rüben auf den Feldern, die dann auch als Behelfsnahrungsmittel neben den leicht mitzuführenden Erbsen und Bohnen überall verzehrt wurden. Die einseitige Kost hatte Krankheiten zur Folge. Kartoffelanbau gab es damals noch bei weitem nicht überall. Die nahrhafte Knolle setzte sich erst langsam in Europa durch. Die Soldaten der friderizianischen Armee lebten zu dieser Zeit noch vom frischgebackenen Brot ihrer Feldbäckereien. Fehlte der Nachschub, gab es kein Getreide, kein Mehl, so kam die ganze Versorgung ins Wanken.

Friedrich erkannte gerade im Herbst jenes Jahres 1744, wie wesentlich und bestimmend die Frage eines gut funktionierenden Lebensmittel-Versorgungswesens für die Armee war. Er hat darauf im besonderen Maße sein Augenmerk dem Furagierwesen zugewandt und in verschiedenen seiner Werke grundlegende Abhandlungen darüber geschrieben.

Für diesmal mußte es sich der König gefallen lassen, daß ihn Not und Mangel zwangen, all seine schönen Erfolge in und um Prag fahren zu lassen und sich zur schlesischen Grenze hin zurückzuziehen, die er am 4. Dezember erreichte. Seine Truppen waren krank, ausgehungert und infolgedessen nicht übermäßig gut bei Stimmung. Sie brauchten jetzt erst einmal gute Winterquartiere, und die fanden sich in Schlesien. Quartiere ja, aber Ruhe gab es nicht.

Die Österreicher entwickelten eine geradezu fieberhafte Tätigkeit; sie schickten ein Corps nach dem anderen in alle möglichen Teile Schlesiens, ließen ein Manifest verteilen, in dem die Königin von Ungarn bekanntgab, der Friede zu Breslau sei ihr »aufgedrungen« worden und somit ungültig.

Friedrich ergriff sofort Gegenmaßnahmen und erließ ein »Patent«, das die Schlesier beruhigen sollte, und in welchem der Breslauer Friede als zu Recht bestehend deklariert wurde. Überzeugender als alle Wortgefechte war jedoch die Tatsache, daß es den Preußen bald gelang, die

Österreicher wieder aus Schlesien hinauszudrängen. Am 25. Februar 1745 wurden in Berlin in den Kirchen Tedeums gesungen, man feierte die endgültige Befreiung Schlesiens. Niemand ließ sich damals träumen, wie oft man in der Zukunft Schlesiens wegen ein Tedeum singen würde. Es sollten noch Jahre vergehen, ehe aus dem »vorläufig« dann wirklich ein »endgültig« geworden war. Indessen – für das Jahr 1744 kam eine gewisse Ruhezeit. Die preußischen Truppen in ihren warmen Winterquartieren konnten dort ihre Krankheiten auskurieren. Lediglich einige Streifkorps ungarischer Husaren oder Panduren störten sie in ihrer Ruhe und erinnerten daran, daß der Krieg noch nicht vorüber war.[228]

Friedrich überließ jetzt die Führung der Armee seinen Generalen, er mußte sich abrupt der Politik zuwenden. Am 20. Januar 1745 starb sein Bundesgenosse, Kaiser Karl VII., in München. Mit dessen Sohn, dem jungen Kurfürsten Max Joseph von Bayern, schloß Maria Theresia augenblicklich den Frieden zu Füssen, garantierte ihm den Besitz Bayerns, wenn er seinerseits auf Böhmen verzichten würde. Somit konnten diese Meinungsverschiedenheiten als bereinigt angesehen werden. Was jetzt noch anstand, war ausschließlich das schlesische Problem. Das hatte Maria Theresia mit dem König von Preußen, »dem bösen Mann«, auszufechten.

Nicht erst im Siebenjährigen Krieg, schon damals, 1745, machte Friedrich eine spannungsgeladene Zeit durch und sah sich einer schier überwältigenden Koalition gegenüber. Sachsen schloß sich Österreich an, Rußland, das Friedrich als Verbündeten zu gewinnen gehofft hatte, neigte sehr dazu, ebenfalls auf österreichische Seite überzuwechseln. Frankreich, sein einziger Verbündeter, hatte sich ausschließlich darauf konzentriert, in Flandern zu kämpfen – es gab lange und vergebliche Verhandlungen in Petersburg und London. Friedrich sah einen Ausweg darin, einmal wieder alles diplomatische Gewirr mit einem einzigen Hieb zu durchschlagen, wie Alexander einst den Gordischen Knoten mit einem Streich geteilt hatte.

Hier ist es bei Hohenfriedberg am 4. Juni 1745 zu einer der glänzendsten und glücklichsten Waffentaten Friedrichs gekommen, in der die Kriegsliteratur ein Musterbeispiel für Friedrichs militärisches Genie sieht. Ein großes österreichisches Heer wurde entscheidend geschlagen, so daß Herzog Karl den Rückzug seiner Truppen befehlen mußte. Das ganze Land empfand, wie wichtig diese Schlacht war. »So weit man den Kanonendonner hörte, fielen die Evangelischen in allen Ortschaften auf die Knie, um den Sieg der protestantischen Sache von Gott zu erflehen.

In Breslau war unendlicher Jubel, als am späten Abend 16 blasende Postillone mit der Siegeskunde eintrafen und als man drei Tage darauf die eroberten 76 Fahnen hinbrachte.«

Nach einer weiteren Niederlage der Sachsen bei Kesselsdorf am 15. Dezember durch Leopold von Anhalt – der alte Dessauer hatte am Morgen der Schlacht gebetet: »Herrgott, hilf mich, und wenn Du das nicht willst, dann hilf wenigstens die Schurken, die Feinde nicht, sondern sieh zu, wie es kommt« – konnte Friedrich als Sieger in Dresden einziehen. Im Friedensschluß vom 25. Dezember 1745 wurde Sachsen glimpflich behandelt, es kam mit einer Million Taler Kriegsentschädigung davon, Maria Theresia bestätigte die Abtretung Schlesiens – die Aussicht auf ein Äquivalent in Bayern war geschwunden –, während Friedrich endgültig ihren Gemahl, den Erzherzog Franz, als Kaiser anerkannte . . . Als Friedrich aus dem zweiten Schlesischen Krieg heimkehrte, ist er von den Berlinern erstmalig in zahlreichen Huldigungen als »der Große« apostrophiert worden.[229]

Niemand konnte damals ahnen, daß auch dieser Friede zu Dresden nur eine Zwischenstation in dem Ringen um Schlesien sein würde. Wie oft sollte Friedrich noch die Bergketten im Süden Schlesiens vor Augen haben. Ihr Anblick wurde ihm so vertraut wie die Havel bei Potsdam. Nur war es ihm von 1756 bis 1763 nicht vergönnt, im Anblick der schlesischen Berge besonders gemächlich zu leben.

Aus dem Briefwechsel des Jahres 1745 sind einige Auszüge kennzeichnend für Friedrichs Erlebnisse. Er hatte die empfindlichsten Verluste in seiner Umgebung erlitten: Jordan und Keyserlingk waren gestorben. Er klagte sein Leid seinem »lieben Mütterchen«:

Der König an die Gräfin Camas

Lager bei Semonitz, 30. August 1745

Als ich Ihnen das letztemal schrieb, war meine Seele ruhig, und ich sah das Unglück, das über mich hereinbrechen sollte, nicht voraus. Ich habe binnen drei Monaten meine beiden treuesten Freunde verloren (Jordan 24. 5., Keyserlingk 13. 8.), Männer, die stets um mich waren und die mir durch ihre erquickende Gesellschaft, ihre Ehrenhaftigkeit und durch aufrichtige Freundschaft oft über Kummer und Krankheit hinweggeholfen haben.

Sie werden verstehen, wie schwer es für ein warm fühlendes Herz wie das meine ist, den tiefen Schmerz über diesen Verlust zu ersticken. Wenn ich nach Berlin zurückgekehrt bin, werde ich mich fast als Fremdling im eigenen Vaterland und sozusagen am heimischen Herd verein-

16 *Der Hof huldigt der neuen Königin*

17 *Friedrich II. in der Schlacht von Hohenfriedberg, 4. Juli 1745*

samt fühlen. Ich sage dies einer Frau, die Proben von Charakterstärke abgelegt hat, als sie Schlag auf Schlag viele geliebte Menschen verlor; aber ich gestehe, gnädige Frau, daß ich Ihr bewunderungswürdiges Beispiel noch nicht nachahmen kann. Ich setze meine Hoffnung allein auf die Zeit, die allem auf Erden ein Ende macht und die erst unseren Geist abstumpft, um schließlich uns selbst zu vernichten.
Ich freute mich so auf meine Rückkehr; jetzt fürchte ich Berlin, Charlottenburg und Potsdam, kurz alle Orte, die mir eine trübe Erinnerung an die Freunde sind, die ich für ewig verloren habe. Machen Sie sich in Berlin keine Sorgen. Treten nicht Rückschläge ein, die sich unmöglich vorhersehen lassen, so sehe ich keinen Schatten von Gefahr; und wenn das Schicksal nicht beschlossen hat, uns zu verderben, so weiß ich nicht, was zu fürchten wäre.[230]

Der König an Fredersdorf *Guben, 6ten Dec. (1745)*
Nuhn gehet es auf Meisen und der Portzelenfabrique los, wie Du es Sagest; und Kömet von beiden Seiten das ungelüke unsseren feinden auf den hals . . . ich Weiß nicht, wohr mihr Mein Stern Noch herumpromeniren wirdt, indessen Mache (ich), Was ich Kan, und lasse die Sachen gehen, in-So-weit ich Sie nicht Endren (ändern) Kan.[231]

Ende Dezember raffte sich Friedrich dazu auf, seiner einst so geliebten Wilhelmine, die jetzt in Ungnade war, ein paar Zeilen zu schreiben. Die Markgräfin von Bayreuth hatte es für ihre Pflicht gehalten, die zur Kaiserkrönung nach Frankfurt reisende Maria Theresia, als sie bayreuthisches Gebiet berührte, in Emskirchen zu begrüßen und ihr ein Mahl vorzusetzen. Das hatte man Wilhelmine in der ganzen Berliner Verwandtschaft übelgenommen.

Friedrich war nicht nur darüber verärgert, sondern auch noch über andere Vorfälle. Ein Erlanger Zeitungsschreiber namens Groß, ein Agent Maria Theresias, benahm sich aufsässig gegen den König von Preußen, und der Markgraf von Bayreuth behandelte ihn mit unerklärlicher Milde – all dies brachte Friedrich zur Weißglut, weil es kein einmaliger Ärger war, sondern sich die Beleidigungen gegen ihn ständig wiederholten.

Trauer und Sarkasmus mischten sich in seine Zeilen, als er am 31. Dezember 1745 schrieb, da Wilhelmine so Anteil nähme an allem, was die Königin von Ungarn beträfe, so habe er Veranlassung ihr mitzuteilen, daß er mit ihr Frieden geschlossen habe. Er hoffe, dies würde ihr um so angenehmer sein, als sich nun ihre Vorliebe für die Königin nicht mehr durch ein Überbleibsel der alten Liebe behindert finden würde, die Wilhelmine ihm vielleicht noch bewahrt habe. Gleichzeitig wünsche er ein glückliches neues Jahr . . .[232]

Wilhelmine erwiderte auf diesen Brief sehr gemessen mit einer sachlichen Richtigstellung. Sie war ihrerseits gekränkt, und es ist mit Sicherheit anzunehmen, daß ihr nicht einmal die geistreiche Formulierung des Billetts ein Lächeln abgenötigt hat. Wilhelmine hatte nicht viel Sinn für Humor.

Mitten im Zweiten Schlesischen Kriege erachtete Friedrich eine Maßnahme als äußerst wichtig für das Wohl des preußischen Staates: er ernannte seinen Bruder, den Prinzen August Wilhelm, ausdrücklich zum Thronfolger und verlieh ihm den Titel »der Prinz von Preußen«. Da Friedrichs Ehe kinderlos blieb und er selbst sich im Kriege ständig irgendwelchen Gefahren ausgesetzt sah, hielt er diese Regelung für unabdingbar notwendig. Prinz August Wilhelm wurde der Stammvater der heutigen Hohenzollern. Er selbst hat nie den Thron bestiegen, obwohl er zehn Jahre jünger war als Friedrich.

Eine kurze, schwere und nicht klar erkannte Krankheit ließ ihn innerhalb weniger Wochen unvermutet sterben. Er war noch nicht sechsunddreißig Jahre alt. Friedrichs Nachfolger wurde August Wilhelms Sohn Friedrich Wilhelm II., jener »lange Neffe«, dem der König die Wachskerzen zuteilte und den er nicht ausstehen konnte. Erst als der junge Mann älter und gewandter wurde, rang sich der gestrenge Onkel hin und wieder anerkennende Worte über ihn ab.

Friedrich beklagte im Januar 1746 den Tod seines alten treuen Lehrers Duhan, der ihm in den schweren Jahren seiner Jugend so unermüdlich und tapfer beigestanden hatte. Duhan war es gewesen, der ihm die ersten Bücher aussuchte, die erste heimliche Bibliothek kaufte und auf sein Wirken und Lehren ist die geistige Ausrichtung Friedrichs weitgehend zurückzuführen. Des Königs frühe Kinderjahre hatte sanft und liebevoll Madame de Roucoulle dirigiert, das Erwachen seines Geistes überwachte Duhan de Jandun, seine Umgangssprache war Französisch, als sein prominentester Freund galt Voltaire – wer wollte es dem König verdenken, daß er bei so einseitiger Erziehung mehr der französischen Lebensart zuneigte als der deutschen?

Der April 1746 brachte den ersten langen, klärenden und einlenkenden Brief Friedrichs an Wilhelmine, in welchem er noch einmal alle Vorgänge zusammenfaßte, die zu der Entfremdung zwischen den Geschwistern geführt hatten. Danach besserte sich das Verhältnis zur Schwester wieder, und bald war der böse Streit vergessen, der aus so mancherlei Ursachen entstanden war.

Der Briefwechsel mit den übrigen Geschwistern hat niemals so schwere Konflikte aufgezeigt. Eine Ausnahme sind die Briefe Friedrichs an August Wilhelm während des Feldzuges in der Lausitz 1757, als Gabel verlorengegangen war. Vorläufig korrespondierten die Brüder jedoch sehr liebevoll, ja geradezu heiter:

August Wilhelm an Friedrich *Berlin, 16. Juni 1746*
Sie haben mich beauftragt, liebster Bruder, festzustellen, ob die Königinmutter wünscht, daß die regierende Königin an dem Ausflug nach Charlottenburg teilnimmt. Ich habe mein Möglichstes getan, ihre Absichten zu ergründen. Sie hat mir gezeigt, daß die Anwesenheit der Königin ihr in keiner Weise lästig sein würde. Die Königinmutter freut sich unsäglich auf den Ausflug; denn sie ist sehr empfänglich für die Freundschaftsbeweise, mit denen Sie sie bei jeder Gelegenheit überhäufen.[233]

Friedrich an August Wilhelm *17. Juni 1746*
Lieber Bruder,
Wenn mein zimperlicher Griesgram an dem Ausflug nach Charlottenburg teilnimmt, so wird sie, fürchte ich, das ganze Fest stören. Außerdem weiß ich nicht, wo ich sie unterbringen soll. Wir wollen sie zu Besuch kommen lassen; das ist wohl das sicherste Mittel, sie nur dann dazuhaben, wenn man will. Fragen Sie die Königinmutter bitte, ob sie Ihre Frau haben will; sie fände in Ihren Gemächern Platz; vielleicht macht die Charlottenburger Luft sie fruchtbar. Wohin soll man übrigens mit dem Schwarm von Kammerzofen, Hofdamen usw., wenn meine zärtliche Ehehälfte in Charlottenburg wohnt? Wie soll man diese stets unzufriedene Spezies des weiblichen Geschlechtes füttern und wie das ganze Pack, das im Dienst der verschiedenen Höfe steht, unter einen Hut bringen? Wir wollen unsere Mutter unterhalten durch einen Ausflug aufs Land und ländliche Vergnügungen. Bleiben wir bei diesem Vorsatz und mengen wir nicht Nesseln und Gestrüpp zwischen Jasmin und Rosen.[234]

So war also die sanfte Königin ein »zimperlicher Griesgram«! Man überlegt sich, was es nur in Wirklichkeit gewesen sein kann, das den König bewog, sie so wenig zu beachten und so sehr zu vernachlässigen. Dagegen ist es bewunderungswürdig von Elisabeth Christine, wie sie es die ganzen Jahre ertragen hat und noch dazu immer auf seiten des Königs stand. Selbst dann, als Friedrich im Siebenjährigen Krieg viele Gegner und Nörgler fand, die ihn kritisierten.

Mit August Wilhelm dagegen tauschte der König weiter amüsante Feststellungen aus. Im Juli war er zum erstenmal nach Oranienburg eingeladen, wo es ein großes Fest mit Illumination und indirekter Beleuchtung des Parks gegeben hatte, das Friedrich in einem Gedicht würdigte. Bald darauf schrieb er aus Potsdam:

Friedrich an August Wilhelm *Potsdam, 15. Juli 1746*

. . . Heute habe ich in Ruppin und Nauen und an all den Orten Station gemacht, wo ich an die glücklichen Jugendtorheiten erinnert wurde. Als ich wieder durch diese Schauplätze meiner lärmenden Freuden kam, hörte ich die alten Bürgersleute sich ins Ohr flüstern: »Gewiß ist unser guter König der größte Narr in seinen Staaten. Wir kennen ihn und wissen, was er taugt; unsere Fensterscheiben noch mehr. Gottlob haben wir jetzt endlich ganze Fenster, seit dieser Narr sich aufgemacht hat, um der Königin von Ungarn die Fenster einzuwerfen.« Sie können sich denken, wie meine Eigenliebe durch diese schöne Lobrede gedemütigt worden ist. Aber ich habe es gemacht wie die Pudel: ich habe mich geschüttelt und bin fortgelaufen. Ein Prophet, habe ich zu mir gesagt, gilt nirgends weniger denn in seinem Vaterlande. Darum hüten die Katholiken sich auch wohl, die Heiligen zu kanonisieren, bevor die Gefährten ihrer Streiche, ihre Geliebten, Pagen und Ärzte tot und begraben sind . . .[235]

Der König an den Oberforstmeister Mayer

Potsdam, 13. November 1746

Lieber, Getreuer,
Ihr habet mir durch die Überschickung der 6 Haselhühner und 1 Auerhahn ein plaisir gemacht, so Mir zum gnädigsten Gefallen gereichet.[236]

Friedrich an August Wilhelm *Potsdam, 14. November 1746*

Liebster Bruder!
Ich fürchte sehr, Sie werden Zeit genug haben, sich mit mir zu langweilen, wenn ich wieder nach Berlin komme, und somit beschränkt sich das, was Sie mir schreiben, auf stilistische Artigkeiten. Mein Lebensalter (34) paßt kaum mehr zu Ihrem (24); die Freuden, die Ihrer harren, verlassen mich, und der Frohsinn, der liebenswürdige Gefährte der Jugend, ist mir nicht mehr so zu eigen wie Ihnen. Sie denken: »Mein Bruder ist trocken, langweilig und boshaft«, aber Sie werden es aus Höflichkeit nicht zeigen. Sie sagen sich: »Bei Tafel macht er eine Miene, als ob er über Staatsverträge verhandelte, und er scherzt im Stil eines Geldmannes. Er liebt wie ein Unteroffizier, und bei Tisch redet er wie ein Prediger.« Auf das alles bin ich gefaßt; denn sicherlich werden Sie schließen: »Und doch liebt er mich sehr.« Daran bitte ich Sie nicht zu zweifeln.

August Wilhelm an Friedrich *Berlin, 16. November 1746*
Trotz Ihres Einflusses auf mich und Ihrer Überredungskunst, liebster Bruder, werden Sie mich nicht dahin bringen, das zu glauben, was Sie über sich schrieben. Zeigen Sie doch bei jeder Gelegenheit, daß Sie über dem großen Haufen stehen. Sie setzen sich selbst herab, wenn Sie eine solche Schilderung von sich entwerfen. Es täte mir leid, wenn Sie glaubten, ich ließe den geringsten Zug dieser Selbstbeschreibung gelten . . .[237]

Der König an den Obristlieutenant von Diericke
Berlin, den 29. Dezember 1746
Ich habe einige Recruten vor das Pionierregiment hierdurch passiren gesehen, darunter miserables Krop gewesen. Ihr sollet also denen Capitains verweisen, daß sie solch schlecht Zeug zum Regiment bringen wollen, weswegen ich will, daß Ihr Alles, was unter 3 Zoll ist vom Regiment wegschaffen sollet, denn kein Kerl unter 3 Zoll bei demselbigen sein muß.[238]

Mit der Gesundheit des Königs stand es um diese Zeit nicht gut. Am 13. Februar 1747 traf ihn ein Schlaganfall, ein Ereignis, das niemand erwartet hatte, denn der König war ja erst fünfunddreißig Jahre alt. Friedrich, der sich nicht schonte, erholte sich von dieser Attacke, die die Ärzte Hemiplegie nannten, nur langsam und schwer. Aber er muß gewußt haben, wie ernst die Sache ausgesehen hatte, denn er meinte in einem Brief, für diesmal glaube er sich dem Reiche Plutos entronnen, aber er sei schon auf der letzten Station vor dem Styx gewesen und habe den Cerberus bellen hören.[239]

Noch vom 9. März 1747 existiert eine genaue Schilderung seines Krankheitszustandes, wobei er auf kleinste Einzelheiten eingeht. Vor Fredersdorf hatte er keine Geheimnisse, und die beiden Herren tauschten ihre biologischen Befunde in einer Weise aus, daß jeder Arzt nicht nur erstaunlich gut informiert worden, sondern darüber hinaus aus dem Schmunzeln nicht herausgekommen wäre: Der Arm tat weh, die Milz war geschwollen, die Nieren wollten nicht so recht, die linke Seite schmerzte derart, daß er sich übergeben mußte. Die Ausscheidungen wurden genau beobachtet, es fehlte nichts an klinischen Details. An Wilhelmine ging allerdings nur der philosophische Extrakt dieser üblen Erfahrungen:

Friedrich an Wilhelmine *März 1747*
Glauben Sie mir, die Gesundheit ist das köstlichste Gut, das wir in dieser

Welt besitzen. Es liegt ein unendlicher Abstand zwischen dem kranken und gesunden Menschen, das habe ich an mir selbst auf das Schmerzlichste erfahren. Man denkt schwach, man arbeitet schlecht und alles das noch in viel höherem Grade, sobald auch nur der kleinste Teil unserer inneren Maschine in Unordnung gerät, irgendein kleines Ventil den Dienst versagt. In der Tat, »nous sommes bien peu de choses« (wir sind wirklich nur eine Kleinwinzigkeit); unser Leben hängt an einem Haare; und doch, wenn man uns hört, sollte man meinen, die Natur hätte uns mit Körpern von Erz versehen. Wir leisten eben, was wir leisten können mit diesem unseren gebrechlichen Mechanismus, und während unsere Phantasie über die Erde hineilt und raschen Fluges der fernsten Zukunft zustrebt, ja ganze Jahrhunderte umfaßt, schleppt sich der Körper mühsam seinem Ziele – der Auflösung zu.[240]

Der König an Fredersdorf *23. 3. 1747*
Wohr mein fieber lenger ausbleibt, So bin ich gewisse den Sonnabent in berlin, es ist hier ein gehuste in das Schlos, als wann 1000 Mertz-Schafe (Märzschafe) weren hereingetrieben worden. gott bewahre dihr!

Fch.[241]

Der König an Fredersdorf *8. April 1747*
(Kabinettsrat) Eichel schiket Dihr den Brif zurüke, schaffe mihr 2 creütter ordre Merite (zei Kreuze vom Orden »Pour le Mérite«) und Schike sie mihr; der alte Dessauer ist verreket. nim Dihr wohl in acht, gott bewahre dihr!

Fch.[242]

Der König an Fredersdorf *10. April 1747*
Mache doch, daß Elert und Liberquin (die Ärzte Eller und Lieberkühn) zum Holsteiner (Herzog von Holstein) gehen, und daß man ihm zu helfen Suche. ich bin besser, als wie ich in berlin wahr, lasse doch mein bette und Nachtstuhl vohr den Weinberg (Sanssouci) machen und Sorge doch auch vohr die anderen betten vohr die apartemens, Sowohl Herren, als Domestiquen. gott bewahre!

Fch.[243]

Friedrich hatte ungeachtet der Meinungsverschiedenheiten mit seinem Baumeister Knobelsdorff den Fortgang der Arbeiten an seinem neuen Schloß eifrig betrieben. Dabei setzte er seine Meinung strikt durch, gegen das bessere Wissen und die Einsicht des Fachmannes. Einzelheiten über die Anfänge von Sanssouci sind durch den Schriftsteller Eberhard Cyran zusammengefaßt worden:

Nach Fertigstellung des Ostflügels wurde das sonst noch recht unvollkommene Haus über den kahlen Terrassen an einem leuchtenden 1. Mai (1747) eingeweiht. Andern Tags berichtete darüber die »Spenersche Zeitung«:

»Gestern haben Seine Majestät, der König, dero bey Potsdam gantz neu erbautes, ungemein prächtiges Sommer Palais, Sans Souci, bezogen, und allda des Mittags zu einer Tafel von 200 Couverts gespeiset, worauf gegen Abend von der Königlichen Kapelle ein Concert ist gehalten worden.«

Der Krieg war vergessen. Reicher und schöner schien das Leben, wuchs das Land.

Schloß Ohnesorge strahlte im frischen ungetrübten Glanz seines jungen, ruhmreichen Königs. Was an Zweifeln und Fragen blieb, störte den Eigenwilligen nicht.

Es war ihm gleichgültig, daß an der nördlichen Auffahrt und der Kolonnade noch gearbeitet wurde, wo die Aufschüttung des halbkreisförmigen Plateaus besondere Erdbewegungen nötig machte; daß die Kabinette und Säle längst nicht vollendet oder gar wohnlich waren. Vor allem die Wahl des Ortes rief immer wieder verständnisloses Kopfschütteln hervor.

Die ewig knarrende Windmühle, kaum hundert Schritt im Westen, die als erstes fertiggestellte Gruft, von der man sich zuraunte, die öden Hänge und Hügel nach Norden und sonst ringsum nichts als verwildertes, uraltes Jagdgebiet, wahrste Wüstenei, vom toten Marly ganz zu schweigen – das war ein Gegensatz, der von dem Reichtum des zierlichen Baues nur noch unterstrichen wurde.

Zu all den höflichen Fragen und zweifelnden Blicken seiner Umgebung lächelte der König nur . . . .

Der weitere Ausbau des winzigen Schlößchens in der Öde erfolgte in höchster Vollendung und Sorgfalt. Die äußeren Ähnlichkeiten mit Dresden oder dem Palais Bourbon oder Petit Trianon sind unwesentlich, zu fern, als daß sie das einmalig Persönliche hier schmälerten. Ähnlichkeit lebt vielleicht überhaupt nur im Gedanken dieser zeitgemäßen »maisons de plaisance«, deren große Pracht hier strenger, beseelter, gebändigter ist . . .

Wie das Äußere, zeigt auch die Innenausstattung des Schlosses bewußte Stil-Gegensätze und Stil-Elemente: die marmorne, klassische Kühle des Vestibüls und des Kuppelsaales – und in den eigentlichen Wohnräumen die aus der Idee des königlichen Weinberghauses lebende Fröhlichkeit und Musikalität des deutschen Rokokos.

Die schmale Galerie an der Nordseite, deren Fenster auf den Hof mit der Säulenkolonnade gehen, wurde erst zum Ende des ersten Sommers (1747) fertig. Der Marmorsaal benötigte wegen seiner konstruktiven Schwierigkeiten ein gutes Jahr länger.

Von dem Bibliothek und Schlafzimmer verbindenden Gang führte eine Tür zur Galerie, die in bewußter Komposition Friedrichs Lieblingsbildwerke und -gemälde aufnahm. Bei der Gestaltung dieses Raumes wirkten neben dem älteren Hoppenhaupt noch andere Künstler mit. So schuf Kambly die aufeinander abgestimmten Rahmen der Bilder. Die berühmtesten davon, das »Blindekuh-Spiel« und die »Abreise nach Cythère«, der Liebesinsel, oft dem Watteau zugeschrieben, stammten von Lancret. Watteau selbst, des Königs Lieblingsmaler, war mit seinem »Brautzug«, einer »Bauernhochzeit« und einer »Récréation italienne« vertreten.

Die – heute verschwundenen – gleichmäßigen, zierlich geschnitzten und vergoldeten Sofas, eingeordnet in den Gesamtentwurf der Bilderwand, waren mit pfirsichblütfarbenem Damast bezogen. Zwischen ihnen erhoben sich in ihren Nischen weiße Marmorbilder des Apollo, des Dionys und des Pan – antike Originale von großem Wert, die später durch weniger kostbare, stark ergänzte Antiken ersetzt wurden. Die gegenüberliegenden Fensterpfeiler schmückten Meißener Porzellane; Kamin und Kronleuchter waren französische Arbeiten. Längs der Galerie zieht sich die Reihe der königlichen Kabinette hin.

Zuerst, von der Bibliothek durch einen geräumigen Alkoven getrennt, das ursprünglich auch von Nahl entworfene Schlaf- und Arbeitszimmer, dessen Wände und Decke mit meergrünem Atlas bespannt waren. Zarte Goldschnitzereien und umrankte Spiegel gaben diesem Raum, der heute nicht mehr besteht, seinen Charakter.

Der Bezirk des königlichen Lagers wurde durch eine schwere Balustrade von vergoldeter Bronze abgetrennt, die schwebende Putten schmückten. Das Lager selbst aber fiel aus dem Rahmen: es bestand aus einem gewöhnlichen, gurtengetragenen eisernen Feldbett.

Galt es ein bewußtes Memento, Verpflichtung zu soldatischer Lebensführung – gerade im privatesten Bezirk der nächtlichen Ruhe? War es Gewöhnung vom väterlichen Hof her? Oder vom schnell dem eigenen Regierungsantritt folgenden Krieg, der den König ahnungsvoll auch in seinen Sanssouci-Tagen immer begleitete?

Einen ungefähren Eindruck der Ornamentik dieses Raumes vermittelt ein Stich von Bock: Der Tod Friederichs des Großen. Später fand man glücklicherweise bei einer Restauration auf der alten Holzverklei-

dung der Wand gegenüber dem Fenster noch von Staub und Sonne gezeichnete Umrisse der ehemaligen, über den Seidentapeten angebrachten Goldschnitzereien, die den auf dem Stich angedeuteten entsprachen. Auch hier zeigte sich Friedrichs Vorliebe für die Wiederholung gewisser Motive: sie kehrten wieder aus dem zarten Gitterwerk der Goldenen Galerie in Charlottenburg und dem Schlafzimmer im Stadtschloß, dessen Maße der König hier übertragen ließ.

Auf dem Kamin stand eine Marmorbüste des Kaisers Marc Aurel, den Friedrich verehrte. Den Sessel, in dem der König starb, mit apfelgrünem Samt überzogen, verschenkte sein Nachfolger – wie alles, was von des Königs Eigentum verblieb. Später fand sich ein ähnlicher Stuhl im Nachlaß eines Prinzen; man nahm an, daß es der echte sein könnte, und stellte ihn im umgebauten Schlafzimmer wieder auf. Friederichs kostbarer Schreibtisch, einst von seinem Freunde, dem Grafen Rothenburg in Paris erworben, ist längst verloren. Eine Zeitlang ersetzte man ihn durch eine Kopie aus dem Breslauer Schloß.

Das nach dem Schlafzimmer folgende Speisezimmer pflegte der König zu benutzen, wenn es im großen Marmorsaaal zu kühl wurde. Auch empfing er hier am Morgen seine Adjutanten oder Beamte zum Bericht. Die vergoldeten Reliefs über den Türen – wieder von Glume – sind die edelsten deutschen Bildhauerarbeiten im Schloß und von hohem Wert. Der in italienischem Marmor gearbeitete Kamin stammt von demselben Künstler.

Die Decke zeigt ein Gemälde von Pesne: Flora und Zephyr; an den Wänden befand sich eine kostbare Bildersammlung mit dem berühmten »Konzert« von Watteau, daneben Stücke des Pater und anderer Franzosen.

Das Musikzimmer schwelgt wieder mit prunkvoll getäfelten Wänden und eingelassenen Gemälden von Pesne, Spiegeln und hauchzarten Goldgeranke. Hundert Jahre nach seinem Entstehen nahm es Menzel als Schauplatz seines hier hineingedichteten »Flötenkonzert«-Bildes:

Friedrich bläst sein Lieblingsinstrument, am Spinett Philipp Emanuel Bach, auf dem Sofa unter dem Spiegel Friedrichs Lieblingsschwester, die Markgräfin von Bayreuth, seitlich die sinnende Amalie. Gedenkt sie ihres Trencks, den die Haßliebe des rätselhaften Königs in Ketten und Kerkern jahrelang schmachten ließ? Über allem Kerzengeflimmer . . .

In zarten Farben blühen fünf Wandbilder von Pesne. Eines von ihnen zeigt die Beseelung der Pygmalion-Statue, zu der die Barbarina Modell stand. Zwischen den Fenstern ließ der alternde König eine Büste Josefs des Zweiten aufstellen, zu der er bemerkte:

»Das ist ein junger Mann, den ich im Auge behalten muß. Er hat Kopf und kann es zu etwas bringen. Nur schade, daß er immer den zweiten Schritt vor dem ersten tut . . .«

Das Vestibül ist der eigentliche Empfangsraum des Schlosses – seine korinthischen Marmorsäulen nehmen das Motiv der Nordfassade wieder auf. Auch bildeten sie das Vorbild für den neuen Apollosaal der jetzt wiederaufgebauten Staatsoper Unter den Linden. Über den hohen Türen wiederholen goldne Reliefs mit bacchantischen Szenen die Weinbergstimmung, das Deckengemälde von Joh. Harper zeigt ein Lieblingsmotiv des Königs: »Flora mit ihren Genien«. Zwischen den Säulen rechts und links erhoben sich zwei kostbare Marmorstatuen: Mars und Merkur des berühmten Franzosen L. S. Adam.

Höhepunkt und Zentrum des Schlosses aber ist der ovale Marmorsaal, dessen kassettierte Kuppel, weiß und schlank mit goldenem Kapitell, Knobelsdorffs Marmorsäulen tragen.

Auch dieser Raum wurde unsterblich durch Menzels »Tafelrunde«: Voltaire beugt sich scherzend zum König, der Major Stille, Lordmarschall Keith, Algarotti, der Marquis d'Argens und de la Mettrie hören zu, unter ihnen der Adjutant Graf Rothenburg. Im Hintergrunde Lakaien und der Leibhusar des Königs, draußen sich tummelnd die unvermeidlichen Windspiele . . .

Apollo und Venus Urania stehen weißmarmorn in ihren Nischen, die klassische Schönheit betonend, deren Vorbild hier wie bei der später gestifteten Hedwigskirche in Berlin das Panthéon zu Rom war.

Das einzige, was die strenge Hoheit des Raumes zum Rokoko hin durchbricht, sind die zarten Gold-Arabesken auf den Türen und die verspielten Putten und Allegorien des Marmorsimses über den Säulen. Französische Bergkristall-Lüster mit silbernen Gestellen funkeln unter der goldkassettierten Decke, die wie bei dem römischen Original durch eine Mittelöffnung das Tageslicht hereinläßt.

Die Fertigstellung dieses Saales zog sich fast über zwei Jahre hin. Die zur See aus Italien kommenden Marmorblöcke für die mächtigen Säulen erwiesen sich beim Weitertransport auf Elbkähnen als zu schwer. So barbeitete man sie zuerst in Hamburg im Groben vor, ehe sie später an Ort und Stelle den feinen charakteristischen Schwung, die Kannelierung und Politur erhielten. Die Kapitelle in vergoldeter Bronze schuf wieder Melchior Kambly, der auch die mit karminrotem Damast bezogenen Sessel entwarf. Der kunstvoll eingelegte Marmorboden wurde von einem französischen Gardegrenadier nach Schablonen des jüngeren Hoppenhaupt ausgeführt.

Festlich, großartig erhebt sich dieser Saal: strahlender Mittelpunkt des jungen Staates, wo bei der königlichen Tafelrunde nach Voltaires Bericht »soviel Witz vergossen wurde wie an keinem Orte sonst in Deutschland« . . .

Durchschritt man, von hier ausgehend, die Flucht der Zimmer, so bezauberte nicht nur die geistvolle Dekoration, sondern auch die Harmonie der Farben in Stoffen und Tapeten: blaßlila das Vorzimmer, weinrot der Konzertsaal, zartgrün das Schlaf- und Arbeitszimmer.

Nach der Westseite hin folgten die Gästezimmer: mattblau, blauweiß, rot-weiß und gelb. Jedes besaß einen Alkoveneinbau und daneben ein Diener- oder Ankleidekabinett. An den Wänden Gemälde der französischen Schule, aber auch von Knobelsdorff, Canaletto und dem italienischen Operndekorateur des Königs, Bellavita.

Märchenzauber erfüllt wieder das vorletzte Zimmer im Westen, das der jüngere Hoppenhaupt später in Erinnerung an Voltaire mit zarten Anspielungen auf das Wesen des angebeteten Gastes versah: Vögel, Eichhörnchen, Affen und Papageien in plastisch-buntem Blumengezweig auf pastellgelbem Schleiflack. Der Lüster inmitten der umrankten, gewölbten Decke ein Bukett porzellanener Blüten; auch den Kamin zierten Werke der jungen Manufaktur. Tapetentüren, unsichtbar im Getäfel verborgen, schließen den Raum und öffnen ihn nur zum Blick durch die hohen Fenstertüren auf die südliche Terrasse, zu deren Füßen sich die ferne Havellandschaft und die Insel-Residenz breitete.

Abschluß des Westflügels, entsprechend der Bibliothek im Osten, doch mit den Gästezimmern nicht direkt verbunden, ist das kreisrunde Kabinett, das bis zu seinem frühen Tode der Graf Rothenburg bewohnte. Dieser, einst französischer Offizier, dann französischer Gesandter, Adjutant und engster Freund des Königs, besaß alle Vorzüge, die Friedrich liebte: Schönheit, Bildung, Takt und vor allem jene geistige Brillanz, die seiner Tafelrunde in diesen Jahren das Gepräge gab . . .[244]

Beim Volke vermerkte man wieder bewundernd die üppig vergoldeten Kübel der Orangen- und Lorbeerbäume sowie die siebzehn »mit Spiegelglas verschlossenen« Fenstertüren nach der Terrasse hin.

Auf dem Gesims über dem geschwungenen Mittelbau aber leuchtete golden der Name

Sans, souci

Über das geheimnisvolle Komma ist viel gestritten worden. Eine Auslegung geht dahin, dieses Zeichen entspreche hier dem französischen comme – à, so daß der Sinn dann soviel bedeute wie: Ohne – wie auch mit – Sorge . . .[245]

Wer glaubte, zur Einweihung würde die regierende Königin Elisabeth Christine nach Sanssouci eingeladen werden, der sah sich in seinen Erwartungen getäuscht. Alte und neue Freunde des Königs kamen in Mengen, aber seine »zärtliche Ehehälfte«, sein »zimperlicher Griesgram« fehlte dabei. Es sollten lange Jahre vergehen, ehe Elisabeth die Potsdamer Residenzen ihres Mannes überhaupt zu sehen bekam. Nahezu am Ende des Siebenjährigen Krieges, als ihre Mutter, die Herzogin Antoinette Amalie von Braunschweig-Bevern, einmal Berlin besuchte, da ergab sich eine Gelegenheit. Der König war im Felde, und die Herzoginmutter wünschte mit ihren beiden Töchtern, der Königin und Luise Amalie, der Frau August Wilhelms, die Schlösser des Königs in Potsdam zu sehen. Es ist überliefert, daß sich damals die Bevölkerung über die Sensation, einmal in ihrem Leben die regierende Königin zu Gesicht zu bekommen, aufrichtig gefreut hat. Elisabeth besuchte das Potsdamer Stadtschloß, besichtigte Sanssouci und ist viel in den Gärten von Sanssouci spazierengegangen.

In gewisser Hinsicht befand sich die Königin in der Rolle einer gehorsamen Marionette, die artig nickte und die Hand zum Kusse reichte, wenn die fremden Gesandten ihr ihre Aufwartung machten, die Cercle hielt, die Abendtafeln gab. Aber der Haushalt war so schmal dotiert, daß es bei einigen Schaugerichten blieb und nur wenige zum Verzehr bestimmte Schüsseln herumgereicht wurden. Die Anwesenden bekamen am Tisch der Königin so wenig zu essen, daß sie sich angewöhnten, entweder vorher oder nachher nochmals zu speisen. Friedrich dagegen legte sich in dieser Hinsicht keine Beschränkung auf, seine Küche und seine Köche waren berühmt. Joyard und Noël waren die französischen Künstler im Küchenreich, Joyard hatte schon in Rheinsberg gewaltet, beide blieben jahrelang in seinen Diensten. Aber es gab noch achtundzwanzig andere Küchenmeister, jeder war für bestimmte Gerichte zuständig. Auch von einer »baierschen Köchin« war im Fredersdorf-Briefwechsel einmal die Rede, also scheint der König von Preußen einen gewissen Gefallen an Geselchtem und Knödeln gefunden zu haben. Italiener bereiteten seine italienischen Lieblingsspeisen zu, besonders eine Art Polenta, mit Parmesan überbacken. Diese Leidenschaft für überbackene Käsegerichte teilte er mit seiner Schwester Prinzessin Amalie.

Zugleich mit der Fertigstellung des Gebäudes in Sanssouci begann man mit der Anlage der Gärten. Baumeister Knobelsdorff hatte sich ein besonders liebenswürdiges Bauwerk ausgedacht, das sogenannte »Knobelsdorff-Portal«, das in seinem Halbkreis von roten schlesischen Marmorsäulen ein Bild von bezaubernder Anmut war. Man brach diese in späteren Zeiten als »sinnlose Spielerei« gebrandmarkte Arbeit nach Jahren ab. Auch die Orangerie wurde in Angriff genommen, nachher taufte man das Gebäude um in »Neue Kammern«. Eine Lieblingsidee des Königs, am Fuße seiner Terrassen eine große Fontäne sprudeln zu sehen, ging niemals in Erfüllung. Er gab Unsummen an Wasserbaumeister aus, echte, die nichts zustande brachten, und Scharlatane, die eine Weile auf des Königs Kosten gut lebten, und gleichfalls nichts erreichten. Erst 1842 – ein Menschenalter nach des Königs Tod – kamen die Wasserkünste von Sanssouci in Gang.

Kurz nach der Einweihung von Sanssouci hatte ein illustrer Besucher sich angesagt: Carl Philipp Emanuels Vater, der »alte Bach«. Johann Sebastian mit seinem Sohne war unterwegs nach Potsdam.

Nach einer Notiz der Spenerschen Zeitung Nr. 56 vom Jahre 1747 wurde Bach bereits am Tage seiner Ankunft in Potsdam, am 7. Mai, von König Friedrich dem Zweiten zum Hofkonzert befohlen. Nach Ph. E. Bach und I. F. Agricola und der von ihnen verfaßten und in der »Musikalischen Bibliothek« von L. Mizler 1754 veröffentlichten ersten Bach-Biographie hat der Meister bei dieser Gelegenheit auf Verlangen des Königs über ein von diesem gegebenes Thema zwei Fugen improvisiert, die zweite mit »sechs obligaten Stimmen«, die dann in Bachs Niederschrift des Musikalischen Opfers als drei- und sechsstimmige Ricercare Grundstein und Ausgangspunkt für das gesamte Werk werden sollten. . . . In der Widmung der 1747 gestochenen und dem König in zwei Teilen übersandten Komposition schreibt Bach bescheiden, er habe gelegentlich der Potsdamer Improvisation gar bald bemerkt, »daß wegen Mangels nöthiger Vorbereitung die Ausführung nicht also gerathen wollte, als es ein so vortreffliches Thema erfordere. Ich fassete demnach den Entschluß und machte mich sogar anheischig, dieses recht königliche Thema vollkommener auszuarbeiten, und sodann der Welt bekannt zu machen.«[246]

Das »Musikalische Opfer« geht also auf ein Thema zurück, das Friedrich der Große einst Meister Johann Sebastian auf dem Flügel vorspielte. Ein ungeschultes Ohr, an Trivialmusik gewöhnt, hört es heute mit mehr Achtung und Andacht als mit Genuß. Kenner und Liebhaber alter Musik sind jedoch entzückt über Architektonik und Stimmführung in diesem Werk von großer kompositorischer Kunstfertigkeit.

Noch ein andermal hat Friedrich, zunächst absichtslos, befruchtend auf ein musikalisches Ereignis gewirkt. Es handelt sich um jene mitreißende, heute noch gespielte Melodie, die alle Spanier mitreißt: die Marcha real, spanische Nationalhymne seit 1869. Dies trug sich so zu:

Bald nach Beendigung des Siebenjährigen Krieges übergab der König dem spanischen Gesandten, der für einen guten Musikkenner galt, die eigene und eigenhändig niedergeschriebene Komposition eines Marsches, die dieser nach Spanien sandte. Der spanische König Karl der Dritte, ein Verehrer Friedrichs des Großen, ließ den Marsch oft spielen, der aber später völlig in Vergessenheit geriet. Im Jahre 1869 ward auf Veranlassung des Marschalls Serrano ein Preisausschreiben erlassen für den besten Marsch, den dann als Nationalhymne gelten sollte. Unter fünfhundert Mitbewerbern trug die von Serrano eingereichte Komposition des großen Preußenkönigs den Sieg davon. Als »Marcha Real« ist sie seitdem spanische Nationalhymne.[247]

Die Kompositionen König Friedrichs sind noch heute unvergessen. Zahlreich gibt es sie auf Schallplatten, auch im Notendruck liegen sie vor. Am zuverlässigsten und am kürzesten empfiehlt sie ein Auszug aus einem Musiklexikon:

Friedrich . . . studierte bei Quantz Kompostition und Flöte, wurde als Flötist allgemein bewundert und hat auch sehr beachtlich komponiert: Flötensonaten, 25 im Neudruck von Ph. Spitta, Auswahl von Bartuzat 1929, 3 Sätze herausgegeben von G. Müller, ausgewählte Stücke für Violine und Klavier herausgegeben von K. Ettler 1933, Flötenkonzerte, 4 im Neudruck von Ph. Spitta, 4 Sinfonien, 2 Flötenkonzerte und Festouvertüren, herausgegeben von G. Lenzewski bei Vieweg, 2 Arien zu »Il ré pastore« (1747) Neudruck bei Vieweg, und zu anderen Schäferspielen, Märsche (3 bis 1945 preußische Armeemärsche), 6 herausgegeben bei Litolff 1933, Tänze herausgegeben bei Thouret, Musik am preußischen Hofe, Band 20 1906.

Der König improvisierte das Thema zu Bachs »Musikalischem Opfer« (bei dessen Besuch 1747), dichtete mehrere Liberetti (u. a. zu K. H. Granus Oper »Montezuma« 1755) und bereitete der Gluckschen Reform insofern den Weg, als er Graun den Übergang von der Dacapo-Arie zur 2teiligen Cavatine grundsätzlich empfahl. Machte er auch seinen Musikern (Philipp Emanuel Bach, Reichardt, der Mara) manch-

mal durch Eigensinn das Leben schwer und war sein Geschmack durch dauerndes Festhalten an den Opern von Hasse, Graun, Fr. Agricola schließlich veraltet, so hat er doch durch Heranziehung hervorragender Kammermusiker (Ph. Em. Bach, die Brüder Graun, Fr. Benda, Nichelmann, Schaffrath, Schale, C. Fasch) so wie durch die Gründung der Berliner Oper (1742) die Musik außerordentlich gefördert und damit auch die sozialen Grundlagen für die Berliner Liederschule sowie die Voraussetzungen für die Bildung des Berliner Bach-Kreises geschaffen, aus dem wesentlich die Bach-Renaissance des 19. Jahrhunderts hervorgegangen ist.[248]

Wer Friedrichs Musik heute hört, der kann sich mühelos zurückversetzen in eine versunkene Welt, in der bei aller Fülle der musikalischen Ideen bestechend der Grundzug zur Ordnung hervortritt, was ihr etwas ungemein Kraftvolles und Beruhigendes verleiht.

In Berlin wurde am 13. Juli 1747 der Bau der katholischen Hedwigskirche begonnen. Man legte den Grundstein im Beisein eines königlichen Bevollmächtigten. Friedrich maß diesem Bau großen Wert bei, denn in seiner neuen schlesischen Provinz war der größte Teil der Bevölkerung katholisch. Es kamen auch im Laufe der Jahrzehnte mehr und mehr Schlesier nach Berlin, so daß es die Redensart gab, der echte Berlinter habe aus Schlesien zu stammen. Getreu einer seiner ersten Randverfügungen sah Friedrich darauf, daß alle Religionen ihre Gotteshäuser bauen konnten und eine würdige Stätte für ihre Andachten fanden.

(1740) Die Religionen müssen alle tolleriert werden und Mus der Fiscal das auge darauf haben, das keiner den anderen Abruch tuhe, da hier mus ein jeder nach Seiner Faßon selich werden.

Fr.[249]

Die Aussöhnung mit der Markgräfin von Bayreuth war nahezu vollständig. Friedrich lud Wilhelmine nach Berlin ein. Es war zum erstenmal seit dem Aufenthalt in Rheinsberg und Berlin im Herbst 1740. Sieben Jahre waren vergangen. Bei der Versöhnung hatte besonders eine Dame immer zum Ausgleich und zum Guten geredet, und dies mit soviel Charme, daß schließlich sowohl der König als auch die königliche Familie sich wieder mit Wilhelmine verständigten. Dies war »Finette«, Auguste von Tettau, sechsundzwanzig Jahre alt und sehr hübsch. Ihren Spitznahmen Finette hatte Friedrich ihr noch in Rheinsberg gegeben, als sie die gleichnamige Rolle im »Philosoph marié« so reizend gespielt hatte. Finette galt als eine echte Freundin der königlichen Familie.[250]

Eine andere Persönlichkeit kam zu dem Kreise königlicher Freunde in diesem Jahre 1747. Damals war es nichts Ungewöhnliches, wenn ein hoher Offizier von der Armee des einen Landes zu der eines anderen Staates überwechselte. Man kam oder ging sogar zum ehemaligen Gegner. Die Kaste der Berufsoffiziere war international. Man verpflichtete sich, wo man die günstigsten Verdienstmöglichkeiten fand, wo das Klima gut war, wo die höchsten Ehren oder die meisten Annehmlichkeiten vergeben wurden. So schrieb Friedrich im Oktober 1747 an August Wilhelm, man habe »eine schöne Erwerbung«[251] in der Person des Feldmarschalls Keith gemacht. Er sei sanft, verständig, klug und von reizenden Umgangsformen. Jakob Keith war geborener Schotte, der jüngere des berühmten Brüderpaares der »preußischen Keiths«. Er kam aus russischen Diensten, hatte »seine Eiswüste« verlassen, diente elf Jahre treu und ruhmreich in der preußischen Armee und fiel bei Hochkirch am 14. Oktober 1758.

Feldmarschall Keiths Bruder, der Lordmarschall von Schottland, George Keith, kam etwa ein Jahr später von Valencia nach Berlin. Er erwarb sich die Sympathie des Königs im höchsten Maße. Der »Lord Marischal«, wie der König ihn nannte, erhielt im Alter ein Haus in Potsdam, ganz nahe bei Sanssouci, und war einer der letzten und engsten Freunde Friedrichs. Der König hegte und pflegte ihn mit inniger Herzlichkeit.

In diesem Jahre wurde die regierende Königin Elisabeth Christine zweiunddreißig Jahre alt. Ihr Festtag wurde mit einer großen Geburtstagsfeier begangen, mit Souper und Ball. Friedrich nahm nicht daran teil. Er wünschte statt dessen August Wilhelm viel Vergnügen. Man würde ja wohl dies Jahr besonders viel »die englischen Tänze« spielen. Sich selbst sah er schon diesen Freuden der Jugend, wie er es nannte, abgewendet und allein mit seiner Gicht, seinem Purgieren und seinen sonstigen Anwendungen, was er als ein Hundeleben bezeichnete.[252]

Friedrich arbeitete. Er hatte sich ein neues Werk vorgenommen und wollte es ungeachtet aller Schwierigkeiten, die der Stoff ihm bereitete, durchführen:

Friedrich an August Wilhelm — *Potsdam, 4. März 1748*

... Ich arbeite hier wie ein Sträfling an der Vollendung eines Werkes, das trotz aller Mühe noch nicht die gewünschte Gestalt annehmen will. Sie werden mich fragen: »Warum geben Sie es dann nicht auf?« Das

liegt an meinem unbeugsamen Starrsinn; ich will, daß es mir gelingt, und finde kein wahres Vergnügen in der Welt, als in der Überwindung von Widerständen.[253]

Es waren die Abhandlungen über »Die Generalprinzipien des Krieges und ihre Anwendung auf die Taktik und Disziplin der preußischen Truppen«. Man findet diesen endlos langen Titel heute in allen Gesamtausgaben Friedrichs, in der großen französischen Ausgabe und in deutscher Übertragung in der »nur« zehn Bände umfassenden deutschen Ausgabe von 1914.

Weil Friedrich selbst ein so fleißiger Arbeiter war, verlangte er auch von seinen Beamten ein Maximum an Tatendrang. Die guten Impulse, die sein Vater einst den Herren seines Generaldirektoriums eingeflößt hatte, schienen sich allmählich verloren zu haben. Im Mai 1748 formulierte der König eine »Neue Instruktion« für das Generaldirektorium, in der es unter anderem hieß:

. . . Wen Sie fleisich arbeiten, So können sie ihre arbeit des morgens in Curenten (laufenden) Sachen in 3 Stunden verrichten; wenn Sie sich aber Historien vertzehlen, tzeitungen lesen, So ist der gantze Tag nicht lang genung.[254]

Friedrich war keineswegs ein bequemerer Herrscher als sein Vater. Nur insofern war er humaner, als er darauf verzichtete, seine Beamten und Diener eigenhändig zu verprügeln. Im übrigen hatte er den Kopf voller Baupläne. Im Potsdamer Stadtschloß, seiner Winterresidenz, wurde das Konfidenztafelzimmer angebaut. Es handelte sich dabei um einen Raum für kleine Abendessen, dessen Tisch auf einer versenkbaren Maschinerie angebracht war. Jeder Gast legte seine Menü-Wünsche auf seinen Teller, und festlich gedeckt stieg das Zaubertischchen wieder aus der Tiefe empor. Am Fuße des Tisches befand sich ein Kühlbehälter für Weinflaschen.

Außerdem wurde der Komödiensaal im Potsdamer Schloß erweitert und verschönert. Vorerst kannte Königin Elisabeth Christine dies alles nur vom Hörensagen. Informiert oder eingeladen wurde sie vom König nie. Sie hörte durch dritte Personen davon, und sie mag sich manchmal gegrämt haben. Einer ihrer Briefe an ihren Bruder Ferdinand von Braunschweig ist besonders wehmütig:

Elisabeth an Ferdinand von Braunschweig 1748
Nach der Beschreibung, welche man mir von dem Theatersaal in Potsdam gemacht hat, muß er sehr schön sein; glücklich die, welchen

vergönnt ist, dort zu sein; aber alle diese Herrlichkeiten sind es nicht, nach denen sich mein Herz sehnt, es ist der theure Herr, der jene Räume bewohnt. Warum mußte es denn sein, daß Alles anders wurde, und daß ich seiner Güte und liebenswürdigen Gesinnung verlustig ging? Mit welchem Vergnügen gedenke ich noch heute der Rheinsberger Zeit, da ich noch das Glück hatte, daß mein Herr mir liebevoll begegnete, er, den ich anbete, und für den ich gern mein Leben opfern würde. Wie tieftraurig empfinde ich es, daß das Alles anders geworden ist! Aber mein Herz *wird nie anders werden;* ich *werde stets dieselbe bleiben für ihn und will die Hoffnung nicht aufgeben, daß Alles noch wieder anders komme . . . Möge der Allmächtige uns den theuern König in voller Gesundheit erhalten!*[255]

Man macht sich heute kaum noch einen Begriff davon, wie bescheiden und zurückhaltend, wohl auch: wie eingeschüchtert(!) die Königin in ihrem Auftreten war. Fredersdorf korrespondierte mit dem König am 2. August 1748 über ein Fest in Charlottenburg. Während die Königinmutter und Prinzessin Amalie mit einer Suite von zusammen fünfundvierzig Personen gemeldet waren, ließ die Königin zaghaft um Erlaubnis bitten, auch kommen zu dürfen, ihre Suite bestehe aus fünf Personen.[256]

Der Geschwisterkreis der Königskinder war in die Jahre gekommen. Sogar Ferdinand zählte mit seinen achtzehn Jahren schon zu den Erwachsenen. Ärger gab es mit dem aufsässigen und unbotmäßigen zweiundzwanzigjährigen Heinrich, der im Gefolge des Königs leben mußte, was ihm – wegen der vielen persönlichen Beschränkungen – gar nicht recht war. Amalie, das einstige kugelrunde Nesthäkchen, war schon fünfundzwanzig und würde wohl nicht mehr heiraten. August Wilhelm, Thronfolger und Prinz von Preußen, war sechsundzanzig Jahre, der König sechsunddreißig.

Ulrike, jetzt achtundzwanzig, lebte nun schon seit vier Jahren in Stockholm. Sie hatte Adolf Friedrich von Holstein-Gottorp geheiratet, den Thronprätendenten von Schweden. Noch befand sie sich in der Rolle einer Kronprinzessin. Sophie, die Markgräfin von Schwedt, hatte das neunundzwanzigste Jahr vollendet. Ihre Ehe mit dem baumlangen »tollen Markgrafen« Friedrich Wilhelm war nicht gut. Sie schleppte sich nach anfänglicher Verliebtheit nun schon vierzehn Jahre mehr schlecht als recht dahin.

Dagegen ging es Charlotte, der Herzogin von Braunschweig, glänzend. Sie lebte in glücklicher Ehe und mit vielen Kindern, Herzog Karl I.

war ihr ein angenehmer Lebenskamerad. Charlotte unterhielt einen besonders regen und aufgeschlossenen Briefwechsel mit dem König, auch kam sie regelmäßig einmal im Jahr zu Besuch nach Berlin.

In Ansbach lebte Friederike – wie Sophie – in denkbar unglücklicher Ehe mit Markgraf Carl Wilhelm Friedrich, einem passionierten Jäger, der sich durch manche Unbeherrschtheiten einen ähnlichen Beinamen wie der Schwedter erworben hatte, man nannte ihn »der wilde Markgraf«.

Wilhelmine in Bayreuth hatte das neununddreißigste Jahr erreicht und konnte sich, nach einigen Krisen, einer ausgeglichenen Kameradschaft mit ihrem Markgrafen Friedrich von Bayreuth erfreuen. In diesem Jahr heiratete ihre Tochter Friederike den jungen Herzog Carl Eugen von Württemberg. Dazu wurde das wundervolle Markgräfliche Opernhaus in Bayreuth eingeweiht.

Die Königinmutter war einundsechzig geworden. Obwohl sie außerordentlich korpulent war, ging es ihr ausgezeichnet, und sie genoß die kulturellen Freuden der Hauptstadt, die ihr Sohn eingerichtet hatte: Opern, Balletts, Konzerte, französische Komödien und Tragödien, dazu noch all die Feste und Feiern, die im Laufe eines Jahres aus mancherlei Anlaß veranstaltet wurden. Friedrich hatte ihr eine so großzügige finanzielle Basis gegeben, daß sie all die knappen Tage ihres Ehelebens vergessen konnte. Sie brauchte sich jetzt keinen Wunsch mehr zu versagen. In Schloß Monbijou im Herzen Berlins, inmitten eines schönen Parks, der von der Spree durchflossen wurde, hielt sie mit der ihr eigenen Lebhaftigkeit Hof. Man sprach in Berlin immer von »den beiden Königinnen«. Die Verehrung, die ihr ältester Sohn ihr entgegenbrachte, erhöhte ihr Ansehen. Friedrich setzte sich nie, wenn er seine Mutter besuchte, es sei denn bei gemeinsamer Tafel.

Der König war in den Jahren zwischen 1745 und 1755 von einer geradezu besessenen Aufbaufreudigkeit ergriffen. Was er an Bauten und Reformen durchführte, war erstaunlich. Der Historiker Schoeps faßte die Bedeutung des sogenannten »Friedensjahrzehnts« zusammen:

Das glanzvolle Friedensjahrzehnt von 1746–1756 hat für den inneren Staatsaufbau Entscheidendes bedeutet. An die Spitze Schlesiens wurde ein nur dem König unterstellter Provinzialminister gestellt. Zwar ließ der König sonst die Verwaltungsorganisation seines Vaters ziemlich unverändert, dafür wurde aber die merkantilistische Wirtschaftspolitik durch Neugründung von Manufakturen – es war speziell die Seidenindustrie, die autark gemacht werden sollte – und die Erleichterung des

Warenverkehrs intensiviert, letzteres durch den Ausbau der Kanalverbindungen von der Elbe über die Havel zur Oder; Oder und Weichsel sollten 1774 durch den Bromberger Kanal verbunden werden. In diese Jahre 1744–1752 fällt auch die Urbarmachung und Besiedlung des Oderbruchs; hier ist, wie gesagt worden ist, »eine Provinz im Frieden erobert« worden. Über die großen Leistungen auf dem Gebiet der inneren Kolonisation wird im Zusammenhang des nächsten Kapitels ausführlicher gesprochen werden. Ebenso hat die Hauptstadt Berlin, die ja schon längst keine Stadt von Ackerbauern mehr war, unter Friedrich einen großen Aufschwung genommen. 1755 hat ihre Einwohnerzahl das dritte Hunderttausend überschritten.[257]

Friedrich hatte in seinem Briefwechsel mit Voltaire in all den Jahren immer wieder seine Aufforderung wiederholt, der Dichter möge doch als geschätzter Freund und verehrter dichterischer Mentor an seinen Hof kommen. Bisher konnte Voltaire sich nicht entschließen, denn er lebte im Hause der Marquise de Châtelet, einer zweifellos bedeutenden Frau, mit der ihn zarte Bande verknüpften. Der König ließ oft Anspielungen der Eifersucht auf jene glückliche Dame in seinen Briefen anklingen. Jetzt wurde die Marquise vom Tode ereilt, und in dem trauernden Voltaire keimte erstmalig der Gedanke: »Wie wäre es, wenn ich die Angebote des Preußenkönigs, der mir so gewogen ist, annehmen würde?« Dies alles geschah im September 1749. Friedrich schrieb ihm danach einmal:

Der König an Voltaire *1749*
Sie sind wie der weiße Elephant, dessentwegen der Schah von Persien und der Großmogul Kriege führen, und dessen Besitz, wenn sie glücklich genug gewesen sind, ihn erlangt zu haben, einen von ihren Titeln bildet. Wenn Sie hierher kommen, so sollen Sie an der Spitze des meinigen stehen: Friedrich von Gottes Gnaden, König von Preußen, Kurfürst von Brandenburg, Besitzer von Voltaire, usw. usw.[258]

Wenn Friedrich in dieser Zeit an seine ehemaligen Wohnsitze dachte, so mußte er feststellen, daß beide, Ruppin und Rheinsberg, inzwischen neue Herren durch ihn gefunden hatten. Rheinsberg hatte er seinem Bruder Heinrich geschenkt, was allerdings vorerst nur ein Anrecht auf die Zukunft war. Heinrich lebte noch nicht mit eigenem Hofstaat, er würde voraussichtlich erst nach seiner Verheiratung in der Lage sein, das Schloß restaurieren zu lassen und dann zu bewohnen.

In Ruppin residierte der junge Ferdinand, zu seiner Freude recht fern vom großen Bruder Friedrich, und kommandierte sein Regiment, wie einst der König das getan hatte. Ferdinand war zwanzig Jahre alt und genoß das Glück, mit einigen bewährten Offizieren als Gesellschaftern schon allein leben zu können. Im April 1750 besuchte ihn der König. Friedrich schrieb an August Wilhelm, er sei durch Ruppin gekommen, und Ferdinand habe ihm alle Veränderungen gezeigt, die er sowohl an seinem Hause wie im Garten hatte vornehmen lassen. Der Appollo-Tempel drohte einzustürzen und mußte repariert werden. Der Garten Amalthea stand jetzt unter Ferdinands Schutz.[259]

Im Frühjahr 1750 entschloß sich Voltaire nach einigem Hin und Her, der Einladung des Königs von Preußen nun endgültig Folge zu leisten. Er veranschlagte seine Reisekosten auf 4000 Taler und schrieb wehklagende Briefe, daß er leidet nicht in der Lage wäre, das Geld flüssig zu machen. So sandte ihm Friedrich das Reisegeld, sicher begleitet von dem Gedanken, daß dieser kostspielige Herr ihm vermutlich noch einige Aufwendungen abfordern würde. Aber bislang war der Enthusiasmus für den großen Mann so stark, daß Friedrich über derartige Kleinigkeiten mit einem Federstrich hinwegging. Erst viel später, als das Verhältnis sich beträchtlich abgekühlt hatte, summierten sich in der Erinnerung all die Vorfälle, aus denen die unverhohlene Raffgier des Dichters sprach.

Am 10. Juli 1750 hielt Voltaire seinen Einzug in Sanssouci, um von nun an stets in der Nähe des Königs seinen Aufenthalt zu nehmen. Ihm wurden viele Ehren zuteil, der goldene Kammerherrenschlüssel gehörte zu den ersten Emblemen, die ihm überreicht wurden. Danach folgte der Orden »Pour le Mérite« und gleich zu Anfang ein großes jährliches Einkommen, das zum Schluß 5000 Taler betrug. Für Voltaire war dem sonst so sparsamen König nichts zu teuer. Noch nicht!

Zunächst herrschte beim König und bei Voltaire eitel Freude und Wonne über das Zusammensein. Man muß hinzufügen, daß Voltaire in Frankreich Schwierigkeiten gehabt hatte, daß er dort bei Hofe nicht gut angeschrieben war und mit manchen bedeutenden Menschen in Feindschaft lebte. Das, wie er es nannte, »Exil« beim König von Preußen kam ihm außerordentlich gelegen. Ein Brief des Dichters an einen Freund strahlt Zufriedenheit aus:

Voltaire an den Herzog von Richelieu — *Sommer 1750*

... Ich komme in Potsdam an, die großen blauen Augen des Königs, sein holdseliges Lächeln, seine Sirenenstimme, seine fünf Schlachten, sein ausgesprochenes Gefallen an der Zurückgezogenheit und an der Arbeit, an Versen und an Prosa, endlich Freundlichkeiten, um den Kopf

schwindeln zu lassen, eine entzückende Unterhaltungsgabe, Freiheit, im Verkehr alles Vergessen der Majestät, die Aufmerksamkeit, die schon von Seiten eines Privatmannes bestricken würde, das alles hat mir den Verstand verrückt, ich ergebe mich ihm aus Leidenschaft, aus Verblendung und ohne zu vernünfteln . . .[260]

Der Dichter konnte ein Leben, wie es ihm in Potsdam geboten wurde, als ideal ansehen. Er hatte weitgehend Zeit für eigene Arbeiten. Er erhielt seine Dienerschaft, ihm wurde das Recht eingeräumt, nach Wahl an des Königs Tafel zu speisen oder seinen eigenen Koch zu bemühen. Sein Sinn für Ökonomie ließ ihn vom Gastrecht beim König in den meisten Fällen Gebrauch machen. Voltaire nahm die erste Zeit rege am Hofleben teil, das sich in Sanssouci allerdings weniger in rauschenden Festen erschöpfte als vielmehr in vielem Lesen, anregenden Gesprächen, langen, gepflegten Tafeleien und den obligaten kleinen Hofkonzerten, in denen Friedrich noch mit großer Freude selbst musizierte. Dabei war der einzige, der dem König applaudieren durfte, der alte Quantz. Er war ebenso der einzige, dem es gestattet war, eine gewisse Kritik auf diskrete Weise zu äußern. Kugler überliefert diese Anekdote:

Der alte Lehrmeister, Quantz, genoß bei diesen Konzerten besondere Vorrechte, die er geschickt in Anwendung zu bringen wußte. Er allein durfte dem Könige sein Bravo zurufen, was sonst nicht leicht ein andrer von den Musikern wagte. Zu tadeln wagte er zwar nicht ohne besondere Aufforderung; doch sparte er in einem solchen Fall den Bravoruf, äußerte sich auch anderweitig vernehmbar genug. So spielte Friedrich einst ein neues Stück von seiner eigenen Komposition, in welchem einige fehlerhafte Stellen vorkamen. Quantz räusperte sich dabei ziemlich laut. Friedrich merkte die Absicht, schwieg jedoch still und fragte ein paar Tage darauf einen andern Musiker um seine Meinung über jene Stellen. Dieser wies ihm den Fehler nach, und Friedrich berichtigte denselben, indem er sagte: »Wir müssen doch Quantz keinen Katarrh zuziehen.«[261]

Es ist anzunehmen, daß während eines der Hofkonzerte in diesem Sommer 1750 eine recht gedrückte Stimmung geherrscht hat. Der Vater Carl Philipp Emanuel Bachs, der große alte Johann Sebastian, war am 28. Juli gestorben. War es wirklich erst drei Jahre her, daß er sein »Musikalisches Opfer« dem König nach Sanssouci gesandt hatte?

Mittlerweile, und eigentlich recht schnell, war die Zeit der ersten Begeisterung zwischen Voltaire und dem König einer etwas nüchterneren

Betrachtungsweise gewichen, was in einem Brief des Dichters an seine Nichte zum Ausdruck kam:

Voltaire an Madame Denis *24. August 1750*
Hier ist es viel schlimmer als in der Tiefe einer französischen Provinz. Die Berliner wollen Geist haben, weil ihr König Geist hat. Wer hätte geahnt, daß man im Lande der Vandalen einmal darauf erpicht sein würde, etwas von Versen zu verstehen. Was unsere Kaufleute als Essig verkaufen, gilt hier als guter Wein . . . Sie werden sich darüber wundern, daß die Geschwister des Königs sehr gut Verse aufsagen, und sogar ohne Akzent. Die Sprache, die am Berliner Hofe am wenigsten gesprochen wird, ist die Deutsche. Ich habe noch nie ein Wort Deutsch gehört. Unsere Sprache und unsere Literatur haben mehr Eroberungen gemacht als Karl der Große.[262]

Es ist oft schon untersucht worden, wer von den mit Friedrich zeitgenössischen Dichtern in Deutschland schon einen Ruf hatte, was von Friedrich hartnäckig ignoriert wurde. Man kann hier nur wiederholen, daß des Königs ganze Erziehung in den Händen französischer Réfugiés gelegen hatte. Zuerst war es die schon erwähnte Madame de Roucoulle, die ihn mit Märchen und kleinen Liedern in die Welt französischen Denkens und Fühlens einführte, dann kam La Croze mit seinem ungeheueren Wissen, dann Duhan de Jandun, den er über alles liebte.

Zudem galt es seit den Zeiten der Königin Sophie Charlotte von Preußen noch immer als vornehm, französische Bildung zu bevorzugen, ungeachtet eines Leibniz und seines Einflusses. Noch war französisches Wesen die große Attitüde, der Weg, sich ins rechte Licht zu setzen. Der Übergang zur deutschen Literaturmode und zu einer geschliffenen deutschen Sprache vollzog sich zwar noch zu Friedrichs Lebzeiten, war aber nicht mehr bestimmend für seinen Geschmack. Von Goethe ahnte vorerst kein Mensch etwas, er war erst 1749 zur Welt gekommen. Einzig Klopstock hatte Druckausgaben vorgelegt, ebenso Gellert, den Friedrich später persönlich kennenlernen sollte und den er schätzte.

Man kann somit Friedrich kaum einen Vorwurf machen, daß er alles Französische bevorzugte, auch er war das Produkt seiner Erziehung. Wenn schon der Vater, der sich als »teutscher Fürst« begriff, eine Sprache pflegte, die ein wunderliches Konglomerat aus grobem Deutsch und einer Unmenge Fremdwörtern aus dem Französischen war, so darf man als sicher gelten lassen, daß es an nachahmenswerten Prototypen vornehmer deutscher Lebensart damals überhaupt gemangelt haben muß.

Friedrichs Bildungsgrad, sein ganzes Wesen und seine Art, Menschen zu begegnen, fanden bei Voltaire, der nicht daran dachte, seine Ansprüche aus Gefälligkeit herunterzuschrauben, höchstes Lob:

Voltaire an Hénault *ca. 1750*
Es erscheint geradezu als ein Naturwunder, daß der Sohn eines gekrönten Ogers (menschenfressender Riese), der so gut wie unter Wilden aufgewachsen ist, in dieser seiner Wildnis eine geistige Feinheit und natürliche Grazie erlangen konnte, wie man sie in so hohem Grade selbst in Paris nur bei wenigen Menschen findet, obschon letzteres gerade hierin eines besonderen Rufes genießt.[263]

Voltaire an Madame Denis *Oktober 1750*
Mein Geschäft ist, nichts zu tun. Ich genieße meiner Muse. Eine Stunde des Tages widme ich dem König, um seine Werke in Prosa und Versen ein wenig abzurunden; ich bin sein Grammatiker, nicht sein Kammerherr. Den Rest des Tages habe ich für mich, und der Abend schließt mit einem angenehmen Souper.[264]

Im Herbst 1750 kam die Markgräfin von Bayreuth nach Berlin und Potsdam und vertiefte ihre Bekanntschaft mit Voltaire. Die Verbindung zwischen Wilhelmine und ihm sollte niemals abreißen, selbst während der Entfremdung zwischen dem Dichter und dem König und in Kriegstagen hat Wilhelmine mit Voltaire korrespondiert. Als im Siebenjährigen Krieg geheime Friedensverhandlungen mit Frankreich eingeleitet werden sollten, ging diese höchst vertrauliche Post über Wilhelmine, Voltaire und den Grafen Mirabeau.

Dieser Besuch Wilhelmines im Jahre 1750 war der ergiebigste von allen bisherigen. Das Einvernehmen mit dem König und der Familie war ungetrübt. Es ist dieser Besuch der Markgräfin Wilhelmine, den Adolph von Menzel in seinem berühmten Gemälde »Das Flötenkonzert von Sanssouci«, das heute in der Nationalgalerie in Berlin-Charlottenburg hängt, eingefangen hat. Fast erscheint es unglaubwürdig, daß dies soviel Zeitkolorit ausstrahlende Bild erst hundert Jahre später entstanden ist als das dargestellte Ereignis.

Ein weiteres Bild Menzels strömt dieselbe Faszination aus, die »Tafelrunde von Sanssouci«, deren Original im Krieg 1945 vernichtet wurde. Dort erblickt man den König mit seinen berühmten Tischgenossen, darunter Voltaire. Draußen vor dem Schloß tollen die Windspiele.

Markgräfin Wilhelmine erlebte diesen Aufenthalt bei dem nun wieder versöhnten und liebevollen Bruder wie einen schönen Traum. Leider erlitt sie zum Ende ihres Aufenthaltes eine ziemlich heftige Krankheitsattacke und mußte von Potsdam nach Berlin gebracht werden. Etliche Wochen brachte sie unter der Aufsicht der Leibärzte des Königs zu. Sie reiste erst im Januar 1751 nach Bayreuth zurück, sehr befriedigt von der Aufmerksamkeit, Pflege und Achtung, die ihr zuteil geworden waren.

Inzwischen senkte sich der erste Schatten zwischen den König und Voltaire. Es war in Preußen streng verboten, sächsische Steuerkassenscheine zu erwerben und damit Gewinne zu erzielen. Die Steuerkassenscheine waren stark entwertet und galten in Sachsen kaum noch etwas. War jedoch ein preußischer Untertan noch von früher her im Besitz dieser Wertpapiere, mußten sie ihm zum vollen alten Wert eingelöst werden. Der König handhabte die diesbezüglichen Vorschriften sehr streng, um Spekulationsgeschäfte zu unterbinden.

Des Dichters Erwerbssinn glaubte einen besonderen Weg herausgefunden zu haben, rasch zu bedeutenden Summen zu gelangen. Voltaire bediente sich dabei eines Mittelsmannes. Es war dies der Berliner Schutzjude Hirschel, der für ihn in Dresden heimlich diese Steuerkassenscheine aufkaufen sollte. Er, der »arme« Voltaire, der kein Reisegeld nach Preußen gehabt hatte, gab Hirschel einen Wechsel über 40 000 Franken. Der König erfuhr davon und der Dichter wollte den Auftrag annullieren, aber der Bankier gab den Wechsel nicht heraus. In dem danach angestrengten Prozeß bekam Voltaire recht. Die Sache zog weiteste Kreise, und man regte sich in Berlin sehr auf, daß der König einen solchen Steuersünder protegierte.

Der Zufall wollte es, daß Lessing als junger Student die Anträge zu übersetzen hatte, die Voltaire an das Gericht einreichen mußte; er dichtete einen Spottvers auf Voltaire, wonach dieser gerissener war als Hirschel.[265]

Der König war außerordentlich verstimmt. Voltaire entschuldigte sich mit seiner Unkenntnis der Landesgesetze. Im Jahr 1751 trennte man sich für einige Zeit. Der König unternahm eine große Reise über Magdeburg, Braunschweig, Minden, Bielefeld und Emden, dann weiter nach Wesel. Zu jener Zeit wurde die »Asiatische Handelskompagnie« gegründet, die im folgenden Jahr zwei Schiffe nach China schickte, den »König von Preußen« und die »Burg von Emden«. Es waren mit Kanonen bestückte Segler von fünfzig Meter Länge. Das erste Schiff brachte einen ansehnlichen Gewinn mit von seiner Reise, so daß die Gesellschafter fast alle ihr Geld zurückbekamen. Man wiegte sich in erwartungsvollen Zukunftsträumen von Fernosthandel und großem Reichtum. Doch nach zwei Jahrzehnten ging diese hoffnungsvolle »Asiatische Kompagnie« wieder ein.[266]

In all den Jahren hatte Friedrich an seinem Hofe einen Freund, der jedoch nie sehr hervortrat, weil er als Gesellschafter sehr häufig ausfiel. Sein Sinnen und Trachten galt allein seiner kostbaren Gesundheit, es war dies der Marquis d'Argens. Dem Umstand, daß d'Argens und der König häufig getrennt waren, verdanken wir eine recht umfangreiche Korrespondenz. Der König würzte seine Briefe an den Marquis sehr oft mit gutmütigem Spott und sprach aus Spaß den Namen Potsdam »Posedam« oder »Potzedam« aus, wie d'Argens es tat. Unter anderem schrieb er einmal:

Der König an den Marquis d'Argens *ca. 1750*
Sie können sich also denken, daß ich Ihnen den genußreichen Krankheitszustand von Herzen gönne, den Sie bei sich für den Lauf dieses Jahres voraussetzen. Voltaire ist nicht fruchtbarer an Bosheit als Sie an neuen Krankheiten . . . Ich habe die Ehre zu bleiben, Herr Marquis, der ergebenste Diener Ihrer Leiden.

Der Philosoph von Sanssouci[267]

Noch vor der Barberina ernteten die Schwestern Cochois bei den Berlinern Ruhm und Beifall. Marianne tanzte bezaubernd, und Barbe, auch Babette genannt, rührte als Schauspielerin ihr Publikum zu Tränen. Dennoch entsagte sie den Talmi-Juwelen aus dem Theaterfundus ohne Bedauern, als der Marquis d'Argens ihr einen Heiratsantrag machte. Die Rolle einer echten Marquise auf Lebenszeit erwies sich als reizvoller. Das Paar heiratete 1749. In allen Krankheits-Zuständen des Gatten bewies Babette eine Engelsgeduld. Als der Marquis sich 1750 Urlaub erbat, verzichtete Friedrich nur ungern auf seinen amüsanten Kammerherrn. Es mutet seltsam an, daß Friedrich so viele seiner Freunde in relativ jungen Jahren verlor. Es starben an Freunden und Familienmitgliedern:[268]

			Alter des Königs:
Suhm	3. November	1740	28 Jahre
Camas	14. April	1741	29 Jahre
Jordan	24. Mai	1745	33 Jahre
Keyserlingk	13. August	1745	33 Jahre
Duhan	3. Januar	1746	33 Jahre
Rothenburg	29. Dezember	1751	39 Jahre
Knobelsdorff	16. September	1753	41 Jahre
Die Mutter	26. Juni	1757	45 Jahre
Winterfeld	8. September	1757	45 Jahre
Fredersdorf	12. Januar	1758	45 Jahre

August Wilhelm	12. Juni	1758	46 Jahre
Wilhelmine	14. Oktober	1758	46 Jahre

Es waren alles Menschen, die Friedrichs Herzen ungewöhnlich nahegestanden hatten. Er litt bei diesen Verlusten mit fast körperlichem Schmerz. Seine Klagen, seine Trauer sind ergreifend zu lesen:

Friedrich an Wilhelmine *29. Dezember 1751*
... Gestern ist Rothenburg in meinen Armen gestorben. Ich bin unfähig, auf Ihren Brief zu antworten. Ich sehe nichts als meinen Schmerz, alle meine Gedanken haften an dem Verlust eines Freundes, mit dem ich zwölf Jahre in einer vollendeten Freundschaft gelebt habe.[269]

Rothenburg soll dem König den über alles geliebten kleinen Windhund Biche geschenkt haben. Deshalb hing der König auch so sehr an dem Tier. Der plötzliche Tod des Freundes hatte Friedrich sehr nachdenklich gestimmt. Er machte sich daher an die Abfassung eines seiner Testamente, ein persönliches Testament, das er am 11. Januar 1752 seiner Kanzlei zu den Akten gab. Nach den einleitenden Formeln und der Regelung des Nachlasses für den Thronfolger August Wilhelm stand als Punkt 6 die Bestimmung für die regierende Königin Elisabeth Christine:

Der Königin, meiner Gemahlin, hinterlasse ich die Einkünfte, die sie gegenwärtig genießt, freies Holz, zwei Fässer Rheinwein jährlich, das Wildbret für ihre Tafel und außerdem 20 000 Taler als Erhöhung ihrer Pension. Nota bene, diese 20 000 Taler sollen ihr nur unter der Bedingung ausgezahlt werden, daß sie den ältesten Sohn meines Bruders zum Erben aller Juwelen einsetzt, die sie gegenwärtig besitzt. Und da es kein königliches Schloß gibt, das ihr als Witwensitz dienen kann, so bestimme ich der Form halber die Stadt Stettin und verlange von meinem Bruder August Wilhelm, daß er ihr eine angemessene Wohnung im Berliner Schloß überläßt. Ich erwarte von seiner Freundschaft, daß er sie stets mit der Ehrerbietung behandelt, die man einer verwitweten Königin, der Witwe seines Bruders, schuldet.[270]

In diesem Jahre war die Familie noch vollzählig. Auch die Mutter lebte noch und sollte, falls der König starb, 40 000 Taler und einen großen Brillanten bekommen, 40 Orangenbäume aus Sanssouci, ein Silberservice, einen Bergkristall-Lüster und zwei Porzellanservices. Siebzehn Jahre später, im Jahre 1769, machte Friedrich ein zweites persönliches Testament, denn die Mutter und drei Geschwister waren jetzt dahingegangen, man mußte eine neue Aufteilung der Andenken und Erbteile vornehmen. Für Königin Elisabeth Christine war dies eine erhebliche Benachteiligung, denn jetzt bestimmte ihr der König nur noch 10 000 Taler Zulage zu ihrer Pension.

Friedrich beschäftigte sich viel mit Tod und Sterben. Noch im März sprach er darüber mit seinem Bruder Wilhelm:

Friedrich an August Wilhelm *Potsdam, März 1752*

... Ich habe verboten, mich nach meinem Tode zu öffnen. Es ist genug, wenn man bei Lebzeiten dem Publikum zur Zielscheibe des Spottes gedient hat und zuviel, wenn man ihm auch noch auf Kosten seiner Milz, Leber oder Lunge zu lachen geben soll.[271]

Für den Hof bereitete sich ein großes Fest vor, und man sprach von kaum etwas anderem: Prinz Heinrich sollte heiraten. Die Braut war Prinzessin Wilhelmine von Hessen-Kassel. Als Tag der Trauung war der 25. Juni bestimmt worden. Friedrich konnte nur kurz an der eigentlichen Einsegnung teilnehmen, weil er gerade wieder von seinem üblichen Wechselfieber geschüttelt wurde und sich mühsam mit Chinin in die Lage versetzte, überhaupt unter Menschen zu gehen. Die übrigen sieben Festtage verbrachte der König in Sanssouci im Bett.

Heinrich richtete sich jetzt seinen Rheinsberger Hofstaat ein. Als Stadtpalais baute ihm Friedrich ein riesiges Gebäude Unter den Linden in Berlin, das »Prinz-Heinrich-Palais«, das später in seinen ausgedehnten Räumlichkeiten die Humboldt-Universität aufnahm.

In die geistreichen Unterhaltungen des königlichen Gesellschaftskreises war ein hörbarer Mißton gekommen. Voltaire hatte einen Feind gefunden, den er von Herzen haßte und verabscheute, den Akademie-Präsidenten Maupertuis. Was sich die beiden Franzosen gegenseitig an Verleumdungen und Herabsetzungen zufügen konnten, das taten sie mit großem Eifer. Friedrich erfuhr dies genauso, wie er Kenntnis hatte von den Klatschereien, die an der Tagesordnung waren. Voltaire sollte als unzarter Vergleich zum vereinbarten Korrigieren der Verse und Prosaarbeiten gesagt haben, der König schicke ihm seine schmutzige Wäsche zum Waschen.

Vom König wiederum wurde gemunkelt, er habe geäußert, er würde Voltaire wohl nicht mehr lange benötigen, man presse eine Orange aus und die Schale werfe man weg.

Die Stimmung war latent feindselig und mit unterschwelligen Ressentiments geladen. Dies alles natürlich verborgen unter höflichster und freundlichster Miene und Gebärde, bis eines Tages die Gereiztheit ihren Siedepunkt erreichen sollte. Schon im November schrieb Friedrich ahnungsvoll an den Thronfolger:

Friedrich an August Wilhelm *Potsdam, November 1752*
. . . Es gibt auf der Welt keinen Stand und keinen Beruf, in dem man nicht Krieg führen muß, sei es mit der Feder oder mit dem Degen. Das läßt mich glauben, daß man hinieden raufen muß, ob man will oder nicht. Wohl denen, die ihr friedliches, zurückgezogenes Leben dem Neid und der Verleumdung entrückt; denn was man auch sagen möge, diese beiden vergiften auch die schönsten Tage.[272]

Von den Ereignissen, die zum Bruch zwischen Voltaire und dem König führten, gab der Wilhelmine-Biograph von Gleichen-Rußwurm ein anschauliches Bild:

Am 24. Dezember 1752 trieb sich die Menge auf den Straßen Berlins herum, wie gewöhnlich am Vorabend des Christfestes, staute sich aber eines ungewöhnlichen Ereignisses wegen an den Plätzen, wo die Henkersknechte große Feuer schürten. Sie warfen Druckschriften in die Flammen. Von seinem Zimmerfenster in der Taubenstraße aus sah Voltaire, wie die Glut über den Winterschnee leuchtete, und schickte, von unangenehmer Ahnung bewegt, seinen Sekretär auf die Straße, zu fragen, was die Sache zu bedeuten habe.

Da erfuhr er, daß es seine Schmähschrift gegen Maupertuis »Histoire du docteur Akakia« war, die auf Befehl des Königs aufloderte, und er packte im ersten Zorn Orden und Kammerherrnschlüssel mit seinem Pensionspatent in ein Paket, um sie dem König zurückzusenden. Damit begann der offene Bruch, wenn auch Friedrich zunächst die Sachen nicht annahm und den Philosophen einlud, sein Zimmer in Potsdam wieder zu beziehen.

Winter 1753: Friedrich schrieb an Wilhelmine: »Der Teufel ist in meine Schöngeister gefahren« und teilte ihr wenige Wochen später mit, daß er Voltaire ziehen lasse und empört sei, daß dieser den Doktor Akakia nochmals in Leipzig habe drucken lassen. »Ihnen, liebe Schwester, rate ich, nicht eigenhändig zu schreiben. Ich bin damit hereingefallen. Er ist der verräterischste Missetäter, der auf der Welt herumläuft.« Der König bat Wilhelmine, Voltaire nichtsdestotrotz zu empfangen, wenn er über Bayreuth kommen sollte, und ihm die Manuskripte abzufordern, die er noch von der königlichen Hand besitze. Der König wollte nicht auf Einzelheiten eingehen, hielt es aber für gut, daß dieser häßliche Charakter einmal von Wilhelmine demaskiert werde.[273]

Der weitere Verlauf der Affäre Voltaire läßt sich in allen Einzelheiten rekonstruieren. Man könnte darüber einen gesonderten Band zusammenstellen. Der Dichter reiste nach Frankfurt, sein Gepäck jedoch unglücklicherweise auf anderem Wege als er. Der König wollte seine eigenhändig verfaßten Verse wiederhaben und dasjenige an Gedrucktem, das er nicht in andere Hände kommen lassen wollte. Voltaire hatte alles eingepackt, es befand sich im vorausgesandten Gepäck, nicht in seinen Handgepäckstücken.

Der Dichter traf in Frankfurt seine Nichte, Madame Denis. Friedrich hatte Befehl gegeben, Voltaire und die Nichte so lange festzuhalten, bis das Gepäck angekommen und die Schriften herausgegeben waren. Die beiden preußischen Vollzugsbeamten, die Voltaire und Madame Denis festzuhalten hatten, zeigten sich nicht gerade sehr feinfühlig. Sie waren einzig und allein darauf bedacht, daß die kostbaren Gefangenen nicht flohen. Als Haftlokal diente ein Gasthof. In diesem wurden der Dichter und seine Nichte wie Schwerverbrecher mit Soldaten als Posten vor den Türen bewacht. Voltaire schrieb Klagebriefe an Wilhelmine, aber noch ehe die Post sie erreichte, war alles vorüber und die Inhaftierten wieder frei. Der französische Dichterfürst war zutiefst gekränkt, er fühlte sich bis aufs Blut beleidigt und befand sich derart indigniert im wahrsten Sinne des Wortes, nämlich seiner Würde beraubt, daß er dem preußischen König etliche Racheschwüre widmete, gesprochene, nicht geschriebene. Erst später, als er sein Memoirenbüchlein »La vie privée« veröffentlichte, waren dann in diesem einige perfide Dinge über Friedrich zu lesen.

Die nachstehenden Streiflichter aus Tagebuchstellen des Kammerherrn Graf Lehndorff, der getreulich all die Jahre am Hofe der Königin Elisabeth Christine verbrachte, ebenso wie einige Auszüge aus Briefen des Königs geben einen Eindruck vom täglichen Leben des Hofes im Jahre 1753:

Lehndorff *1. Februar 1753*

Das rotsammetne, mit Perlstickereien versehene Bett, das alle Fremden bewunderten und das für unsere Könige und unsere Prinzen die Stätte ihres ersten Beilagers war, wird verkauft. Es ist doch schade, daß solche Denkmäler, die von der Pracht und dem Geschmack unserer Ahnen Zeugnis ablegen, so verschwinden. Ich bin gewiß, daß wir, wenn wir in den Besitz einiger Möbel gelangen würden, deren sich einst Kleopatra oder Livia bedient, bei dem Anblick dieser alten Herrlichkeit entzückt wären.[274]

Friedrich an August Wilhelm *Potsdam, 16. März 1753*

. . . Anbei den gewünschten Vorspannpaß. Es freut mich sehr, daß Sie bei Ihrem Kavallerieregiment nach dem Rechten sehen wollen. Das Militär, lieber Bruder, ist unser Acker und Pflug. Man muß sich eingehend damit befassen und es nicht vernachlässigen, sonst fällt alles andere wie ein Kartenhaus zusammen.

Meine Kolik ist vorüber; ich bin daran gewöhnt wie ein Postpferd an seinen Kurs.[275]

Friedrich an August Wilhelm *Potsdam, 3. April 1753*

. . . Wenn ich nicht zum Abendmahl gehe, so geschieht es, weil ich nicht auf dem Standpunkt des christlichen Glaubens stehe. Ich finde ihn widersinnig und möchte um nichts auf der Welt die Fehler, die ich schon habe, durch das Laster der Heuchelei vermehren; denn ich will niemanden täuschen, und man soll der Welt zeigen, daß man ein Ehrenmann sein kann ohne an die jungfräuliche Geburt und an das Wunder der Hostie zu glauben. So denke ich im Grunde meiner Seele . . .[276]

Der König an Fredersdorf *10. 8. 1753*

Macht man Kinder, So hat man Sorgen. Macht man keine nicht So machen einen die Schwester Kinder genug, hier seindt heute 2 angekommen die Sagen der alte oncel ist ein geitzhaltz . . . der arme oncel hat sich um die Schwestern verblutet und nimmt Seinen recours an Madame Notnagel (eine Goldmacherin). Sonsten wird es garstig aussehen, ich denke, den einen wolte ich einen goldenen Tegen mit Diamanten besetzet Schenken und den anderen eine uhre mit Diamanten die preise müssen aber gleich seindt, Sonsten Mache ich Jalousie.

ich freue mihr, das es sich mit dihr bessert. Wan Cothenius (der Arzt) kommen Wirdt So wollen wihr wieder Consilium halten, ich habe einen Anschlag, aber auf meine Hörner nehme ich ihm nicht. Habe nuhr so lange geduldt. Gott bewahre Dihr[277]

Der König an Fredersdorf *7. 11. 1753*

Die Astrua (eine Primadonna) und Carestini (ein Opernsänger) haben nun Händel und fordern den Abschied; es ist Teufels-Krop, ich wollte, daß sie der Teufel alle holte! die Canaillen bezahlet man zum Pläsir, und nicht, (um) Vexirerei von ihnen zu haben![278]

Der König an Fredersdorf *Dezember 1753*

ich glaube an keine goldmachers mehr in mein leben! den Hertzog zu Braunschweig ist es wie mihr gegangen, er hat es mich vertzehlet. er hat über 10 (Goldmacher) in seine Vestung. ich bin nicht so schlim, ich lasse sie laufen, man muß solchen leüten Keinen glauben geben! aus 3 millions hat Mad. Nothnagelin 3 thaler gemacht, und weis der himel, ob es nicht ordinair geschmoltzen Silber ist. du wirst wieder betrogen werden; und zuletzt werden Dich die Leüte um das Deinige bringen . . . Nus ist tzeit an die Neujahrspresenten zu Denken, mein Bruder Ferdinandt, die von Schwedt, Pr. Hendrich, die verwitwete Königin! die anderen kriegen Stof. *Fch.*[279]

Der Briefwechsel mit Fredersdorf im Jahre 1754 enthält viele Einzelheiten über Sänger, Sängerinnen und Kastraten. Es fallen zuweilen harte Worte, einige davon der Art, daß die Gesandten diese ihren offiziellen Berichten auf einem Extrabillett beifügten. Manche schrieben dazu, sie seien vor Scham errötet. Zu dieser Emotion hätten sie beim Soldatenkönig zweifellos öfter Gelegenheit gehabt als bei Friedrich. Aus dem Vokabular des Vaters stammte die Sonderform »fuxen« oder »fuksen« für das »faire l'amour«. Im Briefwechsel mit dem Fürsten von Anhalt tauchte sie 1728, nach der Heimkehr des alten Königs aus Dresden, auf. Friedrich Wilhelm hat sie seinen Kindern überliefert, und Friedrich gebrauchte sie bisweilen in seiner Korrespondenz mit dem »großen Faktotum«, Fredersdorf.

Doch darf den in der Tat oft sehr abträglichen Bemerkungen über das Opernvölkchen nicht allzu viel Gewicht beigemessen werden. Friedrich meinte es meist nicht so arg, wie es klang. Der ehemalige Intendant der Preußischen Staatstheater, Heinz Tietjen, schrieb in seinen Lebenserinnerungen, er habe, als er die Staatsoper Berlin übernahm, noch Gesetze aus Friedrichs Zeit vorgefunden, handschriftliche Notizen und Verfügungen des Königs, die aber ausschließlich zum Wohle der Sängerinnen erlassen wurden:

»Ich wünsche« (nicht ich befehle!), »daß Mademoiselle sowieso« – so hieß das Gesetz für damals, aber es war noch in Kraft, und diese Mademoiselle war jetzt Maria Müller – »sobald sie die Anzeichen einer leichten Indisposition zeigt, sofort auf eines meiner Güter geschickt wird zur Erholung.« . . . Dann gab es ein Ballett-Gesetz, das hieß in deutscher Sprache: »Die Demoiselles des Balletts genießen den Vorzug, daß sie, wenn eine Opernvorstellung nicht den Wünschen und dem goût meines Publikums entspricht, eingesetzt werden mit einem Ballett, so wie ich es erlebt habe.« . . . Ich fand auch Ratschläge von Voltaire für verschiedene Inszenierungsarten vor. Diese Schriftstücke lagen bei der ehemals

Königlichen-, nunmehr Staatsopern-Bibliothek, nicht Staatsbibliothek, das sind verschiedene Dinge. Diese Bibliothek ist Gottseidank nicht vernichtet worden . . .[280]

Mit diesem Vorwissen sind auch die nachstehenden Briefstellen verständlicher:

Der König an seinen bevollmächtigten
Minister Earl Marischall von Keith in Paris

Potsdam, 8. Februar 1754

. . . vielmehr halte ich Sie für einen außerordentlich liebenswürdigen Mann, von dem ich annehme, daß er, von seinem Gewerbe angeekelt, nach Freiheit lechzt. Das ist eine so natürliche menschlische Empfindung, daß ich nichts dagegen zu sagen weiß. Wäre ich ebenso Herr meiner Handlungen, wie Sie Herr der Ihrigen sind, so hätte ich schon längst einen ähnlichen Entschluß gefaßt, aber in meinem Handwerke muß man sein Joch das ganze Leben lang tragen . . .
Hat man lange Zeit die Gegenstände, auf die sich die allgemeine Begehrlichkeit richtet, in der Nähe betrachtet, so verfliegt ihr Reiz, und man wird schnell darüber klar, daß ihnen der große Haufe lediglich einen eingebildeten Wert verleiht.
. . . Man soll da, wo man nun einmal ist, zufrieden sein, kein vollkommenes irdisches Glück erwarten, den Kummer ertragen, wenn er kommt, und das Vergnügen genießen, wenn man es festhalten kann[281]

Der König an Fredersdorf *24. 2. 1754*
. . . ich habe recht viehl mitleiden mir Dir gehabt, behekset bistu nicht, aber 2 Kranckheiten, die bei Dihr zusamen komen, die machen uns vihl Cumer. indessen ist es guht, daß es vorbei ist.
nuhn halte Nuhr Künftigen mohnaht die ohren Steif![282]

Der König an Fredersdorf *Ende Februar 1754*
Eine Canaille hierher komen zu lassen, die fukst aber nicht Sinhkt, ist nicht die Mühe werht!
die alte hure Casparini sinkt noch Quasi. also wenn nicht eine ist, die was kann, So wil ich sie nicht haben; ob sie Canaille oder Racaille heiset, ist mir ein Thunt (gleichgültig), sie mus aber Singen Könen. also mehr gewartet und eine guhte ausgesuchet; und lieber Solche vohr Künftigen Winter, als eine Schlechte vohrs frühjahr![283]

Der König an Fredersdorf *April 1754*
wohr heüte gegen Mittag die Sone Scheint, So werde ich ausreiten.

Kome doch am fenster! ich wolte Dihr gerne Sehen; aber das fenster mus feste zu bleiben und in der Camer mus Stark feüer Seindt! ich Wünsche von hertzen, daß es sich von tage zu tage mit Dihr besseren Möhge. gestren habe ich Deine besserung Celebrirt mit 2 butteillen ungerschen wein . . .[284]

Sanssouci bestand jetzt sieben Jahre. Zu dem Ausbau und der Fertigstellung des Schlößchens war die Anlage der Gärten gekommen, so daß die Umgebung gepflegt und freundlich aussah und nicht mehr öde und leer. Große Mühe hatte Friedrich darauf verwendet, die Wasserspiele für seinen Park in Gang zu bringen. Holländische und französische Wasserkünstler hatten ihr Glück versucht, jedoch ohne Erfolg. Es gibt eine komplette Baugeschichte der Fontänenanlagen von Sanssouci, sie ist ein Report ständigen Mißerfolges. Einmal, am Karfreitag 1754, es war der 12. April, schickte einer der kleineren Springbrunnen seine Wasserfontäne eine Zeitlang in die Luft. Dann war es wieder aus und vorbei mit den Wasserkünsten in Sanssouci. Es lag, wie vermutet wird, an dem anhaltend schlechten und mangelhaften Röhrensystem. Man hatte aufwendige Bauten und Wasserreservoire geschaffen, aber der König bekam nie mehr eine Fontäne zu sehen.[285]

Der König an Fredersdorf — *April 1754*
Man saget in Berlin, die Astrua wäre wieder rappelköppisch; sie hat aber ihren Accord, und den muß sie einmal halten.
Gott bewahre dihr.
Die Opernleute sind solche Canaillenbagage, daß ich sie tausendmal müde bin[286]

Der König an den Marishal Keith — *Potsdam, 15. Mai 1754*
. . . In betreff des Vorzuges des Herzens vor dem Verstande bin ich völlig Ihrer Ansicht; nur gibt es Menschen, die man wie hübsche Papageien behandelt, und bei denen man mehr auf die Sprache als auf den Charakter sieht. Freilich wird man auch manchmal dafür bestraft, wie es mir ja mit Voltaire gegangen ist. Wer mit Affen spielt, wird gelegentlich gebissen: es ist ein großer Unterschied, ob man aus einem Menschen seinen Freund macht oder ihn nur, wie Comines sagt, als Sprechtier behandelt . . .[287]

Von Interesse ist auch ein Rückblick auf Friedrichs Unkosten für seine Küche im Jahre 1754.

1 Taler bestand aus 24 Groschen zu je 12 Pfennigen.

1 Pfund Rindfleisch — 1 Groschen 6 Pfennig

1	Pfund Hammelfleisch	1 Groschen 6 Pfennig
1	Pfund Kalbfleisch	1 Groschen 9 Pfennig
1	Pfund Schinken	3 Groschen
1	Pfund Talg	3 Groschen
1	Pfund fetter Speck	3 Groschen 6 Pfennig
60	Eier (1 Schock)	10 Groschen
1	Zitrone	1 Groschen
1	Pfund Mandeln	4 Groschen 6 Pfennig
1	Pfund Rohrzucker	4 Groschen 9 Pfennig

Die Gesamtausgaben für die Königlichen Tafeln war festgesetzt auf 32 Taler. Meist gab es 11 Taler Mehrverbrauch und darum viele Streitigkeiten mit den Köchen. Davon wurden alle Tafeln bestritten, von der königlichen bis zu denen der Kammerdiener, der Pagen und der Lakaien.[288]

Der König an Fredersdorf — *23. Juli 1754*

... Schreibe doch an Metra (den Kunsthändler Mettra) nach paris: wenn dorten Inventaires Werden (Versteigerungen sind), wohr Tablos (wo Gemälde) verkaufet werden, ob von Tisiens (Tizian), Paul Veronese, Jourdans und Corege vohr Honete (annehmbare) preise Kaufen Könte; hübsche große »Tableau de galerie«, aber keine huntzfötiesche heilige, die Sie Märteren, aber Stücke aus der Fabel oder historie![289]

Friedrich an Fredersdorf — *August 1754*

Du Krigst alle jahr 520 Thaler: davohr mus mein neveu (Neffe) alle tage 7 gelbe Wakslichter in seine Camren Krigen und des abendts 4 Kleine assietens (Schüsseln, Gänge) von einem teütschen koch ...[290]

Tagebuch Graf Lehndorff — *27. Juli 1754*

Diner in Charlottenburg. Der König schenkt der Gräfin Camas eine goldene Schere, um, wie er sagt seinen Nebenbuhlern die Ohren abzuschneiden.[291]

Der König an Fredersdorf — *(22. Oktober 1754)*

von die 2 junge Castraten Sol er (der Agent Pinetti) den besten aussuchen und Kaufen, denn das ist genung. was wollen wihr mit alle die Walachen machen! dartzu sol er geldt Krigen, aber mehr nich.[292]

Der König an Fredersdorf — *(30. Oktober 1754)*

es ist mihr lieb, daß es mit Dihr in-Soweit guht gehet, aber ich traue dihr nicht auf ein har (Haar) und glaube imer, Du quaksalberst durcheinan-

der! wann du das *nuhr wolst bleiben lassen, so wirstu gewisse mit der tzeit besser und gantz guht werden.*
aber du bist wie die Mimi (Ein Affenweibchen), wann man meinet, man hielt sie feste, so Sprung sie um der architrave (das Zimmergesims) von der Camer herum. Gottbewahre! *Fch.*[293]

Friedrich an August Wilhelm *13. November 1754*
Wir haben so viele Beispiele von dummen Streichen, die andere Männer und Fürsten, die mehr bedeuten als der Erbprinz von Hessen, der Weiber wegen begangen haben, daß ich es als etwas für jeden, der Neigung zur Liebe hat, Nützliches ansehe, auf seiner Hut zu sein und sich der Leidenschaft niemals so vollständig hinzugeben, daß ihr alles andere geopfert wird . . .[294]

Der König an Fredersdorf *(16. November 1754)*
du hast mihr zwar Vihl versprochen, aber Du bist so leicht-gläubig und So leicht-sinnig, daß man auf Deine Worte Keinen Stat machen Kan. Sehe nuhn Selber, was Du thun Wilst. und Morgen Gib Deine resolution (Entscheidung)! denn es mus der Sache ein rechtes Ende werden, Sonsten Crepirstu (krepierst Du) meiner Sehlen aus puren übermuht!
Fch.[295]

Friedrich an August Wilhelm *Potsdam, 26. November 1754*
Lieber Bruder!
Es wundert mich, daß meine lieben Landsleute in Berlin ihre Gemüstart so sehr verändert haben. Früher war Berlin die Hochburg des Klatsches und der boshaften Redensarten. Menschenliebe habe ich bei seinen Einwohnern nie gefunden, und falls ihnen nicht ein Messias seit meinem Scheiden gepredigt hat, begreife ich diesen Sinneswandel nicht. Ich schreibe ihn eher dem Umstande zu, daß Sie stets in Oranienburg sind, wo Sie nichts von den Stadtgesprächen hören und erfahren.[296]

Der König an Fredersdorf *(Mai 1755)*
. . . nuhn fange ich an, gantzen zutrauen in deiner geneßung zu Krigen, wie ich Dir vergangen (neulich) gesehen habe, so sahstu 3 mahl So guht aus, als dießen Winter. nuhr noch d. 16ten überstanden, und dan Würstu ein recht hübscher Kerel werden!
gottbewahre! *Fch.*[297]

Fredersdorf an den König *5. Juni 1755*
Ewr. Königl. Majesté Kan ich un-Möglich reisen lasen, ohne Ihnen

18 Königliches Opernhaus, Berlin

19 *Barbara Campagnini, genannt Barbarina*

Meinen Segen Mit-zu-geben. ich wünsche von Grund Meiner Seehlen eine gesunde und Vergnügte reise und retour!

Ich Ersterbe
Ew. Königl. Majesté
Unter-thänigster treüer Knecht
Fredersdorf[298]

Tagebuch Graf Lehndorff — *10. Juni 1755*

Die Prinzessin Heinrich reist nach Rheinsberg. – Der König bekommt auf seiner Klever Reise plötzlich Lust, inkognito nach Amsterdam zu gehen. Er wird nur von Balbi und seinem Husaren Glasow begleitet.[299]

Auf dieser holländischen Reise machte Friedrich sich manchen Spaß. Kugler erzählt, er sei so unscheinbar aufgetreten, daß man an der Kapazität seines Geldbeutels zweifelte. In einem Wirtshaus in Amsterdam machte er die Wirtin mißtrauisch, als er in seinem »zimtbraunen Rock mit goldenen Knöpfen« eine sehr teure Pastete bestellte. Die gute Frau erkundigte sich beim Diener, ob der Herr das Gericht auch bezahlen könne. Darauf sagte dieser, sein Herr sei ein berühmter Flötenvirtuose und verdiene zehn Pasteten am Tag. Friedrich mußte eine Probe seiner Kunst ablegen, ehe die Wirtin ihm die Pastete bereitete. Auf einem ganz gewöhnlichen Schiff fuhr er dann von Amsterdam nach Utrecht, um die schönen Landhäuser am Ufer zu sehen. Dabei machte er die Bekanntschaft des jungen Schweizers Henri de Catt, der ihm so gut gefiel, so gebildet und kenntnisreich erschien, auch ein sehr einnehmendes Betragen zeigte, daß er sich seine Adresse ausbat. Auch hier blieb er inkognito. De Catt erhielt nach drei Monaten eine Einladung des Königs von Preußen, als Vorleser zu ihm in den Dienst zu kommen. Aber er war damals krank, und seine Lebensumstände erlaubten ihm dies nicht. Im Jahre 1758 konnte er dann dem Ruf Folge leisten und sollte mehr als zwanzig Jahre sein Amt als Vorleser ausüben. Er genoß das besondere Vertrauen des Königs.[300]

Der König an Fredersdorf — *Ende Juni 1755*

ich Schike Dihr Ein Rares Eliksihr (Elixier), das von Teofrastem Paratzelsio (Theophrastus Paracelsus) Komt, welches mihr und alle, die davon genommen haben, wunder gethan hat. nim nuhr von dießer Medecin. es leidet aber Keine *quaksalberein dannehben! sonsten benimt es einem vohr Sein lebe-Tage die Mänliche Krefte der liebe!*

Fch.[301]

Noch eine weitere wichtige Bekanntschaft machte der König im Sommer 1755. Er sah zum erstenmal das Mitglied seiner Akademie der Wissenschaften, den berühmten Gelehrten d'Alembert, der sich als Enzyklopädist einen Namen machte. Er traf ihn in Wesel auf seiner Reise nach Holland. Vergeblich versuchte der König, d'Alembert zur Übersiedlung nach Berlin zu überreden. Der Wissenschaftler machte erst 1763 einen Besuch in Sanssouci, kehrte aber nach Paris zurück.

Es ist kennzeichnend für die im allgemeinen von der Familie dem König gegenüber beobachtete strenge Etikette, daß selbst die von Friedrich verehrte Königinmutter Sanssouci noch nicht gesehen hatte. Also nicht nur seine Gemahlin wurde ferngehalten von diesem Platz, auch die Mutter. Am 28. Juli 1755 erging vom König zum erstenmal eine Einladung an sie, und er wollte ihr entgegenreiten. Dabei paßte er, wie so oft, nicht auf das Tier auf, sondern war mit seinen Gedanken woanders und fiel vom Pferd, was ihm öfter passiert ist. Er stürzte hart und zerschlug sich dabei das Gesicht derart, daß er während des Besuches seiner Mutter mit verbundenem Kopf im Bett liegen mußte. Man erzählte sogar, der König habe Blut gehustet, so schwer seien seine Verletzungen gewesen.[302]

Im November 1755 erlitt die europäische Welt einen Schock besonderer Art: am ersten Tage dieses Monats wurde die Stadt Lissabon von einem Erdbeben fast vollständig zerstört, nur ein knappes Drittel der Häuser blieb erhalten. Es gab dreißigtausend Tote. Diese Zahl war für damalige Verhältnisse außerordentlich hoch. Lissabon und die Macht der Naturgewalten bildeten für lange Zeit Tagesgespräch und Mittelpunkt philosophischer Betrachtungen.

Aus dem Ende des Jahres 1755 datierten die ersten Entwürfe für das »Neue Palais« im Garten von Sanssouci. Friedrich beschäftigte sich mit dem Gedanken, ein geräumiges und prächtiges Gästehaus zu bauen, denn das kleine Schloß Sanssouci eignete sich nur für sehr wenige Bewohner. Aber die Neffen und Nichten des Königs wuchsen heran, auswärtige Fürstlichkeiten wünschten Sanssouci zu sehen – man mußte sich etwas einfallen lassen, um die Gäste unterzubringen und selbst nicht behelligt zu werden. Das war die ursprüngliche Überlegung bei diesen Plänen. Nachher, im Jahre 1763, als der mörderische Krieg überstanden war, wurde der Bau des Neuen Palais für Friedrich zu einer Prestigefrage. Er wollte der Welt beweisen, wie finanzkräftig er noch sei und keineswegs durch den Krieg verarmt.[303]

Mochten all die Jahre des vielgerühmten Friedensjahrzehnts von 1746–1756 für Friedrichs Untertanen sorglos und ohne Belastungen verlaufen, der König selbst war, ungeachtet aller Zerstreuungen, auf seinem Posten. Er beobachtete scharf die politischen Strömungen in Europa. Die Zügel seiner Regierung hielt er fest in seiner Hand. Als sich die Situation zuspitzen sollte, erfüllte ihn eine ideenreiche Wachsamkeit.

Schoeps umreißt die Lage in komprimierter Form:

Immer aber blieb der Primat der Außenpolitik und der Heeresvermehrung gewahrt, denn daß Maria Theresia den Verlust Schlesiens noch nicht verschmerzt hatte und in ihm selbst noch mehr als einen Störenfried sah, nämlich einen Aufrührer gegen Kaiser und Reich, daran war nicht zu zweifeln. Und gegen diesen als Bedrohung des europäischen Gleichgewichts empfundenen Aufstieg Preußens zur fünften Großmacht versuchte nun seit etwa 1750 der österreichische Staatskanzler und Außenminister Graf Kaunitz eine Koalition der europäischen Mächte zusammenzubringen, die einen »Umsturz der Bündnisse« bedeuten sollte.

Bis zum Frühjahr 1756 waren nach längeren Verhandlungen Rußland, Frankreich und Kursachsen, das noch verhandelte, als Bundesgenossen Österreichs (und des Reichs) zusammengebracht worden, während auf Preußens Seite nur das mit Frankreich wegen überseeischen Kolonialinteressen verfeindete England – es ging um den Besitz Kanadas und anderer französischer Kolonien – stand (Westminsterkonvention vom 16. Januar 1756, die Hannover im Kriegsfall für neutral erklärte). Für Englands Entschluß war darüber hinaus – neben den Hannoverschen Interessen des Herrscherhauses – die traditionelle »Balance of powers« maßgeblich, daß Europa gegen Frankreich abgesichert werden müsse. Auch die protestantische Solidarität gegen Habsburg und Frankreich spielte eine gewisse Rolle; schon früh ist Friedrich in England als »the Great Protestant Defender« (Der große protestantische Verteidiger) gesehen worden.

In dieser bedrohlichen Situation einer bevorstehenden Einkreisung entschloß sich Friedrich selbst loszuschlagen und aus begründeter Besorgnis einen Praeventivkrieg zu eröffnen, von dem er freilich nicht wissen konnte, daß er sieben Jahre dauern würde. Aber auf den Status der Markgrafen von Brandenburg aus dem 16. Jahrhundert – dieses Kriegsziel war von den Feinden genannt worden – konnte sich Friedrich nicht gut zurückbringen lassen. Die Schuldfrage am Ausbruch dieses Krieges ist wie fast immer nicht eindeutig zu entscheiden. Zwei geplante Offensiven: Österreich zielte auf Schlesien, Preußen auf Sachsen, prallten damals aufeinander. Beide Kriegspartner waren auf einen Angriff gefaßt, befanden sich in der Defensive und vermeinten für ihr Dasein zu streiten. Friedrichs Einbruch in Sachsen sollte Schlesien sichern, hat aber dem Vernichtungswillen der gegnerischen Koalition die letzten Hindernisse aus dem Weg geräumt. »Manche Länder haben ein längeres Schwert als Preußen, aber keines kann es so schnell aus der Scheide ziehen.« hat Carlyle über den Einmarsch nach Sachsen geurteilt.

Die wechselvollen Geschicke dieses in einer wenig aussichtsreichen Lage begonnenen Krieges können hier nicht im Detail erzählt werden. Der Krieg der sieben Jahre wurde im Osten gegen die Russen geführt, im Norden gegen die seit März 1757 mit Absichten auf Pommern in die gegnerische Koalition eingetretenen Schweden, im Westen gegen Frankreich und die Reichsarmee, im Süden gegen die Österreicher. Ein österreichisch-russisches Zusammenwirken erschien besonders bedrohlich, war aber von Friedrich schwerlich zu verhindern. Es muß genügen, die wichtigsten kriegerischen Stationen und Höhepunkte herauszuheben.

Vorab sei bemerkt, daß unter den damaligen Bedingungen der Kriegsführung (Magazinverpflegung, Schwerfälligkeit des Nachschubs usw.) die Beweglichkeit der Truppen sehr gehemmt war. Auch der kühn operierende Stratege Friedrich fand hier seine Grenzen gezogen. Um so erstaunlicher wirkt daher sein Offensivgeist (Friedrich: »Die ganze Force unserer Truppen besteht im Attackieren«), mit dem er auch bei klarer Kräfteunterlegenheit während des Siebenjährigen Krieges wiederholt über die Manöverstrategie der österreichischen Generäle den Sieg davongetragen hat. Friedrichs Umfassungsschlachten mit ihren aufgelösten Gefechtsformen und keilförmigen Massierungen von starken Gefechtsverbänden an schwachen Punkten der gegnerischen Front kündigten eine neue Epoche der Kriegskunst an. Dies hat den Ruhm von Friedrichs Feldherrentum begründet.

Friedrich war ohne Kriegserklärung in Sachsen eingefallen und hatte in Dresden die Aktenstücke der dortigen Archive veröffentlichen lassen, um so von seinen Eroberungsabsichten in Sachsen durch Belastung des Gegners abzulenken. Die sächsische Armee, bei Pirna eingeschlossen, wurde zur Kapitulation gezwungen, ein Entsatzheer der Österreicher bei Lobositz (1. Oktober 1756) in Nordböhmen geschlagen.[304]

Es gab damals noch bei weitem nicht so viele Zeitungen wie heute, aber die wenigen Gazetten genügten, Propaganda und Gegenpropaganda zu betreiben. So verbreiteten sie genußreich, daß Maria Theresia sich ihren französischen Verbündeten gegenüber äußerst huldreich verhielt. In ihren Briefen titulierte sie die Mätresse Ludwigs XV., Madame Pompadour, mit »Meine liebe Cousine« und »Teuerste Schwester«. Von Friedrich dagegen lief das Gerücht, er habe für die drei Feindinnen, mit denen er Krieg führte, nämlich Maria Theresia, die Pompadour und die russische Zarin Elisabeth, in seiner Erbitterung höchst ungalante Ausdrücke verwendet. Seine Feindinnen erfuhren dies natürlich. Nun hegten sie auch noch persönliche Rachegelüste gegen ihn. Waren die Äußerungen Friedrichs zweifellos politisch unklug, so haben sie ihn jedoch sicherlich ungemein erleichtert.

Der Anfang des Jahres 1756 war wenig ereignisreich und beunruhigend.

Friedrich an August Wilhelm *Potsdam, 12. Februar 1756*
Lieber Bruder!

Hier ist gar nichts los. Ein Zeitungsschreiber würde in Potsdam verhungern, falls er nicht die Skandalchronik der Stadt schriebe, und auch das wäre wenig anziehend.[305]

Aber bald enthielt die Korrespondenz des Königs mehr und mehr Andeutungen, wie sich der politische Horizont verdüsterte. Im Juni dann traf Friedrich Maßnahmen, um unauffällig seine Offiziere vom Urlaub zurückzubeordern:

Der König an Keith in Karlsbad *Potsdam, 23. Juni 1756*
Ich schreibe Ihnen diesen Brief nur, um Ihnen zu sagen, daß es mir angenehm sein würde, wenn Sie, jedoch nur unter der Hand und ohne Aufsehen, meinen zum Kurgebrauche nach Karlsbad beurlaubten Offizieren die Weisung zugehen lassen wollten, ihre Kur so bald als möglich zu beendigen, um Anfang Juli zurück sein zu können . . .

Die Karlsbader Luft ist für die Preußen nicht mehr gesund. Sie werden sämtlich wohltun, am 10. kommenden Monats zurück zu sein . . .[306]

Der König selbst machte seine gewohnte Brunnenkur zu Hause in Sanssouci und hoffte, dadurch seine schwankende Gesundheit genügend für die Ereignisse der Zukunft zu festigen.

Friedrich an August Wilhelm *Potsdam, 8. Juli 1756*
Ich trinke Brunnen, um mein altes abgenutztes Gerippe auszuschwemmen, damit es den Anstrengungen gewachsen ist. Ich weiß noch nicht, was aus alledem werden wird. Meine Nachrichten sind voll so seltsamer Widersprüche, daß man unmöglich klar in die Zukunft sehen kann. In der jetzigen Lage will ich bleiben, bis die Wolke, die meine Augen beschattet, sich zerteilt hat und unsere Feunde sich entschieden haben. Einstweilen ist mein Werk getan und ich zerstreue mich, so gut ich es

vermag. Mit völliger Seelenruhe warte ich ab, ob meine Nachbarn Prügel haben wollen, oder ob sie wünschen, daß wir ruhig bleiben.[307]

Friedrich a-n August Wilhelm *Potsdam, 15. Juli 1756*
Lieber Bruder!
Es freut mich sehr, daß die Früchte aus Sanssouci Ihnen geschmeckt haben. Ich bin am Ende meiner Brunnenkur und, wie ich glaube, ganz dicht vor dem Kriege. Alles treibt dazu und mir bleibt kein anderes Mittel, als meinen Feinden durch Schnelligkeit zuvorzukommen.[308]

Der König war wohlgerüstet und brauchte einen Krieg nicht zu scheuen. Er wußte, daß er viele seiner sorglich zusammengesparten Taler brauchen würde, denn Kriege kosteten nun einmal enormes Geld. Ein Neutralitätsabkommen mit England war zwar im Januar 1756 abgeschlossen worden. Aber den ersehnten Subsidienvertrag hatte Friedrich noch nicht erreichen können. Erst 1758 kamen Hilfsgelder aus London. Obwohl sich die für die Feldzüge aufgewendeten Summen erstaunlich anhörten, so hatte der einfache Soldat nicht viel davon. Die Löhnung war so jämmerlich gering, daß die Männer in der Armee allerlei Schliche und Winkelzüge anwenden mußten, um überhaupt damit auszukommen.

Der damals frisch bei den Preußen angeworbene Schweizer Ulrich Bräker, der 1756 in das Heer eintrat, sollte als Chronist aus dem Volke dies für die Nachwelt aufzeichnen. Man hatte ihm als Einstand und Wochenlohn sechs Groschen und eine Montur in die Hand gedückt, nun mußte er zusehen, wie er sich damit arrangierte:

Hierauf gieng ich in eine Garküche und ließ mir ein Mittagessen, nebst einem Krug Bier geben. Dafür mußt ich 2 Groschen zahlen. Nun blieben mir von jenen sechsen noch viere übrig; mit diesen sollte ich auf vier Tage wirtschaften – und sie reichten doch blos für zweene hin. Bei dieser Überrechnung fing ich gegen meine Kameraden schrecklich zu lamentieren an. Allein Cran, einer derselben, sagte mir mit Lachen: »Es wird dich schon lehren. Jtzt thut es nichts; hast ja noch allerley zu verkaufen! Per Exempel deine ganze Dienermontur. Dann bist du gar itzt doppelt armirt; das läßt sich alles versilbern. Dann kriegen solche junge Bursche oft noch eine Tracktaments-Zulage, und kannst dich deswegen nun beym Obrist melden.«

»Oh oh! Da gehe ich mein Tage nicht mehr hin« sagte ich. »Potz Velten!« antwortete Cran: »Du mußt mal des Donnerns gewohnt werden, seys itzt ein wenig früher oder späther. Und dann des Menage wegen,

nur fein aufmerksam zugesehen, wie's die andern machen. Da heben's drey, vier, fünf miteinander an; kaufen Dinkel (eine Weizenart, triticum spelta, auch Grünkern genannt), Erdbirn (Kartoffeln), u.d.gl. und kochen selbst. Des Morgens um e'n Dreyer Fusel und e'n Stück Commisbrodt: Mittags hohlen sie in der Garküche um e'n andern Dreyer Suppe, und nehmen wieder e'n Stück Commis: des Abends um zwey Pfennig Kovent oder Dünnbier, und abermals Commis.«

»Aber das ist beym Strehl ein verdammtes Leben«, versetzte ich; und Er: Ja! So kommt man aus, und anderst nicht. Ein Soldat muß das lernen; denn es braucht noch viel andre Ware: Kreide, Puder, Schuhwar, Oehl, Schmiergel, Seife und was der hundert Siebensachen mehr sind. – Ich: »Und das muß einer alles aus den 6 Groschen bezahlen?« Er: Ja, und noch viel mehr; wie z. B. den Lohn für die Wasche, für das Gewehrputzen u.s.f. wenn er solche Dinge nicht selber kann. – Damit giengen wir in unser Quartier; und ich machte alles zurecht, so gut ich konnte und mochte.[309]

Bräker war nicht ganz freiwillig zu den Preußen gekommen. Die Werber bedienten sich nicht immer lauterster Methoden, um Leute zu gewinnen. Er wurde in aller Eile ausgebildet und kämpfte im Oktober 1756 in der Schlacht von Lobositz mit. Eingedenk der Tatsache, daß er ja gar nicht zu den Soldaten gewollt hatte, desertierte er ungeachtet der drakonischen Strafen, die auf Flucht standen, zu den Österreichern. In Preußen stand auf Desertion der Strang oder, was schlimmer war, tödliches Spießrutenlaufen. Bräker hatte jedoch Glück, für ihn war der Krieg zu Ende, er konnte über Österreich zurück in seine Heimat.

König Friedrich und seine Soldaten fanden jedoch nach dem Sieg bei Lobositz noch keine Ruhe. Die bei Pirna gefangene sächsische Armee hatte sich ergeben, sie wurde nun kurzerhand in preußische Uniformen gesteckt und sollte für Preußen kämpfen. Das ging jedoch nicht gut. Gesinnungsmäßig strebten viele Sachsen nach der österreichischen Seite, und so kam es vor, daß ganze Regimenter in vollster Ordnung zum Feinde überliefen.[310]

Die Stimmung im Volke bei Ausbruch des Siebenjährigen Krieges, wie damals die Meinungen aufeinanderprallten, gab kein Geringerer als Goethe wieder, als er »Aus meinem Leben. Wahrheit und Dichtung« niederschrieb:

Kaum hatte ich am 28. August 1756 mein siebentes Jahr zurückgelegt, als gleich darauf jener weltbekannte Krieg ausbrach, welcher auf die nächsten sieben Jahre meines Lebens auch großen Einfluß haben sollte . . .

Mein Großvater, der als Schöff von Frankfurt über Franz den Ersten den Krönungshimmel getragen und von der Kaiserin eine gewichtige goldene Kette mit ihrem Bildnis erhalten hatte, war mit einigen Schwiegersöhnen und Töchtern auf österreichischer Seite. Mein Vater, von Karl dem Siebenten zum kaiserlichen Rat ernannt und an dem Schicksale dieses unglücklichen Monarchen gemütlich teilnehmend, neigte sich mit der kleineren Familienhälfte gegen Preußen. (Im Sinne von: nach Preußen hin.) Gar bald wurden unsere Zusammenkünfte, die man seit mehreren Jahren Sonntags ununterbrochen fortgesetzt hatte, gestört. Die unter Verschwägerten gewöhnlichen Mißhelligkeiten fanden nun erst eine Form, in der sie sich aussprechen konnten. Man stritt, man überwarf sich, man schwieg, man brach los. Der Großvater, sonst ein heiterer, ruhiger und bequemer Mann, ward ungeduldig. Die Frauen suchten vergebens, das Feuer zu tüschen, und nach einigen unangenehmen Szenen blieb mein Vater zuerst aus der Gesellschaft.

Nun freuten wir uns ungestört zu Hause der preußischen Siege, welche gewöhnlich durch jene leidenschaftliche Tante mit großem Jubel verkündigt wurden. Alles andere Interesse mußte diesem weichen, und wir brachten den Überrest des Jahres in beständiger Agitation zu. Die Besitznahme von Dresden, die anfängliche Mäßigung des Königs, die zwar langsamen, aber sicheren Fortschritte, der Sieg bei Lobositz, die Gefangennehmung der Sachsen waren für unsere Partei ebenso viele Triumphe. Alles, was zum Vorteil der Gegner angeführt werden konnte, wurde geleugnet oder verkleinert; und da die entgegengesetzten Familienmitglieder das gleiche taten, so konnten sie einander nicht auf der Straße begegnen, ohne daß es Händel setzte, wie in »Romeo und Julia«.

Und so war ich denn auch preußisch oder, um richtiger zu reden, fritzisch gesinnt, denn was ging uns Preußen an! Es war die Persönlichkeit des großen Königs, die auf alle Gemüter wirkte. Ich freute mich mit dem Vater unserer Siege, schrieb sehr gern die Siegeslieder ab und fast noch lieber die Spottlieder auf die Gegenpartei, so platt die Reime auch sein mochten.[311]

Das einzige Mal, daß der König sich vom Kriegsschauplatz weg und nach Berlin begab, war im Januar 1757. Aber dieser Aufenthalt dauerte nur eine Woche und hatte den Zweck, der kranken Königinmutter noch einmal den Gefallen zu tun, alle ihre Söhne um sich zu sehen. Mit Friedrich waren August Wilhelm, Heinrich und Ferdinand nach Berlin gekommen. Alle waren sehr beschäftigt mit Besuchen und Unterredungen. In der Öffentlichkeit zeigte sich Friedrich kaum. Er verschwand nach kurzer Zeit wieder mit seinen Brüdern und sollte während der ganzen Dauer des Krieges, bis zum 2. April 1763, nicht mehr nach Berlin oder Sanssouci zurückkehren.[312]

Gerade in diesem Jahr 1757 kam es zu einer Reihe von entscheidenden Situationen. Es brachte durch drei gewonnene Schlachten den größten Ruhm für den König und die Sicherung Schlesiens, das schon fast völlig in Feindeshand gewesen war. Das bewegte Kriegsgeschehen machte Friedrich in seinem Hauptquartier unabkömmlich. Schoeps umreißt die Situation treffend:

Aber der Ernst der militärischen Lage sollte erst das Jahr 1757 offenbaren, in das die denkwürdigsten Schlachten Friedrichs fallen. Durch Ostpreußen rückte eine russische Armee vor, im Westen setzten die Franzosen eine englisch-hannoversche Armee unter dem Herzog von Cumberland so außer Gefecht, daß dieser die Waffen strecken mußte und die westliche Flanke Brandenburgs dem Angriff der Franzosen offenstand. Friedrich selbst hatte beim Versuch der Einschließung Prags eine schwere Niederlage durch Marschall Daun bei Kolin errlitten, die ihn zwang, Böhmen zu räumen und auf schmaler innerer Linie in Sachsen zu operieren. Kolin ist die Marneschlacht des siebenjährigen Krieges gewesen. Von hier ab wußte Friedrich, daß der Krieg lang werden würde.[313]

Bald nach Kolin, im Juli 1757, wurde der Thronfolger Prinz August Wilhelm zum erstenmal mit einem eigenen Armeekommando betraut. Er hatte die Aufgabe, die Elbe und die Lausitz zu decken. Eine Schlüsselstellung lag bei dem Orte Gabel, die August Wilhelm infolge unglücklicher Dispositionen nicht zu halten verstand. Er ließ sich, statt draufgängerisch zu handeln, seine Zufahrtswege zu den wichtigsten Magazinen abschneiden und mußte nun den König um Brot aus Bautzen zur Versorgung seiner Armee bitten. Es scheint ein Unstern über diesem so ehrenhaften und tapferen Prinzen gewaltet zu haben, daß er schlechten Ratschlägen seiner Generale folgte und durch mangelnden Angriffsgeist erhebliche Verluste erlitt.

Friedrich war außer sich. Daß gerade der Thronfolger so versagen mußte, war ein Makel für das Haus Hohenzollern. Es kam zu einem tiefgreifenden Zerwürfnis zwischen Friedrich und August Wilhelm, und die Brüder haben sich nicht wieder versöhnt. Im Juni 1758 starb August

Wilhelm völlig unvorhergesehen im Alter von sechsunddreißig Jahren. Das Volk sagte »an gebrochenem Herzen«.

Einen empfindlichen persönlichen Verlust für den König und die ganze Familie bedeutete der Tod der siebzigjährigen Königingmutter am 28. Juni 1757. Der König litt lange unter dem Gedanken, die geliebte Mutter nun nicht wiederzusehen, wenn er nach Hause käme.

Während Friedrich in der Lausitz in den ärgsten Schwierigkeiten steckte, mußte man sich in Berlin selbst helfen, so gut es eben ging. Es war jederzeit zu erwarten, daß ein Streifcorps des Feindes dort einfiel. Berlin war eine offene, nicht befestigte Stadt. Es lagen Befehle für den Hof vor, sich im Falle der Gefahr nach Magdeburg zu begeben. Für genügende militärische Bedeckung war vorgesorgt. Der beredeste Reporter dieser Kriegsereignisse in der Heimat war der Kammerherr der Königin, Ernst Ahasverus Graf von Lehndorff. Die von ihm überlieferten Einzelheiten haben an Drastik und Komik nicht ihresgleichen. Auch ganz neue Züge der bisher immer als so sanft geschilderten Königin scheinen auf.

Tagebuch Graf Lehndorff *2.7.57*
Es ist wirklich schade, daß diese Fürstin, die im Grunde so viele gute Eigenschaften besitzt, so oft sich zu einer Heftigkeit hinreißen läßt, die man im gewöhnlichen Leben Brutalität nennen würde und die ihr so viele Personen entfremdet, die ihr sonst von Herzen ergeben sein würden.[314]

Das Abbild Königin Elisabeth Christines ist in zahlreichen Gemälden erhalten geblieben. Die Bilder wurden zu Repräsentationszwecken in die verschiedenen preußischen Schlösser gehängt und haben die Zeiten in meist gutem Zustand überdauert. Ihr Schöpfer war zumeist der königliche Hofmaler Antoine Pesne. Als er am 5. August 1757 starb, betrauerte man einen Künstler, der eine ganze Epoche der Porträtmalerei mit seinem Schaffen geprägt hatte. Sein unerhörter Fleiß hinterließ ein umfangreiches Œuvre, das durch die damals übliche detaillierte Ausführung der Stoffe, Spitzen, Gewänder und Juwelen als kulturhistorische Quelle ersten Ranges zu betrachten ist. Pesne war fast ein halbes Jahrhundert für das preußische Königshaus tätig. Zu Anfang seines Schaffens, unter Friedrich Wilhelm I., haftete seinen Figuren etwas Steifes an, doch diese Malweise änderte sich nach dem Tod des Soldatenkönigs. Jetzt wurde die Haltung der dargestellten Personen bewegter, die Gestik lockerer und gelöster. August Wilhelm, der von Pesne und seinen Mitarbeitern Unterricht gehabt hatte, schrieb am 13. August 1757 an die

Prinzessin Heinrich, der arme Pesne sei tot und damit seien die Künste in Berlin begraben. Er hatte seinen Lehrmeister sehr verehrt.[315]

Im Oktober trat der befürchtete Ernstfall ein, daß ein österreichisches Streifcorps unter Hadik sich Berlin näherte. Man wußte noch nicht, wie sich diese Männer benehmen würden, und der Hof begab sich vorsorglich zunächst in die Festung Spandau.

Tagebuch Graf Lehndorff *(Spandau) 17. Oktober 1757*
Nach einer sehr unruhigen Nacht erfahre ich, daß Berlin nachts kapituliert und dem Feinde 215 000 Taler gezahlt hat, daß Hadik nur eine geringe Truppenmacht besitzt – weswegen unsere Demütigung umso größer ist –, ziemlich gute Mannszucht gehalten hat und sich nun vor General Seydlitz und Fürst Moritz zurückzieht.
Etwas erleichtert begebe ich mich zur Königin. – Indem ich die Gemächer betrete, finde ich sie mit dem ausgestattet, was man in den ordinärsten Schenken antrifft. Überall liegen Strohsäcke, und die Damen sitzen auf ihrem Lager. Die kranke Prinzessin Heinrich ist auf der Erde gebettet, Prinzessin Amalie schreibt im Stehen einen Brief, da sie weder Tisch noch Stuhl hat, und die Königin hat sich in einen großen Pelz gehüllt und stirbt vor Kälte. –
Am rührendsten ist es aber, die gute alte Gräfin Camas zu sehen. Sie hat die Nacht kein Auge geschlossen, aber ihr Humor hält sie aufrecht, und sie versteht es, allem eine heitere Seite abzugewinnen. Nichts wirkt aber auch erheiternder, als sie auf ihrem durchlochten Stuhl zu sehen, während vor ihr die Königin und der ganze königliche Hof mit den Ministern konferieren. Ein paarmal sagt sie zu uns: »Kinderchen, sprecht lauter, ich möchte mich gern von einem Wind befreien, der mich inkommodiert!« Kurz, jeder versucht, es sich bequem zu machen.
. . . Raum 3 und 4 (der Festung Spandau) mit Patronen, Uniformen für vier Regimeter und einem großen Korbe mit Stroh, wo die Damen und die Herren in bunter Reihe sich von den Folgen ihrer Verdauung befreien.
Nach der Besichtigung der Festung läßt sich die Königin zum Spiel nieder in einem Zimmer, in dem sich alle Verrichtungen des täglichen Lebens abspielen. Eine Kammerfrau bügelt die Wäsche ihrer Herrin, die Königin revanchiert sich und man vernimmt hinter den Schirmen Töne, die den Gebrauch eines gewissen Topfes andeuten.[316]

23. Oktober 1757
Der ganze Hof steigt im Potsdamer Stadtschloß ab. Die Königin ist niemals hier gewesen und ich habe mich bei dieser Gelgenheit über die

eigentümliche Fügung des Schicksals gewundert, daß die Königin von Ungarn ein Heer nach Berlin schicken muß, damit die Königin von Preußen die Residenz ihres Gemahls zu sehen bekommt. Sie findet alles prachtvoll und ist umso mehr entzückt, als sie auf den Gesichtern aller Bewohner Potsdams die Freude liest, ihre Königin zu sehen. Wir gehen durch das ganze Schloß. Nachdem wir all dieses Gold und all diese Pracht zur Genüge bewundert haben, empfinden wir, daß der Reichtum allein noch nicht die ganze Annehmlichkeit des Lebens ausmacht. Wir verspüren einen tüchtigen Hunger, unglücklicherweise sind aber unsere Küchenwagen noch nicht eingetroffen.[317]

27. Oktober 1757

Wir haben im ganzen 120 Kutschen und Wagen und bei jedem Vorspann sind 900 Pferde da. Wegen der Trauer um die Königin-Mutter sind die meisten Kutschen schwarz drapiert, so daß das Ganze einem Trauerzuge gleicht.

29. Oktober 1757

Die Königin führt in Magdeburg ungefähr dieselbe Lebensweise wie in Berlin, nur erscheinen die Damen immer in runden Roben und die großen Toiletten sind für diesen Aufenthalt ganz ausgeschlossen. Man stellt der Königin nacheinander die Damen Magdeburgs vor; es gibt darunter so komische Exemplare, daß man ihnen in einer gut regierten Republik verbieten würde, öffentlich zu erscheinen . . . Die ersten Tage fühlten wir uns nicht ganz behaglich, da die französischen Streifscharen bis an die Tore der Festung kamen, und alle Morgen hört man vom Raube von Lebensmitteln und Vieh.[318]

Es gab zur Zeit jenes Krieges kein einheitliches deutsches Reich mit einer geschlossenen Gebietsfläche und es gehörten schon sehr gute und umfassende Landeskenntnisse dazu, jeweils immer zu wissen, auf welchem Gebiet man sich gerade befand und wie deren Herrscher eingestellt war. Braunschweig und Bayreuth beispielsweise, wo Herzogin Charlotte und Markgräfin Wilhelmine lebten, waren preußenfreundlich gesonnen. Die Markgrafschaft Schwedt versuchte sich neutral zu verhalten, aber gegen die schwedischen und danach auch russischen Streifkorps war man machtlos und mußte deren Forderungen weitgehend erfüllen. Viele dieser kleinen Länder gerieten durch unerhört hohe Kontributionszahlungen an feindliche Truppen in außerordentliche finanzielle Schwierigkeiten, die nach dem Kriege beispielsweise in Braunschweig beinahe zu einer Art Staatsbankrott geführt haben.

Ende des Jahres 1757 gab Friedrich der Welt ein einmaliges Beispiel, wie ein weit überlegener Gegner mit raffinierten Maßnahmen dennoch in einer großen Schlacht besiegt werden kann. Die nachstehende Zusammenfassung über die wichtigen Schlachten des Jahres 1757 gibt wieder Professor Schoeps:

Freilich gegen Jahresende wandte sich das Kriegsglück. Es gelang ihm, die zahlenmäßig weit überlegene aber ziemlich zerrüttete Armee aus Franzosen und Reichstruppen unter dem wenig fähigen Marschall Soubise, der durch Thüringen nach Franken ziehen wollte, durch einen verblüffend schnellen und massierten Kavallerieangriff des Generals von Seydlitz bei Roßbach an der Saale am 5. November 1757 in wenigen Stunden in die Flucht zu schlagen und völlig zu zersprengen. Der Sieg von Roßbach hat Friedrichs Heldenruhm innerhalb und außerhalb Preußens dauerhaft begründet, wie auch Goethes Kindheitserinnerungen laut »Dichtung und Wahrheit« bezeugen. Allerorten sang man im Volk – ebenso übermütig wie übereilt:

Und wenn der große Friedrich kommt
und klopft nur auf die Hosen,
so läuft die ganze Reichsarmee,
Panduren und Franzosen.

Friedrich wandte sich, da durch den Sieg bei Roßbach der Druck von Sachsen genommen war, unter Benutzung der inneren Operationslinie sofort zu dem nächsten bedrohten Punkt. Schlesien war zu diesem Zeitpunkt fast ganz in die Hand der Österreicher zurückgefallen, die unter dem Befehl des Prinzen Karl von Lothringen und des Generals Daun standen. Selbst Breslau war verlorengegangen, nachdem die zweite preußische Armee in einem unglücklichen Gefecht am 22. November geschlagen worden und ihr Befehlshaber, der Herzog von Braunschweig-Bevern, in Gefangenschaft geraten war.

In diesem kritischen Moment, da Schlesiens Schicksal besiegelt schien, vollbrachte Friedrich eine außerordentliche Marschleistung. In wenigen Tagen legte er die 42 Meilen von Leipzig nach Parchwitz im Landkreis Liegnitz zurück, wo er am 28. November ankam und Lager bezog. Einschließlich der Reste der schlesischen Armee hatte er 35 000 Mann und 167 Geschütze zu seiner Verfügung; mehr als doppelt so viel Österreicher, nämlich über 70 000 Mann, standen ihm gegenüber. Friedrich wußte, daß sein Schicksal auf des Messers Schneide stand. Er setzte sein Testament auf und schickte es an den Kabinettsminister (so hieß damals der Chef des Departements für die auswärtigen Angelegenheiten) von Finckenstein, wie zu verfahren sei, wenn er in der Schlacht fiele, Instruktionen für den Fall des Sieges wie der Niederlage. Im letzteren Falle sollte man ihn in Sanssouci ohne Gepränge und des Nachts begraben.

Bei dem Dorfe Leuthen kam es am 5. Dezember (1757) zur berühmtesten Schlacht des Krieges, die ausführlicher geschildert werden soll. Die Ansprache des Königs an die Generäle und Stabsoffiziere zwei Tage vorher ist oft zitiert worden; sie wurde aber legendär entstellt. Die preußischen Regimenter zogen in den frühen Morgenstunden mit dem Choral in die Schlacht:

Gib, daß ich tu mit Fleiß, was mir zu tun gebühret,
Wozu mich dein Befehl in meinem Stande führet,
gib, daß ichs tue bald, zu der Zeit da ichs soll,
und wenn ichs tu, so gib, daß es gerate wohl.

Das Heer hatte sich zunächst vor der unteren Weistritz in ausgedehnter Linie von einer Meile Länge aufgestellt; das hügelige Gelände war dem König von Manövern her wohlbekannt. Nach einem Scheinangriff auf den feindlichen rechten Flügel wandte sich der König nach langem Flankenmarsch gegen den zurückgebogenen und enblößten linken Flügel der Österreicher bei Sagschütz. Durch staffelweises Vorgehen der preußischen Infanterie, die sich wie ein Keil in schräger Schlachtordnung in die feindlichen Reihen bohrte – der eigene linke Flügel war zurückgenommen worden –, wurden diese völlig aufgerollt und auseinandergesprengt.

Ein Gegenangriff der österreichischen Reiterei auf dem rechten Flügel brach vorzeitig zusammen, und das Fußvolk ergriff die Flucht. Württemberger und Bayern wichen zuerst, weil sie den Österreichern nicht als Kanonenfutter dienen wollten. Gegen vier Uhr nachmittags war die Schlacht entschieden. Es war das erste und das letzte Mal, daß die Österreicher die offene Feldschlacht gegen Friedrich gewagt haben. General von Wedell und Moritz von Anhalt mit der Infanterie, Zieten mit der Reiterei hatten ein Muster von Zusammenspiel gemäß dem königlichen Schlachtplan gegeben, der in gewisser Weise den Aufmarsch nachgeahmt hat, mit dem Epaminondas bei Leuktra die Spartaner besiegt hat.

Die Schlacht von Leuthen hat in der Geschichte der Kriegskunst hohen Ruhm und ist von Generalstäblern immer wieder als klassisches Modell dafür studiert worden, wie man auch einen zahlenmäßig klar überlegenen Gegner schlagen kann. Die preußischen Truppen hatten die schwierigsten Operationen rasch und exakt ausgeführt; der unvorhergesehene Flankenstoß, mit aller Wucht auf den schwächsten Punkt der feindlichen Phalanx gezielt, hatte ähnlich wie bei Roßbach auch diesmal die Entscheidung gebracht. Napoleon der Erste hat Friedrichs Sieg »das Meisterstück von Bewegungen, Manövern und Entschlossenheit« genannt. Die Österreicher verloren 10 000 Tote und Verwundete, 21 000 Gefangene, 116 Kanonen und 59 Fahnen.

Auf dem Schlachtfeld dieses dunklen, kalten Dezemberabends stimmte ein Grenadier das

Nun danket alle Gott
Mit Herze, Mund und Händen,
Der große Dinge tut
An uns und allen Enden!

an, und Regiment auf Regiment fiel ein, so daß zuletzt das ganze Heer mitsang. Der König selbst, der große Freigeist, ist von diesem Anblick so bewegt gewesen, daß er ausgerufen haben soll: »Mein Gott, welche Kraft hat die Religion«, was Ranke mit dem Satz kommentiert: »Er selbst teilte diese Überzeugungen nicht, aber er glaubte an eine Vorsehung und die Gerechtigkeit seiner Sache.«

Leuthen ist keine klassische Entscheidungsschlacht in dem Sinne gewesen, daß der Gegner wirklich vernichtet worden wäre. Derlei war in den Kriegen des 18. Jahrhunderts kaum möglich, wie dies Clausewitz mit Recht betont hat, der aber die Schlacht von Leuthen als Bravourstück der Lineartaktik einen »unerhörten Erfolg« nennt. Ihr wichtigstes Ergebnis war die völlige Wiedereroberung Schlesiens. Schon am 19. Dezember ergab sich Breslau mit 17 000 Mann, nachdem ein Pulverturm in die Luft geflogen war und ein Sturmangriff auf die Stadt zu befürchten stand; am 28. Dezember folgte Liegnitz. Nur Schweidnitz konnte wegen des starken Frostes erst im Frühjahr eingenommen werden. Die österreichischen Truppen fluteten in völliger Auflösung und im elendesten Zustand nach Böhmen zurück. Prinz Karl legte nunmehr den Oberbefehl nieder.[319]

Es muß gesagt werden, daß auch die Verluste der Preußen bei Leuthen erheblich waren. Man bezifferte sie auf 6.000 Mann. Für das preußische Volk war Leuthen eines der glorreichsten Geschehnisse des ganzen Krieges. Adolph von Menzel griff die Nacht nach Leuthen heraus zu einem Ereignisbild, das er allerdings nicht aus eigenem Antrieb, sondern im Auftrag der Herzogin von Ratibor im Jahre 1858 schuf, aber nicht vollendete. Menzel kam es darauf an, die Unerschrockenheit des Königs zu kennzeichnen, der, als er abends in das von blessierten Österreichern „überfüllte" Schloß Lissa gelangte, kaltblütig zu den zahlreichen, wenn auch verwundeten Feinden gesagt habe: »Bon soir, Messieurs! Gewiß werden Sie mich hier nicht vermuten. Kann man hier noch mit unterkommen?«

Der Augenblick der Konfrontation ist sehr lebhaft erfaßt und in seiner Wirkung durch die Gegensätze von Hell und Dunkel erstaunlich wiedergegeben.

Dieser in der Legende »historische« Moment gefiel jedoch der Herzogin von Ratibor nicht. Als sie das halbfertige Bild sah, machte sie dem Maler Vorstellungen, sie habe gedacht, er würde den festlichen Augenblick wiedergeben, als die österreichischen Offiziere dem König im großen Saal des Schlosses Lissa vorgestellt wurden. Daraufhin stellte Menzel die Arbeit an dem Bild ein. So erzählt Konrad Kaiser in seiner Menzel-Monographie von 1965.[320]

Prof. Günther Grundmann, Kunsthistoriker und Denkmalspfleger in Schlesien jedoch hatte auf Grund seiner Arbeiten im historischen Archiv des Schlosses Lissa das Glück, die wirklichen Begebenheiten in jener Nacht nach der Schlacht von Leuthen herauszufinden. Er entdeckte dort einen französisch geschriebenen Brief vom 8. Dezember 1757, der folgende authentische Darstellung enthielt, verfaßt von dem damaligen Besitzer des Schlosses Lissa, Baron von Mudrach: »Ich war auf meinem Balkon, da sah ich einige Kavaliere über meine Brücke reiten und geradewegs auf mein Schloß zukommen. Mein Rentmeister war bei mir; ich sagte ihm, er solle nachsehen, was das sei. Er kam auf der Stelle wieder und sagte, es sei der König, der nach mir frage. Ich war kaum auf der halben Treppe, als der König rief: »Guten Abend, lieber Baron Mudrach . . .« Er begegnete mir sehr liebenswürdig und bat mich um ein Abendessen. Das geschah, so gut es die Umstände erlaubten. Ich lasse alle Einzelheiten aus und will Dir nur sagen, daß der König auf einer Matratze schlief, die auf Stroh gelegt wurde.« Verschwiegen wird in dem Brief die Tatsache, so berichtet Prof. Grundmann, daß sich im Schloß leicht verwundete und erschöpft rastende österreichische Offiziere befanden, doch eine Gefangennahme des Königs war nicht zu befürchten. Aber Menzel hielt sich an die Legende.

Wesentlich ist, daß in jener historischen Nacht nach Leuthen der König in Lissa nicht im Daunenbett auf sauberem Leinen übernachtete, daß er nicht fürstlich bewirtet wurde, sondern wahrscheinlich mit einer Suppe und ein paar Butterbroten vorliebnahm und nachher auf Stroh schlief, wie seine Soldaten größtenteils auch.[321]

In seinem Buch »Heilkunde im Wandel der Zeit« vermittelt Otto Chiari einen interessanten Rückblick auf die Versorgung der Verwundeten im Siebenjährigen Krieg. In den Lazaretten wurde eine Art positive Propaganda für die preußische Sache betrieben, da man sich davon eine aufmunternde Wirkung versprach. Die Verhältnisse hinsichtlich der Hygiene und die Kenntnisse von Ursachen und Wirkungen in der Medizin befanden sich noch auf einem erschreckenden Tiefstand. Am übelsten dürfte sich für die Verwundeten der völlige Mangel an Betäubungsmitteln und schmerzlindernden Medikamenten ausgewirkt haben. Sie waren darauf angewiesen, bei unerträglichen Schmerzen ihre Zuflucht zum Alkohol zu nehmen, sofern es welchen gab, oder in eine gnädige Ohnmacht zu sinken.

Zur Zeit des Siebenjährigen Krieges und der Kriege in der ersten Hälfte des 19. Jahrhunderts wütete der Wundbrand oder Hospitalbrand in den Lazaretten und raffte die verwundeten Soldaten der Reihe nach dahin. Weil man glaubte, daß auch der Hospitalbrand besonders solche Soldaten befalle, die unter Heimweh litten oder aus irgendwelchen Gründen betrübt waren, wurde angeordnet, daß in den Militärspitälern Siegesnachrichten möglichst rasch mitgeteilt werden sollten. Hingegen war es verboten, Meldungen über verlorene Schlachten den Verwundeten zur Kenntnis zu bringen.

Durch eine ungünstige Gemütsverfassung sollte die Konstitution der Verwundeten derart beeinflußt werden, daß das den Hospitalbrand verursachende Miasma an ihnen haften bleibt. Dieses stellte man sich als einen in der Luft befindlichen Stoff vor, der durch eine eigenartige Umwandlung – man sprach von einer »generatio originario« – aus den Ausdünstungen faulender tierischer Stoffe entstanden, durch die Atmung oder auch aus den bloßgelegten Wunden auf die übrigen Verwundeten übergehen könne.[322]

Die allgemeine Lage zu Anfang des Jahres 1758 war für Friedrich durchaus nicht rosig. Ostpreußen war von den Russen besetzt, wurde russisch regiert. Die Bürger mußten dem Reichsgrafen General Fermor huldigen. Es gab einen feierlichen Einzug der russischen Armee in Königsberg. So war das Kernland der preußischen Staaten, Ostpreußen, in feindlichen Händen, ebenso die westfälischen Provinzen, die von den Franzosen und Reichstruppen besetzt waren. Im Januar 1758 traf den König ein Verlust, den er nur schwer verwunden hat, wenngleich es niemanden gab, dem er sich darüber mitteilte. Sein langjähriger intimer Freund, der Geheime Kämmerer, Kammerdiener, Schatullenverwalter und Theater-Intendant Michael Gabriel Fredersdorf starb nach langer Krankheit. Voltaire äußerte sich mit spitzer Zunge und spitzer Feder über ihn, nannte ihn das »große Faktotum des Königs Friedrich« und fand, er sei außerordentlich anmaßend.

Oft und oft ist in der Sekundärliteratur versucht worden, diese in vieler Hinsicht rührende Männerfreundschaft mit einem homoerotischen Beigeschmack zu versehen. Niemand wird dies nachträglich bejahen oder verneinen können. Es mag sein, daß der eingesperrte Kronprinz in Küstrin im Oboisten Fredersdorf das einzige menschliche Wesen fand, das zu ihm hielt und ihm Zuneigung entgegenbrachte, so daß vielleicht in jungen Jahren eine solche Verbindung bestand. Es war jedenfalls eine Zuneigung, die Friedrich mit Fredersdorf verband, mag das Vokabular dieses Umgangs auch nicht immer dem einer Töchterschule angepaßt gewesen sein.

Mit zunehmendem Alter dürften sich dann Ausschweifungen jeglicher Art, nach dem Briefwechsel zu urteilen, durch die zahllosen Krankheiten, von denen Fredersdorf wie Friedrich betroffen wurden, von selbst verboten haben. Über Monate hinweg sind die Briefe zwischen ihnen nur ein einziger Krankenbericht gewesen.

Fredersdorf war 1708 geboren, also an Jahren der Ältere gewesen. Aber fast immer findet sich Friedrich ihm gegenüber in der Rolle eines sorgenden Vaters für sein ungehorsames Kind. Fredersdorf befolgte die Anweisungen der königlichen Ärzte nicht, sondern nahm seine Zuflucht zu Kurpfuschern. Das war Friedrichs stete Sorge. Jetzt war ihm dieser Freund genommen.

Dagegen findet sich ein ehrerbietiger junger Mann bei ihm ein, von dem schon die Rede war. Der junge Schweizer Henri de Catt, den Friedrich vor drei Jahren auf seiner Holland-Reise kennengelernt hatte, war jetzt frei und trat sein Amt als Vorleser des Königs an. Allerdings befand sich meist der König in der Rolle des Erzählenden, Vortragenden. De Catt war zum geduldigen Zuhören bestimmt. Kein Abend wurde ihm zu lang, keine Nacht zu kurz, er hat sich jeden Tag nach seinem Dienst hingesetzt und seine Gespräche mit Friedrich aufgezeichnet. So hinterließ er einen als zuverlässig geltenden Rapport über den König aus dem Jahre 1758. Friedrichs Gedanken und Empfindungen, seine Lebensweise und seine Erinnerungen an Kindheit und Jugend sind auf diese Weise lebensvoll erhalten geblieben.

Bei de Catt ist das Kriegsgeschehen umrankt und ausgeschmückt durch die persönlichen Details der königlichen Gespräche und Gedanken. De Catt stellt den Reporter im Felde dar, Kriegsberichterstatter im königlichen Hauptquartier bei seiner Majestät selbst. Die andere Stimme fällt dem Grafen Lehndorff zu, der als Augenzeuge der Ereignisse in der

Heimat seine Erlebnisse festhielt. De Catt und Lehndorff haben die Wege des königlichen Ehepaars ständig begleitet. Der eine in Schlesien, der andere in Berlin und dann lange Zeit in Magdeburg.

Am 16. April 1758 nahm der König den Österreichern die Festung Schweidnitz weg. Dann, in der Absicht auf Wien zu marschieren, wendete er sich nach Mähren, mußte aber die Belagerung von Olmütz nach starken Verlusten Anfang Juli aufgeben.

Nun ging es nach Böhmen. Während dieser Bewegungen schrieb de Catt seine ersten Aufzeichnungen nieder.

Der König zu de Catt *Neiße, 25. April 1758*

In Münsterberg habe ich einen merkwürdigen Traum gehabt. Es ist wunderbar, daß ich so oft dasselbe träume. Mein Vater kam mit sechs Soldaten in meine Stube und befahl ihnen, mich zu binden und nach Magdeburg zu bringen. »Aber warum?« fragte ich meine Schwester, die Markgräfin von Bayreuth. »Weil du deinen Vater nicht lieb genug hast.« Als ich aufwachte, war mein Angstschweiß so stark, als käme ich aus einem Flusse heraus; was für sonderbare Gedanken, was für verrückte Vorstellungen bilden sich im Schlafe.[323]

Neustädtel, 27. April 1758

»Ach«, sagte der König, »wenn nur erst die Rede von unserem Marsche nach Potsdam wäre! Ich glaube freilich, er ist noch in weiter Ferne. Aber kommen wir zurück, dann will ich mich durch Ruhe und wissenschaftliche Beschäftigung für alle Scherereien entschädigen, die ich jetzt durchzumachen habe. Was ist das für ein Hundeleben!

Sie kennen gewiß die Geschichte von dem jungen Manne, der seinem Beichtvater seine Fehler, Vergnügungen und Intrigen beichtete und den Pfaffen bei jedem einzelnen Geständnis ausrufen hörte: »Ach, was für ein Hundeleben!«

»Aber Vater, ist es denn ein so großes Verbrechen, die Freuden der Liebe zu kosten, junge Mädchen zu verführen, und die Stirn der Ehemänner zu verzieren, welche ihre Ehehälften zu haben nicht verdienen? Muß ich denn wegen dieser so köstlichen und so kurzen Genüsse ewige Höllenqualen erdulden?«

»Unglücklicher«, antwortete der Priester, »ich spreche ja gar nicht von d e i n e m Leben, sondern von m e i n e m.«[324]

Aschmeritz, 7. Mai 1758

Trotz allem, was ich Ihnen gesagt habe, und wie sehr ich auch die Zurückgezogenheit und ein ruhiges Leben liebe, so müssen Sie doch nicht

glauben, daß ich ein Ostgothe bin. Ich weiß mich der Welt zu zeigen, und die Gesellschaft zu unterhalten. Wenn ich in Berlin bin, gebe ich häufig Galadiners, und ich verstehe sie gut zu geben. Ich spreche zu jedem nach seinen Neigungen, und weiß es zu bewirken, daß meine Gäste mit sich und mit mir zufrieden sind. Freilich, komme ich jetzt zurück (wenn ich überhaupt zurückkomme), so werde ich nicht mehr für die hauptstädtische schöne Welt passen, sondern mich nach meinem Potzedam (wie der Marquis d'Argens sagt) zurückziehen. Dort will ich mit meinen Freunden am Busen der Philosophie und der Literatur leben. Aber wer weiß, ob oder wann mir dies Glück beschieden sein wird . . .
Dann sprach der König von der Berliner Oper und von den ausgezeichneten Sängern derselben.
»Wenn ich mein Berlin wiedersehe, so werde ich eine Oper geben lassen, die außerordentlich schön ist.«
Er wollte mir den Namen der Oper sagen, konnte aber nicht darauf kommen. Er besinnt sich lange und wird ungeduldig.
»Das ist doch eine Teufelei. Ich kann nicht auf den Titel kommen. Gute Nacht. Vielleicht fällt er mir noch ein. Komme ich nicht darauf, so kann ich nicht einschlafen.«
Um ein Uhr morgens klopft es an meine Tür. »Wer ist da?«
»Ein Bedienter vom König sagt mir, ich sollte meinen Herrn wecken, er brächte ihm eine schriftliche Mitteilung und erwarte Antwort.«
Es wird Licht gemacht und ich lese folgendes:
Ich habe mich auf den Namen besonnen, die Oper heißt Montezuma. *Nun kann ich einschlafen. Machen Sie es ebenso. Ich fürchtete, daß Sie etwa auch den Namens wegen nicht schlafen könnten, und wollte Ihnen eine schlechte Nacht ersparen.*[325]

Schmirsitz, 16. Mai 1758

»So eifrig ich übrigens auch las und studierte, so habe ich doch auch die Übungen nicht vernachlässigt, welche dem Körper Kraft, Gewandtheit und Anmut verleihen. Ich lernte tanzen und tanze für einen Mann meines Standes ganz gut. Zur Not kann ich sogar Luftsprünge machen.« – Und mit einem Male machte der König fünf oder sechs Luftsprünge, so daß er ganz außer Atem kam. Dann ruhte er sich aus und machte noch ein paar. Darauf sagte er mir, er wolle ein paar Schritte Menuett mit mir tanzen und ergriff mich bei der Hand. Er kritisierte meine Bewegungen und zeigte mir, wie ich es besser machen müsse.
»Was wäre es für ein Schauspiel für den Feldmarschall Daun und den Prinzen Karl«, sagte er, »wenn sie den Sieger von Lissa in seinem Zim-

20 *Schloß Sanssouci*

21 *Tafelrunde in Sanssouci*

mer Luftsprünge machen und Herrn de Catt die Hand geben sähen, um ihn besser tanzen zu lehren!«
Er lacht laut bei diesem Gedanken, und auch ich mußte herzlich lachen.
»Bin ich nicht ein rechter Narr, mein Lieber? Was werden Sie von mir denken?«[326]

Klein-Latein, 4. 6. 1758

Ein Lakai brachte ein Paket herein.
»Mach es auf«, sagte der König, »wir wollen sehen, was darin ist.«
»Aha, mein Lieber, es sind Manschetten, sehen Sie nur, schöne neue (Spitzen-)Manschetten aus Potsdam. Wer zum Teufel schickt mir nur solche Sachen, die ich gar nicht bestellt habe? Und noch dazu sind sie so lang, daß man zwei aus jedem Stücke machen kann.«
Damit nimmt er eine Schere und schneidet erst das erste, dann die fünf anderen Paare in der Mitte durch.
»Nun habe ich zwölf Paar Manschetten. Sehen Sie, was ich für ein sparsamer Mann bin. Ich muß alles verwenden und vervielfältigen. Was brauche ich lange Manschetten! Für mich brauchen sie weder lang noch schön zu sein, da ich, wie Sie vielleicht schon bemerkt haben, die üble Gewohnheit habe, meine Federn an den Manschetten auszuwischen. Trüge ich schöne Manschetten, so wäre das lange nicht so bequem. Ich gebe zu, daß es eigentlich nicht sehr schön ist, so mit den Sachen umzugehen, aber es kommt nicht so genau darauf an.
Sehen Sie meine Stiefel an, Sie werden nicht behaupten, daß sie aus dem besten Leder gemacht sind, aber sie sind bequem, und das ist genug. Sehen Sie meinen Rock an: ich hatte ihn in Schmirsitz etwas zerrissen, und er ist mit weißem Zwirn ausgebessert worden. Mein Hut ist ebenso wie mein übriger Anzug alt und abgeschabt, aber solche Sachen sind mir sehr viel angenehmer als neues Zeug. Aufwand, Repräsentation und Eitelkeit sind nichts für mich. Sie müssen mich nehmen wie ich bin. Etwas könnte allerdings anders an mir sein: ich sollte mein Gesicht nicht immer so voll Schnupftabak schmieren. Das ist eine verdammte Gewohnheit, die ich nun einmal angenommen habe. Sie müssen mir zugestehen, daß ich so ziemlich wie ein Schwein aussehe. Nun, gestehen Sie es nur!«
»Ich gestehe, Sire, daß Ihr Gesicht wie Ihre Uniform ziemlich voll von Schnupftabak sind.«
»Das nenne ich eben: so ziemlich wie ein Schwein aussehen. So lange meine gute Mutter lebte, war ich reinlicher, oder, um richtiger zu sprechen, weniger unreinlich. Meine liebe Mutter ließ mir alljährlich ein

Dutzend Hemden mit Manschetten machen, und schickte sie mir nach. Seit dem unersetzlichen Verlust, welcher ihr Tod für mich war, kümmert sich kein Mensch mehr um mich. Aber davon wollen wir nicht sprechen.[327]

Klein-Latein, 5. 6. 1758

Der König hatte zu viel Maccaroni gegessen, die ihm shr schlecht bekommen waren. Eine starke Kolik stellte sich ein und er mußte seine Zuflucht zu den gewöhnlichen Gegenmitteln, Lavements und die Verdauung befördernden so wie abführenden Pulvern nehmen. An diesem und dem folgenden Tag wurde ich nicht zum König befohlen . . .

Die Krankheit des Königs beunruhigte mich lebhaft, so daß ich mich bei dem Leibarzte erkundigte, ob sie ernste Folgen haben könnte.

»Durchaus nicht, mein Herr«, antwortete derselbe, »beunruhigen Sie sich nicht. Das wird nicht die letzte Kolik sein, die der König hat. Hundertmal hat er schon dieselbe Erfahrung gemacht, aber er kann von den verdammten Maccaroni nicht lassen. Wenn er wenigstens mäßig davon äße, so ginge die Sache noch, aber er ißt sehr viel davon. Wenn Sie ihn wieder sehen, so wird er Ihnen sagen, daß er an einer heftigen Kolik zu leiden gehabt hat, die durch irgendeine unbekannte Ursache entstanden sei; denn er esse so wenig! Nehmen Sie sich ja in Acht, ihn merken zu lassen, daß Sie wissen, wie sich die Sache verhält; er würde sogleich argwöhnen, daß ich Ihnen Mitteilungen gemacht habe, und es mir niemals vergeben. Sonst können Sie ganz ruhig sein. Heute Abend oder morgen früh spielt er schon wieder Flöte und vielleicht in demselben Augenblicke, wo er behauptet, noch große Schmerzen zu haben.

7. Juni 1758

Der Leibarzt hatte recht. Als ich um drei Uhr zum König befohlen worden, sprach ich ihm meine Teilnahme an seiner Krankheit aus.

»Ja, mein Lieber, ich habe die schlimmste Kolik gehabt, die man sich denken kann. Es ging wirklich über den Spaß. Noch heute weiß ich nicht, wodurch ich sie mir zugezogen habe. Wenn Sie sehen, wie wenig ich esse, so werden Sie sagen: wie kann der König bei der starken Bewegung, die er sich macht, mit so wenig leben?« . . .[328]

Schmirsitz, 10. 6. 1758

»Ich bitte, wer leugnet denn die Existenz Gottes? Ich sicherlich nicht. Man muß eine Gottheit voraussetzen, wenn man überall im Weltall genau bestimmte Zwecke und sichere, ja oft schlagende Mittel ausgebildet sieht, um jene Zwecke zu erreichen. Die Welt kann nicht eine Folge des

Zufalls sein: dazu ist zuviel Ordnung darin. Ich kenne Gott nicht, aber, wie ich Ihnen schon gesagt habe, ich bete ihn für alle Fälle an. Glauben Sie mir, im Grunde gibt es auf allen Gebieten Ungewißheit, aber ich habe mein System: ich flüchte mich in den Glauben, daß alles, was wir sehen, ewig ist und daß alles mit dem Tode zu Ende ist. Irre ich mich, mein Lieber, nun, so werde ich das Vergnügen einer Überraschung sowie die Freude haben, mich mit Ihnen dort oben oder dort unten (wie Sie wollen) unterhalten zu können. Doch diese Möglichkeit wollen wir möglichst weit hinausschieben.
Vielleicht wäre ich ebenso gläubig geworden wie Sie, wenn ich, besonders in meiner Jugend, aber auch später, die Frommen die Pflichten hätte erfüllen sehen, welche ihr Glauben ihnen auferlegt . . .«[329]

Schmirsitz, 18. Juni 1758
Der König hatte mich um zwei Uhr zu sich befohlen. Als ich zu ihm kam, hörte ich von einem Adjutanten, daß er soeben die traurige Nachricht vom Tode seines Bruders, des Prinzen August Wilhelm von Preußen, erhalten und daß ihn dieselbe sehr niedergeschlagen hatte.
Ich fand den König mit dem Arm auf den Tisch gelehnt. Er hatte ein Taschentuch in der Hand, welches er an die Stirne drückte. Einige Augenblicke sah er mich starr an, dann stand er auf und sagte mit in Tränen schwimmenden Augen:
»Ach, mein Freund, was für eine traurige Nachricht habe ich bekommen! Mein armer Bruder ist tot!«
Der König schluchzte bei diesen Worten, auch ich war tief bewegt und weinte mit ihm. Als er mein Mitgefühl sah, legte er die Hand um meinen Hals, (was mich, wie ich gestehe, in Verwunderung setzte) und sagte: »Mein Freund, der Bruder, den ich so lieb hatte, ist nicht mehr! Es ist sehr gut von Ihnen, Anteil an meinem Schmerze zu nehmen. Das Leben, welches Sie hier bei mir führen, ist recht traurig, und was für Unglück steht uns vielleicht noch bevor! Aber alles andre kann ich ertragen, nur die Wunden, die dem Herzen geschlagen werden, sind unheilbar und zerreißen meine Brust; mein lieber Bruder ist tot!" . . .[330]
Unendlich wird meine Trauer vermehrt und der Verlust meines Bruders für mich noch herber gemacht durch alles das, was sich zwischen uns während des Feldzuges des vorigen Jahres zugetragen hatte. Sie werden davon gehört haben?«[331]

De Catt gab auf des Königs Wunsch das wieder, was er über die Entfremdung der Brüder gehört hatte. Als er zitierte, der König solle gesagt haben, er wolle seinen Bruder und seine Generale einen Kopf kürzer machen, brauste Friedrich auf und stellte richtig, daß er dies in bezug auf seinen Bruder niemals gesagt habe. Im übrigen sei der Prinz ein Opfer der falschen Ratschläge des Grafen Schmettau geworden. Die richtigen Vorschläge des Generals Winterfeldt habe er aus Antipathie gegen diesen verworfen. So sei es zu dem Debakel bei Gabel und Zittau gekommen. Als er erfuhr, daß alles verloren sei, habe er sich, das müsse er zugeben, nicht mehr beherrschen können und einen sehr harten Brief an seinen Bruder geschrieben. Der König wetterte gegen die Beeinflussung durch falsche Freunde in der folgenden Zeit. Der Prinz sei den Einflüsterungen einer wahren Höllenbande erlegen.[332]

Der König zu de Catt
»Ich weiß genau, daß ich recht habe, denn er war die Herzensgüte, die Ehrenhaftigkeit und die Wohltätigkeit in Person. Gerade meine genaue Kenntnis seines Charakters hat mich die Bitterkeit, welche man ihm gegen mich eingeflößt hat, umso inniger bedauern lassen. Wenn ich auch leicht aufbrause, so würden wir beide doch ohne fremde Einmischung unser Zerwürfnis bald wieder ausgeglichen haben.«[333]

Die Erinnerung an den Tod August Wilhelms ging dem König lange nach. In den Gesprächen dieser Woche kehrte der König immer wieder zu diesem Thema zurück.

Leutomischl, 8. 7. 1758
»Und wenn mir bestimmt ist, Berlin wiederzusehen, wie groß wird dann erst mein Schmerz sein! Meine Mutter, die liebevollste Mutter, die es jemals gegeben hat, werde ich nicht mehr dort finden!
Sie können sich keine Vorstellung davon machen, wie lieb ich sie gehabt habe. Was wäre aus ihr geworden, wenn sie all mein Unglück hätte mit ansehen müssen, sie, die mich so unbeschreiblich liebte! Und auch meinen Bruder und so viele Freunde, die ich einst hatte, werde ich nie wiedersehen!«[334]

Rokitna, 13. 7. 1758
»Voltaire«, sagte er einmal, »hat durch das Lob, das er mir spendete, meine Anstrengungen es zu verdienen verdoppelt: so muß man mich behandeln. Glauben Sie mir, mein Lieber, wenn ich in meiner Jugend ermutigt statt gedemütigt worden wäre, so wäre ich besser als ich bin. Aber meine Erziehung war verfehlt. Ich habe sie selbst nachholen müssen: zum Teil ist es mir geglückt, und allerdings hat mir die Erinnerung an die Demütigungen meiner Jugend dabei etwas mitgeholfen.«[335]

Der Tod des Thronfolgers war in mehr als einer Hinsicht tragisch. Einmal deshalb, weil er unversöhnt mit dem König aus dieser Welt ging. Ferner, weil Wilhelms Gemahlin, Prinzessin Luise Amalie, sich in anderen Umständen befand und ihr viertes Kind erwartete. Die Ehegatten lebten von einander entfernt, die Prinzessin beim Hof in der Festung Magdeburg beziehungsweise in Berlin, je nach der Kriegslage. August Wilhelm starb in Oranienburg.

Der Tod August Wilhelms wurde vor Luise Amalie lange geheimgehalten. Die Königin, ihre Schwester, hatte Friedrich davon in Kenntnis gesetzt, daß man der Prinzessin von Preußen noch nichts gesagt habe. Man fürchtete für das ungeborene Kind, wenn sie die unverhoffte Nachricht so plötzlich erhielte. So kam es, daß der König selbst erst am 19. Juli sein Einverständnis mit der Handlungsweise der Königin geben konnte.

Das Kind, das im Oktober in Magdeburg zur Welt kam, war ein Knabe und erhielt denjenigen Namen, den Friedrich einst, wie er sagte, für seinen eigenen Sohn gewählt haben würde: Emil, nach dem Lieblingssohn des Großen Kurfürsten. Dem Kinde war nur kurze Lebenszeit vergönnt.

Oft liest man, die Königin Elisabeth Christine habe Sanssouci nie zu sehen bekommen. Aus Lehndorffs Aufzeichnungen geht hervor, daß dies sehr wohl der Fall war.

Lehndorffs Tagebuch *14. Juni 1758*

Die Königin erhält die Erlaubnis, ihre Mutter nach Schönhausen kommen zu lassen (die Frau Herzogin Antoinette Amalie von Braunschweig-Bevern, »das alte Hökerweib«, wie Friedrich sie einst im Zorn genannt hatte).

Diese hat eine Zeitlang in Kopenhagen bei ihrer Tochter, der Königin, zugebracht. Unsere Königin hat ihre Mutter seit fünfundzwanzig Jahren nicht gesehen, weshalb sie jetzt vor Freude außer sich ist. Sie schickt mich der Herzogin nach Fehrbellin entgegen, wo diese am 15. oder 16. Juli eintrifft. – Gegen Mittag langen wir in Schönhausen an. Die Freude der guten alten Herzogin, ihre beiden Töchter, die Prinzessin von Preußen (Luise Amalie, in anderen Umständen) und die Königin (Elisabeth Christine), sowie die Prinzen (Friedrich Wilhelm und Heinrich), ihre Enkel, zu sehen, ist außerordentlich. –

Die Prinzessinnen Heinrich (Wilhelmine von Hessen-Kassel) und Ferdinand (Luise von Schwedt) kommen öfter zu Besuch herüber, und die Frau Herzogin erwidert ihnen den Besuch. Auch zeige ich ihr die ganze Stadt. Die Prinzessin Amalie weilt unterdessen in Schwedt bei der

Markgräfin (Sophie). Die Schwestern trösten sich gegenseitig über den Verlust ihres heißgeliebten Bruders.[336]

1. August 1758

Nachts ein Uhr . . . Als die Herzogin in die Kutsche steigt, setzt sich die Königin zu ihr und erklärt ihr, sie werde sie bis Potsdam begleiten. Die Herzogin ist innig davon gerührt. Um vier Uhr früh langen wir dort an. Die Herzogin besichtigt das ganze Schloß, sodann Sanssouci, das selbst die Königin bis dahin noch nicht gesehen hat. Sie findet alles herrlich. Um sieben Uhr nimmt sie im Park von Sanssouci von der Königin Abschied und unter Tränen setzt sie dann ihre Reise fort.[337]

Kurz vor entscheidenden Ereignissen sprach Friedrich mit de Catt noch über die Aufzeichnungen, die er sich vom gegenwärtigen Kriege machte.

Der König zu de Catt *Reuvis oder Radisch, 5. August 1758*

»Gewiß, ich habe die Absicht, die Geschichte dieses Krieges zu schreiben, wenn es mir nämlich beschieden ist, sein Ende zu sehen. Die Geschichte der Kriege von 1740 und 1744 habe ich bereits abgefaßt, aber nur für mich und meinen Nachfolger. Ich will sie Ihnen mit meiner Vorrede vorlesen.

Über die beiden ersten Feldzüge dieses Krieges habe ich mir Aufzeichnungen gemacht, aber manchmal verlege oder verliere ich sie und noch häufiger schreibe ich so klein, daß ich meine eigene Schrift nicht lesen kann. So werden also Ihre Notizen zur Berichtigung meiner Schmiererei dienen und wir beide zusammen der Unsterblichkeit entgegen gehen können.

Verlieren Sie Ihre Notizen nicht. Es wird Ihnen ja auch später Vergnügen machen, sich ins Gedächtnis zurückzurufen, was wir zusammen erlebt haben. Sie werden so manches Mal sagen:

›Hier schrieb ich auf, was der schwatzhafte alte Soldat mir sagte, dort klagte er unaufhörlich, verwünschte sein Los, sprach den Wunsch nach Befreiung aus seiner schlimmen Lage aus und klagte, daß er ein Hundeleben führe, stets in Fieberangst schwebe, in Verzweiflung darüber sei, was noch aus all seinem Unglück werden würde, deklamierte mir dazwischen wieder schöne Tragödien, um seine Unruhe zu beschwichtigen, ließ mich mitunter wie ein Pferd traben und häufig zu sich befehlen, wenn ich zu nichts weiter Lust hatte, als mich auszuruhen oder zu schlafen.‹

Alles das werden Sie später in Ihren Notizen finden, aber wir wollen hoffen, daß das Schicksal uns nicht immer feindlich sein wird. Und doch, bin ich nicht ein alter Narr, wenn ich mir einbilde, daß mir das Glück noch jemals lächeln wird?«[338]

Die russischen Truppen unter General Fermor entwickelten im August 1758 ungeahnte Aktivität. Friedrich sah keine andere Lösung, als 14 000 Mann seiner Streitkräfte in Gewaltmärschen nach Frankfurt an der Oder zu führen, um sich dort mit dem Corps des Grafen Dohna zu vereinigen. Die Märsche waren so anstrengend, daß viele Soldaten dabei in der Augusthitze vor Überanstrengung und am Hitzschlag starben. Als er mit seiner ausgepumpten Armee endlich angekommen war, fand am 21. August eine Musterung der Truppen Dohnas und seiner eigenen statt. Dabei bemerkte Friedrich zu dem Grafen: »Ihre Leute haben sich außerordentlich geputzt; ich bringe welche mit, die sehen aus wie die Grasteufel, aber – sie beißen.«

Bei den Kämpfen an diesem Frontabschnitt machte sich die außerordentliche Brutalität und Grausamkeit bemerkbar, mit der die Russen Krieg führten. Küstrin wurde völlig in Brand geschossen. Am 22. August gab der König eine Soforthilfe von 200 000 Talern, was für einen Mann, der so knapp bei Kasse war wie er, einen erheblichen Betrag darstellte.[339]

Am 25. August 1758 trafen das vereinigte preußische Heer und die russischen Streitkräfte bei Zorndorf aufeinander. Es standen sich 32 700 Preußen und 52 000 Russen gegenüber. Der Kampf war so fürchterlich und so unerhört in der europäischen Kriegsgeschichte, daß diese Schlacht noch jahrzehntelang im militärischen Unterricht besonders behandelt wurde. General Seydlitz war der Held des Tages. Der König hatte erstmalig im ganzen Kriege die Anordnung gegeben, keine Gefangenen zu machen, sondern den Feind mit äußerster Härte anzugreifen und kein Pardon zu geben. Die russischen Greuel sollten ihre Sühne finden. Hierbei muß jedoch bemerkt werden, daß es durchaus auch Phasen im Siebenjährigen Krieg gab, wo die Russen in bester Mannszucht auftraten und geradezu ein glanzvolles Beispiel im Gegensatz zu den österreichischen und sächsischen Truppen bildeten, die Berlin verwüsteten. Es kam stets darauf an, welcher Beeinflussung die Mannschaften gerade ausgesetzt waren.

Die Verluste in der Schlacht von Zorndorf waren am Ende auf beiden Seiten sehr hoch. Die obsiegenden Preußen hatten 11 000 Mann an Toten und Verwundeten zu beklagen, die Russen dagegen doppelt so viel, 22 000 Mann. Selbst die gefangenen russischen Generale bekamen das Bestreben nach Vergeltung seitens des Königs zu spüren. Sie mußten sich eine ziemlich rauhe Behandlung und miserable Quartiere gefallen lassen, ehe man sie, den Gepflogenheiten der Zeit entsprechend, in Privatquartiere entließ.[340]

Die hohen Verluste hatten zur Folge, daß Friedrich zum ersten Mal in diesem Kriege die Verlautbarungen über die Zahl der Toten und Verletzten korrigierte, damit nicht die vollständigen Angaben eine Schockwirkung in der Bevölkerung auslösten. Es ergingen die Befehle, sofort die Glocken zu läuten und allerorts das Te Deum laudamus singen zu lassen. Diesmal war von Friedrich ein sehr hoher Preis für seinen Sieg gefordert worden. Er hatte fast ein Drittel seiner Armee verloren. Darüber konnte auch nicht hinwegtrösten, daß die Russen die Hälfte der ihrigen beklagten. Außerdem mochte der König seines Sieges nicht so recht froh werden. Die Übermacht der Russen war noch so groß, daß ihre Umkehr und der Entschluß zu einer sofort darauf folgenden zweiten Schlacht wahrscheinlich seinen Untergang bedeutet hätte. Indessen, der Gegner war von diesem Gemetzel ebenso hart betroffen wie Friedrich. Zudem herrschte im russischen Lager keinerlei Neigung, sich noch einmal derart zu exponieren.

Nach der Schlacht von Zorndorf nahm Friedrich Quartier in dem ihm von früher her so gut bekannten Schlosse Tamsel, wo er einst als Kronprinz mit der jungen Frau von Wreech geflirtet hatte. Diese heiteren Zeiten schienen endgültig und unwiederbringlich verloren. Die Familie von Wreech war geflohen, das Wiedersehen mit dem wundervollen Besitz voller Grauen. De Catt hatte diese makabre Zeit des Quartiers in Tamsel miterlebt:

Aufzeichnungen de Catts — *Tamsel, 27.–31 8. 1758*

Während der fünf Tage, welche wir in Tamsel lagen, wurde ich immer nachmittags um fünf Uhr zum Könige befohlen. Die schöne Besitzung Tamsel gehörte einer alten und angesehenen Familie der Gegend und hatte schrecklich von dem Aufenthalt und Durchmarsch des Feindes zu leiden gehabt. Sie hatten geplündert und Bauern und Bäuerinnen geschändet oder niedergemetzelt. Vor dem Schlosse sah ich die Leiche einer Unglücklichen liegen, welche die Kosaken geschändet, ausgezogen und an mehreren Stellen mit ihren Piken durchbohrt hatten.

Als ich hier zum ersten Male zum Könige befohlen wurde, ging er mit mir durch alle Teile des Schlosses.

»Sehen Sie, mein Lieber, in welchen Zustand diese Canaillen die Einrichtung der guten Familie von Wreech gebracht haben. Die Möbel und alles, was sie nicht fortschleppen konnten, haben sie zerstört. Und

ebenso haben die den größten Teil der Bauern behandelt. Haben Sie die Leiche des Mädchens vor dem Garten liegen sehen? Müssen einem bei solchen Dingen nicht die Haare zu Berge stehen? Ist das noch Krieg zu nennen? Müßten nicht Fürsten vor Scham erröten, die sich solcher Truppen bedienen? Sie sind schuldig und vor Gott verantwortlich für alle Greuel, welche ihre Soldaten ausüben.«[341]

Aus dem Briefwechsel des Königs mit Prinz Heinrich liest man, daß Friedrich nach der Schlacht von Zorndorf von besonders starken Depressionen heimgesucht wurde. Er war trotz seines Sieges entmutigt und voll düsterer Ahnungen für die Zukunft. Heinrich jedoch hatte keine Hemmungen, dem Bruder zu sagen, daß seiner Meinung nach der Krieg noch etliche Jahre dauern könne. Das Verhältnis der beiden Brüder zueinander wurde bestimmt durch eine latente Feindseligkeit von Heinrichs Seite und eine rührend anmutende Zutraulichkeit gegenüber dem Bruder von seiten des Königs. Heinrichs Briefswechsel mit Ferdinand läßt die ersten Anfänge der geheimen Fronde erkennen, die die beiden jüngeren Brüder gegen den König zu bilden bestrebt waren.

Für Friedrich ging das Leben weiter, und auch in der Heimat suchte man sich nach Kräften zu zerstreuen. Die schlechten Zeiten ließen den Wunsch nach Ablenkung stärker werden als zuvor. Einige Streiflichter aus dem Herbst 1758 belegen dies:

Tagebuch Graf Lehndorff — *September 1758*

Am 19. fahre ich mit meiner Mutter nach Potsdam und zeige ihr den schönen Ort. Da die Prinzessin von Preußen (Luise Amalie) hier ist, mache ich ihr meine Aufwartung und bin sehr erstaunt, die Königin zu finden, die zum Besuch ihrer Schwester herübergekommen ist. Wir gehen in den schönen Gärten von Sanssouci viel spazieren . . .[342]

Aufzeichnungen de Catts — *Lübben, 10. September 1758*

Am Abend unserer Ankunft in Lübben, während der König mir vorlas, wurde ihm ein Brief überbracht.

»Sehen Sie, Catt«, sagte er, »hier bekomme ich einen Brief von meinem lieben Marquis d'Argens, er gratuliert mir zu der gewonnenen Schlacht. Er ist noch in Hamburg und wird wahrscheinlich nicht so bald abreisen; ich kenne ihn zu lange. Wissen Sie, was er in der Handelsstadt macht?«

»Nein, Majestät!«

»Er ißt Austern und Taschenkrebse, schluckt alle Pillen herunter, die es in den Apotheken gibt, und läßt sich sämtliche Lavements (Klistiere)

geben, die vorhanden sind. Ich wette darauf, daß er sich jetzt in diesem Augenblicke hermetisch in seinem Zimmer eingeschlossen hat. Trotz all seiner kleinen Schwächen, von denen er behauptet, daß ich sie ihm nur andichte, und mit denen ich ihn häufig necke, habe ich für den Marquis eine ganz besondere Zuneigung. Er ist einer von den Männern, die in einem Augenblicke Freundschaft schließen können. So hat er sich denn auch mein volles Vertrauen erworben . . .«[343]

Bautzen, 7. Oktober 1758

»Ich war bei meiner Ankunft in Bautzen so müde und litt so entsetzlich an Zahnschmerzen, daß ich Sie nicht rufen ließ, um sich mit einem armen Kranken zu langweilen. Richten Sie sich danach ein, mein Lieber, alles läßt sich nach einem glücklichen Ende des Feldzuges an, ob dasselbe nun durch die Bewegungen meiner Truppen oder durch eine Schlacht herbeigeführt wird, die allerdings nicht von Pappe sein würde.«[344]

Der König sollte in seinem Optimismus heftig enttäuscht werden. Er hatte sich auf den Weg nach Schlesien gemacht, die österreichische Armee unter Daun verfolgte seinen Marsch in doppelter Stärke wie die Preußen. Gegen alle guten Ratschläge seiner Generale bestimmte Friedrich das Dorf Hochkirch zum Lagerplatz. Diese Wahl war so ungünstig, wie sie nur sein konnte. Ein Ingenieur, der sich weigerte, diesen Unglücksplatz zum Lager abzustecken, wurde in Arrest befohlen. Ringsum lagen bewaldete Höhenzüge und Daun steckte mit seiner gesamten Übermacht darin, nur darauf lauernd, wie er ohne eigene Gefahr den König attackieren könne. Er wählte jedoch keine offene Feldschlacht, sondern unternahm in der Nacht vom 13. zum 14. Oktober 1758 einen Überfall auf das preußische Lager, der den 30 000 Preußen einen Verlust von 9000 Mann eintrug. Die Österreicher, in der ungleich günstigeren Position, hatten bei doppelter Truppenstärke auch nur 9000 Tote und Verwundete. Auf preußischer Seite beklagte man den Tod des Feldmarschalls Keith und des Prinzen Franz von Braunschweig, des Bruders der Königin.

Für Friedrich war dies ein um so schwererer Rückschlag, als er sich einen Erfolg mit seinen Operationen errechnet hatte. Er versank in eine tiefe seelische Depression. Diese wurde noch verstärkt durch die Nachricht, daß Wilhelmine in der Nacht des Überfalls in Bayreuth gestorben war. Selbstmordgedanken quälten den König. Er machte aus seiner letzten Zuflucht gegenüber de Catt kein Hehl:

»Auch der Tod des Prinzen Franz von Braunschweig flößt mir aufrichtigen Schmerz ein. Er wurde durch eine Kanonenkugel getötet. Er war talentvoll und von großem persönlichen Mute, der in seiner Familie erblich ist. Wie viele tapfere Männer verliere ich, mein Freund, und wie gründlich verabscheue ich das Handwerk, zu welchem mich der blinde Zufall meiner Geburt verurteilt hat! Aber ich trage etwas bei mir, womit ich der Sache ein Ende machen kann, wenn sie mir unerträglich wird.«

Wahrscheinlich veränderte sich mein Gesichtsausdruck bei diesen Worten in einer Weise, die dem König auffiel. Er sagte:

»Gott bewahre, was machen Sie für ein Gesicht?« Er knöpft seinen Kragen auf und zieht unter seinem Hemd ein Band hervor, an welchem eine kleine, länglichrunde goldene Büchse befestigt war, welche er auf der Brust trug.

»Sehen Sie, mein Freund, hier habe ich alles nötige, um den Schlußakt des Trauerspiels herbeizuführen.«

Er öffnete die kleine Büchse; es waren, wie wir zählten, achtzehn Pillen darin.

»Die Pillen«, sagte er, »enthalten Opium. Die Dosis ist völlig ausreichend, um sich dadurch an jene finsteren Ufer befördern zu lassen, von denen niemand zurückkehrt.«

Nachdem der König mir dies gezeigt hatte, hing er sich die Büchse wieder um den Hals.

»Jetzt, mein Lieber, sind Sie wohl so gut, mir behilflich zu sein, meinen Kragen wieder zu befestigen, denn ich bin so ungeschickt, daß ich nicht allein damit fertig werde, und ich will nicht, daß irgend ein anderer von meiner letzten Zuflucht weiß.«

Ich legte dem König seinen Kragen wieder an . . .

Der König schien mir außerordentlich niedergeschlagen zu sein.

Ich habe die ganze Nacht kein Auge zugetan. Immer, wenn ich im Begriffe war, einzuschlummern, traten mir tausend traurige Gedanken vor die Seele, um mich dem Schlafe zu entreißen, den ich so dringend nötig hatte. Zerschlagen wie ich war als ich aufstand, habe ich den ganzen langen Tag wie ein Pferd arbeiten müssen. Erst in diesem Augenblick bin ich fertig geworden.

Ich kann jetzt noch nicht, wie ich gestern glaubte, etwas sicheres über unsere augenblickliche Lage sagen; was ich jedoch vermute und was Sie beruhigen kann ist die Überzeugung, daß wir uns gut aus der Sache ziehen werden. Sollte sich jedoch meine Erwartung unglücklicherweise nicht erfüllen, so ist meine kleine Büchse stets da.«

Bei diesen Worten legte der König seine Hand auf die Brust. »Früher trug ich die Büchse in der Hosentasche, aber ich sagte mir, daß, wer mich gefangen nähme, vielleicht niederträchtig genug sein könnte, mich zu durchsuchen . . .[345]

Doberschütz, 16. 10. 1758

Dann schwieg er einige Augenblicke. Endlich sagte er noch einmal: »Meine liebe Schwester ist gewiß schon gestorben. Glauben Sie es nicht auch?« Der König weinte bitterlich. »Sprechen Sie, mein Lieber, sie ist gewiß schon tot. Schmeicheln Sie mir nicht.«

»Sire, dieses große Unglück ist allerdings möglich, und nach dem Briefe, den Ew. Majestät erhalten haben, glaube ich allen Grund zu der Furcht zu haben, daß Sie Ihre ganze Philosophie und jene Seelenstärke werden zu Hilfe nehmen müssen, welche Sie so hoch über die andern Menschen stellt.«

»Man braucht mehr als Seelenstärke, um einen solchen Verlust zu verwinden. Ich bin stark genug, um den Schlag des vierzehnten Oktober (Hochkirch) wieder gut zu machen, lassen Sie nur erst meinen Bruder (Heinrich) herkommen und Sie werden sehen, daß Daun keinen Vorteil aus der Schlappe ziehen wird, die er uns beigebracht hat.

Aber wie soll ich jemals den Verlust wieder gut machen, den alles mir als nahe vorstehend erscheinen läßt! Wer wird mir je diese Schwester ersetzen, sie, die so viel Ehrerbietung, ja Anbetung verdiente, sie, die mich seit meiner frühesten Jugend so innig geliebt hat!

Wie konnte ich bei der Abfassung der an sie gerichteten Epistel, in der ich ihr die ganze Wärme meiner Zuneigung ausmalte, auf den Gedanken kommen, daß sie mir so bald entrissen würde! Alles stürzt über mir zusammen. Wie leid tun Sie mir, mein Freund, weil Sie ohne Unterlaß Zeuge von Ereignissen sein müssen, die mich quälen und jeden Augenblick wiederkehren. Wie leid tut es mir, daß ich Sie ein so trauriges Leben führen lassen muß.[346]

Doberschütz, 17.–19. Oktober 1758

Es wurde mir sehr schwer, einzuschlafen. Endlich sank ich in einen tiefen Schlaf, als nachts um zwei ein königlicher Lakai mit dem Befehle kam, mich, sobald ich angezogen sei, zum Könige zu begeben. Ich dachte mir schon, was die Veranlassung dazu war, und der Lakai bestätigte meine Vermutung. »Eine Stafette hat gestern die Todesnachricht der Markgräfin überbracht. Der König stand augenblicklich auf und ist jetzt mit Briefschreiben beschäftigt.«

Ich trat ein. Der König schluchzte. Ich stand einige Minuten da, ohne daß er fähig war, ein Wort zu sprechen. Endlich rief er aus:

»Ich habe meine Schwester verloren. Alles ist vorbei, ich werde sie niemals wiedersehen! Das ist der entsetzlichste Schlag, der mich treffen konnte. So verliere ich Mutter, Bruder, Schwester, alles, was mir teuer ist . . . Ein Schlag folgt auf den anderen, ein Verlust kommt nie allein, und bald werde ich weder Freunde noch Verwandte haben! Der Tod entreißt mir alles. Mein Leben ist sehr unglücklich!«

Der jammervolle Zustand, in welchem ich Seine Majestät sah, zerriß mir das Herz. Ich trug ihm alles vor, was man in solchen Augenblicken sagen kann, um den Schmerz zu beruhigen. Ich nahm teil an seiner Trauer und ließ mich von den Gründen überzeugen, welche ihn berechtigten, tief gebeugt zu sein und seine zärtlich geliebte Schwester zu beweinen. Ich berief mich auf seine Philosophie, deren Hilfe er mir bei manchen Gelegenheiten gerühmt hatte, wenn er auch in anderen Fällen von ihrer völligen Nutzlosigkeit sprach. Endlich wies ich auf die Festigkeit und den Mut hin, auf welchen die Augen der ganzen Welt mit Bewunderung gerichtet waren. Aber der König hatte sich seinem Schmerze gänzlich hingegeben, er weinte unaufhörlich, antwortete mir nur hie und da mit einem Worte und bat den Himmel sich seiner und seines Unglücks zu erbarmen.

Gegen fünf wurde ich entlassen, schrieb an den König einen Brief, in welchem ich versuchte ihn zu trösten, und ließ denselben sogleich befördern. Eine Viertelstunde später wurde ich zum Könige befohlen. Er kam mir entgegen, umarmte mich, und seine Tränen benetzten meine Wangen. Dies ergriff mich auf das lebhafteste. Der König gewahrte meine Erregung und sagte:

»Ich danke Ihnen für Ihren Brief, aber ach, nichts kann mir in einem so schmerzlichen Augenblicke helfen. Verurteilen Sie meine Tränen nicht: kann man wohl überhaupt mit mehr Recht weinen?«

»Ach Sire, ich bin weit entfernt, Sie zu verdammen.«

»Wenn alles Unglück, welches mich trifft (hier bezog er sich auf eine Stelle meines Briefes), der Ausfluß des Willens einer Vorsehung ist, wie das ja wohl möglich ist, so muß ich hoffen, daß dieselbe Mitleid mit mir haben wird. Alle Anzeichen sind ja dafür, daß es eine Vorsehung gibt.«

»Majestät, ich bin fest davon überzeugt. Ja, ich glaube sogar, daß dies die einzige Erwägung ist, welche uns die oft so schwere Bürde des Lebens zu tragen hilft.«

»Aber Sie müssen nebenbei glauben, daß eine Büchse, die man zu seiner Verwendung hat, auch ein guter Trost ist.«

So dachte und sprach der König bald nach der Niederlage bei Hochkirch und der Nachricht vom Tode seiner Schwester. Ich habe dies alles getreulich für mich aufgezeichnet, um mir eine klare Vorstellung von dem Geiste und dem Herzen dieses merkwürdigen Fürsten zu bilden, und ich gebe es hier . . . gewissenhaft wieder . . .

Nur eins will ich nicht mit Stillschweigen übergehen, nämlich, daß der König während der ersten vier Tage nach Empfang der Trauerbotschaft die Fensterläden seines Zimmers beinahe während des ganzen Tages hatte schließen lassen, so daß ich die Gestalt seiner Majestät in der Dunkelheit kaum zu unterscheiden vermochte. Nur einmal wurden sie etwas mehr geöffnet, weil er einen Brief an eine seiner Schwestern schreiben wollte.[347]

Die militärische Lage nach der verlustreichen Schlacht von Hochkirch gestaltete sich jedoch besser, als man zunächst annahm. Die von wenig Entschlußkraft zeugende Taktik Dauns erlaubte den Preußen, sich zu sammeln, sich zu erholen und vor allem neuen Mut zu fassen. Die Armee des Königs vereinigte sich mit der des Prinzen Heinrich bei Bautzen. Hochkirch war somit kein solcher Schlag, daß man verzweifeln mußte. Die Österreicher räumten Neiße, die Belagerung wurde aufgehoben. Inzwischen hatte General Schmettau Dresden gehalten, und Friedrich konnte den Winter dort verbringen. Auch in diesem Feldzug war jenes magische Ziel erreicht worden, das im vorigen Jahr der Sieg von Leuthen bewirkt hatte: Schlesien war in preußischer Hand geblieben. Lediglich in der Lausitz und in Sachsen mußten noch Bereinigungen von fremden Truppenteilen vorgenommen werden.

Aufzeichnungen de Catts *Schweidnitz, 10. November 1758*

»Ich nenne es eine Narrheit, an Wahrsagungen, Propheten oder gar an Träume glauben zu wollen. Wie kann man einen derartigen Glauben hegen, während uns doch alle Naturerscheinungen beweisen, daß die Gegenwart nichts von der unmittelbar darauffolgenden Zukunft weiß. Zum Glück für die Menschen ist die Zukunft in eine dichte Wolke gehüllt. Und diese Wolke sollte sich durch Berechnungen, Beschwörungen, deren Gaunerei an allen möglichen Zeichen zu erkennen ist, und durch allerhand lächerliche Alfanzereien von Narren erhellen lassen, die sich in Begeisterung versetzen und die Toten ins Leben zurückrufen! Jeder Privatmann und vor allem jeder Fürst ist zu beklagen, der sich derartigen lügnerischen Versicherungen überläßt. Es ist im Grunde immer nur darauf abgesehen, den Betrogenen das Geld aus der Tasche zu lokken und sie nach Gefallen am Gängelbande zu führen.«[348]

Die nächste Unterhaltung wurde im Schloß zu Dresden geführt, dem Wohnsitz des Kurfürsten Friedrich August II. von Sachsen, der gleichzeitig als August III. König von Polen war. Dieser älteste Sohn Augusts des Starken hatte sich vor den Kriegshandlungen nach Warschau in Sicherheit gebracht.

Dresden, 20. November 1758

»Mein Lieber, Sie sehen mich bald in den Hütten der Armut, bald in den Schlössern der Könige. Wo ist man glücklicher? Ach, hier nicht!«
Er zitierte mir eine Strophe eines Gedichtes von Gresset, welche von dem wahren Glücke handelt und bei deren letzten beiden Versen seine Augen sich mit Tränen füllten.
»Um Sie ein wenig zu erheitern, will ich Ihnen Athalia vorlesen.« Am Ende des ersten Aktes hielt er inne.
»Ich kann auf diesen königlichen Stühlen nicht sitzen; sie sind oder sie scheinen mir so hoch, daß ich schwindlig werde. In jedem Augenblick fürchte ich, nach der einen oder anderen Seite herunterzufallen.«
Der König ließ sich seinen niedrigen Feldstuhl bringen. »Die Menschen im allgemeinen und meine Standesgenossen wie ich selbst im besonderen sind rechte Narren, wenn sie sich so unbequeme Möbel so viel kosten lassen. Mein Feldstuhl ist viel besser als alle diese schönen Sessel und kostet nur drei Taler . . .«
»Ich glaube, daß in diesen Räumen niemals ein Trauerspiel gelesen worden ist. Wenn mein großer königlicher Bruder hierher zurückkommt, so würde er sehr erstaunt sein, wenn diese Mauern ihm die Tragödie wiederholten, die ich soeben gelesen habe, diejenige, welche ich noch lesen will, und die Verse, die ich mir vorgenommen habe, auswendig zu lernen.
Wissen Sie, womit sich mein vielgeliebter großer königlicher Bruder unterhält? Er läßt seine Hofnarren kommen, gibt einem ein paar ordentliche Ohrfeigen und dem andern einen Fußtritt in den Hintern. Alle schreien: Au au, das tut ja furchtbar weh! dann erhebt mein Bruder ein schallendes Gelächter und, infolge seiner Ohrfeigen und Fußtritte ganz außer Atem, schickt er seine lieblichen Hofnarren nach Hause. Diejenigen, welche das Land regieren wollen, lassen es sich, wie man das leicht versteht, auf das äußerste angelegen sein, meinen teuern Bruder bei seinen edlen Belustigungen festzuhalten.«[349]

Der König an den Lord-Marishall von Schottland, George Keith — *Dresden, 23. November 1758*

Unser Feldzug ist beendet; es ist dabei auf beiden Seiten nicht mehr her-

ausgekommen als der Tod vieler ehrlicher Leute, das Elend vieler armen, für ihr ganzes Leben verstümmelten Soldaten, der Ruin einiger Provinzen und die Plünderung, Verwüstung und Einäscherung einiger blühender Städte. Das sind, lieber Mylord, Taten, die die Menschheit schaudern machen, die betrüblichen Folgen der Verderbtheit und des Ehrgeizes einiger weniger mächtigen Menschen, die alles ihren ungebärdigen Leidenschaften aufopfern.[350]

Der König traf in Dresden eine neue Verfügung bezüglich seiner Nachfolge. Der jetzige Prinz von Preußen, Friedrich Wilhelm, der älteste Sohn des verstorbenen Prinzen August Wilhelm, war 1744 geboren und mit seinen vierzehn Jahren noch bei weitem zu jung, vorerst selbst zu regieren. So nahm sich Friedrich das Aktenstück der alten Tutelar-Disposition von 15. August 1757 wieder vor, überholte es nach dem neuesten Stand der Dinge und ernannte seinen nächstjüngeren Bruder, den Prinzen Heinrich, im Falle seines Todes zum Regenten, außerdem zum Vormund des Prinzen von Preußen, zum Oberbefehlshaber und »Haupt aller Staatskollegien«, solange der Thronfolger minderjährig sein würde. Prinz Heinrich war zu diesem Zeitpunkt erst zweiunddreißig Jahre alt. Er hatte sich im Kriege als äußerst geschickter Heerführer bewährt. Der König zählte sechsundvierzig Jahre und fühlte sich an manchen Tagen vor Sorgen und Überanstrengung uralt.[351]

In einem Briefwechsel zwischen dem König und Heinrich von Anfang 1759 diskutierten die Brüder über die Möglichkeit, daß wohl dieses oder jenes der gegnerischen Staatsoberhäupter sterben könne und dadurch der Krieg eine Wendung nehmen würde. Aber Friedrich meinte, normalerweise stürben jährlich einer oder zwei Souveräne. Sollte den Preußen jedoch wirklich geholfen werden, müßte unter den Herrschern Europas eine Epidemie ausbrechen, ehe man hoffen dürfe, seine Freiheit woanders als auf der Spitze des Schwertes zu finden.[352]

Der Winter verging mit den üblichen Vorkehrungen für den neuen Feldzug. Im Spätherbst wurde rekrutiert, und während die kämpfende Truppe in den Winterquartieren lag und sich ausruhte, wurden die Rekruten eingeübt auf Gleichschritt und das Laden mit den eisernen Ladestöcken, auf Gefechtstaktik und Gehorsam. Sie mußten lernen zu biwakieren und sich im Felde mit geringen Mitteln bei allen vorkommenden Gelegenheiten zu behelfen. Nur wurden die Rekrutierungen von Jahr zu Jahr spärlicher. Das schmucke Bild gleichgroßer Leute zerstörte sich selbst durch die Notwendigkeit, jetzt einfach jeden zu nehmen, der nur irgend geeignet war. Nach Schönheit und Größe fragte schon lange niemand mehr.

Im April 1759 erlitt im Westen der tapfere Ferdinand von Braunschweig mit englisch-deutschen Hilfstruppen eine Niederlage bei Bergen. Die Franzosen hatten sich als stärker erwiesen. Er konnte jedoch die Schlappe wieder gutmachen, indem er am 1. August 1759 die Gegner bei Minden besiegte. So war Preußen jetzt im Westen gesichert. Aber auf dem östlichen Kriegsschauplatz nahm die Lage dadurch bedrohliche Formen an, daß Österreich, Schweden und Rußland enorme Mengen von Soldaten an die Fronten brachten. Friedrich sah es mit Besorgnis, denn seine jetzige Armee war nicht mehr die alte, auf die er sich so blindlings hatte verlassen können.[353]

Kennzeichnend für den rauhen und gleichzeitig humorvollen Ton, in dem der König mit seinen Befehlshabern verkehrte, sind einige Billetts:

Der König an Generalmajor von Puttkamer

Bolkenhain, den 3. April 1759

Er soll was gegen Naumburg und Bunzlau detachieren, um den Feind wegzujagen. Ob er meinet, daß er mit 1500 Pferde dastehet, um sich in die Hosen zu kratzen? Er soll um sich greifen und nicht faulenzen.

Der König an Generalleutnant von Seydlitz

Bolkenhain, 6. April 1759

Mir nur von allem berichtet, mein lieber Seydlitz, ich lauere wie eine Katze auf der Maus.[354]

Seinem alten Freunde, dem Marquis d'Argens, schüttete der König in diesen Tagen sein Herz aus:

Der König an den Marquis d'Argens

Reich-Hennersdorf, 28. Mai 1759

. . . Meine Lage mag von fern wohl noch halbwegs glänzend erscheinen, aber aus der Nähe betrachtet, ist es nichts als dicker Rauch. Ich weiß fast nicht mehr, ob es auf Erden noch ein Sanssouci gibt; wo der Ort auch liegen mag, für mich paßt der Name nicht mehr. Kurz, lieber Marquis, ich bin alt, traurig und grämlich. Hin und wieder leuchtet meine alte Fröhlichkeit wohl noch auf, aber es sind nur Funken, die mangels einer nährenden Kohlenglut verglimmen; es sind Blitze, die durch dunkle Wetterwolken flammen. Ich rede die Wahrheit: wenn Sie mich sähen, fänden Sie die Spuren dessen, was ich einst war, nicht mehr. Sie sähen einen alt und grau gewordenen Mann, der die Hälfte

seiner Zähne verloren hat, einen Mann ohne Heiterkeit, ohne Feuer, ohne Einbildungskraft, kurz einen Schatten . . .[355]

Aufzeichnungen de Catts — *Reich-Hennersdorf, 12. 5. 1759*

Das Feldlager, mein Lieber, macht die Menschen nicht gerecht. Da habe ich die Gerechtigkeit, auf welche ich trotz meiner Ketzerei, die Sie wegen Ihrer Zuneigung zu mir manchmal so unglücklich macht, doch etwas stolz bin, wahrlich nicht gelernt. Sie können sich darauf verlassen, daß ich in Fragen der Sittenlehre starr orthodox bin, Sittlichkeit aber ist die Grundlage der Gerechtigkeit . . .[356]

Reich-Hennersdorf, 13. 5. 1759

Der Marquis d'Argens hatte es mir allerdings bei meiner Ankunft in Breslau vorher gesagt: »Sagt der König abends bei seinem Konzert, daß Sie ein Mann von Geist sind, so sind Sie ein Mann von Geist, was man auch dagegen tun oder sagen möge. Leugnet er es, so laufen Sie Ihr ganzes Leben ohne Geist herum.«

Manchmal traf der Marquis mit seinem Urteil den Nagel auf den Kopf.[357]

Tagebuch Graf Lehndorff — *Berlin, 4. Juni 1759*

Ich gehe zur Predigt bei der Königin. Bei Tisch sprechen wir von den Verschiedenheiten im französischen Ausdruck. – Ich kenne niemand, der so wenig Manieren besitzt wie die Königin. Wenn man ihr Treiben beobachtet, möchte man glauben, daß das Schicksal sie nur versehentlich auf einen Thron gesetzt hat. Sie würde entschieden als Frau irgendeines Amtmannes glücklicher sein, weil ihr immer am wohlsten ist, wenn sie in ihrem Schönhauser Loch allerhand Zeug zusammenschwatzen kann . . .[358]

Aufzeichnungen de Catts — *Reich-Hennersdorf, 2. u. 3. Juli 1759*

An diesen beiden Tagen wurde ich nicht zum Könige befohlen, weil er infolge des Genusses einer Pastete an heftiger Kolik litt. Er hatte viel daran zu leiden, nahm sich vor, seiner Vorliebe für Pasteten künftig nicht mehr nachzugeben, und vergaß diesen Vorsatz, sobald die Kolik vorbei war.[359]

4. Juli 1759

Um drei Uhr wurde ich befohlen. Die Unterhaltung dauerte nicht lange. »Ich habe während dieser zwei Tage sehr zu leiden gehabt, und weiß noch bis zu diesem Augenblicke nicht, wie ich mir diese schreckliche Kolik zugezogen habe, die mich ganz heruntergebracht hat.«

»Man behauptet, daß Majestät die Kolik durch den Genuß einer Pastete bekommen hat!«

»Wer das sagt, ist ein Narr. Wie kann man durch einen Mundvoll Pastete eine Kolik bekommen? So elend ist mein Magen nicht, daß wir eine solche Kleinigkeit so schlecht bekommen sollte.«[360]

Der König an Voltaire *Juli 1759*

... Ich weiß wohl, daß ich Sie einst angebetet habe, so lange ich noch nicht wußte, daß Sie ränkesüchtig und boshaft seien; allein Sie haben mir inzwischen so viele schlimme Streiche gespielt ... Doch lassen Sie uns nicht weiter davon reden, ich habe Ihnen Alles längst mit christlichem Herzen vergeben; und, alles in allem gerechnet, haben Sie mir doch viel mehr Vergnügen als Ärger bereitet. Die Freude, die mir Ihre Werke machen, läßt mich leicht die Schramme verschmerzen, welche mir Ihre Krallen gerissen haben.

Wenn Sie gar keine Fehler hätten, würden Sie zu hoch über die Menschheit hinausragen, und die Welt würde Grund haben, auf Ihre Vorzüge neidisch zu sein; so aber kann unsereiner wenigstens sagen: »Voltaire ist das größte Genie aller Zeiten, aber ich bin doch verträglicher, gelassener und umgänglicher als er!«[361]

Im August entwickelte sich ein Schwerpunkt im Kriegsgeschehen in der Nähe von Frankfurt an der Oder. Dort hatte sich eine russische Armee von etwa 60 000 Mann mit einer österreichischen von 19 000 vereinigt. Dieser massierten Kraft sah sich Friedrich mit nur etwa 45 000 Preußen gegenüber. Die Österreicher standen unter dem Befehl von General Laudon, nicht unter dem etwas schwerfälligen Daun.

Am 12. August 1759 kam es zur Schlacht bei Kunersdorf. Laudons Vorgehen in dieser Schlacht hatte eine verheerende Wirkung auf die preußischen Stellungen, vor allem aber riß es die russische Armee derart mit, daß es zu der schwersten Niederlage für Friedrich während des ganzen Krieges kam. Kunersdorf war ein gräßliches Gemetzel. Die Preußen trugen die Hauptlast der Toten und Verwundeten mit etwa 22 000 Mann, die Russen verloren 15 000 und die Österreicher anteilmäßig am wenigsten, etwa 2300. Der König hatte sich unerhört tapfer gegen diese riesige Übermacht geschlagen. Als er sah, daß alles verloren war, überkam ihn, wie schon so oft in ähnlichen Fällen, eine nachhaltige und tiefe Depression.

Der König an Minister von Finkenstein

Nach Kunersdorf, 12. August 1759

Ich habe diesen Morgen um 11 Uhr den Feind angegriffen. Wir haben sie bis zum Judenkirchhof bei Frankfurt zurückgeworfen. Alle meine Truppen haben Wunder getan, aber dieser Kirchhof kostete uns eine große Menge von Menschen. Unsere Leute gerieten in Verwirrung, ich habe sie dreimal wieder gesammelt, schließlich war ich selbst nahe daran, gefangen genommen zu werden. Ich war gezwungen, das Schlachtfeld zu räumen. Mein Rock ist von Schüssen durchlöchert, zwei Pferde wurden mir getötet; mein Unglück ist, daß ich noch lebe. Unser Verlust ist sehr beträchtlich. Von einem Heere von 48 000 Mann habe ich nur noch 3000. In dem Augenblicke, in dem ich schreibe, flieht alles, und ich bin nicht mehr Herr über meine Leute. Man wird gut tun, in Berlin an seine Sicherheit zu denken.

Das ist ein grausamer Umschlag, und ich werde es nicht überleben; die Folgen dieses Ereignisses werden noch schlimmer sein als dieses selbst. Ich habe keine Hilfsmittel mehr, und, um nicht zu lügen, ich glaube, daß alles verloren ist; ich werde den Untergang meines Vaterlandes nicht überleben. Adieu für immer![362]

Tagebuch Graf Lehndorff *Berlin, 13. August 1759*

Einen Augenblick darauf tritt Fräulein von Tettau herein, mehr tot als lebendig, und sagt: »Der König befindet sich wohl, die Schlacht ist verloren, der Hof soll augenblicklich abreisen.«

Die gescheiten Leute sagen, daß die Russen und Österreicher morgen in Berlin sein werden . . . Nun müssen wir ernsthaft an unsere Abreise denken. Mehr als hundert Kutschen und Gepäckwagen stehen um das Schloß herum und gegen 9 Uhr fahren wir alle ab. Das Volk ist empört und ruft uns Schimpfworte nach, aber unsere Bestürzung und besonders die Angst um den König machen uns gegen dergleichen unempfindlich . . .[363]

Friedrich an Heinrich *Lebus, 16. August 1759*

In dem Augenblicke, da ich Ihnen unser Unglück mitteilte, schien alles verzweifelt; nicht daß die Gefahr nicht auch jetzt noch sehr groß wäre, aber rechnen Sie darauf, daß ich, solange ich die Augen offen habe, den Staat aufrecht erhalten werde, wie es meine Pflicht ist. Ein Etui, das ich in der Tasche hatte, hat das Bein vor einem Kartätschenschusse geschützt, der das Etui zertrümmert hat. Wir sind alle zerlumpt; fast niemand, der nicht zwei oder drei Schußlöcher im Rock oder Hut hätte. Wir würden gern unsere Garderobe opfern, wenn es nur das wäre.[364]

22 *Friedrich II. besucht Voltaire*

23 *Flötenkonzert in Sanssouci*

24 *Friedrich II.*

Friedrich an Heinrich *Waldow, 1. September 1759*

Ich habe Ihr Billet vom 25. erhalten, und ich verkündige Ihnen das Mirakel des Hauses Brandenburg. *In der Zeit, da der Feind die Oder überschritten hatte und eine zweite Schlacht hätte wagen und den Krieg beendigen können, ist er von Müllrose nach Lieberose marschiert. Ich bin sofort nach Triebatsch marschiert und gestern hierher nach Waldow gekommen, wo ich ihn durch meine Stellung von Lübben abschneide, das ich besetzen ließ. Ich schneide ihn dadurch von dem ganzen Teil der Lausitz ab, der ihm hätte Lebensmittel liefern müssen. Der Hunger wird ihn zwingen, einen Entschluß zu fassen . . .*[365]

Tagebuch Graf Lehndorff *Magdeburg, 17. August 1759*

Jeder fängt an, sich hier einzurichten. Die Königin, die im Hause des Gouverneurs wohnt, hat ihren Fenstern gegenüber die schönste Promenade, auch empfängt sie die ganze Gesellschaft auf dem Wall. Die Prinzessinnen leben hier wie in Berlin. Man geht in den Gärten und der Umgebung von Magdeburg spazieren, besonders aber besichtigen wir die Festung . . .[366]

Friedrich konnte es fast nicht glauben, aber seine Gegner zogen sich zurück und ihm blieb Zeit, seine versprengte Armee zu sammeln, wonach er feststellte, daß die Verluste doch nicht so hoch waren, wie er zunächst angenommen hatte. Es war ihm möglich, aus Magazinen und Depots sich erneut mit Geschützen und anderen Ausrüstungsgegenständen zu versorgen. Sein Mut und seine Tatkraft kehrten nach der langen Niedergeschlagenheit zurück.

Die kleine goldene Dose, in der eine Kartätschenkugel steckt, wird heute noch in einer Vitrine der Burg Hohenzollern bei Hechingen gezeigt.

Im September 1759 schrieb Friedrich noch skeptisch an seinen jüngeren Bruder Ferdinand, ohne ein Wunder oder die göttliche Eselei seiner Feinde würde es unmöglich sein, den Feldzug von 1759 glücklich zu beenden.[367]

Die Russen waren, ungeachtet ihres Sieges, nicht sonderlich erfreut über den Verlauf der Schlacht von Kunersdorf. Die Verluste waren für ein Verbündetenheer anteilig zu hoch. Dagegen hatte der eigentliche Feind Preußens, Österreich, verschwindend kleine Einbußen erlitten. Das verdroß den General Soltikoff, und er berichtete kurz nach der Schlacht an die Zarin Elisabeth:

Der König von Preußen pflegt seine Niederlagen teuer zu verkaufen;

noch einen solchen Sieg, und ich werde die Nachricht davon, mit dem Stabe in der Hand, allein zu überbringen haben.[368]

Tagebuch Graf Lehndorff *9. 11. 1759*

Ich diniere bei der Königin. Diese sieht recht schmuck aus, da sie einen großen Teil der Kronjuwelen und ein ganz mit venezianischen Spitzen garniertes Kleid trägt. Dazu kommt ihr aufgeheitertes Gesicht, das sie wirklich hübsch macht.[369]

14. 11. 1759

Vom König kommt die Nachricht, daß er unpäßlich war, als er sich von Schlesien nach Sachsen begab. Da er das Rütteln im Wagen oder auf dem Pferde nicht vertragen konnte, so ließ er sich in einer Sänfte tragen, und man hatte dieserhalb alle Viertelmeile 30 Soldaten aufgestellt, die einander ablösen sollten. Aber die ersten 30 wollten durchaus die Säfte nicht abgeben und haben Se. Majestät bis nach Sachsen getragen. So wird er in seiner Armee angebetet. Der große Mann setzt sich schrecklichen Strapazen aus.[370]

Mitte November, als der König sich von seinem schweren Gichtanfall zu erholen begann, traf er einige unglückliche Entscheidungen. Im Bestreben, die Österreicher durch einige Streifcorps zu beunruhigen und ihnen Rückwege abzuschneiden, sandte er General Finck mit 12.000 Mann nach Maxen. Heinrich und viele Generale sagten voraus, daß dies nicht gutgehen würde. Der Platz sei zu exponiert. Finck selbst hatte Bedenken geäußert, war aber vom König barsch angefahren worden. Am 21. November wurde Finck angegriffen und sah sich einer solchen Übermacht von Feinden gegenüber, daß er sich ergeben mußte. Noch lange sprach man von dem unnützen »Finkenfang bei Maxen«. Bald danach erging es General Dierecke mit seiner Truppe ähnlich, er verlor 1500 Mann an den Feind. Kugler gab von diesem unglücklichen Jahr dennoch ein gutes Resumée:

So ward endlich ein Feldzug zum Schlusse gebracht, der den Preußen Unheil zugefügt hatte, wie noch keiner der früheren. Und doch hatte Friedrich von allem, was er vor dem Beginn desselben besessen, nichts weiter verloren als Dresden und einen Teil der Umgegend, wie einige wenig bedeutende Besitzungen in Pommern, die von den Schweden bei dem Abmarsch des größten Teiles der preußischen Truppen aus jener Gegend eingenommen waren. Zu weiteren Erfolgen hatten es die vereinten Anstrengungen seiner übergewaltigen Gegner nicht gebracht![371]

Von seinen Depressionen, von der Gicht und von unmittelbaren Sorgen um den Staat vorläufig befreit, schmiedete Friedrich in seinem Hauptquartier in Wilsdruf Pläne für die Zukunft:

Aufzeichnungen de Catts *Wilsdruf, 24. November 1759*

Der König sprach in der kurzen Zeit, während welcher ich bei ihm war, nun von seiner Absicht, später die Regierung niederzulegen. Er hatte dieselbe schon mehrfach erwähnt, aber erst jetzt legte er sie ausführlich dar.

»Und wenn ich dereinst aus all diesem Gewirr herauskomme, mein Freund, dann möchte ich den Rest meiner Tage so genießen, daß ich mir die Einkünfte einer Provinz, etwa 100 000 Taler reserviere. Ich würde mir einige ehrenhafte, aufgeklärte und entgegenkommende Freunde erwählen, deren keiner jedoch ein Schmeichler sein dürfte. Mit allen Kräften würde ich bemüht sein, Ehrgeizige und Intriganten fern von mir zu halten. Ich würde nicht zu nahe an einer Stadt wohnen, um nichts von Königtum und Ehrfurchtsbezeugungen zu sehen. Als unverbrüchlichstes Gesetz würde ich die völlige Freiheit eines jeden hinstellen. Jeder sollte mit mir als Freund handeln und sprechen. Ich selber würde gewiß ein liebevoller, gefälliger und treuer Freund sein.

. . . Auf diese Weise, mein Freund, würde ich das Stückchen Lebensweg, welches mir noch übrig ist, mit einigen Blumen bestreuen.«[372]

Mit dem Programm, das der König zu diesem Zeitpunkt aufstellte, gab er schon einen perfekten Entwurf seines Lebens nach dem Kriege. Sehr ähnlich diesem Plan hat er nachher tatsächlich gelebt und im Kreise weniger Freunde in Sanssouci oder im Stadtschloß in Potsdam residiert. Allerdings blieb der Abstand zur Majestät gewahrt und vor allem – er legte keineswegs die Regierung nieder!

Das Jahr 1760 begann durchaus nicht mit schönen Vorzeichen. Das Geld wurde für den König knapp. Die Rekruten zeigten sich von immer schlechterer Beschaffenheit. Überall im Lande fehlte es an Material, Verpflegung und Pferden. Unter diesen Bedingungen hatte die Qualität der Truppen weiter nachgelassen, und der König fragte sich oft, ob er den jetzigen Mannschaften noch dasselbe an Schlagkraft abgewinnen könnte wie seiner einstigen, dahingesunkenen Armee. Friedrichs gesamte Effektivstärke betrug an die 90 000 Mann, denen der Gegner insgesamt 200 000 gegenüberzustellen hatte. Im März 1760 gab es erste Gefechte. General Golz mußte sich durch einen Angriff Laudons von Neustadt in Schlesien auf Neiße zurückziehen und wurde mit seinem pommerschen Regiment Manteuffel auf dem Marsch angegriffen. Die Österreicher waren in großer Übermacht und sandten einen Trompeter mit der Aufforderung zur Kapitulation. Die Pommern erteilten eine sehr derbe Antwort – sie nahmen praktisch die berühmten Worte des später aufgezeichneten Götz von Berlichingen vorweg – und kämpften weiter. Schließlich schlugen sie die Österreicher in die Flucht. Zahlenmäßig gesehen war es ein kleines Treffen. Die Preußen verloren 140 Mann und die Österreicher 300, aber der Mut und die Tapferkeit dieses Regiments wirkten anfeuernd an der ganzen Front.

Leider hatte General Fouqué im Juni bei Landeshut nicht das gleiche Glück, sondern wurde von Laudon empfindlich geschlagen. Friedrich war allerdings seinem alten Freund, dem »Großmeister« des Bayard-Ordens aus Rheinsberger Tagen, darüber nicht böse, wie sonst in einem solchen Fall, sondern schickte ihm einen tröstenden Brief.

Im Juli 1760 versuchte Friedrich eine Belagerung Dresdens, das stark verteidigt wurde. Am 14. Juli begann das Bombardement der Stadt, jedoch kamen Entsatztruppen der Österreicher, und der König mußte die Belagerung am 29. Juli aufgeben. Inzwischen wurde General Tauentzien in Breslau belagert.

Mitte August 1760 sah sich der König mit nur 30 000 Mann bei Liegnitz einer Übermacht von 95 000 Österreichern unter Laudon gegenüber. Dieser beabsichtigte ein zweites Hochkirch, einen massierten Überfall bei Nacht und Nebel. Friedrich jedoch wechselte lautlos im Schutze der Dunkelheit seine Stellung, und es gelang in einem heldenhaft geführten Kampf, den übermächtigen Feind zurückzuschlagen und einen Sieg zu erkämpfen. Dabei verloren die Gegner 10 000 Tote und Verwundete, Preußen nur 3500 Mann, was aber anteilmäßig gesehen auch noch viel bedeutete. Die psychologische Wirkung des Sieges bei Liegnitz war jedoch außerordentlich groß und weitreichend.

Friedrich vereinigte sich mit Heinrich bei Breslau. Der Sommer verging im Stellungskrieg. Im Herbst hatte die Heimat ungewöhnlich zu leiden unter einem Einfall von Russen und Sachsen mit Österreichern. Während sich hierbei, was hervorgehoben werden muß, die Russen unter ihrem Kommandanten Tottleben vorbildlich benahmen, waren die Österreicher und Sachsen außer Rand und Band. Sie plünderten, brandschatzten und hausten in Berlin wie die Vandalen. Ihr Befehlshaber Graf Lacy konnte sich nicht durchsetzen, das Unheil nicht verhindern.

Der König, von allem unterrichtet, sann auf Rache. Mit großer Verbitterung sah Friedrich seine Hauptstadt so offen dem Zugriff des Feindes ausgesetzt. Schließlich gelang es ihm doch, den Berlinern zur Hilfe zu kommen.

Bei Kugler findet man Einzelheiten, wie vertraulich und unmittelbar der König mit seinen Soldaten verkehrte.

Während des Marsches rief Friedrich öfters seinen Leuten, wenn sie ermüdet waren und sich einem nachlässigen Gange überließen, die Worte zu: »Gerade, Kinder, gerade!« Sie aber antworteten nicht selten: »Fritz auch gerade!« Ein Husar, der einst denselben Zuruf erhielt, erwiderte mit Laune, den Anzug des Königs musternd: »Fritz auch gerade und die Stiefeln in die Höhe gezogen!« Friedrich nahm solche Antworten jederzeit mit Wohlwollen auf; dafür folgten ihm aber auch seine Soldaten mit unbedingter Hingebung. Sein steter Morgengruß war: »Guten Tag, Kinder!« und stets tönte es zurück: »Guten Tag, Fritz!«[373]

Hier spürte der König, wie ihm die Liebe seiner Männer entgegenschlug, während von einer anderen Seite noch dazu von seinem leiblichen Bruder, Kälte auf ihn zuströmte. Doch auch das ertrug der König souverän und mit Gelassenheit.

Prinz Heinrich hatte einen außerordentlich großen Anteil an den Erfolgen der preußischen Truppen. Auf seinen jeweiligen Befehlsabschnitten traf er sehr geschickte Maßnahmen und war dem König fast immer von großem Nutzen. Der umfängliche Briefwechsel zwischen den Brüdern läßt jedoch erkennen, daß sie alles andere als ein Herz und eine Seele waren. Die Reibungspunkte waren zahlreich. Der Historiker des Prinzen Heinrich, Professor Easum, hat das einmal so formuliert:

Nicht zu den geringsten Leistungen, durch die sich Friedrich den Ehrentitel »der Große« verdiente, gehörte die Fähigkeit, Jahr für Jahr aufrechten Hauptes die Last des Hasses zu ertragen, die ihn verfolgte, und einen ihm derartig entfremdeten Untergebenen (Heinrich) an sich zu fesseln und ihn zum Wohl des Staates zu verwenden, insbesondere wenn dieser Untergebene Grund hatte, sich für mißbraucht zu halten.[374]

Anfang November 1760 stießen Daun mit 64 000 Österreichern und Friedrich mit 44 000 Preußen bei Torgau zusammen. Es gab eine erbitterte Schlacht. Friedrich flog eine Kugel in den Pelz, sie wurde aber durch das dichte Fell und einen darunter getragenen festen Samtrock aufgehalten. Der König fiel nur in Ohnmacht und erlitt eine Prellung. Der Sieg der Preußen wurden durch Zietens spätes, dafür aber um so wirkungsvolleres Eingreifen erfochten. Die Verluste waren sehr hoch. Preußen vermißte 13 000 Mann, die Österreicher 16 000. Danach zog sich Daun nach Dresden zurück, die Russen gingen nach Polen. Das Ergebnis dieses

Feldzuges, all der Mühen und Strapazen, war schließlich nur, daß der Feind Glatz in Händen hatte. Sonst hatte Friedrich seinen Besitzstand gegenüber dem Vorjahr ungeschmälert halten können.[375]

Der König korrespondierte in diesen Tagen nach Torgau mit seiner vertrauten Briefpartnerin, der vierundsiebzigjährigen Gräfin Camas. Sie war Oberhofmeisterin der Königin. Friedrich erlaubte sich in Friedenszeiten machen Scherz mit ihr. Er war ihr von Herzen zugetan, seine Anrede an sie war stets »Mein liebes Mütterchen Camas« oder »Meine liebe Mama«.

Gräfin Camas an den König *Magdeburg, 15. November 1760*

... Ich gehorche Ihnen und nehme mir die Freiheit, Sie um ein paar Tassen für Chokolade zu bitten. Dieses Getränk liebe ich und es sagt mir jetzt am besten zu. Ich habe auf das Abendessen seit zwei Jahren verzichtet. Ich verlasse die Königin, wenn sie sich zu Tisch setzt, ich gehe vor Mitternacht zu Bett, stehe ein wenig vor sieben Uhr auf und mein erster Gedanke ist meine Chokolade. Ein Magen, der ganz leer ist, braucht etwas, das ihn stärkt ...[376]

Der König an die Gräfin Camas

Neustadt b. Meißen, 18. November 1760

Ich bin pünktlich mit meiner Antwort an Sie, und beeile mich, Sie zufrieden zu stellen, Sie sollen ein Frühstücksservice haben, meine beste Mama, sechs sehr niedliche Kaffeetassen, hübsch und begleitet von all den kleinen Verzierungen, die ihren Wert erhöhen. Einige Stücke, die man noch dazu macht, werden ihre Absendung um einige Tage verzögern, aber ich schmeichle mir, daß dieser Aufschub zu Ihrer Befriedigung beitragen wird. Er verschafft Ihnen ein Spielzeug, daß, wenn es Ihnen gefällt, Sie an Ihren alten Anbeter erinnern wird.

Es ist sonderbar, wie das Alter sich trifft: Seit 4 Jahren habe ich auf das Abendessen verzichtet, da es sich mit dem Handwerk, das ich auszuüben genötigt bin, nicht verträgt, und an Marschtagen besteht mein Mittagessen in einer Tasse Chokolade.

Wir sind gelaufen wie die Narren, ganz aufgebläht von unserem Siege, um zu versuchen, ob wir die Österreicher aus Dresden verjagen könnten. Sie haben sich von ihren Bergen herunter über uns lustig gemacht. Ich bin auf demselben Wege wieder zurückgegangen, wie ein kleiner Junge, und habe mich aus Ärger in eines der verwünschtesten Nester Sachsens versteckt. Jetzt gilt es, die Herren Kreisler aus Freiberg und Chemnitz zu jagen, damit wir Unterhalt und Unterkunft finden.

Ich schwöre Ihnen, es ist ein Hundeleben, wie es mit Ausnahme Don

Quichottes keiner außer mir geführt hat. Diese ganze Lebensweise und diese Unordnung, die nie aufhört, hat mich so alt gemacht, daß Sie Mühe haben werden, mich wieder zu erkennen.
Auf der rechten Seite meines Kopfes sind meine Haare ganz grau; meine Zähne zerbrechen und fallen aus; mein Gesicht ist voller Runzeln, wie die Falbeln eines Unterrockes, mein Rücken gekrümmt wie ein Bogen, mein Geist traurig und niedergeschlagen wie ein Mönch von La Trappe. Ich schreibe Ihnen dies alles vorher, damit für den Fall, daß wir uns noch bei lebendigem Leibe sehen sollten, Sie sich nicht zu sehr über mein Aussehen entsetzen. Es bleibt mir nur das Herz, das sich nicht verändert hat und das, solange ich atmen werde, die Gefühle der Hochachtung und einer zarten Freundschaft für meine beste Mama bewahren wird.

Adieu,
Friedrich[377]

Die Gräfin konnte allerdings einen leichten Vorwurf gegen Friedrich nicht zurückhalten, als sie von den Söhnen August Wilhelms erfuhr, der König sehe genauso aus wie immer, habe also bei seinem Selbstporträt stark übertrieben.

Gräfin Camas an den König *Magdeburg, 17. Januar 1761*
Ihre Hoheiten die Prinzen (Friedrich Wilhelm und sein Bruder Heinrich) haben mich über die Gesundheit. E. M. beruhigt, die sie keineswegs verändert gefunden haben. Das entspricht nicht dem Bilde, das Sie die Grausamkeit hatten, mir vor einiger Zeit von Ihrer Person zu machen . . .[378]

Generationen von Historikern versuchten zu ergründen, warum Friedrich nicht mit seiner Gemahlin zusammenlebte. Eine gewisse Hilfe findet sich in dem Tagebuch der Gräfin Voß, die zuweilen Aufzeichnungen darüber bringt.

Gräfin Voß *Magdeburg, 4. Februar 1761*
Abends an Hof. Die arme Königin war in einer furchtbaren Laune und sagte ganz verzweifelte Sachen. Diese Übellaunigkeit ist ein schrecklicher Fehler bei ihr. Immer will sie, daß alle Welt ihr schmeicheln und ihr in allen Dingen recht geben soll, und das macht jedes Gespräch mit ihr eben so peinlich als unangenehm.[379]
Gräfin Voß *10. März 1761*
Abends war alles bei der Prinzessin von Preußen (Luise Amalie), auch die arme Königin war da, aber leider wieder von einer furchtbar üblen

Laune, die sich ihrer seit einiger Zeit ganz bemächtigt hat; und das Souper war in Folge dessen sehr peinlich für uns alle.[380]

Die Königin befand sich in ihrem sechsundvierzigsten Lebensjahr, und es ist durchaus denkbar, daß sie schon unter den Auswirkungen des beginnenden Klimakteriums zu leiden hatte. Mit »niederschlagenden Pulvern« und ähnlichen Mittelchen war gegen anhaltende Verdrießlichkeit kaum etwas auszurichten.

Die Aufzeichnungen der Gräfin Voß, aus denen soeben zitiert wurde, gelten allerdings in der einzig im Druck erschienenen Form nicht als völlig zuverlässig, das handschriftliche französische Original soll jedoch kaum zu entziffern sein, so schlecht schrieb die Gräfin.

Als Fräulein von Pannwitz war sie einst Hofdame am Hofe der Königin Sophie Dorothea, der Mutter der Königskinder. Der Prinz August Wilhelm liebte sie aufrichtig und lange Zeit in der selbstlosesten Weise. Als schließlich feststand, daß der König keineswegs in die Trennung der Ehe des Prinzen einwilligen würde, heiratete das junge Fräulein von Pannwitz ihren Vetter Voß. Als dieser starb, kehrte sie an den Hof zurück. Sie liebte das Hofleben über alles. Frau von Voß lebte im Hofstaat von Königin Elisabeth Christine. Nach Friedrichs Tod, als Anfang der neunziger Jahre August Wilhelms Enkel Friedrich Wilhelm die mecklenburgische Prinzessin Luise heiratete, kam Frau von Voß an den Hof der Kronprinzessin. Sie wurde in den Grafenstand erhoben und leitete für den Rest ihres Lebens den Hofstaat der späteren Königin Luise als Oberhofmeisterin. Mit ihren Aufzeichnungen umfaßte die Gräfin Voß die Regierungszeiten von vier Königen: des Soldatenkönigs, Friedrichs II. und seines Neffen Friedrich Wilhelm II., schließlich noch die Regierungszeit des Gemahls ihrer angebeteten Luise, Friedrich Wilhelm III. bis zum Jahre 1814. Insofern stellt die Gräfin Voß eine ganz einmalige Erscheinung im preußischen Hofleben dar.

Der König verbrachte den Winter 1760/61 in Leipzig, mehr denn je und mit mehr Mühe als zuvor damit beschäftigt, seine Armee zu ergänzen und auf den bestmöglichen Stand zu bringen, der überhaupt im sechsten Kriegsjahr noch möglich war. Ungerechnet der französischen Truppen im Westen und der Reichsarmee, standen sich die feindlichen Armeen in recht bedrohlichem Kräftegefälle gegenüber. Friedrich brachte nicht mehr als 55 000 Mann zusammen. Aber Laudon führte 75 000 Österreicher an, und der russische Feldmarschall Buturlin kommandierte 60 000 Soldaten.

In Leipzig traf der König den Dichter Gottsched wieder, den er schon einmal zu sich befohlen hatte. Er war von diesem zweiten Treffen sehr beeindruckt und machte sogar ein Gedicht auf den »sächsischen Schwan«, das mit folgenden Worten schließt:

Durch deine Lieder füge du
Dem Siegeslorbeer, der den Deutschen schmücket,
Apollos schönern Lorbeer zu![381]

Der Feldzug des Jahres 1761 kam nur langsam in Gang. Man beobachtete und belauerte sich gegenseitig. Aber weder hatte Friedrich besondere Angriffslust, noch fühlten die Österreicher Unternehmungsgeist. Bei Striegau stand man sich eine Weile abwartend gegenüber. Der König versuchte, die Pässe des Riesengebirges zu besetzen und die Zufuhr des Gegners abzuschneiden, aber dieser hatte alle Posten so verstärkt, daß ein Angriff unmöglich gemacht wurde.[382]

Friedrich kam es jetzt darauf an, die Masse seiner Feinde an einem Fleck so lange festzuhalten, bis die Versorgung dieser Riesenmengen an Menschen und Pferden unmöglich und der Gegner dadurch zum Abzug gezwungen würde. Er bezog mit seiner Schar am 20. August das berühmt gewordene Lager bei Bunzelwitz. Mit dieser Position deckte der König die Festung Schweidnitz und die Zufuhr für die preußische Armee. Das Lager bot an sich überhaupt keinen Schutz, aber als die Feinde es auf eine Angriffsmöglichkeit hin prüfen wollten, fanden sie urplötzlich eine Art Festung vor. Die gesamte preußische Armee hatte sich Tag und Nacht abgelöst und geschanzt. Jetzt waren die Befestigungen von Bunzelwitz so hervorragend, daß sich niemand mehr getraute, einen Angriff zu unternehmen.

Die feindlichen Truppen standen außer Schußweite rings um das Lager, man hatte an sich jede Nacht mit einem Angriff zu rechnen und mußte deshalb ständig gerüstet sein. So wurde eine verkehrte Zeitrechnung im Lager von Bunzelwitz eingeführt. Man ruhte und schlief am Tage in den Zelten, zur Nacht wurden diese blitzschnell abgebrochen und die Leute standen kampfbereit unter Waffen. Der König machte dieses Leben gegen den Lauf der Uhr getreulich mit. Nächtelang begnügte er sich mit einem Bund Stroh und hielt sich bei einer Batterie unter freiem Himmel auf. Natürlich war die Versorgung auch bei den Preußen knapp, und bald machte sich eine gewisse Mutlosigkeit bemerkbar. Krankheiten rissen ein, und es war keine Änderung dieses Stellungskrieges abzusehen.

Für Friedrich bedeutete es ein Glück, daß die Russen und die Österreicher sich nicht einig waren, genauso unter Mangel an Nachschub litten und die gleichen Probleme hatten. Schließlich kam es zu einem Zerwürfnis zwischen Laudon und Buturlin; der Russe zog mit seiner Hauptmacht am 10. September 1761 ab und hinterließ nur ein Corps bei den Österreichern. Nach vierzehn Tagen willkommener Ruhe für seine übernächtigten Leute konnte Friedrich das Lager bei Bunzelwitz ohne Gefahr aufgeben.

Am 1. Oktober 1761 nahm Laudon in einem Handstreich die Festung Schweidnitz, die im Laufe der Kampfhandlungen mehrmals den Besitzer gewechselt hatte. Der König bezog nun eine Stellung bei Strehlen, wo ihm eigenartige Dinge begegnen sollten.

Zunächst schickte ein Tatarenkhan seinen Bartputzer als außerordentlichen Gesandten. Der Khan war ein Feind der Russen und bot Friedrich ein Bündnis an. Im nächsten Jahr sollten 16 000 Tartaren nach Oberschlesien gesandt werden, um die preußischen Truppen zu unterstützen. Außerdem wollte der Khan einen Einfall in Rußland machen, um russische Streitkräfte zu binden.

Auch mit dem Sultan der Türkei hatte sich ein Bündnis ergeben, dieser bildete bei Belgrad eine Streitmacht, um Friedrichs Feinde anzugreifen, die Maßnahmen des Sultans waren gegen Österreich gerichtet. Friedrich betrachtete diese Bündnisse mit abwartendem Wohlwollen. Er versprach sich von beiden keine entscheidende Hilfe.[383]

Kugler berichtete weiter über ein hochdramatisches Vorkommnis, bei dem es um das Leben des Königs ging:

Ein zweites Ereignis, das in Strehlen vorfiel, war der verräterische Versuch, den König lebendig oder tot in die Hände seiner Feinde zu liefern. Ein Vasall Friedrichs, Baron Warkotsch, dessen Besitzungen in der Nähe von Strehlen lagen und der es unbequem fand, daß ihm die preußische Regierung keine willkürliche Behandlung seiner Untertanen gestattete, hatte den Plan dazu in Gemeinschaft mit einem österreichischen Offizier, dem Obersten Wallis, entworfen. Er hatte dem Könige öfters in Strehlen aufgewartet und alle Gelegenheit ausgekundschaftet. Friedrich wohnte außerhalb der Stadt, in dem daneben gelegenen Dorfe Woiselwitz; die Wache vor seinem Hause bestand aus 13 Mann Garde; sonst waren wenig Militärs im Dorfe, und auch in der Stadt befand sich, da die Armee schon zum Teil in die Winterquartiere entsandt war, keine bedeutende Truppenmacht. Der Zwischenträger zwischen Warkotsch und Wallis war ein katholischer Geistlicher, Franz Schmidt.

Die Briefe an diesen, auch an Wallis, überbrachte ein Jäger in des Ba-

rons Diensten, Matthias Kappel. Der letztere hatte aus diesem, sehr geheim gehaltenen Briefwechsel sowie aus manchen Reden seines Herrn und andern Umständen Verdacht geschöpft. Am 29. November (1761) war er mit dem Baron wieder in Strehlen gewesen. Als er mitten in der Nacht darauf wieder Befehl erhielt, einen Brief mit der Adresse des Obersten Wallis an Schmidt zu überbringen, wuchs sein Verdacht; er öffnete den Brief und fand in dessen Inhalt den ganzen Verrat ausgesprochen. Schleunig ließ er sich nun durch einen evangelischen Geistlichen, der am Orte war, eine Abschrift des Briefes anfertigen, den er an Schmidt sandte, während er mit dem Originalschreiben unverzüglich in das Hauptquartier des Königs jagte.

Friedrich empfing den verhängnisvollen Brief.

»Ihr seid«, so sprach er zu dem Jäger, »ein bestimmtes Werkzeug für mich, von einer höheren Hand abgeschickt!«

Alle Anstalten wurden nun getroffen, um der Verräter habhaft zu werden. Beide, der Baron und der katholische Geistliche, wurden ergriffen, während sie sich nichts Arges versahen; aber beide entkamen durch List . . .

Dem Könige war es im Grunde nicht unangenehm, daß die beiden Verräter entkommen waren. Das Gericht erkannte auf strenge Todesstrafe: Warkotsch sollte gevierteilt, Schmidt enthauptet und dann ebenfalls gevierteilt werden. Friedrich war kein Freund von Blutgerichten und konnte es nun in Ruhe unterschreiben, daß das Urteil an ihren Bildnissen vollstreckt wurde . . .[384]

In Pommern zog ein Ereignis die Aufmerksamkeit auf sich. Nach langem ehrenhaftem Kampf ergab sich die Festung Kolberg. Russen und Schweden setzten sich nun dort fest.

Einzig im Westen verhalf Herzog Ferdinand von Braunschweig zu einem Lichtblick. Seine Aktionen gegen die Franzosen waren erfolgreich gewesen und dieser Feind blieb zunächst den preußischen Ländern fern.

Die Hauptlast des Stellungskrieges von 1761/62 hatten Prinz Heinrich und der König selbst zu tragen.

Auch in England ereigneten sich unangenehme Dinge.

Im Vorjahr war Friedrichs Onkel, König Georg II., gestorben. Sein Nachfolger war ein Vetter Friedrichs und ihm ebenso wenig wohlgesinnt wie einst dessen Vorfahren seinen Eltern. Minister Pitt, der die englische Kriegshilfszahlung an Preußen immer noch durchgedrückt hatte, wurde abgesetzt und die Subsidie unterblieb. Das war ein empfindlicher Verlust für den König. Jene vier Millionen Taler hatten für ihn einen

Schatz dargestellt. Kugler faßte das betrübliche Ergebnis des Feldzuges von 1761 zusammen:

So schloß das Jahr 1761. Preußen (Ostpreußen) und die westfälischen Provinzen schon seit dem Beginn des Krieges vom Feinde besetzt, jetzt auch Glatz und Schweidnitz sowie Kolberg und ein großer Teil Pommerns in ihren Händen; hierdurch war ihnen der günstigste Weg zu weiteren Fortschritten gebahnt; Sachsen, das bisher so reichliche Mittel zur Fortsetzung des Krieges geliefert hatte, völlig ausgesogen; England überdies geneigt, mit Frankreich Frieden zu schließen, wodurch Friedrich auch die Heere dieses Feindes mit eigener Kraft bekämpfen mußte; – und für alles das nichts als das Versprechen einer verhältnismäßig geringen Hilfe von seiten der Tataren und einer noch immer zweideutigen von seiten der Türkei![385]

Es war ein unerquickliches, unergiebiges, sozusagen lausiges Jahr gewesen. Die Feinde wähnten Friedrich am Boden. Maria Theresia, die auch kein Geld mehr hatte, entließ seelenruhig 20 000 Mann. Ihr Erzfeind, der »böse Mann«, war wohl zu tief getroffen, als daß er sich noch einmal erholen würde.

Das Jahr 1762 begann mit einer großen Überraschung: Zarin Elisabeth von Rußland starb am 5. Januar. Nachfolger wurde ihr Neffe, Zar Peter III. Er stammte aus dem Hause Holstein-Gottorp wie der schwedische König Adolf Friedrich. Am 19. Januar 1762 etwa hatte die Nachricht Friedrichs Hauptquartier erreicht. Noch niemand wußte, was Rußland jetzt für eine Politik einschlagen würde. Aber so schnell, wie nur ein Depeschenbote reisen konnte, kam dann die Nachricht aus Petersburg, daß der neue Zar ein glühender Bewunderer Friedrichs sei, der es sich zur hohen Ehre anrechnen würde, wenn er den preußischen Schwarzen-Adler-Orden erhalten könnte. Friedrich war sofort bereit, schrieb jedoch Mitte Januar an Mitchell, über den die Korrespondenz lief, seine verblümte Bitte, der Zar möge doch seine Truppen aus den preußischen Ländern zurückziehen:

Der König an Mitchell *17. Januar 1762*
Das ist ja ein eigenartiger Ritter, mein lieber Herr Mitchell, der 80 000 Mann auf meine Kosten ernährt; das ist der einzige meiner Ritter, der sich eine solche Freiheit nimmt. Wenn jeder Ritter des Hosenbandes das gleiche täte, würde Ihr England, ganz England, wie es ist, verspeist werden. Ich bitte Sie, meinen Ritter gelehriger zu machen und ihm beizu-

bringen, daß es gegen die Einrichtung des Ordens ist, wenn ein Ritter seinen Großmeister verspeist . . .[386]

Ende Januar zogen sich dann die russischen Truppen tatsächlich aus den gemeinsam mit den Österreichern innegehabten Winterquartieren zurück. Der Frieden mit Rußland rückte in greifbare Nähe. Man schloß einen Waffenstillstand ab, und am 5. Mai trat das Unvorstellbare, Unfaßbare ein: der Friede mit Rußland wurde unterzeichnet. Wenig später, am 22. Mai, konnte in Hamburg der Frieden mit Schweden perfekt gemacht werden. Die Russen räumten Ostpreußen, Pommern, die Neumark und die Grafschaft Glatz. Auch Schweden zog sich aus Pommern zurück. In all diesen Gebieten übernahm, wie vor Beginn des Krieges, die preußische Verwaltung die Geschäfte. Aber wie sahen diese Provinzen aus! Entblößt von Vieh und Pferden, von Saatgut und Menschen – zerschossene Städte, verbrannte Dörfer, ein Bild des Elends und des Jammers.

Immerhin löste die Tatsache, daß nun wenigstens im Osten kein Feind mehr stand, Hochstimmung im preußischen Lager und in der Heimat aus. Friedrich konnte durch diese bedeutende Entlastung wirklich Hoffnung schöpfen, nun mit dem Rest seiner Gegner zu einem Arrangement zu kommen, entweder jetzt auf diplomatischem Wege oder einfach durch so geschicktes Verhalten, daß die wachsende Kriegsmüdigkeit den Feind zu Verhandlungsbereitschaft zwingen würde.

Friedrich hielt sich in Breslau auf und führte, neben seinen anderen Korrespondenzen, einen lebhaften Briefwechsel mit Heinrich. Als dann seine Schwiegermutter starb, fand er die Muße zu einem freundlich-nachdenklichen Brief an seine Gemahlin, die Königin:

Der König an Elisabeth Christine *Breslau, 14. März 1762*
Madame,
Ich habe mit Schmerz vom Tod Ihrer Frau Mutter gehört. Ich spreche Ihnen meine Teilnahme aus. Sie war alt und kränklich; sie ist jetzt gesichert vor allem Unglück, das der Teil der Menschheit ist, und wir alle haben den gleichen Weg zu gehen, der eine ein wenig früher, der andere ein wenig später. Eines Tages werden wir alle am Ziel sein, wenn jeder die Rolle beendet hat, die er in dieser Welt spielen mußte.
Nach allem Unglück und allen schlechten Nachrichten, die uns seit sechs Jahren etwas alltägliches sind, sollte es nun wirklich Zeit sein, daß wir angenehmere erhalten. Ich wünsche, daß diese Zeit bald komme, indem ich Sie aller Wertschätzung versichere, mit welcher ich bin . . .[387]

Wenige Monate später, als er an den englischen Gesandten Sir Andrew Mitchell schrieb, schlug Friedrich indessen schon zuversichtlichere Töne an:

Der König an Mitchell *Juni 1762*
Das Glück beginnt, seine Haltung mir gegenüber zu wandeln. Ich hoffe, daß es mir bis Ende des Jahres treu bleibt; dann werden wir in diesem Winter einen ehrenvollen und, so Gott will, auch dauerhaften Frieden haben![388]

Die Russen kämpften jetzt an der Seite der Preußen. General Tschernitschef befand sich mit einem großen Corps bei den preußischen Verbänden, als plötzlich wie ein Ungewitter die Nachricht aus Petersburg eintraf, daß der Zar ermordet worden sei.

Peter III., ein sehr rasch handelnder und unüberlegter Mensch, wollte eine Reihe überstürzter Reformen einführen und hatte sich damit weithin verhaßt gemacht. Am meisten schadete ihm jedoch, daß er zu seiner Gemahlin Katharina unfreundlich, abweisend und barsch war. Er behandelte sie so schlecht, daß sie mit Verstoßung, wenn nicht mit Schlimmerem rechnete.

Es kam zu einer Verschwörung gegen den Zaren, der sich auch Katharina anschloß. Es gab eine kurze Revolution, Peter wurde abgesetzt und kurz danach ermordet. Katharina trat an seine Stelle. Sie war eine gutaussehende, sehr energische Frau von dreiunddreißig Jahren. Ursprünglich trug sie die Namen Sophie Auguste. Sie war eine Tochter des Fürsten Christian August von Anhalt-Zerbst. Beim Übertritt zur russisch-orthodoxen Kirche hatte sie den Namen Katharina angenommen, dem ihre Zeitgenossen später das Attribut »die Große« hinzufügten. Katharinas Verhalten konnte jetzt über Friedrichs Wohl und Wehe entscheiden.

Zunächst war Katharina Friedrich feindlich gesinnt. Dann jedoch prüfte sie eingehend die Korrespondenz ihres ermordeten Gemahls und stieß dabei auf einige interessante Dinge. Hatte doch immer wieder dieser Friedrich von Preußen den Zaren Peter ermahnt, gebeten und ihm nahegelegt, doch seine Gemahlin Katharina liebevoller und mit mehr Respekt zu behandeln. Friedrich war bemüht gewesen, in jeder Weise mäßigend und freundlich auf den Zaren einzuwirken, damit es zwischen ihm und Katharina zu keinem Zerwürfnis käme. Das stimmte die neue Zarin nachdenklich. Sie unternahm daher keine Feindseligkeiten gegen Friedrich, sondern blieb neutral. Mit dieser Neutralität hing zusammen, daß jetzt natürlich die russischen Hilfstruppen aus Preußen, zurückberufen würden.

Insgeheim war dieser Rückruf auch bereits an das Tschernitschefsche Corps ergangen, aber Friedrich bot all seinen Charme und seine Überredungskunst auf, um die Russen noch wenige Tage zum Bleiben zu bewegen. Dadurch wurden österreichische Streitkräfte gebunden, und es gelang dem König, bei Burkersdorf am 21. Juli 1762 ein bedeutendes Gefecht zu gewinnen.[389]

Die Kriegsführung des Königs und die Haltung des Prinzen Heinrich in den Kämpfen der vergangenen Jahre beurteilt der Historiker Easum folgendermaßen:

Friedrich war der modernere der beiden. Während des ganzen Krieges hatten der Prinz das humanitäre und der König das totalitäre Prinzip verteidigt und geübt. Der jüngere Bruder hatte auf jede nur mögliche Weise versucht, die Schrecken des Krieges zu mildern. Der ältere Bruder hatte, sofern er überhaupt für nötig hielt, sich zu verteidigen, gewöhnlich den bitteren Zwang ins Feld geführt, oder das Recht auf Repressalien für sich in Anspruch genommen, um seine Rücksichtslosigkeit zu rechtfertigen; aber wenn er sich je die Mühe gemacht hätte, eine theoretische Verteidigung auszuarbeiten, würde er sein Argument in der Richtung weitergeführt haben, daß ein rücksichtslos geführter Angriffskrieg zuletzt der humanere sei, weil er die Prüfung abkürze und damit die Gesamtmenge der durch sie bewirkten Leiden vermindert.[390]

Noch immer war die Festung Schweidnitz in Schlesien in österreichischer Hand. Am 4. August 1762 begann Friedrich mit starken Kräften die erneute Belagerung, die auch mit der Sprengung eines Pulvermagazins einen gewissen Fortgang nahm. Es sollte jedoch bis zum 9. Oktober dauern, ehe Hunger und Mangel die Kampfkraft der Besatzung derart geschwächt hatten, daß die Übergabe erfolgte. Das bedeutete dreiundsechzig Tage eines harnäckigen Widerstandes. Friedrichs Opfer waren relativ hoch: 86 Offiziere und nahezu 3 000 Mann an Toten und Verwundeten. Von den Österreichern starben 85 Offiziere und 3 472 Mann. Man nahm drei Generale, 17 Stabsoffiziere und 8 474 Mann gefangen, erbeutete an Vorräten 100 000 Pfund Pulver und 200 000 Pfund Mehl.[391]

Infolge der Heftigkeit der Kämpfe mußte Raum für die Verwundeten geschaffen werden, manches wurde notdürftig improvisiert:

Über die von ihm getroffenen Maßnahmen zu Gunsten der Verwun-

deten berichtete der königlich preußische Generalchirurgus von der Armee und Direktor der chirurgischen militärischen Feldhospitäler Joh. Leberecht Schmucker in seinem im Jahre 1774 erschienenen »Chirurgischen Wahrnehmungen«.

Die erste Hilfe, die meist mit einem Aderlaß verbunden war, erhielten die Verwundeten in einem »Blessiertendepot«. In einem Schafstall, der acht Tage lang von zwanzig Soldaten gereinigt und täglich mehrmals ausgeräuchert worden war, wurde ein Belagerungslazarett – es handelte sich um die Belagerung von Schweidnitz – eingerichtet. Hier arbeitete, was ganz modern anmutet, eine eigene Chirurgengruppe, die sich besonders der Kopfverletzungen annahm. Daß so viele Kopfverwundete trotz aller Bemühungen starben, führte Schmucker auf die durch Nässe, Kälte und Furcht verursachte Blutüberfüllung des Gehirnes zurück.[392]

Kaum war die Übergabe von Schweidnitz erfolgt, konnte sich Ende Oktober Prinz Heinrich in Sachsen, bei Freiberg, in eine für ihn überaus günstige Position gegenüber den vereinigten Österreichern und Reichstruppen bringen. Es kam zu einer für Preußen erfolgreichen Schlacht, an der General Seydlitz, wie schon so oft, mit besonderer Bravour beteiligt war. Prinz Heinrich erhielt dadurch eine besondere persönliche Genugtuung, daß er seine mühsame jahrelange Arbeit, die ihm oft Undank und Kritik eingetragen hatte, mit einem solchen glorreichen Ereignis krönen konnte.

Sein Brief an den König vom 29. Oktober aus Freiberg ist von stolzer Zurückhaltung und Bescheidenheit. Er schickte ihn mit seinem Adjutanten Kalckreuth an den König, der ihn entzückt las. Die Antwort war beinahe übermütig vor Glück. Friedrich ahnte, daß dies die entscheidende Wende des ganzen Krieges war, daß jetzt wahrscheinlich der Feind endgültig genug hatte von jeglichen Kampfhandlungen und nun verhandlungsbereit sein würde. Noch der zwei Tage später geschriebene Brief des Königs ist voller verhaltenem Jubel:

Friedrich an Heinrich *31. Oktober 1762*
Alle unsere Berge haben gestern vom Klang Ihres Sieges widergehallt. Um die Feier noch erhebender zu machen, haben die Geschütze scharfe Geschosse abgefeuert, wo unsere Posten mit dem Feind Berührung hatten. Diese kleine Galanterie wird nicht nach Ihrem Geschmack sein, aber »wie du mir, so ich dir«, und Sie haben mir eine große Freunde damit gemacht, daß Sie mir so bald Gelegenheit gaben, es ihnen heimzuzahlen.[393]

Schon seit dem Fall von Schweidnitz hatte sich Friedrich in aufgeräumter Stimmung befunden. Sein scherzhafter Briefwechsel mit der Gräfin Camas gibt davon Zeugnis:

Der König an die Gräfin Camas *Peterswaldau, 19. 10. 1762*
Ich wollte, ich könnte alle Tage eine Festung einnehmen, meine beste Mama, um Ihre liebenswürdigen Briefe zu bekommen, aber Dummköpfe von Kommandanten verlieren mir deren auf die schmachvolle Weise, und wenn ich Kaiser habe, die mir wohlwollen, so erdrosselt man sie mir.[394]

Meißen, 20. 11. 1762
Ich schicke Ihnen, meine beste Mama, eine Kleinigkeit, damit Sie sich wieder meiner erinnern. Sie können sich dieser Tabaksdose bedienen, um rote Schminke, Schönheitspflästerchen, Tabak, Zuckerwerk oder Pillen hineinzulegen. Aber zu welchem Gebrauch Sie sie auch bestimmen, denken Sie wenigstens, wenn Sie den darauf gemalten Hund, das Sinnbild der Treue, sehen, daß der, der sie Ihnen schickte, alle Hunde des Universums an Treue übertrifft, und daß seine Ergebenheit für Ihre Person nichts mit der Zerbrechlichkeit des Materials, das man hier herstellt, gemein hat.[395]

3. 12. 1762
Wahrhaftig, meine beste Mama, Sie sind sehr sachverständig und ich beglückwünsche Sie, daß Sie sich so gut auf Wassersucht verstehen. (Eine Hofdame bekam ein Kind.) Das Abenteuer, das geschehen ist, hat nichts außergewöhnliches. Kein Hof, kein Kloster, wo nicht dergleichen vorkäme. Ich für mein Teil, der ich sehr nachsichtig gegen die Schwächen unseres Geschlechtes bin, steinige die Hofdamen, die Kinder bekommen, nicht; sie pflanzen das Menschengeschlecht fort, während diese wilden Politiker es durch ihre unheilvollen Kriege zerstören. Ich gestehe Ihnen, ich ziehe die zärtlichen Gemüter diesen Keuschheitsdragonern, die ihresgleichen zerreißen, oder diesen klatschenden Weibern, die immer boshaft sind und Übles anrichten, vor. Man soll das Kind gut erziehen, eine Familie nicht bloßstellen, das arme Mädchen ohne Aufhebens vom Hofe weggehen lassen und seinen Ruf möglichst schonen.[396]

Inzwischen hatte sich die diplomatische Maschinerie in Bewegung gesetzt, und der König sah sich nicht getäuscht in seiner Annahme, daß das Ende des Krieges jetzt wohl wirklich bevorstand.

Friedrich an Heinrich *Meißen, 20. November 1762*
Die Österreicher haben um eine Konvention für den Winter nachgesucht . . . Sobald diese Konvention abgeschlossen ist, kann nichts mehr verhindern, daß unsere Truppen in ihre Quartiere rücken. Die Bereitschaft, mit der bei dieser Gelegenheit die Österreicher auf die Vernunft gehört haben, ist das Ergebnis der guten Lektion, die Sie ihnen bei Freiberg erteilt haben. Wir müssen uns immer an Sie halten, wenn es darauf ankommt, unseren unverschämt arroganten Feinden eine Lektion über Manieren zu geben . . .[397]

In jenen Tagen wurden Minister oder Offiziere sogar mit einer Mischung von Humor und Sarkasmus abgekanzelt:

Der König an Minister von Wedell *Meißen, 19. November 1762*
Mein lieber Etats- und Kriegsminister von Wedell,
bei Erhaltung Eures Berichtes vom 16. dieses habe ich daraus dasjenige, was Ich fast zum Voraus davon schon vermutet, ersehen, daß wenn von dorten was verlange, es immer damit hapert und Schwierigkeiten findet, und daß die Leute dorten so dumm und einfältig sind, daß, wenn man sie nicht füttert, sie capable (im Stande) sein Hungers zu sterben.[398]

Bald darauf traf man ernsthafte Vorbereitungen zur Friedenskonferenz der Bevollmächtigten. Dazu wurde das einstige Jagdschloß Hubertusburg ausersehen, das Friedrich als Vergeltung für die Zerstörungen in Berlin hatte ausräumen lassen. Oberst Quintus Icilius mit seinem Freikorps hatte damals diese Aufgabe erledigt. Jetzt standen in dem einst so reich ausgestatteten Schloß sehr einfache Tische und Stühle, auf denen sich die Herren Unterhändler gewiß nicht sehr bequem fühlten.

Easum faßte das Wesentliche so zusammen:

Am 30. Dezember 1762 begannen in Hubertusburg die Verhandlungen zwischen dem Freiherrn von Fritsch als Vertreter Sachsens, Collenbach als dem Vertreter Österreichs, und dem Preußen Ewald Friedrich von Hertzberg. Da Collenbach nicht viel mehr als ein Sprachrohr von Kaunitz und Hertzberg ein Meldegänger Friedrichs war, konnte man damit rechnen, daß viel Zeit mit dem Austausch von Briefen zwischen den Konferenzsitzungen hingebracht werden würde; aber Friedrich hatte keine Eile. Hertzberg erhielt die Anweisung, lediglich die Wiederherstellung des status quo ante bellum – des Zustandes vor dem Kriege – zu fordern, in allen Punkten, außer gegenüber Forderung auf Abtretung preußischen Gebiets entgegenkommend zu sein, und sich be-

sonders vor jedem Wort zu hüten, das die Kaiserin von Rußland beleidigen könne; doch sollte er keine freiwilligen Konzessionen machen. Er sollte keine Kriegsentschädigungen für Preußen fordern, aber darauf hinweisen, daß nur seine Mäßigung Friedrich davon abhalte, einen derartigen Anspruch anzumelden. Und er sollte eine Beschleunigung der Verhandlungen vermeiden, damit die preußischen Truppen nicht vor Ende Februar aus Sachsen zurückgezogen zu werden brauchten.[399]

Am 15. Februar wurde der Friede unterzeichnet. Friedrich erhielt alle seine Länder, die er vor dem Kriege hatte, garantiert. Kriegsentschädigungen wurden nicht vereinbart. Wenige Tage später war die Nachricht vom Frieden zu Hubertusburg in Berlin. Buntgekleidete Herolde mit Trommeln und Hörnern riefen sie an den Straßenecken aus. Am gleichen Tage, am 18. Februar, war die Königin mit ihrem Hof aus Magdeburg zurückgekehrt.[400]

Kugler:

So hatten sieben Jahre voll unsäglicher Anstrengungen, voll Blutes und Elendes, zu keinen weiteren Erfolgen geführt als zu der einfachen Erkenntnis, daß alle Mühen und alle Leiden hätten gespart werden können, wenn man geneigt gewesen wäre, den Grimm der Leidenschaften zu unterdrücken und die Waffen unblutig zu erhalten. Wohl möchte man bei solcher Betrachtung lächeln über die Eitelkeit menschlicher Pläne und Berechnungen. Aber dennoch war durch diesen Krieg Großes, unendlich Großes erreicht. In einer matten Zeit war den Augen der Menschen eine Kraft des Geistes, eine Standhaftigkeit des Gemütes, ein ausdauerndes Heldentum offenbart worden, wie die Welt lange mehr kein ähnliches Beispiel gesehen hatte ...[401]

Friedrich entschloß sich nicht gleich, nach Berlin zurückzukehren. Zuviel Arbeit wartete noch auf ihn. Es galt Maßnahmen zu treffen, um seine Truppen und deren Ausrüstung möglichst per Lastkahn, wenn die Flüsse offen waren, an die Standorte der Regimenter zurückzuschaffen. Dies alles kostete viel Zeit. Der König gönnte sich noch keine Ruhe. Außerdem liefen die ersten von ihm angeforderten Meldungen ein, was in der Provinz Schlesien an Aufbauhilfen am dringendsten gebraucht wurde: Pferde, Saatgut, Bauholz oder Mehl für die Bevölkerung. Mit dieser gewissenhaften Bestandsaufnahme begann der König, die große Bilanz des Siebenjährigen Krieges zu ziehen. Ohne sich auch nur eine Minute zu besinnen, ging er daran, die Schäden gutzumachen.

Der König an den Marquis d'Argens *Dahlen, 25. Februar 1763*
Ihr Brief, lieber Marquis, hat mich über Ihre Gesundheit völlig beruhigt. Sie waren am Abend vor meiner Abreise krank, trotzdem wurde mir mitgeteilt, daß Sie am nächsten Morgen aufgebrochen seien. Offenbar hat Ihnen die frische Luft und das Schütteln des Wagens gutgetan, und dadurch ist die Behauptung Boerhaves wiederum als richtig erwiesen worden, daß Gesundheit und völlige Ruhe zwei unvereinbare Dinge sind. Ich weiß eigentlich nicht, zu welchem Zwecke wir in die Welt gesetzt sind; will man die Sache nach der Gesundheit beurteilen, so hat uns die Natur eher zu Postillonen als zu Philosophen bestimmt.[402]

Der König an den Marquis d'Argens *Dahlen, 1. März 1763*
Ich bleibe hier oder in Torgau bis zum dreizehnten. Meine Reise nach Schlesien wird vierzehn bis siebzehn Tage dauern, so daß ich erst am einunddreißigsten März oder zweiten April in Berlin sein kann. Am ersten April mag ich nicht ankommen, dann würden Witze über mich gemacht und gesagt werden, ich hätte mich in den April schicken lassen.[403]

Der König an die Gräfin Camas *6. März 1763*
Ich werde Sie also wiedersehen, mein liebes Mütterchen, und ich hoffe, es wird gegen Ende dieses Monats oder Anfang April sein, und ich finde Sie ebenso wohl, wie ich Sie verlassen habe. Was mich betrifft, so werden Sie mich gealtert und fast schwatzhaft finden; ich bin grau wie meine Esel, verliere alle Tage einen Zahn und bin halb lahm vor Gicht; aber Ihre Nachsicht wird die Schwächen des Alters ertragen und wir werden von der alten Zeit reden.[404]

Historiker Easum *30. März 1763*
Er hatte der Königin geschrieben, daß er abends mit der königlichen Familie essen wolle, hatte aber einen öffentlichen Empfang weder angeordnet noch verboten.
Den ganzen Tag war die vor Erregung zitternde Bevölkerung auf der Straße. Den ganzen Nachmittag säumten Soldaten und die Bürgerschaft den Weg, auf dem man mit der Rückkehr des Königs in die Stadt rechnete, und warteten auf die Gelegenheit, ihm zuzujubeln, wenn er vorüberfuhr. Da er bei eintretender Dunkelheit immer noch nicht erschienen war, verteilte man Fackeln, um ihm auf seinem Weg durch die Menge zu leuchten, und damit die Wirkung der Triumphbögen und anderen Dekorationen nicht verloren ging; aber Lehndorff berichtete, daß Tausende »zornig und erbittert« in ihre Wohnungen zurückkehrten.

25 *Nach der Schlacht von Leuthen, 5. Dez. 1757*

26 *Friedrich II. in der Schlacht von Hochkirch, 14. Okt. 1758*

Diejenigen, die bis zum Ende getreulich aushielten, erwartete eine noch größere Enttäuschung. Gegen neun Uhr erschien der König endlich am Frankfurter Tor, aber nicht in der Stimmung und Verfassung, um die Rolle des heimkehrenden Helden zu spielen. Er war an diesem Tage fast 135 km auf sehr schlechten Straßen gereist. Ein Aufenthalt auf dem Schlachtfeld von Kunersdorf hatte einige Zeit gekostet und sein Gemüt nicht sehr heiter gestimmt. Den ganzen Tag war er überall, wo er zu einem Pferdewechsel anhielt, von Massen seiner um Wunder bittenden Untertanen umdrängt und von Beamten gequält worden, die für sich oder für ihre Verwaltungsbezirke um besondere Vergünstigungen baten. Am Ende seiner Reise sollte er von seinem Reisewagen in eine große, vergoldete Staatskarosse umsteigen, die für den besonderen Anlaß von seinen treuen Berlinern gestellt worden war, und die fackelerhellten Straßen seiner kriegsverarmten Hauptstadt wie der römische Eroberer einer neuen Provinz durchfahren.

Am Tage darauf tat er es auch, ihnen zu Gefallen, aber an diesem Abend vermochte er es nicht. Die Geisterheere der Toten von Kunersdorf und Torgau wären zwischen ihm und der jubelnden Menge dahergegangen und die Fackeln würden in seiner Erinnerung noch einmal die schwelenden Ruinen von Küstrin und Dresden zur Glut entfacht haben.

So ließ er sich nur am Tor von der Menge grüßen; als sich darauf die Kavalkade ihren Weg in die Stadt bahnte, mit der Triumphkarosse in ihrer Mitte, löste sich der König in seinem abgenutzten alten Reisewagen aus dem Ende des Wagenzuges und suchte sich durch unbekannte Seiten- und Nebenstraßen seinen Weg so schnell wie möglich zu einer Seiteneinfahrt seines Palastes, durch die er unbemerkt hineinschlüpfen konnte.

Er gewann damit eine kurze Zeitspanne, um sich ein wenig zu erfrischen und zu sammeln, ehe er den Mitgliedern seiner Familie und den erlesenen Vertretern der zivilen und militärischen Behörden, des Adels und des diplomatischen Corps entgegentrat, die den ganzen Nachmittag und Abend in den Vorräumen des Schlosses gewartet hatten, um ihn zu empfangen.[405]

Tagebuch Graf Lehndorff — *30. März 1763*

Alles hat vergeblich gewartet bis neun Uhr abends – in jeder Beziehung ein Tag der Täuschungen. – Eine halbe Stunde darauf erscheint seine Majestät. Er umarmt den Prinzen Heinrich, seinen Bruder, zärtlich, ebenso den Prinzen Ferdinand. –

Sofort begebe ich mich zur Königin, bei der der König einen Augen-

blick darauf eintritt. Ihre Majestät schreitet ihm entgegen, und er sagt ihr als einzige Begrüßung nach siebenjähriger Trennung: »Madame sind korpulenter geworden!« –

Die Gräfin Camas umarmt er wiederholentlich. Im Augenblick ist die Tafel angerichtet, und der König setzt sich zwischen die Prinzessin Heinrich und die Prinzessin Amalie, neben diese Prinz Heinrich, der die ganze Unterhaltung allein führt. Der König bleibt bis elf einhalb Uhr bei Tisch. Nachdem er sich erhoben hat, und die Hofdamen anfangen, an ihm vorüberzuziehen, bleibt er plötzlich an der Tür stehen, an der einen Hand Prinzessin Amalie, an der anderen den Prinzen Heinrich haltend, und schaut mehr als eine Viertelstunde lang unverwandt nach uns herüber. So endet dieser Abend ziemlich gut.[406]

1. April 1763

Der König diniert bei der Prinzessin Amalie und schenkt ihr 4000 Taler und eine goldene, mit Brillanten besetzte Dose. Der Königin sendet er 5000 Taler, der Prinzessin von Preußen eine mit Brillanten verzierte Dose, der Frau Prinzessin Heinrich eine Uhr von großer Schönheit mit Brillanten, die auf 5000 Taler kommt, der Prinzessin Ferdinand einen Brillantring für 3000 Taler und der jungen Prinzessin Wilhelmine (August Wilhelms Tochter) einen kostbaren Stoff.[407]

Der König mag in diesen Tagen all derer gedacht haben, die er nun in Berlin nicht mehr lebend fand. Aber nicht nur Freunde und Familienmitglieder hatte der Tod abberufen. Auch seine Künstler waren betroffen. Im August 1759 war sein Kapellmeister Karl Heinrich Graun gestorben. Er war in Berlin sehr beliebt gewesen, und das Volk bezeichnete ihn in einem Trauerchoral als »Vater unserer Harmonie«.

Bei Kugler findet sich eine Anekdote, die allerdings nicht verbürgt ist. Friedrich habe sich bald nach seiner Ankunft nach Charlottenburg begeben und Musiker und Sänger ebenfalls dahin bestellt. Es war der Befehl gegeben worden, das Tedeum von Graun in der Schloßkapelle aufzuführen. Auf solche Anordnung habe man dem Erscheinen des ganzen Hofes entgegengesehen. Aber der König sei ohne Begleitung in die Kapelle eingetreten, habe sich niedergesetzt und das Zeichen zum Anfang gegeben. Als die Singstimmen mit den Worten des Lobgesanges einsetzten, habe er das Haupt in die Hand gestützt und geweint.[408]

Man denke an die Aufzeichnungen de Catts, wonach der König ein weiches Herz hatte und besonders den Erinnerungen an die Vergangenheit nachhing, daß er nahezu sentimental in der Rückschau sein konnte – es ist also durchaus möglich, daß der Bericht wahr ist.

Friedrich hatte den ganzen Siebenjährigen Krieg über im neutral gebliebenen Europa eine vorwiegend gute Presse gehabt. Besonders in England und Italien genoß er große Wertschätzung. Die Gesinnung für ihn glich zuweilen einer begeisterten Heldenverehrung. Man findet in der Literatur über Friedrich mitunter die Formulierung, er sei im Siebenjährigen Krieg zu einem alten Haudegen geworden. Das trifft, zumindest im Wortsinn, nicht zu. Ein Haudegen ist ausschließlich ein Kriegsmann. Friedrich jedoch war alles andere als ein Landsknecht, und das Geschäft des Kriegführens war ihm von Herzen zuwider. Außerdem war sein Interessenkreis und sein geistiger Horizont viel zu weit gespannt, als daß sich dies noch mit dem Worte Haudegen übereinbringen ließe. Er war im Kriege in vieler Beziehung hart geworden von all dem Leid und dem Unglück, das die Kampfhandlungen mit sich brachten. Vom souveränen Feldherrn, der die Bewunderung der Welt errungen hatte, wandelte sich Friedrich jedoch jetzt mit großer Geschwindigkeit, so, als habe er nur darauf gewartet, in einen sorgenden Vater seines Volkes.

Zu seinen ersten Handlungen nach dem Friedensschluß gehörte, daß er die Leibeigenschaft aufhob. Eine Instruktion über diese Maßnahme in Pommern liegt teilweise im Wortlaut vor:

Instruktion für den Finanzrat
Brenckenhoff *Colberg, 23. Mai 1763*
ad 1) sollen absolut und ohne das geringste raisonnieren alle Leibeigenschaften sowohl in Königlichen, Adeligen als Stadt-Eigentums-Dörfern von Stund an gänzlich abgeschafft werden und alle diejenigen, so sich dagegen opponiren würden, so viel möglich mit Güte, in deren Entstehung aber mit der Force, dahin gebracht werden, daß diese von Sr. Kgl. Majestät so festgesetzte Idee zum Nutzen der ganzen Provinz Pommern ins Werk gerichtet werde.[409]

Friedrich sah sich vor allem vor der Erneuerung seiner Provinzen, die teilweise so schweren Schaden gelitten hatten, daß sie sich aus eigener Kraft noch in vielen Jahren nicht selbst hätten helfen können. Wie einst die Pharaonen in den schlechten Jahren Ägyptens, verteilte nun der König Getreide, kaufte Pferde, gab Hilfsgelder, befahl Neubauten und stellte Holz aus den königlichen Forsten zum Bau zur Verfügung. Er war der Motor dieser riesigen Staatsmaschine, die sich jetzt, die Bürger mitreißend, in Bewegung setzte, um aus Trümmern, unbebauten Feldern und verwahrlosten Ländereien wieder ein blühendes Land zu schaffen, wie es einst gewesen war. Friedrich nahm diese Aufgaben sehr ernst.

Es ist in dieser Lage meine Pflicht zu arbeiten. Wenn ich je in meinem Leben dem Staat einen Dienst erweisen kann, so ist es jetzt, und zwar indem ich ihn aus seinem Zustand der Zerstörung wieder aufrichte, und, wenn noch möglich, Mißstände abstelle und Reformen durchführe, wo es erforderlich ist. Die Aufgabe ist unermeßlich groß und vielfältig, aber wenn mir der Himmel noch ein paar Lebenstage vergönnt, werde ich sie vollenden; wenn nicht, werde ich einen Kurs festlegen, dem andere folgen können, wenn sie ihn für den richtigen halten.[410]

Der König entfaltete all seine Kräfte in der neuen Tätigkeit.

Große Pläne gingen auch dahin, ein repräsentatives Schloß in der Nähe des kleinen Schlößchens Sanssouci zu errichten. Es sollte der Welt manifestieren, daß der König von Preußen vom Kriege keineswegs mittellos am Boden läge, sondern noch so viele Taler in seinen Gewölben besäße, daß er ein solches Unternehmen mühelos finanzieren könne. Das »Neue Palais« nahm jedoch Ausmaße an, daß alle Welt eher geneigt war, von einer Marotte des Königs zu sprechen als von einem Zeugnis unbeugsamen Aufbauwillens.

In Sanssouci selbst war ein kleines Gebäude aufgeführt worden, das »Chinesische Teehaus«. Es ist noch bis heute erhalten geblieben mit seinem skurrilen Figurenreichtum und seinem spielerischen, exotischen Flair. Friedrich ließ eine chinesiche Küche dort einrichten. Zuweilen wurde in diesem Pavillon der Tee getrunken oder ein kleines Abendessen im Sommer eingenommen.

Vom Leben und der Tageseinteilung Friedrichs gab der österreichische Gesandte Freiherr Josef Heinrich von Ried einen genauen Bericht:

Ried an Kaiser Franz I. *Berlin, September 1763*
Die Zeiteinteilung des Königs ist streng geregelt. Er steht gewöhnlich um sechs Uhr früh auf, spielt eine halbe Stunde auf und ab gehend die Flöte, während er auf den Kaffee wartet; dann kleidet er sich an und arbeitet bis elf Uhr in seinem Kabinett. Hierauf wohnt er der Wachtparade bei, gibt die Parole aus, und nach der Rückkehr ins Schloß spielt er wieder die Flöte bis zum Mittagessen. Während der Mahlzeit ist er insgemein ziemlich heiter; nach ihr ruht er eine halbe Stunde auf einem Sofa. Seit d'Alemberts Abreise sind der Marquis d'Argens und sein Vorleser de Catt die einzigen, die bei ihm bleiben. Hierauf arbeitet er oder geht bis sieben Uhr abends spazieren. Dann beginnt das Konzert, bei dem der König selbst spielt und niemand zugegen zu sein wagt als die Musiker

und die nächsten Freunde. Um neun Uhr soupiert er. Das soll Tag für Tag seine Lebensführung sein, seit er aus dem Felde zurückgekehrt ist . . .

Seine herrschende Leidenschaft ist zweifellos die Ruhmbegierde. Unzufrieden mit dem Ruhm, den er durch seine eigenen Talente und sein Kriegsglück erlangt hat, ahmt er alles nach, was seinen Ruhm nach seiner Meinung vermehren kann. So erbaut er nach dem Vorbilde von Ludwig dem Vierzehnten und von Versailles ein Schloß, das, wie sein Neffe sagt, noch größer wird als das Königliche Schloß in Berlin. Gegenwärtig läßt er an einem prächtigen goldenen Tafelgeschirr arbeiten, wahrscheinlich um die bevorstehende Hochzeit des Prinzen von Preußen (Friedrich Wilhelm, August Wilhelms Sohn) mit noch größerem Glanze begehen zu können, als bei der Hochzeit des Erzherzogs Joseph entwickelt ward . . .[411]

Der »lange Neffe« sollte zunächst einmal verlobt werden. Die Auserwählte war seine Cousine, Prinzessin Elisabeth Christine Ulrike von Braunschweig, Charlottes Tochter. Die Hochzeit fand erst im Jahre 1765 statt, ging aber nach vier Jahren wieder auseinander. Friedrich verhielt sich dem gescheiterten jungen Ehepaar gegenüber außerordentlich vernünftig und maßvoll. Der Thronfolger heiratete in Windeseile wieder, diesmal nach einer anderen Richtung bedauernswert.

Die Nachfolgerin der »schlimmen Elisabeth« wurde Prinzessin Friederike Luise von Hessen-Darmstadt, ein zunächst einnehmendes Mädchen, das zwar nicht schön, aber sittsam, still und recht tugendhaft war. Je mehr Kinder sie dem Thronfolger schenkte, um so seltsamer wurde jedoch ihr Gebaren. Sie machte die Nacht zum Tage, litt fortwährend unter fliegender Hitze, saß im Hemd an offenen Fenstern und stellte ihren Tageslauf so auf den Kopf, daß der Thronfolger seine Lebensführung von der ihren trennte. Sie bekam ein nervöses Kopfschütteln und mußte schon in jungen Jahren ihren Kopf mit der Hand unter dem Kinn stützen, wenn sie jemanden anblicken wollte. Diese spätere Königin Friederike war zweifellos eine arme, bedauernswerte Person, dabei so wenig anziehend, daß es als Bravourstück Friedrich Wilhelms II. angesehen wurde, daß er immer wieder ehelich mit ihr gelebt und sechs Kinder von ihr hatte.[412]

Die eigentliche Leidtragende und – im heutigen Sinne – ungerecht Behandelte war Prinzessin Elisabeth. Sie wurde zu ihrem Onkel nach Stettin verbannt und durchlebte bis zum Tode Friedrichs recht kärgliche Zeiten. Als ihr ehemaliger Ehemann und in gewissem Sinne ihr damaliges

Vorbild für eine lockere Lebensführung, Friedrich Wilhelm II., König wurde, besserte sich ihr Los, und sie hatte mehr finanziellen und persönlichen Spielraum. Als »Lisbeth von Stettin« war sie eine stadtbekannte Erscheinung. Sie war ganz sicher keine Frau von Geschmack und Format, aber einundsiebzig Jahre verbannt zu leben, getrennt von der Familie und allem, was ihr lieb war, das war als Strafe zu hoch. Sie wurde sehr alt und starb erst mit dreiundneunzig Jahren im Jahr 1840. Sie hat fast alle, die sie einst verdammten, überlebt.

Im Jahre 1763 jedoch ahnte man von diesen dramatischen Verwicklungen und unliebsamen Ereignissen noch nichts. Alles bereitete sich auf die Verlobung des Thronfolgers vor. Die Damen musterten ihre Staatsroben und fanden die Gelegenheit günstig, zu diesem großen Fest einmal wieder etwas Neues anschaffen zu können. Die Festlichkeiten sollten voraussichtlich mehrere Tage dauern, und es würden Hunderte von Gästen geladen sein.

Der König, in Sanssouci ein stilles Leben führend, hatte im Oktober Sorge um seinen Hund Alkmene, die »schwarze Mene«, die er nach der Hündin Biche in sein Herz geschlossen hatte. Sie lag jetzt im Sterben, und ihr tierliebender Herr betrauerte sie aufrichtig über längere Zeit.

Bald jedoch gab es eine Ablenkung. Easum, der sich gern mit Details abgibt, hat auch dies aufgezeichnet:

Im November 1763 besuchte eine türkische Gesandtschaft Berlin, welche auf Friedrichs Kosten üppig bewirtet werden mußte. Der König murrte Heinrich gegenüber über das Zeremoniell, die teuren Geschenke und die extravaganten Komplimente, die Sitte geworden waren, erleichterte aber seine Gefühle dadurch, daß er witzige Beschreibungen des »Türkenfimmels« niederschrieb, der Berlin erfaßt hatte.

Die Türken waren noch in Berlin, als Prinz Heinrich im Dezember von Rheinsberg in die Stadt kam; daher unterhielt auch er sie mit einem großen Ball – auf dem ein Türke erklärte, daß er »niemals so viele hübsche Frauen auf einem Haufen gesehen habe«. Aber es kam nicht zu einem nützlichen Bündnis mit der Türkei, und daher betrachteten der König und der Prinz ihre Anstrengungen und ihr Geld als unnütz hinausgeworfen, und Friedrich seufzte erleichtert auf, als er die seltsamen Gäste los war, die, wie er sagte, »ihm die Haare vom Kopf gegessen hätten«.[413]

Das sich neigende Jahr 1763 war im Grunde das größte Triumphjahr König Friedrichs gewesen, das er jemals erlebt hatte. Einem Wall von

Feinden, einer Mauer von übelsten Neidern und Verleumdern gegenüber hatte er sich, wenn auch mit äußerster Anstrengung, behauptet. Seine Sterne müssen ihm günstig gestanden haben. Alles entwickelte sich in seinem Sinne und zu seinen Gunsten. Professor Schoeps umreißt die Bedeutung dieses Zeitpunktes und gibt das getreue politische Bild Preußens im Gefüge der europäischen Staaten wieder:

Auf das Große gesehen ist Preußen durch die drei Schlesischen Kriege in die Gemeinschaft der viel älteren europäischen Mächte getreten, indem es die Stelle des durch den Nordischen Krieg entscheidend geschwächten Schweden einnahm als die Vormacht des protestantischen Deutschland. Hierdurch wurde die politische Figur geschaffen, in deren Zeichen die nächsten 150 Jahre stehen sollten: das concert européen der großen Fünf: Rußland, England, Frankreich, Österreich und Preußen.

Durch diesen Frieden ist eine der bedeutendsten Kraftverlagerungen der neueren Geschichte eingeleitet worden. Der neue protestantische deutsche Staat nicht innerhalb, sondern neben dem alten Reichsverband war stabilisiert. Auch ohne daß für Preußen ein Dorf neu gewonnen wurde, haben sich, wie die Zukunft erweisen sollte, die unerhörten Kraftanstrengungen und der gewaltige Blutverlust dennoch gelohnt . . .

Der Historiker Willy Andreas urteilte 1938: »Gemessen an dem Vernichtungswillen seiner Feinde war dieser Abschluß eine Demütigung des ganzen Erdteils durch einen *Mann.« Sicher ist aber auch, daß im umgekehrten Fall einer Besiegung Preußens durch Österreich und Frankreich die Rheingrenze für Frankreich herausgesprungen und Ostpreußen wohl an Rußland gefallen wäre. Deshalb konnte Ranke sagen, daß sich Österreich eigentlich erst im Siebenjährigen Kriege des deutschen Kaisertums in seiner Idee entäußert habe.*[414]

Im Rückblick hatte der Krieg so furchtbare Phasen gehabt, daß ein Mensch, der nur die Vernunft und nichts anderes einzusetzen gehabt hätte, längst und immer wieder aufgegeben haben würde. Friedrichs Haltung während der Wechselfälle der Kämpfe, die Erhaltung Preußens durch ihn war es, was endgültig seinen Beinamen »der Große« befestigt hatte.

In der Wahrnehmung seiner Regierungsgeschäfte und seiner sonstigen Pflichten war der König mit zunehmenden Jahren oft durch die Gicht und andere Leiden behindert. Im Juni 1764 hatte ihn wieder einmal ein akuter Schub von Gicht überfallen, und er schrieb an den General Fouqué, seinen alten Freund, den »Großmeister des Bayard-Ordens«:

Der König an Fouqué *1. Juni 1764*

Wenn ich Ihnen nicht eigenhändig schreibe, lieber Freund, so ist die Gicht daran schuld, die ich in der linken Hand habe. Sie werden vielleicht sagen, ich könnte ja die Feder mit der rechten Hand führen, aber dann würde mir das Papier weggleiten, und ich will nicht, daß Sie Ihre Augen durch das Lesen eines solchen Gekritzels anstrengen.

Mein sehr zur Unzeit gekommenes Unwohlsein hat mich gehindert, die pommerschen und neumärkischen Regimenter zu besichtigen, und hat mich gezwungen, die Besichtigung des magdeburgischen Regimentes um zwei Tage zu verschieben.

Auf meiner Durchreise durch Brandenburg denke ich Sie als alten Freund sans façon (ohne Umstände) zu besuchen. Ich komme am vierten Tage mittags und bringe nur einen Freund mit, der Ihre Freundschaft und Achtung in vollem Maße verdient. Wir werden also, wenn es Ihnen so paßt, nur drei im ganzen sein. Zum Essen brauche ich wenig, und bitte Sie nur um etwas gute Suppe und ein Gericht Spinat sowie ein freundliches Gesicht und gute Gesundheit für Sie selbst. Den letzten Punkt empfehle ich Ihnen dringender als alles andere . . .[415]

Zur Hochzeit des Thronfolgers im Juli 1765, die mit großem Gepränge begangen wurde, hatte Friedrich seine Beschwerden überwunden. Herzogin Charlotte aus Braunschweig reiste an mit der hübschen Braut, ihrer Tochter Elisabeth Christine Ulrike. Es gibt ein Familienporträt des Braunschweiger Hauses unter Herzog Karl I., von Tischbein gemalt. Auf diesem Bild sitzt Elisabeth am Spinett. Das Original des Gemäldes hängt im Schloß Wilhelmshöhe bei Kassel.

König Friedrich kam im Sommer 1765 der jungen Prinzessin mit großem Wohlwollen entgegen und ließ ihr viele Auszeichnungen zuteil werden.

In diesem Sommer 1765 sollte noch ein Gast nach Sanssouci kommen, der dem europäischen Publikum kein Unbekannter war: Giacomo Casanova, der sich selbst zum Chevalier de Seingalt ernannt hatte. Er trat über den alten Earl Marishal Keith mit dem König in Verbindung und bewarb sich um eine Anstellung bei Hofe. Der König traf ihn, nach den Aufzeichnungen Casanovas, im Park von Sanssouci und wollte ihn als Aufseher in seiner Kadettenanstalt in Potsdam beschäftigen. Der elegante Casanova war von der äußerst spartanischen Umgebung erschüttert. Der Gedanke, mit diesen pommerschen und ostpreußischen »Lümmeln« in einem Raum schlafen zu müssen, verschreckte ihn derart, daß er sich unbemerkt und ohne ein Wort aus dem Staube machte.

Außerdem waren die sechshundert Taler Jahresgehalt kein solcher Anreiz, um deshalb auf jedes Privatleben zu verzichten.

Die Aufmerksamkeit Friedrichs wurde im August nach Österreich gelenkt. Kaiser Franz I., der von seiner Gemahlin Maria Theresia so innig geliebt worden war, starb am 18. August 1765. In all ihrem Schmerz sah die Kaiserin ihre vornehmste Aufgabe darin, ihren ältesten Sohn sofort zum Mitkaiser zu erheben. Der sehr aktive, fortschrittlich gesonnene, aber derzeit auch stark umstrittene Josef II. bekam die Gelegenheit zu eigenem Wirken. König Friedrich sollte diesem jungen Fürsten mehrmals im Leben begegnen. Er hat sich über ihn recht konkret geäußert. Seine Büste wurde in Sanssouci aufgestellt und fand ihren Platz zu aller Verwunderung im Musiksalon. Friedrich meinte dazu, dies sei ein junger Mann, den er im Auge behalten müsse.

Vorerst war es des Königs Bestreben, etwas gegen seine vielfältigen Leiden zu unternehmen. Er reiste diesmal zur Kur nach Bad Landeck. Sein Brief an de Catt zeugte von ungewöhnlich guter Laune:

Der König an de Catt — *Bad Landeck, 22. August 1765*

Ich schreibe Ihnen aus dem Wasser, mein Lieber, denn darin lebe ich mehr als auf dem Trockenen. Ich fange an ein Fisch oder eine Ente zu werden und weiß selbst noch nicht recht, welches von beiden. Nur ein Ovid wäre imstande, meine Verwandlung zu beschreiben. Wie dumm sind unsere guten Berliner! Sie behaupten, wie mir geschrieben wird, ich sei geschwollen! Was werden sie erst sagen, wenn sie mich mit Schuppen ausgestattet und mit Flossen geschmückt sehen werden? Sie nehmen mich gewiß für einen Staatsfisch.

Es bleiben mir noch acht Stunden übrig, die ich im Bade zubringen muß. Ich denke damit in zwei Tagen fertig zu sein und am 14. oder 15. nächsten Monats in Berlin einzutreffen. Das heißt doch, mit seiner Arbeit bald fertig werden.

Unbegreiflich ist mir nur unser guter Marquis. Könnte er mir denn nicht wenigstens nach seiner edlen Gewohnheit auf einen Zettel schreiben, wo er ist und was ihn aufhält? Wenn er noch weiter trödelt, so muß ich auf die Vermutung kommen, daß er in einem Kerker steckt oder daß er bettlägerig ist und wir ihn erst im Tale Josaphat wiedersehen werden. Was für ein Mensch, was für ein Mensch!

Hier habe ich alle Originale der Umgegend kennen gelernt, unter andern einen alten Grafen, dessen Gesicht und sonderbarer Anzug mich beim bloßen Ansehen zu lautem Lachen brachten. Dann fing er an zu sprechen, und nun war kein Halten mehr. Besonders zeichneten sich meine Neffen durch lautes Gelächter aus. Doch fanden wir immer einen Vorwand, unsere Heiterkeit zu bemänteln, und der gute Mann ließ sich durch die Heiterkeit der jungen Leute mit fortreißen, so daß er ebenso herzlich wie nur möglich, ohne es zu wissen, über sich selber lachte. Übrigens kann er sich trösten; denn er besitzt Güter im Betrage von mehr als sechsmalhunderttausend Talern . . .[416]

Etwa ein Jahr später verlor Friedrich die von ihm geliebte und hochgeschätzte »beste Mama«, die Gräfin Camas, Oberhofmeisterin der Königin Elisabeth Christine. Sie starb am 2. Juli 1766, achtzig Jahre alt, in Schloß Schönhausen. Friedrich kondolierte seiner Gemahlin:

Der König an die Königin *Juli 1766*
Es ist ein wahrer Verlust, die Frau von Camas, sowohl wegen ihrer Verdienste und ihrer großen Eigenschaften, als wegen ihres würdigen und schicklichen Benehmens, das sie am Hofe aufrecht erhielt. Wenn ich sie wieder zum Leben erwecken könnte, täte ich es auf der Stelle.[417]

Auch Graf Lehndorff hat sie sehr geschätzt und fand in seinem täglichen Notizbuch warme Worte, als sie abberufen wurde:

Tagebuch Graf Lehndorff *Juli 1766*
Diese verehrungswürdige Frau hätte Jahrhunderte leben müssen. Nie habe ich eine Frau von solcher Vollkommenheit kennengelernt. Ein gediegener, heiterer, gütiger und prächtiger Charakter. Alles war vollkommen an ihr und blieb es trotz des Alters. Bis zu den letzten Augenblicken ihres Lebens hatte sie ihre Geistesfrische bewahrt. Der Hof der Königin müßte auf ewig um sie Trauer tragen, denn sein ganzer Glanz ist mit ihr erloschen. Der König liebte und verehrte sie. Sie war die einzige Dame, die er auszeichnete, und doch hat sie sich deswegen niemals auch nur im geringsten überhoben. Im Gegenteil, sie wußte alles auf seinen richtigen Wert zu schätzen.[418]

War es vordem zumeist der Briefwechsel mit der Gräfin Camas, der liebenswerte menschliche Züge Friedrichs überlieferte, so wurde jetzt die Korrespondenz mit dem General Fouqué zum Zeugnis dieser Eigenschaften. Hier sprach echte Freundesliebe aus dem König, der dem leidenden Gefährten seiner jungen Jahre mit Geschenken, Besuchen, Kostproben von Weinen und Speisen eine Freude zu machen suchte. So hatte ihm Friedrich im Februar geschrieben, er sähe wohl, daß man Fouqué etwas kräftigen müsse. Vor zwei Tagen hätte man Ungarwein von des Königs Großvater probiert, und man hätte ihn gut befunden. Er habe eine Flasche aufgehoben. Er schicke sie ihm, es sei die letzte, und er wünsche, sie möge ihm guttun. Wenn er anderen alten Wein haben möchte, so habe er davon in allen Sorten, und er werde sich ein Vergnügen daraus machen, Fouqué davon zu »liefern«. Er brauche es ihm nur zu sagen.[419]

Das Neue Palais im Garten von Sanssouci wurde immer stattlicher, der Bau machte große Fortschritte. Im Jahre 1766 begann man mit der Errichtung der Communs, der Gebäude für die Dienerschaft und Gastzimmer für das Personal von Besuchern. Der ganze Komplex des Schlosses rundete sich mit diesen charakteristischen Bauten in sehr imponierender Form ab. Der König richtete sein Augenmerk sehr auf sein Lieblingsprojekt. Oft nahmen seine Schritte im Park von Sanssouci die Richtung auf die Baustelle. Das Schloß ist vollständig erhalten geblieben und wird als Museum gezeigt.

Friedrichs Gedanken mochten oft zurückgehen in die Zeit, als diese schönen Gärten, in dem sich jetzt der prachtvolle neue Palast erhob, noch neu und jung angepflanzt waren. Damals hatte er seine Spaziergänge mit Voltaire hier gemacht und über Gott und die Welt mit ihm diskutiert. Es war nun mehr als zwölf Jahre her, daß Voltaire den König im Zorn verlassen hatte. Inzwischen war der Briefwechsel wieder in Gang gekommen, und er zählt insgesamt zu dem Bedeutendsten, was Friedrich an Korrespondenz hinterlassen hat.

Einige Auszüge aus dieser Korrespondenz geben einen Eindruck davon, welche Themen der König mit »seinem Schöngeist« behandelte. Dazu gehörte ein Wort über Studentenunruhen, die es wohl zu allen Zeiten schon gegeben hat:

Der König an Voltaire *Potsdam, 13. August 1766*
Die Toleranz muß jedem Bürger die Freiheit lassen, zu glauben, was er will. Aber sie darf nicht soweit gehen, daß sie die Frechheit und Zügellosigkeit junger Hitzköpfe gutheißt, die etwas vom Volke Verehrtes dreist beschimpfen. Das ist meine Ansicht. Sie deckt sich mit dem, was zur Sicherung der Gedankenfreiheit und der öffentlichen Ruhe nötig ist – und das ist der erste Gesichtspunkt jeder Gesetzgebung . . .[420]

Der König an Voltaire *Sanssouci, 24. Oktober 1766*
Herzlichen Glückwunsch zu der guten Meinung, die Sie von der Menschheit haben. Ich kenne dies zweibeinige ungefiederte Geschlecht durch die Pflichten meines Amtes recht gut und sage Ihnen voraus: weder Sie noch alle Philosophen der Welt werden die Menschheit von ihrem Aberglauben abbringen. Die Natur hat diesen Bestandteil bei unserer Zusammensetzung hinzugefügt. Furcht, Schwäche, Leichtgläu-

bigkeit, vorschnelles Urteil – das alles lockt die Menschen gewohnheitsmäßig in ein Wundersystem . . .
Manche durchschauen wohl mit gesundem Menschenverstand die Irrtümer des Volkes und lehnen sich gegen den Aberwitz auf. Aber beim Nahen des Todes werden sie aus Furcht wieder abergläubisch und sterben als Kapuziner . . .
Fanatismus und die wütende Ehrsucht haben blühende Gegenden meines Landes verwüstet. Wenn es Sie interessiert, das Maß dieser Zerstörungen zu erfahren, so will ich Ihnen sagen, daß ich in Schlesien allein 8000 Häuser wieder habe aufbauen lassen, in Pommern und in der Neumark 6500. Das macht nach Newton im ganzen 14 500 Wohnstätten.
Die meisten sind von den Russen niedergebrannt worden. Wir haben nicht so barbarisch Krieg geführt und nur einige Häuser in den von uns belagerten Städten zerstört; es sind gewiß nicht einmal 1000. Das schlimme Beispiel hat uns nicht verführt; in dieser Hinsicht habe ich ein völlig reines Gewissen.
Jetzt, wo alles ruhig und wiederhergestellt ist, werden in erster Linie die Philosophen bei mir eine Freistatt finden, wo immer sie wollen . . .[421]

Der Briefwechsel des Königs mit Voltaire, mit dem Marquis d'Argens und mit allen seinen Geschwistern ist außerordentlich umfangreich. Allein die Korrespondenz mit dem Prinzen Heinrich füllt dicke Bücher. Hätte Friedrich weiter nichts in seinem Leben getan, als eifrig an seine Mitmenschen Briefe zu verfassen, so wäre er ein bedeutender Mann und ein ungemein lebendig schreibender Reporter seiner Zeit gewesen. Man vergegenwärtigt sich diese Arbeitsleistung meistens nicht. Friedrich diktierte nur einen kleinen Teil der Briefe seinen Sekretären. Wenn ihm sein Befinden dies irgend erlaubte, so schrieb er möglichst eigenhändig und entschuldigte sich vielmals, wenn Krankheit ihn hinderte.

Die Texte seiner Briefe liegen in verschiedenen Fassungen vor, je nachdem, welche Übersetzer sich damit beschäftigt haben. Manche sind immer sehr glatt und geschliffen, immer »druckreif«, obwohl die Geschwister durchaus sich manchmal wiederholten oder die gleichen Ausdrücke nacheinander verwendeten. Auch im Französischen bricht die kernige Eigenart von Friedrichs Redeweise zuweilen durch. Ein immer wiederkehrendes Lieblingswort der königlichen Geschwister war »ma vieille carcasse«, mein altes Gerippe, was von manchen pietätvollen Übersetzern als »mein alter Körper« übernommen wurde. Friedrich war ein Berliner, und seine Liebe zu Kraftausdrücken mag daher rühren, daß er jenem Volksschlag entstammte, dem der Wortwitz ein Lebensbedürfnis ist. So geistert das »alte Gerippe« durch den gesamten Briefwechsel der Königskinder, mal wendet es Charlotte für sich an, meist jedoch Friedrich, wenn er von sich spricht. Besonders gern scheint er jungen Leuten gegenüber mit seinem Alter zu kokettieren, so seiner von ihm sehr geliebten Nichte Wilhelmine gegenüber, August Wilhelms Tochter, die mit dem Statthalter der Niederlande, Wilhelm V. von Oranien, verheiratet war:

Der König an die Prinzessin Wilhelmine von Oranien

(Potsdam) 25. Januar (1768)

Vielen Dank, liebes Kind, für die Artigkeit, die Sie Ihrem alten Onkel sagen. Er verdient sie nicht. Er ist ein alter, hinfälliger Schwätzer (56), den man auf dem kürzesten Wege ins Jenseits schicken müßte, wo er weiter sein dummes Zeug reden kann. Aber Sie denken nicht so. Bei Ihrem warmen Herzen nehmen Sie Anteil an dem alten Gerippe, weil es ein Verwandter ist und Sie in Ihrer angeborenen Güte jedermann Gutes wünschen. Solange ich lebe werde ich Sie lieben und Ihnen zärtlich zugetan sein. Darauf, liebe Nichte, können Sie bauen.[422]

Nicht mit allen Verwandten herrschte dies gute Einvernehmen, im Gegenteil, Klatsch und Tratsch blühten, wenn man Lehndorffs Erzählungen trauen will:

Tagebuch Graf Lehndorff *Februar 1768*

In Potsdam herrscht große Unruhe. Der König hat sich über die Prinzessin von Preußen (die »schlimme Elisabeth«) bei ihrer Mutter, der Herzogin (Charlotte von Braunschweig) beklagt; er wünscht, sie möchte guter Hoffnung werden. Ebenso unzufrieden ist er mit den Braunschweigischen Prinzen. Das alles erregt große Verstimmung.

Hier (in Berlin) haben wir dieselbe Sache. Ferdinands schwatzen gegen Heinrichs, und Prinz Heinrich ist ärgerlich auf seine Gemahlin, die ihrerseits sich über ihren Gatten bitter beklagt. Wohl dem Sterblichen, der sich von allen diesen Mißhelligkeiten fernhalten kann.[423]

Letzteres tat im Grunde der König weitgehend, indem er sich vom Berliner Hofleben so viel als möglich fernhielt. Er hatte neue Baupläne auf seinem Schreibtisch liegen. Für seine wertvolle Antikensammlung, die durch Geschenke und Erwerbungen der Markgräfin von Bayreuth wesentlich bereichert worden war, plante er den Antikentempel. Ferner wollte er einen lang gehegten Lieblingsplan zur Ausführung bringen. Seine Schwester Wilhelmine bekam einen zierlichen kleinen Tempel im

Park von Sanssouci gewidmet, der den Namen Freundschaftstempel erhalten sollte. Die Bayreuther Bildhauer Gebrüder Räntz bekamen den Auftrag, eine lebensgroße Statue der Markgräfin zu schaffen. So gibt es heute noch das Abbild Wilhelmines in einem zeitlosen griechischen Kostüm. Sie stellt einen ihrer mit griechischen Sandalen bekleideten Füße vor und hält auf den Falten ihres Gewandes ein Buch. Die Pfeiler des runden, offenen Gebäudes waren mit Medaillons geschmückt, auf denen berühmte Freundespaare eingezeichnet waren. Als dieser Freundschaftstempel vollendet war, pflegte ihn Friedrich selbst dann noch aufzusuchen, als seine Kräfte nachließen und die Spaziergänge kürzer wurden. Er liebte diesen Platz.

Im Jahre 1769 zog Friedrich eine Bilanz über den Bestand seiner Familie. Nachdenklich wog er sein letztes Testament von 1752 in seinen Händen und stellte fest, daß vier seiner Lieben ihn inzwischen verlassen hatten. Die Mutter, August Wilhelm, Wilhelmine von Bayreuth und im November 1765 Sophie, die Markgräfin von Schwedt.

So beschloß er, ein neues privates Testament abzufassen und die einzelnen Punkte der Hinterlassenschaften den jetzigen Familienverhältnissen anzupassen. Noch lebten sieben Geschwister: Friedrich selbst war siebenundfünfzig; seine Ansbacher Schwester, die Markgräfinmutter Friederike, war fünfundfünfzig. Sie bereitete dem König viel Sorge durch ihre fortschreitende Gemütskrankheit. Dagegen erfreute sich Charlotte, die dreiundfünfzigjährige Herzogin von Braunschweig, bester Gesundheit. Sie stand in lebhaftem Briefwechsel mit dem König. Die einstmals so schöne, jetzt etwas korpulent gewordene Königin Ulrike von Schweden war neunundvierzig Jahre alt. Auch sie hielt herzlichen Briefkontakt mit Berlin. Die jüngste Schwester Amalie, einst das Familien»dickerchen«, war nun auch eine achtungsgebietende Dame von sechsundvierzig Jahren. »Der kleine hendrich« – Prinz Heinrich – zählte dreiundvierzig und der Jüngste, Ferdinand, hatte sein neununddreißigstes Jahr erreicht. Ein Kreis von würdigen Fürstlichkeiten, die alle den Tollheiten der Jugend entwachsen waren, die keinen Ärger mehr mit Erziehungsmaßnahmen, von wem auch immer, zu ertragen hatten, es sei denn, jetzt bei ihren eigenen Kindern. Alle gestalteten sich das Leben weitgehend nach eigenem Geschmack.

Allerdings sollten von diesen sieben Geschwistern auch nur vier in den Genuß des Testamentes kommen, obwohl alle jünger waren als der König. Ulrike starb 1782, Friederike 1784. Geerbt haben nur Charlotte, Amalie, Heinrich und Ferdinand. Aber auch Amalie starb kurz nach Friedrich.

Im Jahre 1769 ernannte der König seinen bisherigen Lakaien Schöning zu seinem Kammerhusaren, einem Dienst, den er mit einigen anderen zuverlässigen Bedienten teilte. Schöning galt als treuer Diener seines Herrn, der auch in den letzten Lebenstagen um den König war. Er hat uns einiges aus dem Privatleben des Königs überliefert:

Friedrich der Zweite war ungefähr 5 Fuß 5 Zoll groß. Die Stärke des Körpers war dieser mittelmäßigen Größe angemessen. Sein Wuchs war gut proportioniert, die Brust erhaben und breit, der Körper überhaupt nicht mager, nicht fett, und der Kopf ein wenig nach der rechten Seite hangend, welches wohl von der Attitüde des Flötenspielens herrührte. Die Nase war lang, aber gut gebaut; die Augen waren nicht zu groß, nicht zu klein, aber lebhaft und feurig; der Gang etwas nachlässig, aber geschwind und stolz.

Die erste Hälfte seines Lebens war er ungemein tätig, bei sehr guter Laune und ein Freund der Vergnügungen und petit soupers. Er saß bis Mitternacht an der Tafel und stand dennoch des Morgens früh auf, um sich in der Flöte und die Soldaten im Exerzieren zu üben. In seinen jüngern Jahren glaubte er, er würde nicht alt werden, und wollte daher durch Entziehung des Schlafs sich den Genuß des Lebens verlängern. Oft erzählte er:

»Da ich mit der Armee meines Vaters am Rhein stand (im Sommer 1734), nahm ich mir mit einigen jungen Leuten vor, beständig zu wachen und dadurch in acht Tagen so viel zu leben, als ein anderer, der des Abends zu Bette geht, in vierzehn Tagen. Vier Tage hielt ich dieses durch starken Gebrauch des Kaffees aus; aber die Natur verlangte ihre Rechte; ich schlief sogar bei Tische ein; das Blut hatte sich durch den Gebrauch des Kaffees und durch die Enthaltung des Schlafs so sehr erhitzt, daß ich von meinem Vorhaben abstehen mußte.«

Die Soupers dauerten nur bis zum Siebenjährigen Kriege. Der König sah ein, daß sein Magen bei zunehmenden Jahren nicht mehr so rasch verdaue, und daß ein kommandierender General früh aufstehen müsse. Er hörte also während des Siebenjährigen Krieges auf, des Abends zu speisen, und hat auch nie wieder angefangen . . .

Die Mittagstafel war meistenteils mit sieben bis zehn Personen besetzt, und auf derselben erschienen acht gut zubereitete Schüsseln (Gänge), aber kein anderer Dessert als Früchte, wenn solches die Jahreszeit mit sich brachte . . .

Man kann nicht sagen, daß der König übermäßig stark gegessen oder selbst, wie man ganz falsch bemerkt hat, Löffel voll Gewürze an die

Speisen getan hätte; nur in der Wahl der Speisen war er nicht glücklich, und durch die stark gewürzten französischen und italienischen Speisen, Polenta, Kuchen, Pasteten, Mehlspeisen, Käsespeisen, Schinken, Sauer- und Grünkohl zog er sich öfters Koliken und Indigestionen zu. Wahr aber ist es, daß sich der König bei Tische sehr gefiel; seine ganze Lebhaftigkeit und gute Laune folgten ihm dahin. Er sprach fast beständig französisch, und diejenigen seiner Gäste, welche diese Sprache nicht recht verstanden, waren dann bloße Zuhörer. Das Gespräch betraf verschiedene Gegenstände: Politik, Religion, Geschichte, Militärsachen . . .

An dem Konzert, welches gewöhnlich um sechs Uhr anging, präludierte er eine Viertelstunde, spielte darauf drei Konzerte, hörte auch zuweilen eins von Quantz oder ein Solo auf dem Violoncello spielen oder eine Arie von einem Sänger singen, und hierauf hatte die Musik für den Tag mehrenteils ein Ende. Nach dem Konzert kam der Marquis d'Argens und nach seinem Tode der Obrist Quintus Icilius (Karl Théophil Guichard, wurde von ihm nach einer Disputation über die Schlacht bei Pharsalus »Quintus Icilius« getauft) zum König. Der Monarch las selbst vor, und wenn ein Paragraph zu Ende war, so disputierte er darüber mit seinem gelehrten Zuhörer. Diese gelehrte Unterhaltung dauerte bis neun oder zehn Uhr.

Der König hatte ein sehr gutes Gedächtnis, eine sehr geläufige Zunge, sah in der Nähe recht gut, aber für entferntere Gegenstände mußte er sich eines Glases bedienen. Zum Lesen und Schreiben brauchte er aber weder Glas noch Brille.

Die Flöte spielte der König meisterhaft; er hatte Kenntnis vom Generalbaß und der Komposition und hat Arien, einige Konzerte und über 100 Solos komponiert; auch spielte er ein wenig Klavier. Das Adagio trug er vorzüglich gut vor. Zu seinen Konzerten wurde niemand anders als die dazu berufenen und äußerst selten ein oder der andere Musikkenner gelassen. Seine Konzerte waren einfach, aber sehr angenehm. Die Flöte wurde von zwei Violinen, einer Bratsche, einem Violoncello, einem Fagott und einem Fortepiano begleitet. Nachdem der König aufgehört hatte, selbst zu spielen, bezeigte er auch nicht mehr Lust, Musik zu hören und wohnte daher nur äußerst selten einem Konzert bei.

Das Verhalten des Königs gegen seine Domestiken war äußerst streng; besonders wenn er an ihnen Umgang mit dem anderen Geschlecht bemerkte. Er strafte sie mit harten Worten, Faust- und Stockschlägen, Arrest und Verabschiedung; steckte sie auch unter das Militär. Die letzten Jahre seines Lebens ging er etwas glimpflicher mit ihnen um, fing auch an, nach ausgestandenen Krankheiten oder zu Weih-

nachten denen, die um seine Person waren, kleine Geschenke zu machen. Wer sich sozusagen unentbehrlich gemacht hatte, bekam die letzten Jahre seines Lebens größere Geschenke, und derjenige, welchen er begünstigte, noch größere . . .

Die gewöhnliche Krankheit des Königs war das Podagra. Er bekam es fast alle Jahr und behauptete, es von seinem Vater geerbt zu haben, der es nach seiner Meinung vom Rheinwein bekommen haben sollte. Er hatte deswegen eine Abneigung gegen den Rheinwein und sagte wegen seiner Säure und zusammenziehenden Eigenschaft »Wenn man einen Vorgeschmack vom Hängen haben will, muß man nur Rheinwein trinken«. – Seine Kur beim Podagra war Enthaltsamkeit im Essen und Trinken, Abwartung des Schweißes, gelind auflösende, abführende Mittel und Lavements. Gleich nach dem Antritt seiner Regierung bekam er das viertägige Fieber. Weil ihn aber damals schon die Eroberung von Schlesien beschäftigte, er folglich nicht die Zeit hatte, krank zu sein, so nahm er aus eigenem Antrieb China, ward gesund und setzte zugleich durch sein Beispiel die Fieberrinde, die damals von den Ärzten noch wenig empfohlen wurde, in Ruf . . .

Was die Zucht und Ehrbarkeit betrifft, so war der König für seine Person äußerst schamhaft, ließ sich nicht entblößt vor seinen eigenen Domestiken sehen und befriedigte nie ein Bedürfnis der Natur in ihrer Gegenwart. In Worten war er aber äußerst frei, besonders bei Tafel, wo er sich ganz gehen ließ und jedes Ding bei seinem Namen nannte.[424]

Im August 1769 fand ein Treffen des Königs mit Maria Theresias Sohn, Kaiser Joseph II., in Neiße statt. Friedrich war mit seinem Bruder Heinrich gekommen, und die persönlichen Eindrücke der beiden Herrscher voneinander waren durchaus positiv. Allerdings gab es keinerlei handfeste Ergebnisse als Resultat dieser Zusammenkunft, die ein reines Freundschaftstreffen war. Kurz danach schrieb der König an den Gesandten von Rohd in Wien:

Geichwitz, 2. September 1769

Ich war entzückt, den Kaiser zu sehen. Er ist ein Fürst, der vermuten läßt, daß seine Regierung ebenso groß sein wird, als sie angefangen hat. Er hat mir eine so herzliche Freundschaft bezeugt, daß ein empfängliches Herz wie das meinige Erkenntlichkeit und aufrichtige Erwiderung nicht versagen kann. Er hat gewünscht, daß auch ich ihn im nächsten Jahre in einem seiner Lager besuche, und ich werde keine sich bietende Gelegenheit versäumen, eine in jedem Betracht so wertvolle Freundschaft zu pflegen. Ich habe keinerlei Zeremonien gemacht, womit ihm sehr gedient war; ich bin ja auch der ungeschickteste Zeremonienmeister von Europa.[425]

Vor zehn Jahren hätte noch kein Mensch gewagt, diese freundliche Konstellation einmal vorauszusagen. Aber heute erfreute sich der Sohn der Feindin von einst des Wohlwollens des preußischen Königs.

Der Briefwechsel des Königs mit Voltaire wurde zum Anlaß, daß Friedrich seiner Anhänglichkeit an die schönen Künste noch des öfteren begeistert Ausdruck verlieh. Es fehlen aber auch nicht Sarkasmen über den Rang seiner eigenen Werke.

Der König an Voltaire *November 1769*
Ich sende Ihnen hier einen Prolog zu einem Lustspiele . . . Sie sehen, ich habe meine alte Schwäche immer noch nicht überwunden. Ich liebe die schöne Literatur bis zur Narrheit! Sie allein verschönt uns die Stunden der Muße, bereitet uns wirkliches Vergnügen. Ich würde die Philosophie ebenso wert halten, wenn unser schwaches Denkvermögen wirklich im Stande wäre, das Dunkel zu durchdringen, in welches sich die Wahrheit hüllt.[426]

Der König an Voltaire *Januar 1770*
Da sehen Sie es, mein Lieber! Jedem Menschen ist irgend ein Talent angeboren; Ihnen hat die gütige Mutter Natur alle auf einmal verliehen. So freigebig ist sie nicht gegen Jedermann. Sie dichten um des Ruhmes willen, ich nur zu meinem Vergnügen. Wir erreichen beide unseren Zweck, wenn auch auf sehr verschiedene Weise. Denn, so lange die Sonne die Erde bescheint, so lange noch ein Schimmer von Wissenschaft, ein Funke guten Geschmackes leuchtet, so lange es noch Geister gibt, die sich an dem Erhabenen erfreuen, und Ohren, die für das Harmonische empfänglich sind, so lange werden Ihre Werke dauern, und Ihr Name durch Jahrhunderte hindurch, ja, bis in alle Ewigkeit genannt werden.
Was dagegen meine Werke betrifft, so wird man einst sagen: es ist wirklich viel, daß der König nicht ganz dumm gewesen. Was er geschrieben, ist ganz erträglich; wäre er als Privatmann auf die Welt gekommen, so hätte er sich vielleicht sein Brot als Correktor bei einem Buchhändler verdienen können.
Dann wird man die Bücher bei Seite werfen, man wird Papilloten (Lokkenwickler) daraus wickeln und es wird davon nicht weiter die Rede sein.[427]

Im Grunde hat Friedrich mit dieser Voraussage einen prophetischen Blick bewiesen. Es ist tatsächlich so, daß »man« heute kaum mehr Friedrich den Großen liest. Seine Gedichte sind voller Pathos, angefüllt mit Bildern aus der antiken Mythologie. Abgesehen von der recht klein gewordenen Gruppe der Humanisten muß ein Zeitgenosse erst im Lexikon nachschlagen, um herauszubekommen, wer welcher antike Held gewesen, und was es mit seinen Tugenden und Lastern, seinen Schicksalen und Freundschaften auf sich hat.

Das schließt nicht aus, daß einige von Friedrichs Werken sehr informativ und auch gut und lesbar geschrieben sind. Seine Prosa ist eindringlich, und es blitzen gute Gedanken und brillante Formulierungen auf. Die Geschichte des Siebenjährigen Krieges wäre durchaus lesenswert, wenn man überhaupt noch so eingehende Berichte von Kriegen als Stoff schätzen würde. So führen die Werke Friedrichs ein recht ungestörtes Dasein in den Bibliotheken.

Im Jahre 1770 war Goethe einundzwanzig Jahre alt. Wie oft wurden Spekulationen darüber angestellt, wie sich wohl das Bild der deutschen Literaturgeschichte gewandelt hätte, wäre es möglich gewesen, den Straßburger Studenten Johann Wolfgang Goethe und den Philosophen von Sanssouci einander näher zu bringen. Friedrich war achtundfünfzig Jahre alt, für einen Menschen unserer Tage noch lange nicht zu alt, um ungeschmeidig oder etwa neuen Strömungen nicht mehr aufgeschlossen zu sein.

Damals aber war alles anders, die Menschen erfuhren ihre Prägung bereits in der Jugend und hielten es für charakterlos, sich im Alter einer anderen Geistesrichtung zuzuwenden. Für Goethe war der Herr von Sanssouci »der alte Fritz«, weltenfern und unerreichbar. Der junge Johann Wolfgang aber befand sich in der Entwicklung und reifte erst mit den Jahren. Keines seiner Meisterwerke war schon geschrieben. Zunächst vertrat er noch, gemeinsam mit seinen Mitstudenten, einen sehr konkreten und ablehnenden Standpunkt in bezug auf die französische Literatur:

Schon früher und wiederholt auf die Natur gewiesen, wollten wir nichts gelten lassen, als Wahrheit und Aufrichtigkeit des Gefühls und den raschen derben Ausdruck desselben. Die französische Literatur aber war bejahrt und vornehm, und Voltaire, das Wunder seiner Zeit, war nun selbst bejahrt (76) wie die Literatur, die er beinahe ein Jahrhundert hindurch belebt und beherrscht hatte.

Ich verkannte nicht, daß die große und herrliche französische Welt uns manchen Vorteil und Gewinn darbiete; der deftige Streit französischer Philosophen mit dem Pfafftum aber war mir ziemlich gleichgültig.[428]

Friedrich andererseits wußte nicht, was in den Köpfen der jungen Studenten vorging, was die deutschen Dichter schrieben. Ihm waren die Erfolge, die sie errangen, fremd, er verfolgte kaum deren Kritiken, er negierte, daß ihnen im Volk ein Widerhall zuteil wurde. Des Königs Leben war retrospektiv, nach rückwärts gewendet, wie auch seine Bauten im Grunde hinübergriffen in die schon versinkende Welt des Barock. Friedrichs Haltung war bestimmt von der Mode der Vergangenheit. Aber ebenso, wie es noch lange Zeit, bis zum Anfang des neunzehnten Jahrhunderts, als vornehm galt, Französisch zu sprechen, so wurde auch nicht von heute auf morgen die französische Literatur in einen Winkel geworfen. Die Zeit der Napoleonischen Kriege und der weitgehenden Besetzung Deutschlands durch die französischen Soldaten hatte selbst für den einfachen Mann die französische Sprache lebensnotwendig werden lassen. Und wie lange geisterten selbst noch durch die Trivial-Romane des zwanzigsten Jahrhunderts verwöhnte Romanheldinnen, die in ihrem Boudoir in französische Lektüre vertieft waren.

Im September 1770 wurde das zweite Zusammentreffen des Königs von Preußen mit Kaiser Joseph II. in Mährisch-Neustadt geplant. Es stand ganz unter dem Eindruck des russisch-türkischen Konfliktes. Die Pforte, wie man die türkische Regierung gern nannte, rief Preußen und Österreich zu Vermittlern an, damit diese Streitigkeiten beendet würden. Das Klima in Mährisch-Neustadt litt etwas unter dem Hochmut und der geradezu schrecklichen Selbstüberschätzung des Fürsten Kaunitz. Die beiden Herrscher jedoch, Friedrich und Joseph, bezeigten nach wie vor große Eintracht bei ihren Gesprächen. Friedrich ersuchte den Kaiser lediglich, bei der Vermittlungstätigkeit bedenken zu wollen, daß ihn ein Abkommen an Rußland binde, das er nicht negieren könne.[429]

In dieser Zeit fand auch ein Familienereignis statt, auf das sich die in Schweden lebende Schwester des Königs, Königin Ulrike, seit Jahren gefreut hatte: eines der Geschwister erhielt jetzt vom König die Erlaubnis, nachdem er diese vorher mehrmals abgeschlagen hatte, Ulrike zu besuchen – Prinz Heinrich.

Dieser trat die Reise an mit allem Rangzubehör, das ihm das Zeremoniell verstattete. Wohl am augenfälligsten war die ständige Leibwache von vierundzwanzig Husaren und einem Rittmeister. Nur der König selbst hatte sonst diese Begleitung um sich. Heinrich wurde in Stockholm empfangen, als sei er der Großmogul oder der Herrscher aller Reußen. Man überschlug sich förmlich, ihm nur jede denkbare Ehre zu erweisen. Galadiners und Bankette häuften sich, Ausfahrten, prunkvolle Wagenzüge, Schaustellungen aller Art, Opern, Konzerte, Redouten, Bälle, Feuerwerk, Paraden, mittelalterliche Turniere – was nur immer einem gewiegten Zeremonienmeister einfallen mochte, das wurde zu Prinz Heinrichs Ehren aufgeboten.

Ulrike hatte seit dem Jahre 1744, also seit sechsundzwanzig Jahren, niemals die Freude gehabt, eines ihrer Geschwister in die Arme schließen zu können. Sie verströmte sich förmlich in Liebe und Glück: zu Ehren Heinrichs, zu Ehren des Königs von Preußen, als dessen Abgesandter er kam. Der Endeffekt war, daß der König nachher monierte, der schwedische Hof solle nicht so große Ausgaben machen, für die er sich das Geld ohnedies zusammenborgen müsse!

Heinrich jedenfalls genoß die Tage in Stockholm und den naheliegenden Schlössern Ulriksdal oder Drottningholm, die Bootsfahrten auf dem Mälarsee und die prunkvollen Schaustellungen zu Wasser. In Stockholm noch erreichte ihn eine dringende Einladung seiner Freundin aus Kindertagen, der einstigen unbedeutenden kleinen Prinzessin Sophie Auguste von Anhalt-Zerbst, die jetzt als Zarin Katharina auf dem russischen Thron saß und alle Anwartschaft auf den Titel »die Große« hatte, denn sie war eine talentvolle und umsichtige Fürstin.

Die Depeschenboten zwischen Heinrich und Friedrich verbrachten keine ruhige Nacht. Eilig wurde die Erlaubnis des Königs eingeholt, die Einladung der Zarin annehmen zu dürfen. Friedrich war es nur zu recht, und als der Besuch in Schweden nach schicklicher Zeit zu Ende ging, machte Heinrich sich samt seiner Leibwache auf den Weg ins ferne Petersburg, wo er eine womöglich noch glänzendere Aufnahme fand als bei seiner Schwester. Ein eigenes Palais stand zu seiner Verfügung, eine Schar eigener Diener, ständig freier Zugang zur Tafel der Zarin – Heinrich verlebte glückliche Tage, denn seit dem Kriege hatte er nicht mehr so im Mittelpunkt öffentlichen Interesses gestanden, wie jetzt in Petersburg.

Der Briefwechsel dieser Zeit zwischen Heinrich und Friedrich war sehr lebhaft, zumal er doppelgleisig geführt wurde. Einmal unchiffriert auf dem offiziellen Weg und für die russische Zensur unverdächtig, einmal chiffriert auf geheimen Pfaden über Kaufleute und Bankiers. Die Mußestunden, die diese Mehrarbeit dem König übrigließ, fanden im September 1770 einmal eine besonders denkwürdige Anwendung.

Friedrich hatte in Potsdam eine Briefpartnerin zu Gast, die verwitwete Kurfürstin von Sachsen, die so bayerische Namen wie Maria Antonia Walpurgis führte. Ihr Vater war der seinerzeitige Kaiser Karl VII. gewesen, ursprünglich bayerischer Kurfürst. Man überlieferte, bei diesem bemerkenswerten Konzert, das man in Potsdam gab, habe die Kurfürstin am Silbermann-Flügel gesessen, gespielt und gesungen, der König und Quantz hätten beide Flöte, der Erbprinz von Braunschweig die erste Violine und Friedrich Wilhelm, der »lange Neffe« und Thronfolger von Preußen, das Violoncello gespielt. Ein wahrhaft fürstliches Konzert innerhalb der Verwandtschaft. Es muß eine der letzten Darbietungen gewesen sein, die Friedrich als ausübenden Künstler in größerem Kreise zeigte, denn ihm fielen in zunehmendem Maße die Zähne aus, und als dies auch die oberen Schneidezähne ereilte, brachte er keinen vernünftigen Ansatz mehr zustande und gab schweren Herzens das Flötenspielen auf.[430]

Das Leben des Königs von Preußen war unversehens hinübergeglitten in das Dasein des »Alten Fritz«, des schon bei Lebzeiten legendenumwobenen Volkskönigs, der unendlich bekannt und beliebt, aber auch von breiten Volksschichten mit Verbitterung und Enttäuschung bedacht wurde. So blieb es seinen Zeitgenossen und uns Heutigen erst recht unverständlich, daß er für seine alten Soldaten, die sich für ihn hatten zu Krüppeln schießen lassen, kein ausreichendes Versorgungswerk geschaffen hatte. Als vorzüglicher Organisator, der er war, ist diese Nachlässigkeit nur schwer verständlich. Wollte er doch die Veteranen mit wenigen Talern abfinden. Dabei befremdet wohl am meisten, daß er selbst seine Maßnahmen so beurteilte, als seien sie ausreichend und bedürften keiner Verbesserung.

Bei dieser Betrachtung muß man sich allerdings vergegenwärtigen, daß damals »das Volk« stärker als heute dem Bauernstand angehörte oder auch, daß der »Mann auf der Straße« Ackerbürger war. Die Familien lebten zusammen, hatten ihre Häuser mit Anbauten und Dachstuben für die Verwandten. Man bewirtschaftete sein Stück Land, und der Verband der Familie schützte vor ärgster Not. Diese Struktur der Bevölkerung hat sich erst viel später grundlegend gewandelt. Insofern sollte man Friedrichs Versorgungsbestrebungen für die Soldaten nicht mit allzu großer Entrüstung lesen:

Friedrich über »Die Invaliden«

Undank ist beim Bürger ein häßliches Laster. Er ist abscheulich bei einem Herrscher oder einer Republik, die es an Dankbarkeit fehlen las-

sen. Der Soldat, der seine Glieder, seine Gesundheit, seine Kraft und sein Leben dem Gemeinwohl opfert, hat, wenn er altersschwach oder verstümmelt ist, Anspruch auf die Wohltaten derer, für die er alles darangesetzt hat. Deshalb habe ich bei Berlin das Invalidenhaus gegründet. Leider kann es nur 600 Mann aufnehmen, was bei der Stärke der Armee nicht genügt. Außerdem verfügt die Kriegskasse über einen Fonds, aus dem die armen Invaliden, die auf dem Lande ihr Leben fristen, einen Taler monatlich erhalten. Alle Unteroffiziere und alten Soldaten, die sich ausgezeichnet haben, bekommen kleine Anstellungen bei der Akzise, beim Zoll, bei der Tabaksregie und überall, wo Stellen, die sie ausfüllen können, offen sind. Aber trotz alledem gibt es immer noch eine Anzahl armer, bisher unversorgter Soldaten, für die ich einen kleinen Fonds zu schaffen gedenke.

Die Offiziere sind in der gleichen Lage wie die Gemeinen. Es gibt Verwundete und Kränkliche, die nicht weiter dienen können und deren geringes Einkommen zu ihrem Unterhalt nicht ausreicht. Für sie hat man sich alles mögliche ausgedacht. Die früheren Generale bekommen Pensionen von 1200 und 2000 Talern. Was die übrigen betrifft, so werden sie Postmeister oder Domänenräte, falls sie dazu taugen; wieder andere werden beim Kommissariat angestellt. Die schließlich, die man nirgends unterbringen kann, erhalten kleine Pensionen von fünf bis sechs Talern monatlich. Ist ein Stabsoffizier zu dumm, um seine Stellung auszufüllen, so schickt man ihn in Pension, um sich seiner zu entledigen. Für solche Ausgaben hat die Kriegskasse ungefähr das Nötige.

Einige Regimenter haben im letzten Kriege ihre Schuldigkeit so schlecht getan, daß ihre Invaliden zur Strafe keinen Anteil an den Wohltaten erhalten, die den andren zugestanden sind; denn Lohn und Strafe müssen den geleisteten Diensten entsprechen. Im übrigen zwingen Menschlichkeit, Mitleid, Dankbarkeit und alle Menschenpflichten den Herrscher, seine Großmut und Freigebigkeit auf alle Untertanen auszudehnen, die sie durch ihre früheren Leistungen und ihr jetziges Elend verdient haben.[431]

Der Historiker Hegemann gab einmal einen Abriß, wie sich die unzureichende Versorgung der Invaliden in der Praxis auswirkte. Die biederen alten Soldaten mußten oft Posten annehmen, zu denen sie nicht die geringste Eignung hatten:

Undankbarerweise waren auch die Invaliden mit der königlichen Gnade nicht zufrieden. »Als ich hörte, daß ich Kantor werden sollte«, erklärte einer dieser alten Haudegen mit herzerfrischender Offenheit,

»war mir so zumute wie den Franzosen bei Roßbach, nur daß ich nicht laufen konnte und durfte.«

Er war in der Tat für diesen Posten so ungeeignet wie nur möglich. Als es am Sonntag mit dem Vorlesen in der Kirche nicht gehen wollte, schleuderte er zornentbrannt das heilige Buch in einen Winkel. Am offenen Grabe war er nicht imstande, den Choral zu intonieren und donnerte nun die Leidtragenden an: »Singt, oder euch soll der Teufel holen!« Schließlich beschwerte sich die Gemeinde beim König, aber es half ihr nicht das geringste.[432]

Im Februar 1771 starb sechzigjährig König Adolf Friedrich von Schweden, Ulrikes Gemahl. Die Königin war fünfzig Jahre alt und blickte auf eine der glücklichsten Fürstenehen ihrer Zeit zurück. Ihre Trauer war aufrichtig und nachhaltig. Ulrikes ältester Sohn bestieg als Gustav III. den schwedischen Thron. Friedrich kondolierte seiner Schwester herzlich. Im Grunde jedoch war er erleichtert, die temperamentvolle und politisch nicht sehr geschickte Ulrike nunmehr in der hochgeehrten, aber nicht mehr einflußreichen Stellung einer Königinmutter zu sehen. Ulrike war sehr impulsiv, sie hatte manche Unklugheit begangen und sich selbst das Dasein dadurch erschwert.

Im Jahre 1772 gelang dem König von Preußen die größte Landerwerbung, und zwar ohne Schwertstreich und ohne jegliche Kampfhandlung. Der diplomatische Besuch des Prinzen Heinrich im Winter 1770/71 in Petersburg trug seine Früchte: Preußen wurde in der »Ersten polnischen Teilung« durch das Einverständnis Rußlands mit der Provinz Westpreußen bedacht, allerdings noch ohne Danzig und Thorn. Aber bis vor die Tore Danzigs dehnte sich alsbald die preußische Verwaltung aus.

Schon zur Zeit von Heinrichs Besuch hatte Friedrich einen »cordon sanitaire« gegen eventuelle Pestepidemien durch das Gebiet legen lassen, so daß die Grenzen des neuen Landes gewissermaßen bereits Gestalt angenommen hatten. Jetzt wurde das Provisorium legalisiert, und Friedrich wies seinem glückhaften Bruder Heinrich tausend Taler monatliche Einkünfte an, die aus dem Ertrag der neuen Provinz genommen werden sollten.

An seinen Neffen Friedrich Wilhelm schrieb er mahnende Onkelworte, denn der junge Mann war noch gar nicht nach seinem Geschmack geraten, und er versäumte keine Gelegenheit, ihn zu unterweisen:

Friedrich an seinen Neffen Friedrich Wilhelm

Potsdam, 28. September 1772

Ich ersehe mit großer Befriedigung aus Ihrem Schreiben vom 27. des

Monats, wie lebhaft Sie an der Freude teilnehmen, die ich über die beträchtliche Vergrößerung meiner Staaten empfinde, die ich soeben erlangt habe, und die mir umso angenehmer ist, als Sie mit der Zeit die Früchte davon ernten werden.
Ich arbeite für Sie, aber Sie müssen daran denken, zu erhalten, was ich gestalte, und wenn Sie träge und gleichgültig sind, so werden Sie unter Ihren Händen zerrinnen sehen, was ich mit so viel Mühe gesammelt habe.[433]

Es ist, als würde in diesen Zeilen das ganze Schicksal des preußischen Reichtums vorausgeahnt. Nach Friedrichs Tode zerrann er dem Nachfolger zwischen den Fingern. Der König muß oft und oft geahnt haben, was einst kommen würde. Es mochten mehrere Gründe gewesen sein, die ihm eine resignierende Haltung aufzwangen. Einmal war es wohl die Hochachtung vor dem bestehenden Gesetz. Ferner ließ die Energie des Königs in manchen Punkten nach, und er sah keinen Weg, diesen in seinen Augen so ungeeigneten Neffen auszuschalten. Der zweite Sohn August Wilhelms war tot. Heinrich hatte keine Kinder. Über die Nachkommen Ferdinands ließ sich noch kein Urteil abgeben, denn sie waren noch sehr klein. Ihm mochten seine eigenen Worte eingefallen sein, daß es ganz ohne Beispiel sei, daß ein Thron leer geblieben wäre. Mehr und mehr betrachtete er das Problem seiner Nachfolge als eine Sache, die ihn nichts anginge und an der er nichts ändern könne.

So war also Westpreußen jetzt preußisch. Das bedeutete für die Bewohner eine große Umstellung, denn die preußische Verwaltung galt als straff und streng. In einem Punkt führte ihre Arbeit sogar zu nahezu unhaltbaren Zuständen. Schon in der Abhandlung des Königs über seine Invaliden war das Stichwort hierzu gefallen: die Akzise. Der König hatte die direkten Steuern auf Waren, die unmittelbar erhoben wurden, in französische Hände gelegt. Die Einhebung erfolgte durch sogenannte Akzisepächter. Unter diesen gab es eine Anzahl, die dem König eine bestimmte Summe an Einnahmen garantierten. Um jedoch auch ihrerseits reichlich auf ihre Kosten zu kommen, wurden die bedauernswerten preußischen Untertanen nachgerade Repressalien ausgesetzt.

Ein Bericht der Mutter des Philosophen Arthur Schopenhauer, Johanna Schopenhauer, eine nicht unbedeutende Schriftstellerin ihrer Zeit, schildert dieses Problem recht anschaulich:

Bedeutende Wunden, welche das Schicksal uns schlug, lernen wir endlich mit einer Art stumpfsinniger Ergebung ertragen; doch nie verschmerzen wir jene tausend kleineren sich täglich wiederholenden Na-

delstiche desselben, die uns gleichsam spottend verfolgen, und kommen nimmermehr dahin, uns geduldig ihnen zu unterwerfen. Die bis zur höchsten Ungebühr, täglich auf das schonungsloseste sich wiederholenden Plackereien, welche das nach französischer Art eingerichtete Accisewesen, besonders in Langefuhr, sich erlaubte, trugen daher fast noch mehr dazu bei, die Erbitterung gegen Preußen aufs höchste zu treiben, als alle anderen Maßregeln, welche die völlige Vernichtung des bürgerlichen Wohlstandes der unglücklichen Stadt herbeiführen mußten.

Die empörende Behandlung, welcher die Einwohner Danzigs ohne Unterschied der Person ausgesetzt waren, sobald sie die ihnen so eng gesteckte Grenze ihres Gebiets überschritten, muß in unserer weit humaneren Zeit fabelhaft erscheinen. Jeder Fußgänger wurde vor dem Accisegebäude angehalten, und mußte es als eine große Gefälligkeit erkennen, wenn man, um sich zu überzeugen, daß er nichts Accisebares bei sich führe, mit Durchsuchung seiner Taschen ihn verschonte.

Mietkutschen und Equipagen wurden ebensowenig als Fuhrmanns- und Bauernwagen mit genauester Durchsuchung verschont. Damen und Kinder mußten zuweilen im heftigsten Platzregen aus ihrem Wagen steigen, und, unter dem Hohngelächter ihrer Peiniger, geduldig unter freiem Himmel es abwarten, bis jenen gefiel, die Visitation auch der verborgensten kleinen Räume im Wagen langsam zu vollenden. Dann begann noch die Durchsuchung der Personen, die damals Mode gewordenen Poschen der Damen, eine Art leichterer Reifröcke, die freilich aus sehr geräumigen Taschen bestanden, denen man ihren Inhalt von außen durchaus nicht ansehen konnte, waren dem französischen Gesindel ein Hauptgegenstand des Argwohns. Keine Dame durfte sich weigern, ihre Poschen vor den Augen desselben auszuleeren, wenn sie nicht der beleidigendsten Behandlung sich aussetzen wollte. Mit Dienstmädchen und Frauen aus geringeren Ständen verfuhr das freche Volk noch weit schonungsloser.

Sogar in ihren Landhäusern, sowohl in Langefuhr selbst, als in den in weiterer Entfernung, nach Oliva gelegenen, blieben die Danziger Bürger den Mißhandlungen jener fremden Sünder und Zöllner ausgesetzt. Haussuchungen nach Konterbande, denen niemand bei schwerer Strafe sich widersetzen durfte, fielen täglich vor, und Kaffeeriecher, von ihrem ehrenvollen Amte so benannt, spürten in Höfen, Häusern und Küchen dem Geruch des frischgebrannten Kaffees nach, der innerhalb der preußischen Grenze nicht anders als schon gebrannt verkauft werden durfte. Durch alles dieses steigerte sich die allgemeine Erbitterung sowohl gegen die französische Regie, als gegen den großen König, der dieses

Unerträglichste mit dem Rechte des Stärkeren über uns verhängte, aufs höchste.[434]

Johanna Schopenhauer beschreibt dann einen Fall von Lynchjustiz, der bei einem ansonsten ruhigen und biederen Menschenschlag, wie es die Danziger waren, alarmierend wirken mußte. Die Zustände dürften wirklich unerträglich gewesen sein. Friedrich hatte sich offensichtlich mit diesem Problem nicht eingehend genug befaßt. Außerdem hatte er die verhängnisvolle Neigung, auch dann einen einmal gefaßten Entschluß nicht umzustoßen, wenn er bemerken mußte, daß er falsch und unerträglich war. Die Regelung, das Akzisewesen in französische Regie zu verpachten, war ein offenkundiger Mißgriff. Ein Federstrich hätte das Unwesen ebenso beseitigen können wie ein anderer Federstrich seinen armen Invaliden zu ein paar Talern mehr verholfen hätte. Hier gab Friedrich wohl auch seinem Hang zum Geiz nach, der von seinem Vater her in ihm war und der ihn zuweilen sehr vordergründig beherrschte.

Der Herbst 1771 brachte den in Berlin lebenden königlichen Geschwistern den Besuch ihrer Schwester Ulrike aus Schweden, die mit ihrer Tochter Sophie Albertine und einem großen Gefolge von nahezu hundert Personen anreiste. Friedrich stellte ihr in Potsdam und Berlin jeweils eine Wohnung zur Verfügung. Sie hielt sich jedoch hauptsächlich in Berlin und Umgebung auf, Potsdam war nur die Station für die An- und Abreise und die Verabschiedung beim König. Die Geschwister genossen diese Zeit sehr. Ulrike besuchte sie alle in ihren Schlössern, Amalie in der Wilhelmstraße und Unter den Linden; sie bewunderte den Sommer- und den Winterwohnsitz der Schwester sehr. Prinz Heinrich residierte schon in seinem neuen Palais gegenüber der Oper Unter den Linden, aber auch das romantische Rheinsberg sah die schwedischen Gäste. Im Park von Rheinsberg ließ Ulrike zum Andenken einen kleinen Tempel mit Plastiken errichten. Sie fuhr zu Prinz Ferdinand nach Friedrichsfelde und besuchte sein Stadthaus, das Ordensmeisterpalais in Berlin. Im Berliner Schloß lebte Ulrike mit ihrem Gefolge als Gast des Königs und der Königin. Allerdings dauerte dem sparsamen Friedrich der halbjährige Besuch der Schwester beinahe etwas zu lange. Er berief den Koch ab, den er ihr zur Verfügung gestellt hatte, wahrscheinlich nur deswegen, weil sie ohnedies ständig eingeladen war und ihn nie in Anspruch nahm. Aber die Leute sagten, es sei geschehen, um Ulrike zur Abreise zu ermuntern. Wahr oder nicht – die schwedische Königinmutter und ihre Gewohnheit, zweimal täglich Mahlzeiten von über zehn Gängen zu sich zu nehmen, das Rudel ihrer Hofleute und Bedienten, die

Gäste, die sie sich zur Tafel lud –, all dieser Aufwand schmolz ein Loch in die königliche Schatulle, und in aller Herzlichkeit, jedoch ohne eine Träne, sah Friedrich Ulrike dann endlich abreisen.

Im Jahre 1772 mußte man dem König die Gerechtigkeit widerfahren lassen, daß er zuweilen auch außerordentlich weise Maßnahmen traf. Es hatte Ende der sechziger Jahre und besonders im Jahre 1770 so gute Ernten gegeben, daß man den Überfluß in besondere Kornsilos einlagerte, fest gebaute Getreidespeicher, denen Mäuse und Ratten nichts anhaben konnten. Die biblische Plage der Mißernten kam über Europa in den Jahren 1771 und 1772, und zwar so schrecklich, daß außerhalb Preußens die Menschen zu Tausenden verhungerten.

Friedrich dagegen konnte seine Speicher öffnen. Er verkaufte das Getreide zu niedrigem Preis, Arme und Bedürftige bekamen davon umsonst. In Scharen kamen die Menschen aus den Nachbarländern über die Grenzen, um an diesem Getreidesegen teilzuhaben. Die Voraussicht des Königs brachte ihm viele Sympathien ein, und man verzieh ihm leichter seine Schwächen, weil er für ein grundlegendes Lebensbedürfnis so nachhaltig vorgesorgt hatte.[435]

Der König war jetzt sechzig Jahre alt und verbrachte seine Tage bei wechselnder Gesundheit. Im Rückblick auf das »Hundeleben« der Kriegsjahre erfreute er sich bewußt des geregelten Lebens, das zu führen ihm jetzt vergönnt war. Er hatte nicht nur ein festes Tagesprogramm, das einzuhalten er sich bemühte. Auch sein Jahresterminkalender stand fest. Da gab es die Inspektionsreisen in die Provinzen, die festgelegten Zeiten für die Magdeburger und Berliner Revuen, worunter man Militärparaden zu verstehen hatte. Es war eine Schaustellung seiner Macht, zu der gern ausländische Gäste geladen wurden.

Als höchsten Feiertag des ganzen Jahres beging Friedrich den einstigen Krönungstag, den 18. Januar, der jetzt aber immer als Prinz Heinrichs Geburtstag mit großer Pracht begangen wurde. Dies war der Anlaß, das kostbare goldene Speiseservice zu benutzen. Lakaien und Pagen waren in höchster Gala. Die Damen kamen in großen Roben mit Courschleppen, meist Weihnachtsgeschenke des Königs.

Die übrige Zeit, wenn er nicht auf Reisen oder zum Karneval in Berlin war, verbrachte der König in Potsdam. Im Winter im Stadtschloß, dessen Fassade mit ihren rosa und grauen Farben einen nahezu südlichen Anstrich hatte. Im Sommer wohnte er in seinem geliebten Sanssouci, nach wie vor umgeben von einem kleinen Kreis getreuer Freunde, die mit ihm lasen oder sein Vorlesen anhörten. Es war fast so, wie er es sich einst so oft erträumt hatte.

Die Begegnung mit exotischen Gesandtschaften war übrigens nicht ohne Einfluß auf den König geblieben. So hatte er sich von orientalischen Potentaten einen witzigen Einfall abgeguckt: ein Dromedar mußte seine Tabaksdosen von Berlin nach Potsdam oder umgekehrt transportieren. Dies war das offizielle Zeichen: Der König wechselte seinen Aufenthaltsort. Ging er zum Karneval nach Berlin, so wandelte das Dromedar mit den Goldsachen würdevoll durch den märkischen Sand. Kam er von Berlin zurück, so war es allerdings meistens Schnee, durch den das Tier gelassen und ungerührt dahinschritt. Die beiden Dromedare, die diesen Dienst versahen, hatte Friedrich einst von dem russischen General Tschernitschef geschenkt bekommen, kurz nach dem Friedensschluß mit Rußland im Jahr 1762.

Während seiner Aufenthalte im Berliner Schloß pflegte er jährlich einmal – nicht öfter – bei der Königin zu dinieren. Aber er wünschte nicht, sich mit ihr zu unterhalten. Das waren dann seltsame Mahlzeiten, da König und Königin sich schweigend gegenübersaßen und die Unterhaltung den wenigen Tischgenossen zufiel, die die Ehre hatten, dazu gebeten zu werden. Alle sachlichen Fragen zwischen Friedrich und Elisabeth Christine wurden brieflich geregelt. Die Königin hatte sich mit ihrem Schicksal abgefunden. Sie war eine von Herzen gute Frau und gab von ihren kargen Einkünften noch so viel sie konnte den Armen.

Am 10. Mai 1774 verstarb Ludwig XV. in Frankreich und ihm folgte sein Enkel als Ludwig XVI. auf dem Thron. Es war jener tragische König, der mit Marie Antoinette vermählt war, Maria Theresias Tochter. Beide sollten keines natürlichen Todes sterben. Sie wurden 1793 im Verlaufe der Französischen Revolution hingerichtet.

Hätte Friedrich jenen Schlag gegen das absolutistische Königtum miterlebt, er wäre am Laufe der Welt verzweifelt. Zu sehr lebte er als Repräsentant seines Zeitalters. Im Alter noch umzudenken, wäre ihm unmöglich gewesen. Er hätte es für verwerflich gehalten, dem Machtanspruch des Volkes nachzugeben.

Es war jedoch keineswegs so, daß er sich grundsätzlich allen Neuerungen und sinnvollen Verbesserungen verschloß. Mehrfach war im Briefwechsel mit seiner Schwester Charlotte, der Herzogin von Braunschweig, die Rede von Pockenschutzimpfungen. Die Bedeutung des Pockenschutzes wird erst klar, wenn man nachliest, wie viele Menschen damals davon betroffen wurden. Im 18. Jahrhundert starben in Frankreich jährlich etwa 30 000 Menschen daran. Allein im Jahr 1796 sind in

Deutschland 24 646 Tote zu beklagen gewesen. Erst im Jahre 1874 wurde das staatliche Impfgesetz erlassen, worauf die Pocken gänzlich erloschen sind.

Für dieses Problem hatte Friedrich jedoch bereits das richtige Gefühl und er äußerte sich mehrfach darüber:

Der König an den Oberpräsidenten von Domhardt

Potsdam, 25. Februar 1775

Daß die Pocken-Inokulation einen ungemein starken Einfluß auf die Bevölkerung eines Staates haben könne, hat die Erfahrung bisher hinlänglich bestätigt, und ich zweifle dahero nicht, daß auch in Ost- und Westpreußen Eltern genug vorhanden sind, welche geneigt sein dürfen, dieses Mittel zur Erhaltung ihrer Kinder in die Hand zu nehmen.
Ich werde daher durch meine landesväterliche Vorsorge veranlaßt, Ihnen dieses Mittel zu erleichtern und will zu dem Ende, daß Ihr Meinen ost- und westpreußischen Kammern den Auftrag tun sollet, einen derer in ihrem Bezirk bestellten Ärzte nach Berlin an Meinen Geheimen Rat und englischen Medikus Baylins abzuschicken, um von solchem die beste Art und Weise, diese Inokulation mit Hoffnung des besten Erfolges zu unternehmen und zu behandeln, zu vernehmen und zu erlassen.[436]

In England war das Impfen schon weit verbreitet. Die englische Schwiegertochter der Herzogin von Braunschweig, Augusta, empfand dies als selbstverständlich. Ihre Kinder wurden alle frühzeitig geimpft und blieben, zur großen Erleichterung von Charlotte, von den Pocken verschont.

Lange Jahre hindurch hatte Friedrich sich immer von einem und demselben Kutscher fahren lassen. Dieser Leibkutscher Pfund war ein Faktotum geworden, zahlreiche Geschichtchen kursierten über ihn. Er hatte das Herz auf dem rechten Fleck, war ein mutiger Mann und konnte dem König alles sagen. Einmal warf er die königliche Kutsche um, und der König ging mit seinem Krückstock auf ihn los. Pfund retirierte geschickt und rief dem König zu: »Haben Euere Majestät noch nie eine Bataille verloren?«

Ein andermal sollte Pfund einen französischen Kutscher beköstigen und rechnete darüber nachher dem König ab. Als dieser sich wunderte, warum die Rechnung so hoch war, sagte Pfund, der Franzose sei nicht mit Bier und Wein zufrieden gewesen. Es hätten gebratene Hühner sein müssen und der Gast habe »Champagner saufen wollen«.

Pfund war, wie so manche Bediente des Königs, auf seinen eigenen Vorteil sehr bedacht. Er richtete es auf Reisen ein, daß bei denjenigen Pastoren übernachtet wurde, wo ein ansehnliches Handgeld für ihn dabei heraussprang. Oftmals hat er den König noch nach Sonnenuntergang über Land gelotst, nur um eine einträglichere Übernachtungsstelle zu erreichen. Im Jahre 1775 nun, als Alter und Krankheit dem kräftigen Mann zusetzten, wurde er entlassen. Seine Nachfolger hatten nicht mehr so lange Jahre Gelegenheit, sich die gleiche Popularität zu erwerben.[437]

Interessant ist ein Querschnitt durch das jeweilige Lebensalter Friedrichs und einiger seiner berühmten Zeitgenossen:

	Geboren	*Lebensalter 1775*
Der König	1712	63
Voltaire	1694	81
Goethe	1749	26
Lessing	1729	46
Beethoven	1770	5
Mozart	1756	19
Haydn	1732	43
Gluck	1714	61
Kant	1724	51
Klopstock	1724	51
Schiller	1759	16
Herder	1744	31
Jean Paul	1763	12

Beethoven war somit zu jener Zeit ein fünfjähriges Kind und Schiller plagte sich seit 1773 in der gefürchteten Karlsschule herum, die Herzog Carl Eugen von Württemberg gegründet hatte. Friedrich hatte übrigens Carl Eugen von dem Zeitpunkt an nicht mehr gemocht, als er seine Nichte, sein Patenkind Friederike, in der Ehe so unglücklich gemacht hatte. Die Tochter seiner über alles geliebten Wilhelmine hätte nach seiner Meinung nur alles Glück der Welt verdient gehabt.

Aus dieser Zusammenfassung geht hervor, daß eine Reihe von hervorragenden deutschen Dichtern, Philosophen und Komponisten schon die Lebensstufe vollen Wirkens erreicht oder überschritten hatten. Sogar der junge Goethe hatte seine ersten Erfolge gerade hinter sich, die »Leiden des jungen Werthers« waren 1774 erschienen.

Friedrich diskutierte im Gespräch mit seinen Geschwistern oder im Kreise vertrauter Freunde oftmals über Literatur im allgemeinen und insbesondere über deutsche Literatur. Mit Voltaire schrieb er sich über dies Thema ausführlich. Es mutet an, als formulierte der König schon zur Probe an seiner späteren Veröffentlichung »Über die deutsche Literatur«, die einige Ähnlichkeit mit dem nachstehenden Voltaire-Brief hat:

Der König an Voltaire *Potsdam, 8. September 1775*

... Sie behaupten mit Recht, daß unsere guten Deutschen erst die Morgenröte der Bildung haben. Die schönen Wissenschaften stehen jetzt bei ihnen auf demselben Punkt, auf dem sie in Frankreich unter Franz dem Ersten (1515–1547, Montaigne, Rabelais) standen. Man liebt sie, sucht sie auf, und sie werden von Fremden zu uns verpflanzt; aber der Boden ist noch nicht so dazu vorbereitet, daß er sie selber hervorbringen kann. Der Dreißigjährige Krieg ist für Deutschland schädlicher gewesen, als man auswärts glaubt. Man mußte mit dem Ackerbau anfangen, dann zu Manufakturen und endlich zu einem kleinen Handel fortgehen. Sowie alles dies festen Fuß gewinnt, entsteht Wohlstand und auf ihn folgt der Überfluß, ohne den die Künste nicht gedeihen können. Die Musen verlangen, daß der Fuß des Parnaß von dem Paktolus benetzt wird. Erst muß man was zu leben haben, ehe man sich unterrichten und frei denken kann. Athen tat es in den Wissenschaften und schönen Künsten den Spartanern zuvor. Deutschland wird nicht eher auf den Geschmack kommen, als bis man die klassischen Schriftsteller der Griechen, Römer und Franzosen mit Nachdenken studiert. Dann werden zwei oder drei gute Köpfe die Sprache bestimmen, sie weniger barbarisch machen und den Meisterstücken der Fremden in ihrem Lande das Bürgerrecht verschaffen.

Ich für mein Teil werde, da meine Laufbahn zu Ende geht, diese glückliche Zeit nicht erleben. Gern hätte ich zu ihrem ersten Entstehen beigetragen; aber was hat ein Geschöpf tun können, das zwei Dritteile seines Lebens hindurch von unaufhörlichen Kriegen geplagt wurde, oder die Übel, die sie verursacht hatten, wieder gutmachen mußte, und überdies zu einem so großen Unternehmen viel zu geringe Talente besitzt?[438]

Dabei hat sich Friedrich selbst einigen Vergnügens beraubt, denn Lessings »Minna von Barnhelm« war schon geschrieben und aufgeführt. Abseits der großen Namen gab es eine Reihe von Leuten, die sich für Poesie begeisterten und auch Friedrich besangen, ohne daß er sich dadurch besonders geehrt gefühlt hätte.

In den Jahren 1738 bis 1743 fand sich in Halle ein studentischer Kreis zu gemeinsamer Betätigung dichterischer Neigungen zusammen, zu denen Ludwig Gleim, Peter Uz und Nikolaus Götz gehörten. Vor ihnen hatten Lange und Pyra in Halle studiert, die ebenfalls zum Halleschen Kreis gerechnet werden. Die Hallenser hatten keine Zeitschrift, übertrugen aber gemeinsam die Oden Anakreons, das heißt, die spärlichen Reste der echten Anakreontica, zu denen sie Pseudo-Anakreontica hinzudichteten. Götz *gab 1746 die anakreontischen Lieder heraus. Danach erhielten sie in der Literaturgeschichte den gemeinsamen Namen Anakreontiker. Ein gemeinsames Merkmal aller ist die Abneigung gegen den Reim.*

... Von Pyra und Lange stammen auch die ersten Gedichte zum Preise Friedrichs des Zweiten. Lange stellte 1752 eine Übersetzung des Horaz fertig; aber noch bevor er sich seines dichterischen Ruhmes recht erfreuen konnte, vernichtete Lessings »Vademecum« diesen für alle Zeit.[439]

Aus den Gedichten eine kleine Auswahl:

Gleim über das Bild Friedrichs

Von diesem Einzigen wird man wie ein Gedicht
Einst die Geschichte lesen;
Denn wahr, was sie erzählt, ist alles zwar gewesen,
Wahrscheinlich aber nicht![440]

Lied am Geburtstage des Königs

Ich bin ein Preuße! Stolz bin ich,
Daß ich ein Preuße bin!
Der Landesvater Friederich
Ist Held im großen Sinn! ...

Ist Held: Wer ihm ins Auge sieht,
Sieht einen Genius
Der Menschheit, sieht, wie stark er glüht
Von Lieb und Herz-Erguß ...

Ist Held in Weisheit, in Verstand,
In Sanftmut, in Geduld!
Ist Held, das weiß das Vaterland,
In Güte, Gnad' und Huld! ...[441]

Gottfried August Bürger
Auf den König von Preußen

Mein Friedrich braucht zu seinem ganzen
Regierungswesen lauter Franzen.
Nur ein Geschäft ist noch, das er durch Deutsche tut;
Zum Überwinden braucht er deutschen Heldenmut.[442]

Das war ein ordentlicher Hieb auf die französische Akzise!

Johann Gottfried Herder gelangen recht anmutige Verse, auch sie im Sinne der Anakreontiker ohne Reim:

Blüht, ihr freundlichen Künste,
Blüht! Die goldenen Fluten
Des Paktolus benetzen
Euch in Zukunft die Wurzeln
Eures heiligen Hains.

Euch gebühret, zu herrschen
Über schwächere Geister
Und vor euren Altären
Alle Söhne des Irrtums
Feiernd opfern zu sehn . . .[443]

Diese Gedichte sind besonders aufschlußreich für das Zeitempfinden im 18. Jahrhundert. Sie bestätigen, daß Friedrichs eigene Werke in all ihrer Überladung mit mythologischen Bildern durchaus den Werken seiner Zeitgenossen entsprachen. Natürlich finden sich in ihnen auch Gedanken, die auf immer gültigen Lebensweisheiten beruhen, wie diese durch die Literaturen aller Zeiten gehen.

König Friedrich lebte, nicht zuletzt durch Krankheit dazu veranlaßt, außerordentlich zurückgezogen. Ein Brief voller grimmigem Humor existiert vom Ende 1775, der des Monarchen Zerstreuungen schildert:

Friedrich an Heinrich *(Potsdam) 28. Dezember 1775*
Sie erkundigen sich, lieber Bruder, nach meiner Gesundheit. Ich gehorche Ihrem Wunsche und sage Ihnen, daß es sonst ganz gut geht. (Von September bis November 1775 war der König schwer gichtkrank gewesen.) Nur fühle ich mich überaus schwach; die Kräfte wollen noch immer nicht wiederkommen. Ich fange an, etwas zu gehen, aber die Beine wollen mich anscheinend nicht tragen, und ich habe in den Händen keine Kraft. Das Rückgrat will sich nicht aufrichten. Ich bin mehr

schwach als krank; aber das wird alles wieder werden. Ein Greis gebraucht eben mehr Zeit als ein junger Mensch, um wieder zu Kräften zu kommen. In meinen Jahren (63) geht alles langsam.
. . . Ich verbringe hier, lieber Bruder, den Karneval bei meinen Büchern. Gestern war ich mit Woolston auf der Redoute, heute gehe ich mit den »Akademischen Fragen« in die Oper, und morgen in die Komödie mit Voltaires »Briefen über die Wunder«. Darauf gehe ich mit Macchiavell zur Tafel bei Hofe und in eine Damengesellschaft mit Gressets »Vert-vert«. Eine solche Feier des Karnevals stimmt mehr zu meinen Jahren und zu meiner Denkart als jede andere, und schließlich läuft es auf dasselbe hinaus, wenn man sich nur unterhält. Möchten Sie auch, so wünsche ich Ihnen, lieber Bruder, die Zeit in Berlin angenehm verbringen.[444]

»Vert-vert« von Gresset schilderte die Geschichte eines in einem Nonnenkloster erzogenen und später in schlechte Gesellschaft geratenen Papageis.

Kleine Kabinettstückchen an Drastik sind des Königs Randverfügungen auf allerlei Eingaben, die an ihn gelangten.

Randverfügung auf dem Gesuch des Generalmajors Rothkirch um eine Präbende für eine seiner Töchter:
»es seynd 30 bis 40 anwartschaften auf jeder Stelle. Er soll hübsch jungens Machen, die kann ich alle unterbringen aber mit die Madames weiß ich nirgends hin.«[445]

Wie leid es der König mit den Jahren wurde, eine so große Anzahl Franzosen in Ordnung halten zu müssen, wie beispielsweise bei der Akziseverwaltung oder an anderen Stellen, das geht aus einer Bemerkung hervor, die auf dem Gesuch des Generalchirurgen Perrier steht. Dieser bewarb sich um die Aufsicht über die pensionierten Chirurgen:

»Ich will keine Frantzosen Mehr sie seynd gar zu liderlich und machen lauter liderliche Sachen.«[446]

Auf dem Gesuch um Konzessionierung und Unterstützung der Anlage einer Arrak- und Rumfabrik stand kurzerhand:

»ich wills den Teufel thun ich wünsche, daß das giftig garstige Zeug gar nicht da Wäre und getrunken würde.«[447]

Es ließe sich eine gesonderte Studie schreiben über die Trinkmoden und Trinkgewohnheiten im 18. Jahrhundert und speziell am Hofe Friedrichs. Er selbst hatte sich während des Siebenjährigen Krieges in seinen Briefen beklagt, daß er sich nicht betrinken könne. Es sei ihm nicht möglich, auf diese Weise seine Sorgen zu vergessen.

Wie schon erwähnt, lehnte er den Rheinwein ab, den sein Vater so gern getrunken hatte. In seinen Kellern müssen sich dafür unzählige Jahrgänge und Sorten von ungarischem Tokaierwein befunden haben, denn in seinem Testament von 1769 vermachte er seinen Lieben je nach Verdienst und Würdigkeit etliche Anthal (Preßburger Eimer) Tokaier. Dieses alte Weinmaß taucht in diesem Testament immer wieder auf.

Von Prinz Heinrich wurde berichtet, daß er ein großer Feinschmecker und Weinkenner war, der auch die Auswahl und das Einschenken des Dessertweines selbst vornahm. Friedrich aß in jungen Jahren, wie sein Vater, gern viele Austern und bevorzugte als Getränk Champagner. Über seine späteren Lieblingsspeisen hat sein Kammerhusar Schöning ausführlich berichtet (s. S. 291 ff.)

Seinen langjährigen Oberhofmeister und Küchenchef Noël besang der »Alte Fritz« einmal in einem Gedicht als den »Newton der Kochgeschirre und den Caesar in Sachen des Bratspießes«. Er beschäftigte jedoch noch weitere französische Köche, auch einige deutsche Küchenmeister. Im Briefwechsel mit Fredersdorf taucht sogar einmal eine »baiersche Köchin« auf, so daß man annehmen darf, Schweinsbraten und Knödel, Geselchtes und Krautwickeln seien dem Alten Fritz nicht unbekannt gewesen. Ebenso wird er wohl mit den Gerichten seiner neuen Provinz Schlesien sowie mit den Spezialitäten des so oft besetzten Sachsens Bekanntschaft gemacht haben. Schlesisches Himmelreich, Heringshäckerle, sächsische Eierschecke oder eingelegte Znaimer Gurken dürften zuweilen auf seiner Tafel aufgetaucht sein. Friedrich war neugierig, neue Gerichte kennenzulernen, und er war auf kulinarischem Gebiet unbedingt ein Kenner. Man sagt ihm seine Gewürzmanie zu Unrecht nach. Nur seine Leidenschaft für Suppen ist verwunderlich. Hier übertrieb er gern und aß drei Suppen als Vorspeise.

So darf man sich König Friedrich als allen Tafelfreuden sehr zugewandt vorstellen. Nur ein Getränk seiner englischen Standesgenossen, Whisky, wird nie erwähnt. Man trank ihn offensichtlich nicht am preußischen Hofe. Friedrich trank auch keine Schnäpse, höchstens bei Unwohlsein einen Magenbitter, den er dann als Medizin betrachtete.

Die politische Lage im Jahre 1776 war nicht frei von Störungen. Österreich entfaltete eine rege militärische Tätigkeit in seinen böhmischen Ländern, und Prinz Heinrich wandte sich voller Sorge an den König, was das wohl zu bedeuten habe. Der König antwortete:

Friedrich an Heinrich *Februar 1776*

Was Sie über die Österreicher gehört haben, hat einigen Grund in den Tatsachen. Ich werde Ihnen die Wahrheit sagen, sobald ich sie auf geheimen Wege in Erfahrung gebracht habe. Sie glauben, daß ich mich meinem Ende nähere, und sie verstärken ihre Truppen in Böhmen, damit sie Sachsen sofort besetzen und in dies Land einfallen können. Das wird auch geschehen, wenn ich sterbe, und mein großer Tölpel von einem Neffen wird, falls er sich nicht sofort zusammenreißt und einigen Nerv zeigt, einige Federn lassen müssen. Aber nichts kann seine naturgegebene Faulheit überwinden und ich muß alle Sorge für die Zukunft dem überlassen, was Ihre Klugheit für das Wohl des Staates zu tun vermag, und den Rest den Ungewißheiten des Schicksals.[448]

Friedrich an Heinrich *10. Februar 1776*

. . . Ich werde im Hinblick auf die Interessen des Staates nicht ruhig sterben, wenn ich Sie nicht irgendwie als Vormund eingesetzt sehe.[449]

Die politischen Verhältnisse ließen auch eine zweite Reise des Bruders nach Petersburg geraten erscheinen. Im März machte sich Heinrich auf den Weg. Chester V. Easum umriß seine Mission mit folgenden Worten:

Die Fesseln des preußisch-russischen Bündnisses waren für beide Parteien lästig geworden. Es hatte Zwistigkeiten über die Grenzziehung in Polen gegeben; der König von Preußen hatte nicht in jeder Hinsicht mit Erfolg vermocht, seinen Neffen, den jungen König von Schweden, in Einklang mit seiner Pokitik zu halten; und die Beendigung des türkischen Krieges vor fast zwei Jahren hatte Katharinas Furcht vor Österreich und damit ihre Abhängigkeit von Friedrich wesentlich vermindert. Es war Prinz Heinrichs Aufgabe, dieses Bündnis von neuem fest zu knüpfen, und er vollbrachte eine achtbare Reparaturarbeit, wenn auch das Gewebe niemals wieder so gut wie neu wurde.[450]

Prinz Heinrich und der König waren in jenen Monaten, während Heinrich in Rußland aufregende Tage erlebte, geradezu schicksalsträchtig tätig: die Gattin des russischen Thronfolgers, Großfürstin Natalie, die ehemalige Prinzessin Wilhelmine von Hessen-Darmstadt, starb im Kindbett, und man mußte schleunigst eine neue Frau für den jungen Thronfolger finden. So trennte man unverzüglich die hierzu passende junge Dame von ihrem Verlobten. Es handelte sich um eine Enkelin von Friedrichs Schwester, der Markgräfin Sophie von Schwedt. Sie sollte den Erbprinzen von Hessen-Darmstadt heiraten, aber die Verbindung mit dem russischen Großfürsten Paul erschien wesentlich wichtiger. Die Zarin gestand dem Darmstädter eine Abfindung zu. Sophie Dorothea, so hieß die junge Dame im Angedenken an ihre Urgroßmutter, und deren Eltern erhielten von der Zarin einen ansehnlichen Wechsel als Reisegeld und Unkostenbeitrag. Sie sollten sich nach Berlin begeben, wohin auch Großfürst Paul mit Heinrich kommen würde.

Die dynastischen Erwägungen, die bei der Wahl einer neuen russischen Thronfolgerin eine Rolle spielten, sind heute nicht mehr im einzelnen zu rekonstruieren. Jedenfalls war es leichter für einen Erbprinzen von Hessen-Darmstadt, eine Frau zu finden, als für den Herrscher aller Reußen. Bei dem Zusammentreffen des Großfürsten Paul mit der jungen Sophie Dorothea trat eines der wenigen Wunder im Zuge fürstlicher Heiratsprojekte ein: die beiden verliebten sich ineinander, und so wurde zur allseitigen Zufriedenheit der Bund geschlossen. Mit dem Bewußtsein, der Zarin in einem ganz wichtigen Punkt gefällig gewesen zu sein, konnte sich Friedrich wieder seinen Aufgaben zuwenden.

Aus Petersburg kamen von Zeit zu Zeit glückliche Briefe an den Prinzen Heinrich und den König. Sophie Dorothea war zum orthodoxen Glauben übergetreten und hatte den Namen Maria Feodorowna angenommen. Aus ihrer Ehe mit Paul, der ein Sohn Katharina der Großen war, gingen neun Kinder hervor, vier Söhne und fünf Töchter. Leider war das Einvernehmen zwischen Paul und seiner Mutter nicht gut. Sie hielt ihn von allen Regierungsgeschäften fern. Erst spät, nachdem die Zarin vierunddreißig Jahre regiert hatte, gelangte Paul im Jahre 1796 auf den russischen Thron. Er regierte anfangs gerecht und aufgeschlossen, später aber so despotisch, daß es im Jahre 1801 zu einer Verschwörung kam und sein Leben ein vorzeitiges Ende fand. Er wurde erdrosselt, als er die ihm vorgelegte Abdankungsurkunde nicht sofort unterzeichnete.

In welchem Maße sich der vierundsechzigjährige König Friedrich von Preußen mit dem Gedanken an den Tod beschäftigte, geht aus zwei Briefen vom September des Jahres 1776 hervor. Um wieviel öfter wird er im vertrauten Kreise darüber gesprochen haben, wenn er schon seine Briefpartner an diesen Problemen teilhaben ließ:

Der König an Voltaire *Potsdam, 7. September 1776*

... Ich bin krank gewesen im vergangenen Winter, es ist wahr; aber seit meiner Genesung befinde ich mich ungefähr wie früher. Es gibt vielleicht Leute in der Welt, zu deren Bedauern ich zu lange lebe und die meine Gesundheit verlästern in der Hoffnung, daß ich infolge ihres Ge-

redes von derselben den gefährlichen Sprung ebenso schnell tue, wie sie wünschen.
Ludwig der Vierzehnte und Ludwig der Fünfzehnte ermüdeten die Geduld der Franzosen; ich bin jetzt sechsunddreißig Jahre auf dem Platze, vielleicht mißbrauche ich nach jener Beispiel das Privilegium zu leben, und ich bin nicht hinreichend gefällig, um mich fortzumachen, wenn man meiner müde ist.
Was meine Methode, mich nicht zu schonen, betrifft, so bleibt sie immer dieselbe. Je mehr man um sich besorgt ist, um so zarter und schwächer wird der Körper. Mein Handwerk verlangt Arbeit und Tätigkeit. Mein Geist und mein Körper müssen sich nach ihrer Pflicht richten. Es ist nicht notwendig, daß ich lebe, wohl aber, daß ich tätig bin. Ich habe mich immer wohl dabei befunden. Indessen schreibe ich niemandem diese Methode vor, ich begnüge mich damit, sie zu befolgen.[451]

Friedrich an Heinrich *September 1776*
Die Österreicher machen zweifellos den Versuch, uns mit den Russen in Streit zu verwickeln, damit sie, wenn sie durch meinen Tod die Hände in dieser Richtung frei haben, sich mit um so größerem Gewicht auf unseren großen Narren (von einem Neffen) stürzen können.
Großer Gott, was soll daraus werden, wenn der gute Vater im Himmel Sie nicht bei Leben und Gesundheit bewahrt! Sie, mein lieber Bruder, werden wie der Schild Minervas sein, der Räuber in Steine verwandelte, als sie Narren angreifen wollten. Aber wir wollen nicht unsere Phantasie umwölken, indem wir versuchen, die Zukunft vorausgzusehen. Mein Trost ist es, daß ich von dem, was dann geschieht, ebenso unberührt sein werde, wie ich es war, als Feuer und Flammen unser Land während des Dreißigjährigen Krieges einschlossen.[452]

Zu den tiefgreifenden Veränderungen, die der König veranlaßte, gehörte eine Reform des Justizwesens. Wie stark der König von der Notwendigkeit von Neuerungen im Rechtswesen durchdrungen war, fand seinen Niederschlag, wie so viele bedeutende Dinge in jenen Jahren, in einem Brief an Voltaire:

Der König an Voltaire *11. Oktober 1777*
In dem Verhältnis, wie die Völker gebildeter werden, muß man auch Ihre Gesetze mildern. Wir haben es getan und befinden uns wohl dabei. Der Denkart der weisesten Gesetzgeber zufolge glaube ich, daß es besser ist, Verbrechen zu verhindern als sie zu bestrafen. Dies ist mir gelungen. Um Ihnen einen deutlicheren Begriff hiervon zu geben, muß ich Sie mit

unserer Bevölkerung bekannt machen. Diese beläuft sich nur auf fünf Millionen und zweimalhunderttausend Seelen. Wenn Frankreich zwanzig Millionen Einwohner hat, so macht unsere Menschenzahl etwa ein Viertel davon aus. Seitdem nun unsere Gesetze gemildert worden sind, werden bei uns in Deutschland jährlich nur vierzehn, höchstens fünfzehn Todesurteile gefällt. Das kann ich Ihnen umso zuverlässiger sagen, da ohne meine Unterschrift niemand zu Festungsstrafe verurteilt und ebenso niemand hingerichtet werden darf, wenn ich das Urteil nicht bestätigt habe.

Die meisten Delinquenten sind Kindesmörderinnen. Andre Mordtaten gibt es wenig, und noch seltener ist Straßenraub. Von den Geschöpfen, die so grausam gegen die Leibesfrucht verfahren, werden nur die hingerichtet, denen man den Mord beweisen kann. Ich habe alles getan, was ich nur konnte, um die unglücklichen Personen daran zu hindern, ihre Kinder über die Seite zu bringen. Die Herrschaften müssen es gerichtlich anzeigen, wenn ihre Mägde schwanger sind. Ehemals nötigte man die armen Personen, öffentliche Kirchenbuße zu tun; das habe ich abgeschafft. In jeder Provinz gibt es Entbindungshäuser für sie, und man sorgt für die Erziehung ihrer Kinder. Allein ungeachtet aller dieser Erleichterungsmittel habe ich doch noch nicht dahin kommen können, ihnen das unnatürliche Vorurteil, dessentwegen sie ihre Kinder töten, aus dem Kopfe zu bringen. Ehemals sah man es für eine Schande an, Mädchen zu heiraten, die Mütter waren, ohne einen Mann gehabt zu haben: ich beschäftige mich jetzt mit der Idee, wie ich diese Ansicht ausrotten will. Vielleicht gelingt es mir.

Die Tortur haben wir ganz abgeschafft, und sie findet schon seit mehr als dreißig Jahren nicht mehr statt. In republikanischen Staaten muß man vielleicht bei Hochverrat eine Ausnahme machen . . .

Im Kriminalrecht muß man den Grundsatz befolgen: es ist besser, einen Strafbaren am Leben zu lassen, als einen Unschuldigen hinzurichten . . .[453]

Am Ende des Jahres 1777, am 30. Dezember, starb Kurfürst Maximilian III. Joseph von Bayern. Er hinterließ keine Nachkommen. Die Aufmerksamkeit der europäischen Staaten richtete sich jetzt auf seinen Erben, Karl Theodor von der Pfalz. Dieser befand sich in keiner beneidenswerten Lage, denn auf das bayerische Erbe erhoben zunächst einmal teilweise die Österreicher ihren Anspruch, ferner machten der Herzog von Mecklenburg-Schwerin und die Kurfürstinwitwe von Sachsen Interessen geltend. Für den kinderlosen Karl Theodor bestand nicht unbe-

27 *Treffen Friedrichs II. mit Kaiser Joseph II., 25. Aug. 1769*

28–29 Potsdamer Schloß, Winterresidenz Friedrichs II.

dingt ein vordergründiges Bedürfnis, sich in Intrigen und Querelen einzulassen, denn auf seine Erbschaft würde einst nur ein Neffe warten: Karl August von Zweibrücken. So ließ er sich bewegen, in einem Vertrage vom 3. Januar 1778 die österreichischen Erbansprüche anzuerkennen.

Diese zunächst sehr loyal wirkende Handlung war jedoch geeignet, Europas Fürsten aufzuschrecken, und da man allgemein befürchtete, Österreich, das schon vorher unruhig und aggressiv gewesen war, würde in untragbarer Weise die Oberhand mit diesem Landzuwachs erhalten, waren die Weichen für eine neue kriegerische Auseinandersetzung gestellt.

Am 16. Februar besetzten österreichische Truppen die ihnen zugestandenen Gebiete Niederbayerns. Jetzt machte sich der König von Preußen zum Sprecher des dadurch benachteiligten einstigen Erben, des Prinzen Karl August von Zweibrücken. Er erhob Einspruch gegen die Minderung des Erbes dieses Fürsten. Es war dies im Grunde ein Vorwand, aber ein glaubhafter und willkommener Vorwand, um die wieder erstarkte Macht Österreichs auf ein für preußische Augen erträgliches Maß zurückzuführen. Friedrich hatte nicht drei schwere Kriege gegen die österreichische Vormacht in Europa geführt, um sie jetzt durch die Nachgiebigkeit eines unbedeutenden Fürsten wieder aufleben zu sehen. Seine Entschlüsse waren schnell gefaßt: der Bayerische Erbfolgekrieg begann.

Der König von Preußen hatte nicht nur seinen Krieg mit Österreich vor Augen, für den er bereit war, mit seinen sechsundsechzig Jahren nochmals in den Sattel zu steigen und das unbequeme Leben eines Feldherrn auf sich zu nehmen. Ihn bedrängten auch erhebliche Schwierigkeiten im eigenen Hause, denn sein langjähriger, vom Siebenjährigen Kriege her ständiger Stellvertreter im Oberkommando der Armee, Prinz Heinrich, machte keinen Hehl aus seiner Gegnerschaft gegenüber allen Maßnahmen des Königs. Easum hat auch diesen Zusammenhängen nachgespürt:

Der Krieg von 1778–79 gegen Österreich war seinem Wesen nach eher ein politisches als ein militärisches Manöver; und wiederum waren der König und sein Stellvertreter im Oberbefehl völlig entgegengesetzter Meinung bezüglich der politischen Ziele, die dieses Manöver bestimmten.

Friedrich, der an Jahren ältere, war bereit, einen Krieg zu führen, den er für erforderlich hielt, um zu verhindern, daß Österreich unter den deutschen Staaten die Führerstellung wiedergewann, deren er es in seiner Jugend beraubt hatte. Indem Preußen als Protektor seiner schwächeren Nachbarn auftrat, könne es, so glaubte er, durchaus mit dem bei ihnen erworbenen Gewinn an Ansehen zufrieden sein, ohne neuen Landgewinn zu beanspruchen.

Prinz Heinrich andererseits, viel jünger als der König (42) und leichter einer Versuchung zugänglich, wenn eine Gelegenheit zur Landgewinnung für Preußen seinem unternehmungslustigen Geist zu winken schien, wäre geneigt gewesen, einige Gewinne für Österreich auf der Basis der Gegenseitigkeit zu dulden, wenn Preußen auf Kosten einiger deutscher Kleinstaaten »entschädigt« worden wäre. Er war aber immer der Meinung, daß, wenn Österreich nur mattgesetzt werden sollte, dieser Zweck sich besser auf diplomatischem Wege als durch Krieg verwirklichen lasse. Der König hatte nicht das Recht, glaubte er, für ein anderes Ziel als die gebietsmäßige Vergrößerung Preußens Krieg zu führen oder Risiken auf sich zu nehmen.[454]

Von den Vorbereitungen, die allenthalben im Lande und besonders in Berlin im Gange waren, spricht ein Brief Goethes, der sich mit dem Herzog Karl August von Weimar in Berlin befand. Der König war nicht anwesend, er hatte sich schon zu seinen Truppen begeben.

Goethe an Frau von Stein — *Berlin, 17. Mai 1778*
Es ist ein schön Gefühl, an der Quelle des Krieges zu sitzen in dem Augenblick, da sie überzusprudeln droht. Und die Pracht der Königsstadt und Leben und Ordnung und Überfluß, das nichts wäre ohne die tausend und tausend Menschen, bereit, für sie geopfert zu werden. Menschen, Pferde, Wagen, Geschütz, Zurüstungen, es wimmelt von allem. Wenn ich nur gut erzählen kann von dem großen Uhrwerk, das sich vor einem treibt, von der Bewegung der Truppen kann man auf die verborgenen Räder, besonders auf die große alte Walze F. R. (Fridericus Rex) gezeichnet mit tausend Stiften schließen, die diese Melodien eine nach der anderen hervorbringt . . .[455]

In diesen politisch so unruhigen Zeiten galt es nur als ein Ereignis am Rande, was vordem im Vordergrund des Interesses gestanden hätte: Voltaire war nach langer Zeit des Exils in Cirey in der Schweiz zum ersten Mal wieder nach Paris gekommen. Er wurde gefeiert wie kaum ein Dichter vor ihm. Als man am 16. März 1778 seine Tragödie »Irène« gegeben hatte und der Vorhang sich nach dem letzten Akt senkte, bekränzte man auf offener Bühne die Büste des Autors mit Lorbeer. Der alte Voltaire, klein, verhutzelt und gebrechlich, war zu Tränen gerührt. Er stand im vierundachtzigsten Lebensjahr.

Am 30. Mai des gleichen Jahres schloß der »Patriarch von Cirey« seine Augen für immer. Er war der berühmteste Dichter seiner Epoche gewesen. Der große Freigeist wurde auf dem Totenbett seinen Maximen untreu. Vor seinem Ende machte er seinen Frieden mit der katholischen Kirche, die er vorher stets mit wenig schmeichelhaften Ausdrücken belegt hatte. Das Alter, die Ungewißheit über das, was nach dem Tode kommen würde, all dies bewirkte, daß Voltaire nach langer Zeit zu beichten wünschte. Erst dreizehn Jahre später wurden seine Gebeine an die Ruhestätte der Berühmtheiten, in das Panthéon von Paris, gebracht, wo sie noch heute ruhen.[456]

Für Friedrich war erneut ein Freund dahingegangen, dem er aufrichtig nachtrauerte. Trotz aller Kontroversen hatte er diesen Mann geliebt und verehrt, wie niemanden sonst. Er hatte sich über die Unzulänglichkeiten Voltaires hinweggesetzt und ihm weiter die Freundschaft entgegengebracht, die in den letzten Jahren ungetrübt gewesen war.

Infolge der Kriegslage fand Friedrich jedoch wenig Zeit, den traurigen Gedanken über die Vergänglichkeit eines solchen Genies nachzuhängen. Die Ereignisse auf dem Kriegsschauplatz waren keineswegs ermutigend. Easum bringt ein anschauliches Vergleichsbild für die Unternehmung der beiden Feldherrn:

Die Abschiedstournee eines Virtuosen fügt seinem Kranz nur wenige Lorbeeren hinzu, wenn er sie in zu hohem Alter unternimmt. So erging es dem König von Preußen und seinem Bruder Heinrich, den Virtuosen der Schlachtfelder des Siebenjährigen Krieges, als sie, schon betagt, noch einmal zu einem Rück-Engagement mit Österreich ausritten.

Das neue Schauspiel wurde auf den Szenen ihrer früheren Triumphe gespielt, die Bühnenbilder und die Besetzungen der kleineren Rollen waren ähnlich, ihre Gegenspieler waren in mehreren Fällen die gleichen – aber ihre Erfolge waren nicht überwältigend. Als Ganzes brachte die Erfahrung unseligerweise ans Licht, daß ihre Nerven und Gemüter den Anstrengungen eines neuen Kriegslebens nicht besser gewachsen waren als ihre alternden gichtgeplagten Beine. Keiner von beiden erholte sich je wieder ganz von den Wunden, die der andere seinem Gemüt zugefügt hatte, und keiner wurde für diesen persönlichen Verlust durch neuen militärischen Ruhm entschädigt, den er auf Kosten ihres gemeinsamen Feindes gewonnen hätte.

Der Prinz stand im Begriff, einen gewaltigen militärischen Erfolg zu erringen, blieb aber erfolglos und schrieb seinen Mißerfolg Friedrich zu, weil er sich geweigert habe, ihn im kritischen Augenblick richtig zu unterstützen oder danach richtig zu versorgen. Der eigene Feldzug des Königs war ein jämmerlicher Mißerfolg, eine traurige Antiklimax (Abschwächung) einer militärischen Laufbahn, wie es die seine gewesen war, und er war mit seiner ganzen Welt zerfallen.[457]

Der König war während des ganzen Feldzuges und danach von einem fast krankhaften Geiz befallen und bewilligte die wichtigsten Mittel gar nicht oder nur ungenügend. Die Soldaten litten unter einer immer schwieriger werdenden Furagierung, sie lebten buchstäblich von den Kartoffeln auf den Feldern, anders als im Siebenjährigen Krieg, als noch Brot das Hauptnahrungsmittel der Truppen war. Damals lieferte man sich Gefechte um Mehl und Getreide, dieser Krieg von 1778 erhielt den Beinamen »Kartoffelkrieg«.

Aus dem August 1778 stammt ein weiterer Brief Goethes, der im Mai auch die Berliner Schlösser, Potsdam und Sanssouci, besichtigt hatte.

Goethe an seinen Freund Merck in Darmstadt

Weimar, 5. August *1778*

Auch in Berlin war ich im Frühjahr; ein ganz ander Schauspiel. Wir waren nur wenige Tage da und ich guckte nur drein wie das Kind in Schön-Raritäten-Kasten. Aber Du weißt, wie ich im Anschauen lebe; es sind mir tausend Lichter aufgegangen. Und dem alten Fritz bin ich recht nah worden, da ich hab sein Wesen gesehen, sein Gold, Silber, Marmor, Affen, Papageien und zerrissene Vorhänge und hab über den großen Menschen seine eigenen Lumpenhunde raisonnieren hören ...[458]

Immer noch war der treue de Catt als Vorleser und eine Art Sekretär in Friedrichs Diensten. Aus dem Felde schrieb ihm der König seine Gedanken über Voltaires Tod:

Der König an de Catt *Burkersdorf, (August) 1778*

Besten Dank für die kleinen Züge, die Sie mir von dem verstorbenen Patriarchen berichten. Lieber wäre mir freilich, Sie gäben mir Kunde von seinem Leben als von seinem Tode. Bei der Unruhe hier im Felde und der Schwere meines Amtes komme ich jetzt nicht dazu, seine Gedächtnisrede zu verfassen. (Diese wurde erst am 26. November 1778 in der Akademie zu Berlin verlesen.) Ich schiebe diese Arbeit für die Winterquartiere auf, fürchte aber, der Redner wird seinem Gegenstand nicht gewachsen sein.

Schade, daß die Bibliothek des großen Mannes für Europa so gut wie verloren ist. (Zarin Katharina die Große kaufte sie.) Unser Zeitalter entartet; es hat keine Liebe mehr für die schönen Künste und Wissenschaften. Gehen diese Künste zugrunde, wie ich voraussehe, so ist das wohl nur dem mangelnden Interesse an ihnen zuzuschreiben. Ich für mein Teil werde sie bis zum letzten Atemzug lieben. Sind meine angeborenen Gaben auch gering, so finde ich doch allein bei den Musen Trost und Erleichterung von der Bürde des Lebens. Ich versichere Ihnen, währe ich Herr meines Schicksals gewesen, weder der Glanz des Thrones noch der Stolz, Heeren zu gebieten, noch der Geschmack an seichten Zerstreuungen hätten ihnen den Rang abgelaufen. Die wenigen Augenblicke der Muße, die ich erübrigen kann, widme ich der Literatur. So ist Voltaires Verlust für mich um so empfindlicher, als der Thron des Parnasses, den er eingenommen hat, lange leer bleiben wird und ich ihn nie mehr besetzt sehen werde.[459]

Den weiteren Verlauf des Kartoffelkrieges und das Verhältnis der Brüder zueinander schilderte abermals Easum:

Die unvermeidliche Totenschau-Erörterung des Feldzuges, während sich die Heere in ihren Winterquartieren einrichteten, entwickelte sich schnell zum schlimmsten. Friedrich suchte seine außergewöhnliche Knauserei als eine Notwendigkeit damit zu rechtfertigen, daß ein weiterer Feldzug in Aussicht stehe, und Prinz Heinrich hatte bereits den Entschluß gefaßt, keinen neuen Feldzug mehr zu kämpfen. Friedrich klagte beständig über die Ausgaben, behauptete aber, er habe keine Zeit, seine Beschaffungs-Verwaltung zu reorganisieren oder die Arbeit seiner Beschaffungsoffiziere zu untersuchen, die, wie der Prinz behauptete, ihn täglich schamlos bestahlen, besonders beim Einkauf von Pferden.

Durch eine schmeichelhafte Bemerkung über das Verhalten ihres Neffen im Felde bekam Prinz Heinrich vielleicht die erste Andeutung, daß der Plan einer Mitregentschaft im Geiste des Königs langsam erloschen war.

»Ich sollte Ihnen auch mitteilen, daß . . . ich sehr erfreut bin über unseren Neffen«, hatte Friedrich geschrieben. »Er hat eine neue Seite aufgeschlagen und sich erstaunlich zum Besseren gewandelt. Ich werde langsam zuversichtlich.« Heinrich, der seine Stellung als nächster Vertrauter bedroht sah, begann sofort seine Zuversicht zu verlieren.[460]

Während die Truppen in den Winterquartieren lagen, entwickelte sich lebhafte diplomatische Tätigkeit. Der russische Hof und Ludwig XVI. von Frankreich schalteten sich ein, um eine Verschärfung der militärischen Lage und eventuell weiteres Blutvergießen in Europa zu vermeiden. Immerhin durfte Friedrich die Genugtuung haben, daß Petersburg und Paris ihn in dem Bemühen unterstützten, die österreichischen Erbansprüche auf bayerisches Terrain einzudämmen. Es gab zwar sehr lange und zähe Verhandlungen, aber schließlich konnte am 13. Mai 1779 der Friede von Teschen unterzeichnet werden.

Heute, wo so viele geschichtliche Tatsachen verschüttet und vergessen sind, ist es kurios, sich zu vergegenwärtigen, daß einstmals ein preußischer König buchstäblich der Erretter Bayerns gewesen ist. Nur Friedrichs Einspruch ist es zu danken, daß Bayern nicht aufgeteilt wurde und sich seine Gestalt völlig veränderte. Das heutige Bayern würde ohne ihn in seiner jetzigen Form nicht existieren. Kugler bringt in seiner Geschichte Friedrichs des Großen eine bezeichnende Anekdote, wie sehr der Preußenkönig in Bayern verehrt wurde:

Das bayerische Volk vornehmlich verehrte ihn als Begründer seiner Selbständigkeit. In den bayerischen Bauernhäusern sah man fortan sein Bildnis neben dem heiligen Corbinian, des Schutzheiligen von Bayern; oft brannte unter beiden Bildern eine Lampe. So fand es einst ein österreichischer Offizier in einem bayerischen Dorfe; er fragte, was das bedeute. Der Wirt gab zur Antwort: »Dieser da ist Bayerns Schutzpatron im Himmel, und dieser hier, Friedrich, der Preußenkönig, ist unser Schutzpatron auf Erden. Beide sind unsere Heiligen; und vor den Heiligen brennen wir, als gute Katholiken, Lichter.«[461]

Im Grunde hatte der Bayerische Erbfolgekrieg so geendet, wie es sich Prinz Heinrich gewünscht hatte: auf diplomatischem Wege. So gerieten auch die Meinungsverschiedenheiten zwischen den Brüdern allmählich in Vergessenheit, zumindest Friedrich fing an, sie in seiner großzügigen Art zu vergessen.

Heinrich jedoch pflegte alle Steine, die auf ihn geworfen worden waren, sorgfältig zu sammeln und sich trotz aller verbindlichen Annäherungsversuche des Königs in seinem Haß einzukapseln. Heinrich wurde eingeladen, den König in Berlin kurz nach Beendigung des Krieges zu treffen, und nach einiger Zeit führte Friedrich den Briefwechsel an seinen Bruder, die »gazettes de Sanssouci«, in der altgewohnten Form fort: jede Woche eine Epistel. Aber all dies genügte nicht, Heinrichs Groll auszulöschen. Wie eine vornehme Dame, die auf sich hielt, ihre Neurose pflegte, so hegte Heinrich seinen Bruderhaß, den er für besonders charaktervoll erachtete.

Friedrich dagegen hatte anderes zu tun als diese Einstellung Heinrichs auch nur zur Kenntnis zu nehmen. Auch setzte er noch immer, selbst nach den Streitigkeiten im Kartoffelkrieg, bei Heinrich eine Portion guten Willens voraus. Es lag seiner Natur nicht, bei einem so engen Verwandten anzunehmen, daß dieser gute Wille einfach nicht mehr vorhanden war, um ein familiäres Band zu erhalten.

Friedrichs Art zu regieren hatte in vielen Fällen etwas Altväterliches, sehr Persönliches, ja oft geradezu Rührendes:

Kabinettschreiben an die Landstände in Hinterpommern — *Potsdam, 27. August 1779*
... Es ist abscheulich, wie weit es mit der Consumtion des Kaffees geht, und reichen keine 600.000 Taler, die dafür jährlich aus dem Lande gehen ... das macht, ein jeder Bauer und gemeine Mensch gewöhnt sich jetzt zum Kaffee, weil solcher auf dem Lande so leicht zu haben ist. Wird das ein Bischen eingeschränkt, so müssen die Leute sich wieder an das Bier gewöhnen ... Übrigens sind Se. Königl. Majestät Höchst Selbst in Dero Jugend mit Bier-Suppe erzogen, mithin könnten die Leute dorten so gut mit Bier-Suppe erzogen werden, das ist viel gesunder als der Kaffee ...[462]

Der König an das Generaldirektorium — *Berlin, 2. Oktober 1779*
... Dahin rechnen wir Höchstselbst insonderheit denjenigen Engländer, welcher vor einiger Zeit im Lande umherzog, auf zwei Pferden zugleich ritt und durch allerhand equilibristische Künste manchen jungen Menschen zur Nachahmung reizte.
Dergleichen andre gefährliche Künste und Vorstellungen, es mögen solche Namen haben wie sie wollen, verbieten wir hiermit in unsern sämtlichen Landen und Staaten ausdrücklich und wollen solche durchaus nicht gestattet wissen. Wollen sich dergleichen Leute den Hals brechen, so können wir solches in fremden Landen zwar nicht hindern, in unseren eigenen Provinzen hingegen verstattet unsere Menschenliebe und unsere landesväterliche Fürsorge für das Leben und das Wohl unserer Untertanen nicht, dazu Gelegenheit zu geben ...[463]

Anfang Dezember 1779 sah der König einen alten Freund aus der Rheinsberger Zeit wieder, der damals als junger Mann alle Welt mit seinen Flötenübungen nervös gemacht hatte: den Chevalier Chasot. Seit 1755 war er nicht mehr nach Potsdam gekommen, nachdem er offiziell 1752 den Hofdienst Friedrichs verließ. Er ging damals in den Dienst der Hansestadt Lübeck. Jetzt kam er, um den Eintritt seiner beiden Söhne, achtzehn und sechzehn Jahre alt, in preußische Dienste zu regeln. Im Frühjahr 1780 begannen die jungen Leute als Leutnants ihre Laufbahn.

Das Wiedersehen des Königs mit Chasot mag viele alte Erinnerungen an die »glücklichsten Jahre« Friedrichs geweckt haben.

Das Jahr 1779 neigte sich seinem Ende zu, als Friedrich sich plötzlich gezwungen sah, sich besonders lebhaft mit seinem Justizwesen zu befassen. In knappster Form erzählte der Historiker Mendelssohn die Vorgeschichte und die eigentlichen Zusammenhänge des weltberühmt gewordenen »Müller-Arnoldschen-Prozesses«, der weit über Deutschlands Grenzen hinaus dem König eine – völlig zu Unrecht gewonnene – positive Resonanz verschaffte.

Mendelssohn *Vorgeschichte*

Die durch den preußischen Großkanzler von Cocceji in den vierziger Jahren eingeleitete Justizreform wollte jetzt der Justizminister für Schlesien und Chef der drei schlesischen Obergerichte, von Carmer, in neue Bahnen leiten, wobei er auf den Widerstand des Großkanzlers von Fürst stieß. Dieser aber hatte schon begonnen, die Zufriedenheit des Königs zu verlieren: »Es kommt mir vor, als wenn die Justiz wieder anfängt einzuschlafen«. als ein besonderer Rechtsfall ihn stürzen und Carmer an seine Stelle führen sollte, welcher nun der eigentliche Schöpfer des von 1794 bis 1900 gültig gewesenen »Allgemeinen Preußischen Landrechts« wurde.

Mendelssohn *Der Prozeß*

Einem Wassermüller im Züllichauer Kreise soll auf Gerichtsbeschluß die Mühle versteigert werden, weil er seinem Grundherrn, einem Grafen Schmettau, die Pacht nicht bezahlt hat. Die von Arnold mit der Begründung: ein vom Landrat von Gersdorf oberhalb der Mühle angelegter Fischteich entziehe ihm das Wasser, beim Obergericht in Küstrin eingelegte Berufung wird verworfen. Arnold wendet sich an den König. Dieser läßt die Verhältnisse durch einen Oberst und einen Regierungsrat eingehend untersuchen, die zu verschiedener Beurteilung gelangen. Die Gerichte bleiben bei ihrer Entscheidung. Der König übergibt die Sache dem Kammergericht zu Berlin, welches die Entscheidungen der Vorinstanzen bestätigt, aber nicht für der Mühe wert hält, den König über ein wichtiges Moment (daß nämlich eine zwischen dem Fischteich und der Arnoldschen Mühle gelegene andere Mühle nicht über Wassermangel zu klagen gehabt hat) aufzuklären.

Der König, stets mißtrauisch, wenn ein Gericht für einen Großen gegen einen Kleinen entscheidet, ist über die »Fickfackereien«, über die ihm zweifellose Rechtsbeugung empört. Er läßt die drei an dem Urteil beteiligten Kammergerichtsräte und den Großkanzler von Fürst zu sich rufen und »statuiert ein Exempel«.[464]

Und ein moderner Historiker, Professor Schoeps, faßt den Vorfall folgendermaßen zusammen:

Prof. Schoeps *Resumée*

Auf dem Gebiet der Justiz wirkte es daher wie die Ankündigung einer neuen Zeit, wenn Friedrich der Große am 11. Dezember 1779 dem Etatminister Freiherrn von Zedlitz anläßlich des . . . Müller-Arnoldschen-Prozesses schrieb: »Denn Ich will, daß in Meinen Landen einem jeden, er sei vornehm oder gering, prompte Gerechtigkeit widerfahre, und er nicht zum Faveur eines Größeren gedrückt, sondern einem jeden ohne Unterschied des Standes und ohne Ansehen der Person eine unparteiische Justiz administriert werden soll.«

Daß in der Prozeßsache freilich der König im Irrtum und die abgesetzten Richter im Recht gewesen sind, steht auf einem anderen Blatt. De facto stellte nämlich der Müller-Arnoldsche-Prozeß einen königlichen Übergriff und mithin ein Verleugnen seiner eignen Prinzipien dar. Für Friedrichs rechtsreformerische Intentionen ist aber die »Allerhöchste Kabinetsordre die Verbesserung des Justizwesens betreffend« vom 14. April 1780 maßgeblich, mit der der König die zu den Hoheitsrechten des absoluten Herrschers gehörige Gesetzgebungsgewalt freiwillig eingeschränkt hat. Und im Falle des Müller-Arnoldschen-Prozesses war es lediglich der Wunsch des Königs gewesen, einmal ein drastisches Exempel zu statuieren.[465]

Dieser Müller-Arnoldsche-Prozeß darf als klassisches Beispiel dafür gelten, wie ein Rechtsfall durch königlichen Machtspruch so umgebogen werden kann, daß er sich ins genaue Gegenteil der Wahrheit verkehrt. Müller Arnold hatte genug Wasser und nur seine Händelsucht trieb ihn in den Prozeß. Er wurde zu Recht verurteilt, aber die Auslassung im Bericht an den König gab den Ausschlag. Hätte Friedrich gewußt, daß ein zweiter Müller genügend Wasser am gleichen Platz hatte, nie wäre die Sache von ihm so aufgebauscht worden. So aber wanderten redliche Richter in den Karzer und Müller Arnold war der Held des Tages von Hamburg bis Lissabon, von Petersburg bis Paris. Man sang Moritatenlieder auf seinen Prozeß, die Schausteller zogen mit Wachsfiguren umher und kündeten auf ihre Art vom Ruhm des gerechten Preußenkönigs.

Friedrichs Volkstümlichkeit grenzte zu dieser Zeit fast ans Legendäre. Als er während der Karnevalszeit 1780 in Berlin die Oper besuchte, trug er bei dieser Gelegenheit einen schwarzseidenen Rock, schwarze Seidenstrümpfe, Samthosen und Schnallenschuhe. Seine Perücke war frisch zurechtgemacht und gepudert, und an seinem Hut blitzte ausnahmsweise eine Brillant-Agraffe. Der Platz vor der Oper in Berlin war voller Menschen. Langsam rollte die große alte Staatskutsche, voran die acht Läufer, vor das Opernhaus.

Ebenso drängten sich die höhern Stände, denen der Zutritt zur Oper gestattet war, ihn zu sehen, wenn er ins Theater trat.

»Mir schlägt immer das Herz«, so sagt ein Augenzeuge, »wenn Pauken und Trompeten seinen Eintritt verkündigen, die Leute sich fast erdrücken, ihn zu sehen, und die alten Soldaten unten nur Augen für ihn haben.«[466]

Über des Königs Aussehen und Befinden in den Jahren 1779 und 1780 finden sich in den Briefen des Kammerherrn Marchese Lucchesini an seine Mutter einige zuverlässige Angaben. Lucchesini nahm einen ähnlichen Platz ein, wie vor ihm Algarotti. Er war ein geistreicher Mann und dem König als Gesprächspartner sehr angenehm.

Lucchesini an seine Mutter *Berlin, 7. Dezember 1779*

Heute morgen kam der König von Potsdam, um dem Wiener Gesandten die erste Audienz zu erteilen. Obgleich ich nicht der Wiener Gesandte bin, wurde ich vorgestellt. Ich bin noch ganz erfüllt von seinem Bilde, von seiner höchst wohlklingenden Stimme, von seinen Worten bei der Vorstellung der Fremden, die sich hier befinden, und der auswärtigen Gesandten. Dieser große Mann steht so hoch über dem Durchschnitt der Könige, daß es etwas Außerordentliches bedeutet, ihn zu sehen, etwas Wunderbares, ihn sprechen zu hören. Es geht ihm gut, er sieht rüstig und kräftig aus; seine Augen sprühen Leben, und er scheint noch manches Jahr leben zu sollen.

Berlin, 6. Mai 1780

. . . Aber kurz und gut: ein paar Stunden nach meiner Audienz in Potsdam ließ er mich wissen, daß er geneigt sei, mich in seinen Dienst zu nehmen und mich sofort zum diensttuenden Kammerherrn zu ernennen. Man gab mir zu verstehen, daß ich wahrscheinlich in Potsdam, an seiner Tafel, in seiner vertrauten Gesellschaft meine Tage verbringen sollte . . . Diese ehrenvolle Berufung verdanke ich weder Briefen noch Empfehlungen.

Potsdam, 13. Mai 1780
Am letzten Sonntag (7. Mai) kehrte ich hierher zurück, einige Stunden früher als der König. Ich wurde sofort zu seiner engsten Tafel geladen und bin seitdem sein ständiger Tischgast. Das ist mein einziges Amt. Nach Tische wird die Unterhaltung eine Stunde, auch wohl zwei oder drei Stunden lang fortgesetzt. Sie dreht sich um Gegenstände der Literatur, der Politik, Finanzgrundsätze und gelegentlich auch um die Kriegskunst. Derart vergehen drei, vier, auch wohl fünf Stunden des Tages mit diesem Herrn, dessen hohen Geist, dessen ausgezeichnetes Gedächtnis man ebenso bewundern muß, wie auch die Beredsamkeit, mit der er seine Gedanken ausdrückt und sie schmückt.
Der ganze Morgen und ein Teil des Abends soll dem Studium gewidmet werden; denn das Bedürfnis danach steigert sich jetzt, da ein täglicher Austausch von Wissen stattfindet. Unbeschreiblich ist die Leutseligkeit und Liebenswürdigkeit, mit der die Tischgenossen des Königs behandelt werden. Jeder Zwang ist verbannt, und es herrscht kein anderer Unterschied als der des Geistes und des Wissens.[467]

Im Rückblick auf die Schilderungen des Tageslaufs in Rheinsberg ähnelt die jetzige Einteilung jenem in vieler Hinsicht. Damals war es ein junger König, der seine ersten Gedanken über sein Leben verwirklichte. Jetzt vollzog ein alter Monarch seine Vorstellung vom wahren Glück und übertrug sie auf die Wirklichkeit. Auch in den Aufzeichnungen de Catts stand schon zu lesen, wie der König ihm vorschwärmte, auf welche Weise er nach dem Kriege und im Alter leben wolle. Friedrich hat seine Wünsche Wahrheit werden lassen. Seine Träume vom gelehrten Leben, von einem anregenden Freundeskreis erfüllten sich.

Der König stand stets sehr früh auf und erledigte seine Regierungsgeschäfte. Die Unterschriften der diktierten Schriftsachen wurden von ihm nachmittags um vier Uhr vollzogen, er las sämtliche Schriftstücke noch einmal durch. Im Laufe des Tages griff Friedrich oftmals zur Feder, je nach dem, an welchem Tage Postsendungen abgingen. Regelmäßig wurde sein Bruder Heinrich in Rheinsberg mit einem Brief in der Woche bedacht, ebenso regelmäßig erhielt Charlotte in Braunschweig ihre Post vom König und beantwortete sie lebhaft und in anmutig plauderndem Briefstil.

Seltener waren die Briefe an Ferdinand, die eigentlich nur bei besonderen Anlässen gewechselt wurden. An Amalie zu schreiben hatte sich der König nicht angewöhnt, denn die Prinzessin war häufig krank und leidend, so daß der König sie mit dem Zwang zu antworten nicht belasten wollte. Er besuchte sie stets, wenn er in Berlin war. Amalie kam auch zuweilen nach Potsdam, so im Jahre 1780 als Charlotte aus Braunschweig zu Besuch war.

Man geriet in eine Diskussion über Lessing, und die beiden Schwestern verfochten voll Feuereifer die Geltung der deutschen Literatur. Das veranlaßte den König, einen alten Aufsatz aus der Schublade zu nehmen und ihn neu zu überarbeiten. Diese Abhandlung »Über die deutsche Literatur« wurde, wie bei Friedrich nicht anders zu erwarten, in französischer Sprache geschrieben.

Unterhaltsam ist das Studium dieser Schrift aus mancherlei Gründen. Erstaunlich z. B. wie wenig eingenommen der König von Shakespeare war. Er gab ihm eine sehr schlechte Kritik. Friedrich schließt mit einem grandios formulierten Zukunftsbild, bei dem man sich allerdings fragen muß, wieweit sein Wahrnehmungsvermögen getrübt war, da er nicht sah, daß diese Vision schon zu seinen Lebzeiten in Erfüllung gegangen war. Einige Auszüge aus der Schrift geben einen Begriff von Friedrichs Gedankengängen:

... Werfen wir einen Blick auf unser Vaterland. Ich höre da eine Sprache reden, die jedes Reizes ermangelt, und die jeder nach seiner Laune handhabt; ich höre wahllos gebrauchte Ausdrücke; man vernachlässigt die passendsten und ausdrucksvollsten Worte, und der Sinn geht in einem Meer von Nebensachen unter. Ich suche eifrig unsern Homer, Virgil, Anakreon, Horaz, Demosthenes, Cicero, Thucydides, Titus Livius zu entdecken; ich finde nichts, meine Mühe ist verloren ...

Um sich zu überzeugen, wie wenig Geschmack noch in unsrer Zeit in Deutschland herrscht, muß man sich nur in unsere öffentlichen Schauspielhäuser begeben. Man wird dort die in unsere Sprache übersetzten erbärmlichen Stücke Shakespeares aufführen und die ganze Zuhörerschaft vor Freuden außer sich sehen, wenn sie diese lächerlichen Possen anhört, die würdig der Wilden von Kanada sind. Ich nenne sie so, weil sie gegen alle Regeln des Theaters verstoßen. Diese Regeln sind nicht willkürlich, sie finden sich in der Poetik des Aristoteles, wo die Einheit des Orts, die Einheit der Zeit und die Einheit des Interesses als einzige Mittel, die Trauerspiele interessant zu machen, vorgeschrieben werden; statt dessen umfaßt in diesen englischen Stücken das Schauspiel den Zeitraum von einigen Jahren. Wo ist da die Wahrscheinlichkeit? ...

Aber da erscheint jetzt noch ein »Götz von Berlichingen« auf der Bühne, eine abscheuliche Nachahmung dieser schlechten englischen

Stücke; und das Parterre applaudiert und verlangt mit Begeisterung die Wiederholung solcher geschmacklosen Plattheiten. Ich weiß, daß man über den Geschmack nicht streiten soll; doch muß man mir erlauben zu sagen, daß diejenigen, die ebenso viel Vergnügen an Seiltänzern und Puppenspielen finden wie an den Tragödien Racines, nur die Zeit totschlagen wollen; sie ziehen das, was zu ihren Augen spricht, dem vor, was zu ihrem Geiste spricht, und das, was nur eine Schaustellung ist, dem, was das Herz rührt . . .

Unter der Regierung Ludwig des Vierzehnten verbreitete sich das Französische in ganz Europa, und das teilweise aus Vorliebe für die guten Autoren, die damals in der Blüte standen, auch wegen der guten Übersetzung der Alten, die man hier vorfand. Und jetzt ist diese Sprache ein Passepartout geworden, der einen in alle Häuser und in alle Städte einführt. Man reise von Lissabon nach Petersburg, und von Stockholm nach Neapel, überall kann man sich mit Französisch verständlich machen. Durch dieses einzige Idiom erspart man sich eine Menge von Sprachen, die man können müßte, die das Gedächtnis mit Worten überladen würden, an deren Stelle man es mit Dingen füllen kann, was weit mehr vorzuziehen ist.

. . . Jedoch überholen die, die als die letzten marschieren, manchmal ihre Vorgänger; das könnte sich bei uns rascher als man glaubt ereignen, wenn die Souveräne Geschmack an den Wissenschaften gewinnen, wenn sie diejenigen aufmuntern, die sich die Sache angelegen sein lassen, wenn sie diejenigen loben und belohnen, die den besten Erfolg haben.

. . . Wir werden unsere klassischen Schriftsteller haben; unsere Nachbarn werden deutsch lernen; die Höfe werden es mit Vergnügen sprechen; und es kann kommen, daß unsere fein und vollendet gewordene Sprache sich aus Vorliebe für unsere guten Schriftsteller von einem Ende Europas bis zum andern verbreitet. Diese schönen Tage unserer Literatur sind noch nicht gekommen, aber sie nahen sich. Ich kündige sie an, sie sind im Begriffe zu erscheinen; ich werde sie nicht sehen, mein Alter verbietet mir die Hoffnung. Ich bin wie Moses. ich sehe das gelobte Land von ferne, aber ich werde es nicht betreten . . .[468]

Als die Schrift veröffentlicht wurde, erhob sich unter den deutschen Dichtern empörter Widerspruch und man fand, diese Auslassungen wären vielleicht dreißig Jahre früher am Platze gewesen, aber jetzt kämen sie um eine lange Zeitspanne zu spät.

Friedrichs Urteil läßt erkennen, wie isoliert der König vor sich hin lebte, wie einseitig seine Interessen waren, wie völlig anders sein Geschmack war als der des Volkes. Aus seiner französischen Erziehung und seiner königlichen Isolierung stammt die falsche und unzutreffende Beurteilung der deutschen Sprache her. Auch fehlten ihm Vergleichsmöglichkeiten, denn da, wo Friedrich einmal etwas in deutscher Sprache las, wurde er meist enttäuscht und abgestoßen. Ein rückgewandter, gern in der Vergangenheit denkender und in der französischen Geisteswelt beheimateter Rokokomensch mußte sich nicht unbedingt von Goethes »Götz von Berlichingen« angesprochen fühlen.

Wie stark indessen die geistige Reife, die Gelassenheit, mit der Friedrich über den Dingen dieser Welt stand, war, geht aus einem Brief an d'Alembert hervor. Der König nannte diesen Freund »lieber Anaxagoras« nach dem griechischen Denker, der 428 Jahre vor Christi Geburt gestorben war. Auch diesen Brauch hatte der »Alte Fritz« vom jungen Friedrich her beibehalten, seinen Freunden Spitznamen zu geben. War einst Keyserlingk sein »Caesarion« oder sein »Schwan von Mitau« gewesen, hatte Oberst Guichard sich lebenslang die Titulierung »Quintus Icilius« gefallen lassen müssen, so war im Alter d'Alembert zum Anaxagoras geworden.

Der König an d'Alembert *(Potsdam), 1. August 1780*
Ihr Brief klingt so traurig, daß es mir weh getan hat. Es scheint, Sie haben ebenso über Ihr körperliches Befinden wie über Ihr Schicksal zu klagen. Wir sind Greise (Friedrich war jetzt 68) und stehen am Ziel unserer Lebensbahn (d'Alembert war 62); man muß versuchen, sie heiter zu enden. Wären wir unsterblich, so dürften wir uns wohl über unsere Leiden betrüben; aber unser Leben ist zu kurz, als daß wir uns an Dinge klammern sollten, die unseren Augen bald für ewig entrückt sein werden. Sie sagen, lieber Anaxagoras, Sie hätten die Tatkraft verloren, die Sie im Jahre 1763 besaßen. Ich auch – das ist das Los der Greise. Mein Namensgedächtnis schwindet, meine geistige Frische läßt nach; meine Beine sind schwach; ich sehe schlecht, kurz ich habe Beschwerden wie jeder andere.
Aber diese ganze Prozession von Krankheiten und Gebrechen raubt mir meine Heiterkeit nicht, und ich werde mich mit lachendem Antlitz begraben lassen. Suchen Sie doch alles von sich abzuwälzen, was Ihre Seelenruhe stören kann. Bedenken Sie, daß das Leben nur ein Traum ist, und daß nichts übrig bleibt, wenn es vorbei ist. Voller Betrübnis muß ich auf das Vergnügen, Sie wiederzusehen, verzichten, und unsere Unterhaltung muß schwarz auf weiß fortgeführt werden. Aber das ist immer

noch besser als gar nichts. Sie werden also Ihre Gedanken schildern, und ich werde sie mir zunutze machen.
Ich habe es wohl schon gesagt und ich fürchte, ich behalte recht: das Grab Voltaires wird das der schönen Künste sein. Er war der Schlußstein des schönen Zeitalters Ludwigs des Vierzehnten. Wir kommen in die Periode des Plinius, Seneca und Quintilian (damit ist die nach-augusteische Zeitspanne gemeint). In Zeiten der Unfruchtbarkeit scheidet man leichter aus der Welt als in Zeiten des Überflusses; denn dann hängen wir mehr an dem, was wir verlassen müssen. Folgen Sie darum meinem Rat, lieber Anaxagoras, Kränzen Sie Ihr Haupt mit Rosen, suchen Sie Zerstreuung und fügen Sie sich Ihrem Schicksal. Möchten Sie glücklich sein und bei guter Gesundheit bleiben.[469]

Wie oft hatte sich der König während des großen Krieges beklagt, daß keiner seiner Widersacherinnen sterben wollte. Weder die damals noch junge Maria Theresia noch die Pompadour taten ihm diesen Gefallen. Schließlich erwies sich Zarin Elisabeth von Rußland als so einsichtig, diese Welt zu Friedrichs Gunsten zu verlassen. Jetzt aber, im Jahre 1780, schlug die letzte Stunde für Friedrichs ehemalige größte Feindin, die Kaiserin Maria Theresia. Sie starb so würdig, so gefaßt und standhaft, daß dies wohl ein Vorbild für das Ende eines Menschen sein darf. Von der jugendlichen Anmut der Kaiserin konnte sie sich nur ihr frisches klares Gesicht bewahren. Ihre Gestalt war so beleibt geworden, daß es ihr nicht einmal mehr möglich war, die Gruft der Habsburger zu betreten. Wenn sie am Sarge ihres Gatten ein Gebet verrichten wollte, so setzte man eine eigens konstruierte Seilwinde in Tätigkeit, um sie hinabzulassen und wieder herauszuholen. Nun ruhte sie Seite an Seite mit ihm. Friedrich bedachte seine einstige Gegnerin mit achtungsvollen Worten:

Der König an d'Alembert *6. Januar 1781*
Der größte Vorteil, den die Philosophie gewährt, besteht, wie ich glaube, darin, uns das Leben erträglich zu machen, nichts aber macht unser Dasein angenehmer, als eine gewisse Seelenruhe, die trübe und beunruhigende Vorstellungen und Sorgen aus dem Gemüte verscheucht.
Ich meinerseits nähere mich schon dem Zustande von Apathie, wohin das Alter den betagten Schwätzer führt; ich sehe, ohne mich zu beunruhigen, wegsterben und geboren werden, an wen die Reihe kommt, daß er in die Welt tritt oder daraus geht. Indes habe ich dennoch den Tod der Kaiserin-Königin sehr bedauert; sie hat ihrem Thron und ihrem Geschlecht Ehre gemacht; ich habe mit ihr Krieg geführt, aber nie war ich

ihr Feind. (Aus früheren Briefen liest man allerdings, sie sei »seine grimmigste Feindin« gewesen.)
Was den Kaiser, den Sohn dieser großen Frau betrifft, so kenne ich ihn persönlich; er schien mir zu aufgeklärt, als daß er übereilte Schritte unternehmen sollte; ich schätze ihn hoch und fürchte ihn nicht. Die künftigen Zufälle – ja! da sollte ich glauben, daß die Mathematiker, die sie berechnen können, weit eher imstande sind, in die Zukunft zu dringen, als die Leute, die man Staatsmänner nennt, und die oft nicht über ihre eigene Nase hinwegsehen . . .
Um Ihnen einen Beweis meiner Ruhe zu geben, schicke ich Ihnen hier eine kleine Broschüre, die darauf abzielt, die Mängel der deutschen Literatur anzugeben und die Mittel zu ihrer Vervollkommnung darzulegen. Sie werden über die Mühe spotten, die ich mir gegeben habe, einem Volke, das bisher nichts verstand als essen, trinken, der Liebe pflegen und sich schlagen, einen kleinen Begriff von Geschmack und attischem Salze beizubringen. Der Mensch will sich aber nun einmal nützlich machen, oft fällt ein Wort auf fruchtbaren Boden und bringt unerwartete Frucht hervor . . .[470]

Von den zahlreichen Neffen und Nichten des Königs hat sich eine Tochter Ferdinands als gute Erzählerin und lebhaft schildernde Chronistin erwiesen. Es war die 1770 geborene Prinzessin Luise, die später den Fürsten Anton Radziwill heiraten sollte. Luise schrieb ihre Erinnerungen nieder und hat darin ein festliches Diner bei Friedrich, dem ehrerbietig bestaunten Onkel, beschrieben, das sich mutmaßlich zu Prinz Heinrichs Geburtstag am 18. Januar 1781 abgespielt hat. Es war nur der eine Anlaß im Jahr, an dem das goldene Tafelservice benutzt wurde.

Am folgenden Sonntag wurde meine Mutter vom König zur Tafel befohlen. Sie erhielt die Erlaubnis, mich mitzubringen, eine Ehre, die den Kindern des königlichen Hauses von ihrem zehnten Lebensjahre ab bewilligt wurde. Wer war stolzer als ich. Man ließ mir eine Hofrobe aus kostbarem Stoff anfertigen, ich wurde gepudert, frisiert, mit Blumen geschmückt und auch ein wenig geschminkt, weil der König keine blassen Gesichter liebte. –
Ich saß neben meiner Cousine und beobachtete mit wahrem Entzükken das goldene Tafelgeschirr, die Pagen, die Husaren, die Läufer in ihren an allen Nähten mit Gold bestickten Samtlivreen – kurzum, das ganze Diner. Beim Dessert trank Friedrich der Zweite der Reihe nach auf das Wohl jeder anwesenden Prinzessin. Er schickte einen Pagen, um es zu melden, worauf man sich erhob und ihm eine Reverenz machte. Dies

Diner machte einen so tiefen Eindruck auf mich, daß ich mich noch heute (1811) auf die geringsten Einzelheiten besinne.[471]

Von einem anderen Zeitgenossen, dem Historiker und Politiker Johannes von Müller, einem Schweizer, stammt die Schilderung eines Besuches bei Friedrich. Man findet diese in einem Brief an seinen Freund Karl Viktor von Bonstetten, einen Schweizer Schriftsteller und Ratsmitglied:

Müller an Bonstetten *Berlin, 18. Februar 1781*
Nachdem ich Kaffee getrunken hatte, ging ich nach dem Schlosse. Wie war mir zumute im Vorzimmer des Siegers von Lissa, Roßbach und Torgau, von Lobositz, Prag und Chotusitz, von Mollwitz, Hohenfriedberg, Liegnitz und Soor, des Mannes, der in seiner Person Cyrus, Alexander und Cäsar vereinigt, der von jenem Kabinett aus, vor dem ich stand, den Kaiser in Schach hält und ganz Europa beeinflußt! Mein Freund, warum warst Du nicht bei mir! Du hättest mich nicht in Angst vor seinem Erscheinen gesehen ... als der Kammerherr mich holte.
Ich trete ein. Ich höre eine Stimme: »Ach, Herr Müller, es freut mich sehr, Sie zu sehen.« Der König saß in einem großen Lehnstuhl an einem mit Büchern und Papieren bedeckten Tisch; er trug eine Art von dunkelfarbigem Schlafrock und eine schwarze Mütze. Ich stand vor ihm. Sein Ausdruck schien anfangs verschleiert; ich konnte ihn nicht erfassen, aber bald, bei irgendeiner Äußerung, die ich tat, blickte der König auf, und sein Ausdruck glich dem des Gottes von Kythera. Bonstetten, ich sah noch nie einen jüngeren Greis, noch nie schönere Augen, feinere Züge und ein sanfteres Antlitz. O Friedrich, Friedrich ... Ich bin verliebt in den König. Meine Augen sind voller Tränen, während ich diese Zeilen schreibe.
... Er spricht von allem mit unendlich viel Grazie und Geist, mit einer Würde, deren ich erst gewahr wurde, als ich ihn verlassen, aber besonders mit bezaubernder Güte. Schließlich nahm er seine Mütze ab und sagte zu mir in einem Tone, den ich niemals vergessen werde: »Ich werde Ihretwegen nach Berlin schreiben.« Dann verließ ich ihn.[472]

Vom Alten Fritz wurden, je älter er wurde, immer mehr Geschichten erzählt. Ob wahr oder nicht, sie haben sich bis auf den heutigen Tag in Anekdotenbüchern erhalten. Manchmal ist es jedoch möglich, einer solchen kleinen Begebenheit auf den Grund zu gehen und einen Augenzeugen zu Rate zu ziehen, der das Vorkommnis miterlebte:

Wie freute es mich, in einer Stadt, wo ich es am allerwenigsten erwartet, in Upsala, einen noch lebenden Zeugen jener Begebenheit in der Person des Kapellmeisters Heffner, eines eifrigen Enthusiasten für den großen König, vorzufinden.

Zur Zeit der unglückseligen Kaffeeregie, sagte er, fand sich in der Nähe des Fürstenhauses (das frühere Danckelmannsche Palais am Werderschen Markt in Berlin) eines Tages ein großer Auflauf, indem alles mit lächelnden Mienen um ein hoch an der Ecke angeschlagenes Papier versammelt stand. Ich kam von der Kapelle, einige Notenblätter unter dem Arm, und konnte kaum erfahren, was es bedeute, als jemand anders herzukam, der es ebenfalls nicht wußte und doch ungleich mehr bei der Sache beteiligt war als ich. Es war der Alte Fritz, der einsam mit seinem Heiducken die Jägerstraße heraufgeritten kam. Die Mützen flogen herunter, man gaffte den König an mit lächelnden und doch erschrockenen Mienen, man wich zurück, niemand aber wagte zu sprechen. Der Monarch schickte nun seinen Begleiter ab, um zu erfahren, was es gäbe.

Indessen musterte er mit seiner großen Lorgnette die Umstehenden, und ich glaubte sogar zu meiner Freude, daß auch mich ein besonderer Blick traf, der zu erkennen gab, daß er sich meiner erinnerte. Denn darin war der große Fritz einzig, daß er jeden wiedererkannte, mit dem er einmal gesprochen . . .

Der Heiduck kam jetzt lächelnd wieder und wollte auch nicht recht mit der Sprache heraus: »Sie haben etwas auf Euer Majestät angeschlagen!« Nun ritt der König etwas näher und sah sich selbst auf dem Bilde, wie er in höchst kläglicher Positur auf einem Fußschemel saß und, eine Kaffeemühle zwischen den Beinen, emsig mit der einen Hand mahlte, während er mit der andern jede herausgefallene Bohne auflas. Sobald Friedrich den Gegenstand erkannte, wehte er mit der Hand und rief: »Hängt es doch niedriger, daß die Leute sich nicht den Hals ausrecken müssen.«

Kaum war dies ausgesprochen, als ein allgemeiner Jubel ausbrach. Man riß das Bild herab und in tausend Stücke, die Jungen warfen die Mützen, und ein allgemeiner Jubelruf: Vivat der Alte Fritz! scholl dem langsam fortreitenden König nach.[473]

Wirklich von Bedeutung sind immer wieder die Betrachtungen des Königs in seinen Briefen an d'Alembert. Im Juni 1781 sind seine Ansichten über den Platz alter Menschen im Leben sehr realistisch, wenngleich seine Schlußfolgerung teilweise skurril anmutete, besonders was den medizinischen Teil betrifft. Aber der König hatte eine gewisse Weisheit gewonnen, die aus vielen seiner Altersbriefe strahlt:

Der König an d'Alembert *14. Juni 1781*

... Ich sehe den Faden meiner Tage sich in den Händen der Parzen kürzen, ohne daß mich das rührt. Die tägliche Erfahrung ist eine Schule, die uns den Wechsel unseres Seins lehrt; die feinen Teilchen, die wir durch die unmerkliche Ausdünstung verlieren, die verschiedenen Absonderungen des Körpers sowie die Aderlässe gewöhnen uns, teilweise zu sterben; so werden wir mit dem Gedanken vertraut, einzelne Teile unseres Selbst zu verlieren, und gewinnen Mut, stoischen Blicks die gänzliche Auflösung des Stoffes, woraus wir bestehen, zu betrachten.

Aber wenn die Einbildungskraft erlischt, wenn das Gedächtnis untreu wird, wenn das Gesicht abnimmt oder sich verdunkelt, dann lehnt sich bei den meisten Menschen die Eigenliebe wider die Zeit auf, die ihnen Eigenschaften, die sie unzerstörbar wähnten, raubt; die Bewunderung, die sie für ihre vermeintlichen Vollkommenheiten hegten, verursacht bei ihnen die lächerlichsten Klagen über den Verlust einiger vergänglicher Eigenschaften ihres Wesens, und sie denken nicht daran, daß sie im vorigen Jahrhundert nichts waren und im künftigen nichts sein werden.

Die Greise können noch einen Trost darin finden, wenn sie bedenken wollten, daß nur Zeitgenossen wahre Freunde sind, und daß das unschätzbare Gut des Weisen, die Freundschaft, für ihn verloren geht, wenn er seine Laufbahn bis in die zweite oder dritte Generation fortsetzt. Die so verschiedene Denk- und Handlungsweise der Menschen läßt sich nicht zusammenschmelzen; alte Leute stehen daher einsam in der Gesellschaft: so wie man unter dem Schlagholz einige alte Eichen antrifft, die dem Ungemach des Wetters widerstanden haben, und deren verdorrter, welker Gipfel über die Spitzen der jungen Bäume weit hervorragt. Doch diese Betrachtungen könnten, so wenig sie mich auch rühren, einem Philosophen vielleicht zu finster scheinen, der im Mittelpunkt der Sybariten an der Seine lebt.

Ich wende mich also zu froheren Gegenständen ...[474]

Der 31. Dezember 1781 war ein denkwürdiger Tag für die Königin Elisabeth Christine. Der König und die ganze königliche Familie versammelten sich im Königlichen Schloß am Lustgarten in Berlin. Man traf sich in den Gemächern der Königin, um das alte Jahr zu verabschieden. Dieser Tag wurde durchaus nicht immer so begangen. Zumeist ließ der König es mit Weihnachts- oder Neujahrsgeschenken und einigen

Neujahrsbilletts bewenden. Um so erfreuter war die Königin, daß sich einmal ein so glanzvolles Treffen bei ihr abspielte. Sie war jetzt sechsundsechzig Jahre alt und, wie die Gemälde der Zeit uns überliefern, sah noch sehr gut aus. Dennoch wird in alten Quellen hartnäckig behauptet, daß der König niemals mit ihr ein Wort gewechselt habe, auch bei so festlichen Anlässen nicht. Man verbeugte sich voreinander, man erwies sich jede Ehre und Achtung, aber man redete nicht miteinander.

Dabei war Friedrich fest der Meinung, er sei – mit Ausnahme gegenüber seiner Gemahlin – seiner Familie ein zärtlicher Verwandter. Aus seinen Briefen geht immer wieder einmal hervor, daß er sich für ein vorbildliches Familienmitglied hielt:

Friedrich an Heinrich *Oktober 1782*
Ich liebe mein Land, meine Verwandten und meine Freunde. Wenn ihnen etwas Böses zustößt, so fühle ich es und teile ihr Unglück mit ihnen. Die Natur hat mich so geschaffen, und ich kann mir nicht vorstellen, wie ich mich noch ändern sollte . . . Jagt man die Natur zur Tür hinaus, so kommt sie durchs Fenster wieder herein.[475]

Das Jahr 1783 brachte für Friedrich und Elisabeth Christine einen seltenen Feiertag, den nur wenige Ehepaare erleben: sie sahen ihrer goldenen Hochzeit am 12. Juni entgegen. Der König befahl, davon kein Aufhebens zu machen, denn eine distanziertere Ehe habe es ja wohl niemals gegeben. Dennoch haftete der Gedenktag im Gedächtnis des Volkes, der Geistlichkeit, der Akademie. So gab Friedrich schließlich seine Genehmigung dazu, daß man eine Medaille schlug, die das antikisierte Porträt des Königs zeigte mit der lateinischen Umschrift:

Fridericus magnus Borussorum Rex

Die Königin ist mit Diadem und Kopfputz abgebildet, um ihr Bildnis läuft die Inschrift:

Elis. Christina Boruss. Regina
Iubil. Gamic

Dann folgen in römischen Ziffern die beiden Gedenkdaten: 12. Juni 1733–12. Juni 1783. Mag Friedrich geringschätzig auf diese kleine Medaille geblickt haben – für Elisabeth war es eine unerwartet freundliche Geste ihres unnahbaren Gemahls. Sie empfand darüber so etwas wie Genugtuung und späte – wenngleich sehr bescheidene – Rechtfertigung.

Geändert hat sich auch danach in den Beziehungen von König und Königin nichts. Friedrich lebte weiter seinen philosophischen Neigungen.

30 *Friedrich II. im Alter*

31 *Königin Elisabeth Christine im Alter*

Der König an d'Alembert *30. September 1783*

Wenn man unter »Lücken der Weltweisheit« alle die Gegenstände begreift, die der menschliche Verstand nicht hat ergründen können, und an deren Lösung sich methodisch geschulte Geister geübt haben, so wird man über diesen Stoff ein Buch liefern können, das doppelt soviel Bände enthält wie die Enzyklopädie. Mich dünkt, der Mensch ist mehr zum Handeln geschaffen als zum Erkennen: der Urstoff der Dinge verbirgt sich vor unsern beharrlichsten Nachforschungen. Die Hälfte unseres Lebens bringen wir damit zu, die Irrtümer unserer Vorfahren abzulegen; aber dennoch lassen wir immer die Wahrheit auf dem Grunde ihres Brunnens, aus dem sie auch die Nachwelt mit allen ihren Bemühungen nicht herausziehen wird. Lassen Sie uns also weislich die kleinen Vorteile genießen, die uns zugefallen sind, und uns erinnern, daß erkennen lernen oft zweifeln lernen ist . . .[476]

Die politische Lage war um 1783 keineswegs gut und entspannt. Es war nicht so, daß der alternde König in Ruhe seinen Lebensabend verbringen konnte. Friedrich hatte eine rege diplomatische Tätigkeit entfaltet und brachte 1783 zum Abschluß, was ihm als Gegengewicht gegen die immer wieder spürbaren Machterweiterungsansprüche Österreichs als das einzig Richtige erschien: eine Vereinigung deutscher Fürsten auf selbständiger Basis, nicht unter der Oberhoheit des Kaisers, der für Österreich allzu egoistische Bestrebungen zeigte.

Joseph II., nach dem Tode seiner Mutter Maria Theresia souveräner Herrscher, hatte mit allerlei Finessen und der Unterstützung Rußlands und Frankreichs versucht, doch noch zu seinem vermeintlichen Anteil an Bayern zu kommen. Man schlug dem Kurfürsten Karl Theodor von der Pfalz-Bayern vor, dafür andere Länder einzutauschen. Karl Theodor wandte sich wieder an Friedrich um Hilfe – und nicht vergebens. Dieser rief den Deutschen Fürstenbund ins Leben, der ein für allemal die Möglichkeit ausschließen sollte, daß unter dem Druck der großen Mächte kleinere Staaten Gebietsabtretungen und andere Einbußen erleiden müßten, gegen die sie wehrlos waren. Diese von Friedrich gefundene Lösung bewirkte, daß im Endeffekt Joseph II. wieder keine bayerische Landesteile einheimsen konnte, denn da kein freiwilliger Tausch zustande kam und ein erzwungener Ländertausch als ungesetzlich angesehen wurde, mußte er seine Bemühungen einstellen.[477]

Im Jahre 1784 fand sich der König plötzlich mit einer Hinterlassenschaft seines so sehr geschätzten Voltaire konfrontiert, die ihn an seinen alten Ausspruch erinnert haben mag: Wer mit Affen spielt, wird gelegentlich gebissen! Voltaire hatte zugebissen, und zwar recht kräftig.

Unter dem Originaltitel »Mémoires pour servir à la vie de M. de Voltaire, écrits par lui-même« war ein Memoirenbändchen erschienen, in welchem der Dichter schon 1759 mit einigem Witz, sehr viel Satire und einer gewissen Perfidie in glaubwürdigster Nebensächlichkeit Intimitäten aus dem Privatleben des Königs von Preußen ausplauderte. Dabei ergaben sich Passagen, die in krassem Gegensatz zu Friedrichs Gefühl für Würde und menschlichen Anstand gestanden haben dürften. So lasen die erstaunten Augen des zweiundsiebzigjährigen Königs von den angeblichen Jugendsünden, die er begangen haben sollte:

War seine Majestät gekleidet und gestiefelt, huldigte der Stoiker für ein paar Augenblicke der Sekte Epikurs: er ließ zwei oder drei Favoriten kommen, Leutnants aus seinem Regiment oder Pagen, Heiducken oder junge Kadetten. Man trank Kaffee. Derjenige, der das Taschentuch zugeworfen bekam, blieb eine halbe Viertelstunde mit dem König allein. Es kam dabei nicht bis zum Äußersten; da der Prinz zu Lebzeiten seines Vaters bei seinen flüchtigen Liebschaften ziemlich malträtiert und schlecht geheilt worden war; die erste Rolle konnte er nicht spielen, er mußte sich mit der zweiten begnügen.[478]

Soupiert wurde in einem kleinen Saal, wo als kuriosester Schmuck ein Bild hing, zu dem er seinen Maler Pesne, einen unserer besten Koloristen, den Vorwurf gegeben hatte. Es war eine prächtige Priapee. (Dem römischen Fruchtbarkeitsgott Priapus zugedachtes Gedicht oder Gemälde.) Junge Männer, Frauen umarmend, waren darauf abgebildet, Nymphen unter Satyrn, Amouretten im Spiel der Enkolpe und Lustknaben, ein paar Figuren, die sich beim Anblick dieser Liebesspiele vor Lust wanden, schnäbelnde Turteltauben, Böcke und Widder, Ziegen und Schafe bespringend.

Die Mahlzeiten verliefen meist nicht weniger philosophisch. Wäre jemand plötzlich eingetreten, hätte dieses Bild gesehen und uns zugehört, er hätte geglaubt, die sieben Weisen Griechenlands unterhielten sich im Bordell. Nirgends auf der Welt wurde je mit so viel Freiheit über den Aberglauben der Menschen gesprochen, und nie mit so viel Spott und Verachtung. Gott war ausgenommen, aber von denen, die in seinem Namen die Menschen getäuscht hatten, blieb keiner verschont.

Weder Frauen noch Priester betraten je das Schloß. Kurz, Friedrich lebte ohne Hof, ohne Rat und ohne Religion.[479]

Diese von Voltaire ausgestreute Nachricht, Friedrich sei der Päderastie nicht abgeneigt gewesen, existiert erst seit 1784. Vorher hatte niemand gewagt, dem großen Heros, dem populären Volkskönig Friedrich so etwas nachzusagen.

Die historische Wahrheit ist, wie die Tagebücher des jüngeren Seckendorf in den dreißiger Jahren des 18. Jahrhunderts eindeutig belegen, daß Friedrich mit der Kronprinzessin ehelich gelebt hat.

Historische Wahrheiten sind ferner die Memoiren der Markgräfin von Bayreuth, die ihren Bruder als leidenschaftlich verliebten jungen Mann im Jahre 1728 schildert, als er mit ersten Liebeserfahrungen aus Dresden zurückkam. Wilhelmine hatte keinen Grund zu lügen oder etwas Falsches zu berichten.

Friedrich war Soldat; er hat sicherlich die Laster der Soldaten gekannt. Die in den Feldlagern gewiß vorhandene Päderastie, die häufig beobachtete Sodomiterei waren ihm zweifellos nicht fremd. Aber all dies und einzig jene boshafte Auslassung eines vergrämten alten Spötters rechtfertigen nicht, Friedrich als Homosexuellen abzustempeln.

Er mochte die Frauen nicht, aber es gab immerhin einige Ausnahmen. Er war »der Liebe nicht zugeneigt«, wie er es selbst einmal formuliert hat.

Er hat, wie schon früher geschildert, eine langjährige und wirklich zutiefst herzliche Freundschaft mit seinem unvergeßlichen Fredersdorf gepflegt. Zu diesem Problem sind vom Herausgeber der Fredersdorf-Briefe, Johannes Richter, ungewöhnlich vernünftige und gültige Worte gesagt worden, die wert sind, wiederholt zu werden:

Wir leben gegenwärtig im Zeitalter der »Psychoanalyse«, einer Wissenschaft oder Kunst, mit der, wofern sie nicht dem Forscherernst wirklich Berufener vorbehalten bleibt, unseres Erachtens mancher Mißbrauch getrieben wird. Man macht es sich vielfach mit der »Erklärung« des Zueinanderstrebens von zwei Menschen reichlich leicht, indem man auch die feinsten und innerlichsten seelischen Regungen in Bausch und Bogen mit dem geschlechtlichen Triebleben, als der angeblichen »Grundlage«, in Verbindung zu bringen pflegt. Gerade der tiefere, selbst innerlich reiche Kenner der Menschenseele – dem der Eros, der »undefinierbare seelische Magnetismus« zwischen zwei Menschen, ganz gewiß auch als Urkraft des Lebens gilt (nicht nur als Wegbereiter der Gattungserhaltung, sondern weit hineinreichend in die geistigen und seelischen Beziehungen der Einzelwesen wie der Gesellschaft) – gerade der wird sich, meinen wir, sträuben gegen eine verallgemeinernde Herabziehung dieser Dinge in das Machtgebiet des niederen Trieblebens, als des daran vorgeblich »eigentlich Wirklichen und Wurzelhaf-

ten«. Er wird solche Denkart als ebenso sehr von Modetheorien befangen wie seelisch unvornehm empfinden. Gewiß ist zuzugeben, daß einerseits aus dem Boden zunächst rein triebmäßigen Zueinanderstrebens edle seelische Blütenbäume aufsprießen können, und daß andererseits Zuneigungen, die ihrem Ursprung nach rein seelischer Natur sind, in ihrem Verlauf Ausstrahlungen erleiden können, die über das Zärtlichkeitsbedürfnis bis in den Kreis des Trieblebens hinabreichen mögen. Aber mit dieser Anerkennung ist denjenigen Psychoanalytikern, die all und jedes seelische Verbundensein im Triebleben wurzeln lassen wollen, noch längst nicht zugegeben, daß sie recht haben.

Was nun die warmherzige Zuneigung des Königs zu Fredersdorf angeht, so steht man fraglos vor einem gewissen Rätsel. Der . . . Gesamteindruck von der fürsorgenden Zuneigung des Königs zu seinem treuen Diener ist einfach das auf eine weitere Analyse verzichtende Gefühl der Ehrfurcht und der freudigen Ergriffenheit vor so viel reinem und schönem Menschentum![480]

Friedrich selbst hat Voltaires Memoiren-Büchlein mit einer Handbewegung abgetan und geäußert, man müsse es verachten. Lange bevor ihm diese Kränkung von seinem Idol Voltaire widerfuhr, hatte er selbst einmal ein Traktat über Schmähschriften geschrieben, mit denen er im Laufe seiner Regierungszeit zuweilen zu tun hatte. Darin äußerte er sich ganz eindeutig:

Über die Schmähschriften

Auszug *April 1759*

Es gibt viele Arten, sein Auskommen zu finden. Fleiß und Erfindungsgeist liefern täglich neue, von den gewöhnlichen Gewerken ganz abzusehen . . . Die einen ernähren sich durch Versemachen, die anderen durch Lesen der Korrekturbogen, wieder andere durch Abschreiben, und noch andere schließlich widmen sich dem edlen Berufe, an den Schoßkindern Fortunas und den Machthabern Fehler zu entdecken . . . Sie malen aus der Phantasie, und da ihr Pinsel schwärzer ist als der Spagnolettos, sind ihre Gemälde voll tiefer Schatten. Sie besitzen die Kunst, ihre Helden verhaßt zu machen, und wie man gestehen muß, ist dies schöne Geschäft noch einträglich.

. . . Man erstaunt immerfort über die kecke Dreistigkeit; doch gewährt ihnen ihre obskure Stellung eine Zuflucht. Was sie rettet, ist die Geringschätzung, mit der die Reichen und Stolzen ihre Schähschriften behandeln. Ihr Geschrei erzeugt einen mißtönenden Lärm, der in der Luft ver-

hallt. Sie kommen mir wie Mücken vor, die zu ihrem Spaß einen Elefanten stechen . . .[481]

Neben seinen diplomatischen Aktivitäten nahm Friedrich lebhaften Anteil an Ereignissen, Neuerungen und Vorfällen aller Art innerhalb und außerhalb seines Staates. So erregten die Erfindungen von James Watt sein lebhaftes Interesse. Er hat die erste Dampfmaschine in Deutschland noch gesehen und spürte unverzüglich, daß dies eine technische Umwälzung bedeuten könne. Etliche Techniker reisten daraufhin in seinem Auftrag nach England, um mit ausführlichen Berichten über die Anwendungsmöglichkeiten zurückzukommen. Der König hat dann nach 1784 noch selbst die Initiative ergriffen und die Aufstellung mehrerer Dampfmaschinen in staatlichen Betrieben veranlaßt.[482]

Über die Spannweite von Friedrichs geistigen Interessen gab des Königs letzter Vorleser, Dantal, einen eingehenden Bericht. Er führte auch genau die Bücher an, die der kränkelnde König in den letzten Lebensmonaten sich vorlesen ließ: Alexanders Leben von Curtis, Diodors Weltchronik, Rollins Geschichte des Altertums, ferner Voltaires historische Arbeiten. Dantal schilderte anschaulich, wie sein Dienst verlief:

Oktober 1784

Die Stunde, zu der ich begann vorzulesen, war ziemlich genau bestimmt: im Winter um sechs, sieben oder acht, im Sommer gegen vier, fünf oder sechs Uhr abends; weniger genau war die Dauer abgegrenzt. Manchmal mußte ich drei Stunden hintereinander lesen, besonders während des letzten Karnevals, den der König, da er schon anfing zu kränkeln, in Potsdam zubrachte. Manchmal begegnete es ihm, daß er während des Lesens einschlummerte. Dann mußte ich bis zehn oder elf sitzenbleiben.

Während ich las, hörte er sehr aufmerksam zu. Er saß in einem Lehnstuhl und hatte stets die Uniform an. Von Zeit zu Zeit machte er eine Bemerkung, besonders wenn er sich wohlfühlte: dann verbesserte er manchmal meine Aussprache.

War er auch manchmal infolge von Unwohlsein oder aus anderen Gründen übler Laune, so hatte doch niemand etwas davon zu besorgen, der seine Pflicht treu erfüllte. Außerdem war er ein sehr geduldiger Patient und behandelte in Krankheitsfällen alle seine Diener mit der größten Nachsicht. Wenn es mir einmal gegen meinen Willen begegnete, in meinem Dienst ein Versehen zu machen, und er nicht wußte, ob die Schuld an meiner Nachlässigkeit lag oder einen anderen Grund hatte, so zeigte er sich in dieser Ungewißheit stets billig und ließ kein Wort fallen, was mich hätte einschüchtern können. Er sah dann nur sehr ernst aus, so daß sein Mißfallen deutlich zu erkennen war. Sobald ich dann eine passende Erklärung abgegeben hatte, war er wie verwandelt und gnädiger als vorher.

Der König suchte die Bücher, aus denen ich vorlesen sollte, selbst aus. Ich bemerkte bald, daß er vor allem die Alten liebte. Aus ihren Schriften wurde dann auch immer an den langen Winterabenden vorgelesen, wenn er nicht gerade unwohl war und deshalb ein anderes Buch wählte, bei dem er sich weniger mit Nachdenken anstrengen als erholen konnte ...[483]

Bekannt ist die Tatsache, daß sich der alternde König seine liebsten Bücher auseinandernehmen und in kleinere Einheiten neu einbinden ließ. Er konnte die großen Bände nicht mehr lange in den Händen halten, wenn er selbst lesen wollte.

Einst hatte Friedrich als Fünfundsechzigjähriger im Jahre 1777 ein letztes Gedicht für Voltaire verfaßt. Es ist wie eine Vision seines Lebens im Alter, daß er damals schon gekommen wähnte. Aber das Selbstporträt traf erst in seinen letzten Lebensmonaten zu:

Da sitzt er nun, der alte Mann,
Phlegmatisch, schweigsam, herzenskalt;
Fängt er einmal zu sprechen an,
So gähnt ein jeder Hörer bald ...
Luftsprünge früher, heut' schleicht er an Krücken,
Einst Kraft und Leben, heut' Lumpen und Flicken.
Nun ist's wie Sterben in der Welt;
So welk und öde liegt das Feld.

Der Baum steht da von Blättern bloß,
Der Garten kahl und blütenlos.
So spürt der Mensch mit leisem Beben
Die Hand der Zeit an seinem Leben.
Die Jugend geht im Irrtum dahin;
Kaum lernt er erkennen, kaum schärft sich der Sinn,
Da kommt die Mühsal, da kommen die Leiden,
Und es dauert nicht lange, so heißt es scheiden.[484]

König und Königin sind sich am 18. Januar 1785 zum letztenmal begegnet. Es war der höchste Staatsfeiertag, ursprünglich Krönungstag der Monarchie, aber schon seit langem wurde an diesem Tag Prinz Heinrichs

Geburtstag gefeiert. Es gab zwei prächtige Galatafeln mit goldenem Geschirr. An der einen präsidierte der kranke König, sich mühsam aufrechthaltend, an der anderen das Geburtstagskind, kleingewachsen und hager, mit lebhaften, schielenden Augen. 1785 wartete der König nur diesen Staatsfeiertag ab, um sich dann sofort wieder nach Potsdam zurückzuziehen.

Ende Januar erlangte als einer der vielen Fremden der französische Graf Ségur eine Audienz beim König im Potsdamer Stadtschloß. Ségur hat in seinen Erinnerungen ein außerordentlich lebendiges Abbild des Alten Fritz gezeichnet:

Mit der lebhaftesten Neugier betrachtete ich den Mann, der an Genie so groß und an Gestalt so klein war und niedergebeugt und gewissermaßen gekrümmt unter dem Gewichte der Lorbeeren und seiner langen Anstrengungen schien. Sein blauer Anzug, der ebenso abgenutzt war wie sein Körper, die hohen, bis über die Knie hinaufreichenden Stiefel und die mit Schnupftabak bestreute Weste bildeten ein seltsames, aber dabei imponierendes Ganze. An dem Feuer seines Blickes erkannte man, daß sein Geist nicht gealtert war und trotz seiner Haltung, die die eines Invaliden war, hatte man das Gefühl, daß er noch wie ein junger Soldat kämpfen könnte. Trotz seiner kleinen Gestalt sah ihn das geistige Auge dessen, mit dem er sprach, als den größten aller Menschen vor sich stehn . . .[485]

Bis zum August des Jahres 1785 hatte sich der König so weit wieder erholt, daß er sich zumutete, die Schlesische Truppenschau persönlich abzuhalten wie all die Jahre zuvor. Einer der Friedrich-Biographen, Max Hein, hielt diese Begebenheit fest:

Den treuen Schlesiern fiel es auf, wie still und nachdenklich ihr König in den letzten Jahren geworden war; gegen seine Gewohnheit grüßte er nicht, sondern sah starr vor sich hin. Als der schlesische Minister 1785 bat, die Revue der Ernte wegen zu verschieben, antwortete Friedrich müde: »Ach, laß er mich, laß Er mich, ich will alles bezahlen; wahrscheinlich ist es meine letzte Revue.«

Damals holte sich der König den Keim zu seiner Todeskrankheit: sechs Stunden lang harrte er am 24. August bei strömendem Regen aus, ohne einen Pelz anzulegen. Die Potsdamer Herbstmanöver konnte er nicht mehr leiten.[486]

Um den König wurde es immer einsamer. Wie viele von seinen Freunden und Verwandten hatte er nicht schon hergeben müssen. Als einer der letzten Altvertrauten starb am 1. März 1786 der treue alte Konzertmeister Franz Benda, der dreiundfünfzig Jahre lang, seit dem Jahre 1733, in Friedrichs Diensten gestanden hatte. Seine Geige erklang schon in Neu-Ruppin im Garten Amalthea, er hatte die Rheinsberger Tage miterlebt. Sein Ton auf der Violine soll von einer solchen Fülle, Reinheit und Annehmlichkeit gewesen sein, wie man dies nur selten zu hören bekommt. Franz Benda hinterließ eine Autobiographie, die er im Jahre 1763 abgeschlossen hatte. Der König behalf sich nunmehr ohne seinen Konzertmeister. Wie selten geschah es jetzt noch, daß Konzerte abends gegeben wurden!

Die Krankheit des Königs war schwerer, als er selbst dies wahrhaben wollte. Auch das Frühjahr und die mildere Witterung brachten dem König kaum Linderung. Sein Husten quälte ihn sehr. Als einer der letzten Besucher von Sanssouci, die zwar nicht mehr offiziell vorgelassen wurden, aber denen es dennoch gelang, den König zu sehen, hat der französische Generalmajor Marquis de Toulongeon darüber geschrieben:

16. Mai 1786

Ich kam nach Potsdam und ging mit vier Landsleuten nach Sanssouci, um das alte und das neue Schloß zu besichtigen. Bei dem alten Schloß angelangt, wo der König wohnte, schickte ich meinen Lohndiener zum Kastellan, um zu fragen, ob wir das Innere besichtigen könnten. Mehr zu erhoffen erlaubte mir der Zustand des Königs nicht. Ich darf wohl sagen, daß ich recht betrübt war, mit dem ewigen Bedauern heimkehren zu müssen, den außerordentlichen Helden, der meine Neugier aus weiter Ferne mindestens ebensosehr angelockt hatte wie sein Heer, nicht einmal flüchtig gesehen zu haben. Schließlich kam der Diener zurück und sagte: »Ich habe mehr erreicht, als Sie mir aufgetragen haben. Für ein paar Goldstücke, die ich dem Kastellan versprach, sollen Sie den König sehen. Jetzt ruht er (es war gegen 4 Uhr nachmittags). Findet er nach seinem Erwachen das Wetter so schön, wie es wirklich ist, so wird er sich wie gewöhnlich auf die Terrasse tragen lassen.«

Der Kastellan erschien, versteckte uns hinter einer Buchenhecke, fünfzig Schritte von der Terrasse, und sagte: »Rühren Sie sich nicht. Wenn der König Sie gewahren sollte, müßte ich morgen in Spandau karren.« Der Kastellan lief mehrmals hin und her; er schien mir sehr besorgt. Dann tat sich die Tür auf, ein Lehnstuhl wurde auf die Terrasse gestellt, und der König erschien, gestützt auf die beiden Kammerhusaren, die einzigen Diener, die seit seiner Krankheit um ihn sind. Er setzte sich in den Lehnstuhl; ich sah den greisen Helden, vor dem so viele

Feinde gezittert haben, gebückt, von der Krankheit niedergeworfen, mit bleichem Antlitz und durch die Schmerzen völlig entstellt. Seine Hustenanfälle drangen mir bis in das Herz. Er trug einen karmoisinroten Schlafrock, einen alten Federhut auf dem Kopfe; ein Bein war aufgebrochen und mit weißem Leinen umwickelt, das andere – kaum glaublich – gestiefelt. Bei diesem Anblick ergriff mich fromme Ehrfurcht; ich heftete meine Blicke auf ihn; mein Herz schlug gewaltig. Nach fünf Minuten ließ er sich wieder hineintragen. Ich glaubte, den Geist eines Helden gesehen zu haben, der mir aus der anderen Welt erschienen war.[487]

Es waren eigentlich drei Krankheiten, die den König befallen hatten. Zur Gicht, die sich sehr hartnäckig zeigte, war ein schweres Asthma gekommen, und die beginnende Wassersucht nahm immer gravierendere Formen an. Mehrere fremde Ärzte wurden zu Rate gezogen. Als einer der letzten der hannoversche Arzt Zimmermann, der eine Löwenzahn-Saft-Kur vorschlug, die der König aber nur probeweise anwendete. Zimmermann hat einige genaue und erstaunliche Notizen hinterlassen.

... Seitdem die Krankheit des Königs so mächtig und so gefahrvoll ward, ging er einige Stunden früher an seine Arbeit. Anstatt daß seine Kabinettssekretäre sonst erst des Morgens um 6 oder 7 Uhr kamen, verlangte er sie itzt immer des Morgens um 4 Uhr. »Mein Zustand« – dies waren die ewig merkwürdigen Worte, womit Friedrich seinen Sekretären diese Neuerung ankündigte – »nötiget mich, Ihnen diese Mühe zu machen, die für Sie nicht lange dauern wird. Mein Leben ist auf der Neige; die Zeit, die ich noch habe, muß ich benutzen. Sie gehöret nicht mir, sondern dem Staate.«

Also jeden Morgen um 4 Uhr, nachdem ein Adjutant zuerst verhöret worden, brachte ein Kammerhusar dem König alle durch die Nacht von Berlin eingekommenen Berichte aus allen seinen Ländern. Dies alles besah und sonderte der König. Auf die eine Seite legte er alles, was er selbst lesen wollte, auf die andere Seite alles, woraus ihm seine drei Kabinettssekretäre referieren mußten. Alsdann wurden die Kabinettssekretäre, die also nunmehr jeden Morgen um 4 Uhr von Potsdam nach Sanssouci kamen, gerufen. Der König übergab ihnen alles, was sie lesen sollten. Sie gingen dann in ein Zimmer außer dem Schloß, lasen alles und machten aus allem kurze Auszüge.

Indessen las auch der König alle seine Briefe. Sodann wurden die drei geheimen Kabinettssekretäre, einer nach dem andern, verlangt; jeder hatte Papier und Bleistift in der Hand. Zuerst diktierte der König alle

Resolutionen, die er auf die von ihm selbst gelesenen Briefe genommen hatte. Dann referierten sie aus den Briefen, die sie gelesen und in der Geschwindigkeit excerpiert hatten, und der König diktierte ihnen seine Resolutionen, Befehle und Briefe mehrenteils Wort für Wort. So ward gewöhnlich von 4 bis 6 oder 7 Uhr des Morgens von einem einzigen tödlich kranken Manne ein ganzes Königreich regiert, und so wurden zugleich auch alle seine auswärtigen Geschäfte durch ganz Europa abgetan.

Nun verfügten sich die Kabinettssekretäre wieder heim nach Potsdam und schrieben alles ins Reine, was ihnen der König diktiert hatte, und dies ward ihm des Nachmittags zur Unterschrift gebracht. Aber auch da geschah wieder nicht, was wohl oft bei den Regierungen der Staaten geschieht: alle diese Briefe und Befehle las der König noch einmal durch, bevor er seinen Namen darunter setzte.

Müßig sein und Langeweile haben, konnte also der König schon um sechs oder sieben Uhr des Morgens, wenn er wollte; aber dies wollte und konnte er nie, und dies will und kann auch kein König.

Um diese Zeit ward der Küchenzettel für die Mittagsmahlzeit gebracht; denn des Abends aß der König nicht. Alle Produkte seiner Gärten und Treibhäuser aus den letzten 24 Stunden brachte man ihm jeden Morgen auch um diese Zeit; ich sah sie immer in großen Körben auf den Kommoden und Tischen seines Vorzimmers liegen und stahl dann auch daraus bisweilen dem König eine Kirsche. Es waren die schönsten und ausgesuchtesten Früchte in großen Mengen: Kirschen, Trauben, Melonen, Pfirsiche, Aprikosen, Feigen, Zwetschgen und Pisangs (Bananen); auch sogar keine Kirsche durfte einen Fleck haben. Gewöhnlich aß der König von diesen Früchten.

Mehrenteils hatte der König, wenn ich um acht Uhr kam, ein Buch in der Hand, etwa einen französisch übersetzten Schriftsteller aus dem Altertum oder irgend etwas aus der neuern Geschichte . . . Ich blieb von acht Uhr an bei dem König, so lange er es für gut fand, und mehrenteils eine halbe, wohl auch eine ganze Stunde . . . Nach elf Uhr erschien die Tischgesellschaft des Königs: der Herr Graf Lucchesini, der Herr General Graf von Görtz . . . der Herr Oberstallmeister Graf von Schwerin; vom Ende meines Aufenthaltes bis zum Tode des Königs der Herr Minister von Hertzberg, gewöhnlich auch der Oberste von den Ingenieurs, Herr Graf Pinto . . . Es war sonderbar, daß der König diejenigen Herren, die jahraus, jahrein mit ihm aßen, doch jeden Morgen von neuem zum Essen bitten ließ.

Die Mittagsmahlzeit dauerte zuweilen nur eine halbe Stunde, meh-

renteils eine, auch wohl anderthalb Stunden. Der König aß fast immer mit starkem Appetit und immer zuviel. Er trank einen weißen, süßen und etwas prickelnden französischen Wein von Bergerac in sehr mäßiger Quantität.

Nach Tafel schlief er mehr oder weniger, aber immer nur auf eine kurze Weile. Dann trank er einige Tassen Kaffee, wie des Morgens. Dann setzte er sich zuweilen auf seine Terrasse in die Sonne oder amüsierte sich mit etwas. Zum Exempel, er hatte Juweliere, Steinschleifer und andere Künstler bei sich. Einmal, als ich in Potsdam war, besah er seine Juwelen; man schätzte den Wert von denen, die er bei sich in seinem Zimmer hatte, von vier bis fünf Millionen Taler.

Für drei Uhr war ich gewöhnlich bestellt. Wann aber der König Geschäfte hatte oder noch schlief, welches ein paarmal widerfuhr, so ward ich um halb vier oder auch später hereingerufen. Die Audienz dauerte eine halbe Stunde, eine ganze Stunde und bisweilen länger.

Dann fingen die Geschäfte wieder an. Die Briefe wurden zur Unterschrift gebracht . . .

Die Gefährten der Abendstunden des Königs erschienen um halb sechs Uhr und nur selten später. Diese Herren waren immer der Herr Kammerherr Graf Lucchesini und der Herr General Graf von Görtz. . . . Mit der Gesellschaft unterhielt sich der König mehrenteils heiter und froh und immer auf eine höchst interessante Art bis acht Uhr. Dann speiseten diese Herren unter sich und der König ließ sich durch einen jungen Menschen aus Berlin (Dantal) bald etwas aus dem Cicero oder Plutarch, bald aus dem Voltaire vorlesen, bis er einschlief, gewöhnlich bis zehn Uhr.[488]

Friedrich spürte und wußte, daß diesmal die Krankheit stärker sein würde als er und sein Wille. Am 10. August schrieb er ein letztes Billett an seine Schwester Charlotte nach Braunschweig: »Die Alten müssen den jungen Leuten Raum machen, damit jedes Menschenalter seinen Platz findet.« Die besorgten Brüder Heinrich und Ferdinand hatten sich brieflich nach seinem Befinden erkundigt, ebenso Prinzessin Amalie. Sie erhielten liebenswürdige und beruhigende Antworten. Niemand kannte den Tag und die Stunde, an welchen der König abberufen werden würde. Er selbst war zuweilen optimistisch. Aber die Menschen, die ihn in den letzten Tagen sahen, wußten es besser. Das eine Bein war offen, und die Wunde strömte bei Lebzeiten des Königs schon einen typischen Leichengeruch aus. Die hygienischen Verhältnisse im Krankenzimmer waren erbärmlich. Es gibt darüber genaue Schilderungen, die erschütternd sind:

Mirabeau an den Abbé de Périgord *Berlin, 18. August 1786*

Seit Mittwoch (16. August) früh um acht Uhr wußte ich, daß es äußerst schlecht stand, daß der König am Tage vorher die Parole erst um zwölf Uhr mittags statt um elf Uhr, wie üblich, ausgegeben hatte; daß die Sekretäre, die seit fünf Uhr morgens warteten, erst mittags vorgelassen wurden, daß aber die Erlasse klar und bestimmt lauteten, daß er an jenem Tage übermäßig viel gegessen hatte, besonders Hummer. Ich wußte ferner, daß die außerordentliche Unsauberkeit in dem Krankenzimmer und an dem Kranken selbst infolge der feuchten Wäsche, die er anbehielt, statt sie zu wechseln, anscheinend eine Art von Fäulnisfieber erregt hatte, ferner daß die Schläfrigkeit an jenem Mittwoch einer Lethargie nahekam, daß alles einen wassersüchtigen Schlagfluß, ein Aussetzen des Gehirns erwarten ließ, und daß das Ende vermutlich in einigen Stunden bevorstünde.

Ich gehe nach Schönhausen und komme gleichzeitig mit unserm Gesandten zur Königin. Er kannte die Einzelheiten nicht und ahnte nicht, daß es dem König so schlecht ginge; kein Gesandter glaubte es. Die Königin hatte keine Ahnung; sie sprach nur von meinem Anzug, von Rheinsberg und den glücklichen Zeiten, die sie dort als Kronprinzessin verlebt hatte.[489]

Der sächsische Gesandte Zinzendorff gab seiner Regierung einen ganz detaillierten Bericht mit klinischen Einzelheiten. Er schrieb, die Besucher hätten Wohlgerüche mit sich nehmen müssen, damit sie den Geruch im Krankenzimmer überhaupt ertrugen. Der Arzt Selle sei bei ihm gewesen und habe zum gleichfalls anwesenden Minister Hertzberg gesagt, daß die Agonie nahe sei. Dies war am 16. August 1786. Der König habe gegen Abend eine Art Schüttelfrost gehabt, und man habe ihn auf Weisung des Arztes mit allen möglichen Kleidern bedeckt, damit er das Frostgefühl verlieren möge.[490]

Man begreift eigentlich nicht, wie des kranken Königs Eigensinn soweit gehen konnte, zu unterbinden, daß seine Bedienten ihn pflegten, ihn reinlich hielten und betreuten nach Weisung der Ärzte und nach eigenen besten Kräften. Allerdings bereitete dem schwer an der Wassersucht Leidenden jede Berührung eine Qual. Einmal, so wird berichtet, wollte ein Bedienter sein schlimmes Bein auf einen Schemel legen, und der König, sonst sehr beherrscht, schrie auf vor Schmerz.

Bericht des österreichischen Gesandten Fürst Reuß

Berlin, 17. August 1786

Am Dienstag, den 15., hat der . . . König von 4–8 Uhr früh mit seinem Sekretarius gearbeitet und dann seinen Kaffee mit Milch gefrühstückt, worauf er Lust bezeigte, zu Mittag ein Gericht von Meerspinnen zu essen, welches er auch mit Appetit verzehrt hat. Des Nachmittags ist er in Schläfrigkeit verfallen und hatte immer Zwischenfälle von Geistesgegenwart, während welcher er noch vier Feldjäger mit Befehlen nach Berlin expediert hat. Seit Mittwoch früh ist er nicht mehr zu sich gekommen[491]

Auch Kugler schildert die letzten Stunden des Alten Fritz

16. August 1786

Die Nacht war gekommen, es schlug elf Uhr. Vernehmlich fragte der König, was die Glocke sei. Als man es ihm gesagt, erwiderte er: »Um vier Uhr will ich aufstehen.«

Ein trockener Husten beklemmte ihn und raubte ihm die Luft. Der eine von den anwesenden Dienern, der Kammerlakai Strützki, faßte ihn, indem er niederkniete, unter den Arm und hielt ihn aufrecht, um ihm Erleichterung zu gewähren. Allmählich veränderten sich die Gesichtszüge, das Auge wurde matter und gebrochener; dann wurde der Körper ruhig, nach und nach schwand der Odem. Einige Stunden nach Mitternacht starb Friedrich in des Lakaien Armen. Außer diesem waren nur der Arzt und zwei Kammerdiener die Zeugen seines Todes. Es war der 17. August 1786.[492]

Nach anderen Quellen hat der Kammerlakai Strützki berichtet, der König habe um Mitternacht gemurmelt: »La montagne est passée – nous irons mieux!« – Der Berg ist überwunden, nun wird es leichter gehen.[493]

Seine Todesstunde wird mit 2 Uhr 20 genannt. Die zierliche Stutzuhr mit der griechischen Figur in seinem Zimmer blieb entweder wirklich von selbst stehen, wie erzählt wurde, oder die Dienerschaft hat sie pietätvoll angehalten. Der Arzt Selle schließt seinen Bericht mit der Feststellung, daß Friedrich nach dieser langen Krankheit einen vergleichsweise sanften und leichten Tod gehabt habe:

Der Tod des Königs war wie sein Leben. Furchtlos und gleichmütig blieb er bis zum letzten Zuge seines Atems. Vor dem Fieber glaubte sich der König in der Besserung, wenigstens hatte er sein Ziel noch einige Zeit hinausgerückt, und im Fieber war ihm der Kopf zu eingenommen, als daß er seine Todesgefahr hätte bemerken können. Auch hatte er zu oft von diesem mit Röcheln verbundenen Husten gelitten, als daß er ihn hätte befremden sollen.

Er verschied also ruhig und sanft, und seine ganz unverstellten Gesichtszüge, sein ruhiger ernster Blick zeigten noch im Sarge, daß er mit keinem besorgten und quälenden Gedanken aus der Welt gegangen war, ob er gleich noch einige Minuten vor dem Tode Bewußtsein hatte.[494]

Der Meldereiter, der die Nachricht von Sanssouci nach Berlin zu bringen hatte, ritt ein Pferd zuschanden. Der neue König Friedrich Wilhelm II. befand sich in Potsdam und eilte schon kurz nach des Königs Tod nach Sanssouci. Sein Sohn Friedrich Wilhelm hat aufgezeichnet, was sich am Morgen des 17. August in Sanssouci ereignete:

Sowie wir hereintraten, standen alle Lakaien des verstorbenen Königs da. Man wies uns rechter Hand hinein, wo wir etwas verziehen mußten, weil der König (Friedrich Wilhelm der Zweite) mit dem Minister von Hertzberg Depeschen abfertigte. Bald darauf kam der König heraus, und ich ging heran, ihm zu gratulieren. Er ging mit mir in ein Nebenzimmer, woselbst er mir Verschiedenes sagte, was wir zu tun hätten und dergleichen; auch sagte er zu mir, den verstorbenen König anzusehen. Indem trat mein Bruder Ludwig herein, der dem Könige gleichfalls Glück wünschte. Hierauf ging der König wieder zu seinen Geschäften und wir gingen, den verstorbenen König zu sehen.

Er war in dem Konzertsaal auf seinem Feldbett ausgestreckt, einen kleinen Hutkopf auf dem Kopfe, der mit einer Serviette um das Kinn befestigt war; ferner hatte er einen alten blauen, seidenen Mantel um, unter welchem er noch ein Pelzhemde anhatte. Seine Füße und Beine waren mit großen Gichtstiefeln bekleidet; das rechte Bein war überaus dick geschwollen, und man sah auch noch die Materie, die zu den Füßen herausgedrungen war, indem sie den Fuß des Stiefels gefärbt hatte. Zwei Läufer oder Lakaien standen dabei, um mit einem grünen Zweige die Fliegen vom Gesichte abzuhalten . . . Zum Ruhm aller Lakaien und Pagen muß ich sagen, daß wahre Betrübnis auf ihren Gesichern zu sehen war, und daß man sehen konnte, wie sehr sie ihren König betrauerten . . .

Der König hatte befohlen, man sollte einen geschickten Wachspoussierer rufen, damit er einen guten Abdruck vom Gesichte des hochseligen Königs machen sollte. Dieses geschah, und der Bildhauer Eckstein aus Potsdam ward zu diesem Geschäfte bestimmt. Er machte einen ordentlichen Abdruck von Gips, indem er die Masse auf das Gesicht abdrückte. Die Büste, welche hernach nach dieser Form gemacht wurde, gleicht ganz ungemein dem verstorbenen Könige. Zwar hatte sich sein Gesicht nach dem Tode sehr verändert, allein so, wie er tot war, ebenso siehet auch die Büste aus.[495]

Kronprinz Friedrich Wilhelm, der Chronist dieses Tages, verlebte diesen 17. August sehr unruhig. Unendlich viel war zu besorgen. Es galt, Eide zu leisten, Botschaften hin und her zu erledigen, seiner Mutter, der Königin, eine offizielle Aufwartung zu machen. Friedrich Wilhelm war jener etwas steife und spröde junge Mann, der später die schöne junge Prinzessin Luise von Mecklenburg-Strelitz heiratete, die vom Volk angebetete Königin Luise. Durch die Aufzeichnungen des Kronprinzen sind die letzten Vorgänge um den großen König gegenwärtig geblieben:

Daselbst (in Sanssouci) war man beschäftigt, die Königliche Leiche zu waschen und sie in ihrer Staatsuniform anzukleiden. Der Lieutenant von Canitz war mit dreißig Grenadiers vom 1. Bataillon zur Wache nach Sanssouci kommandiert; diese waren schon draußen und besetzten die Zugänge, um das Volk abzuhalten . . .

Unterdessen hatte man den verstorbenen König angekleidet und wiederum auf seine Feldbettstelle gelegt. Nun machte man die Türen und Fenster wieder auf, und die Offiziere wurden hereingelassen. Der König hatte seine sammetne Staatsuniform an, eine gelbe Weste, schwarzsammetne Beinkleider und ein Paar von seinen gewöhnlichen Stiefeln, auch hatte er seine Montierungshandschuhe an. Viele der Offiziere, so den hochseligen König sahen, kamen mit Tränen in den Augen heraus, besonders die alten, so sich seiner großen Taten erinnerten und der Schlachten, so sie unter seinem Befehle hatten gewinnen helfen. Der Regimentsfeldscher Engel nebst einigen Kompagniefeldscheren von der Garde hatten den hochseligen König gewaschen und mit Spiritus eingerieben; vorher aber hatte der Regimentsfeldscher Engel dem Leichnam verschiedene Incisiones gemacht, um das Wasser aus dem Leibe zu zapfen; es kam eine gewaltige Menge Wasser aus dem Leibe. Wenn man bei des Königs Leben dieses Wasser so hätte abzapfen können, so wäre er wohl noch nicht gestorben; dieses ließ sich aber nicht so machen . . .[496]

Über die Wirkung, die das Ableben des Königs im Volke hervorrief, widersprechen sich die Berichte der Zeitgenossen. Mirabeau, der gern kritisiert, berichtete negativ:

Alles ist düster, niemand traurig, alles ist geschäftig, niemand betrübt. Kein Gesicht, das nicht Aufatmen und Hoffnung verrät; kein Bedauern, kein Seufzer, kein Wort des Lobes. Damit also enden so viele gewonnene Schlachten, so viel Ruhm, eine Regierung von fast einem halben Jahrhundert, erfüllt von so vielen Großtaten! Jedermann wünschte ihr Ende herbei, jedermann ist froh darüber.[497]

Ein anderes Bild zeichnete die Nichte des Königs, die Prinzessin Luise Radziwill. Auch sie läßt die negativen Aspekte nicht unerwähnt, aber da sie ihre Aufzeichnungen etwas später machte, hat sie den Umschwung mit geschildert, der kurz nach Friedrichs Tod einsetzte:

Im Monat August 1786 verloren wir den König.

Es kann nichts Ergreifenderes geben, als den allgemeinen Eindruck, den dieses Ereignis hervorrief. Die Strenge Friedrichs des Zweiten in seinen letzten Lebensjahren hatte viel Unzufriedenheit erregt. Der Prinz von Preußen erweckte dagegen durch seine Leutseligkeit Hoffnung auf eine glückliche Zukunft. Infolgedessen sah man dem Tode des Königs wie einer Erlösung entgegen. Nur wer den großen Mann zu würdigen verstand, und ebenso die Soldaten, die ihm ihren Ruhm verdankten, beurteilten ihn mit geringerer Ungerechtigkeit.

Doch kaum hatte Friedrich der Zweite die Augen geschlossen, als auch schon alle Fehler des Monarchen verschwunden waren. Man gedachte nur noch seiner herrlichen Eigenschaften und der Wohltaten, die ihm sein Volk verdankte. Die Trauer war allgemein und wurde angelegt, ohne daß ein diesbezüglicher Befehl erfolgt wäre. Jeder zog sich in sein Haus zurück, kein Wagen rollte durch die Straßen, überall herrschte trübseligste Stille.[498]

Friedrich hatte testamentarisch verfügt, bei seinen Hunden in der Gruft auf der Terrasse von Sanssouci beigesetzt zu werden. Man hat sich redlich bemüht, diesem Wunsche nachzukommen, aber der Zugang war so schmal, daß man keinen Sarg dort hätte hindurchtragen können. Auch sonst war sie in keiner Weise geeignet:

Schon an seinem Todestage wurde die Gruft geöffnet, um die Vorbereitungen für die Beisetzung zu treffen. Der neue König stieg selbst in die Gruft, um sie zu besichtigen. Der Unrat und die Särge mit den Kadavern der Hunde, welche Friedrich hier hatte beisetzen lassen, überzeugten den König, daß man den Verstorbenen hier unmöglich zwischen den toten Hunden beerdigen könne. Dies sind die Ursachen der Verwerfung des Willens Friedrichs. Die Gruft geriet bald in Verfall und wurde mit Erde bedeckt. 1830 fiel der Eingang ein, und dieser Einsturz wiederholte sich 1860.[499]

So beschloß man, Friedrich würdig beizusetzen an der Seite seines Vaters in der Gruft der Garnisonkirche in Potsdam. Dort hat er all die Jahre geruht bis zum Zweiten Weltkrieg. Man brachte die Särge in ein Salzbergwerk in Thüringen, wo sie den Krieg überdauerten. Als 1945 feststand, daß Thüringen russisch besetzt wird, haben amerikanische Kunstschutzoffiziere die Königssärge nach Westdeutschland in Sicherheit gebracht. Aus den Protokollen geht hervor, daß dabei keine Sargöffnungen stattgefunden haben. Auf der Hohenzollernburg bei Hechingen ruhen die toten Fürsten heute unter den Fahnen ihrer alten Regimenter. Nur das Emblem des Schwarzen-Adler-Ordens auf Friedrichs Samtrock wurde von unbekannter Hand entwendet.

Nach des Königs Tode wurde nunmehr das Testament von 1769 vollstreckt. Ulrike und Friederike waren 1782 und 1784 gestorben, aber es lebten noch Charlotte, Amalie, Heinrich und Ferdinand. Charlotte erhielt 50 000 Taler, ein Silberservice und einen schönen Wagen.

Heinrich bekam 200 000 Taler, 50 Fäßchen Tokaierwein, den schönen »Lüster von Bergkristall« aus Potsdam, den Ring mit dem grünen Diamanten, den der König trug, zwei Handpferde mit Schabracken und einen Zug preußischer Pferde, alles Dinge, die der prachtliebende Heinrich noch sechzehn Jahre lang genießen konnte.

Amalie erbte 10 000 Taler Einkünfte, eine kostbare Dose, 20 Fäßchen Ungarwein und ein silbernes Geschirr. Aber all dies bedeutete der kranken Prinzessin nichts mehr, denn sie überlebte den König nur um siebeneinhalb Monate.

Prinz Ferdinand erhielt 50 000 Taler, 50 Fäßchen Ungarwein, einen Galawagen mit Zug und allem, was dazu gehörte. So waren die Geschwister recht unterschiedlich bedacht worden.

Die arme Königin mußte eine Minderung in ihrem Erbe hinnehmen, im alten Testament hätte sie 10 000 Taler mehr bekommen. Aber sie war es gewohnt, sich zu bescheiden und hatte längst resigniert.

Als Friedrich starb, war Goethe siebenunddreißig Jahre alt, in der Vollkraft seiner Jahre und seines Schaffens. Er hatte den alten König in einem Gedicht verherrlicht, das er aber aus mancherlei Gründen nicht herausgab und das zu seinen Lebzeiten nicht veröffentlicht wurde. Dieser Lobgesang auf einen Heros schloß mit den Worten:

Einen solchen habt ihr gesehen vor kurzem hinaufwärts
Zu den Göttern getragen, woher er kam. Ihm schauten
Alle Völker der Welt mit traurigen Blicken nach.[500]

Königin Elisabeth Christine, die den König um elf Jahre überleben sollte, betätigte sich in Zukunft mehr und mehr schriftstellerisch. Sie übersetzte französische Erbauungsbücher ins Deutsche. Sie gab auch einmal ein abschließendes Urteil über ihren verstorbenen Gemahl ab, in dem sich allerdings die trüben Erfahrungen ihres Lebens niederschlagen. Sie glaubte nach wie vor fest daran, nur Intrigen hätten es bewirkt, daß der König sich von ihr getrennt habe.

Friedrich war durch sich selbst groß. Auch als einfacher Privatmann wäre er um seiner großen Eigenschaften angebetet worden. Alle großen Fürsten geben ein Beispiel. Er hat wie ein wahrer Vater seiner Untertanen regiert. Er war ein treuer Freund, hatte aber viele falsche Freunde, die unter der Maske der Hingebung seine wahren Freunde, die ihm mit Herz und Seele ergeben waren, von ihm fernhielten; während jene ihm oft Kummer bereiteten, wenn er ihre Falschheit erkannte, wurde er den wahren Freunden gerecht, aber ohne es zu zeigen, um sie nicht Verfolgungen auszusetzen. Er war edelmütig und wohltätig, ohne Stolz; er füllte seinen Platz aus, und seiner Umgebung gegenüber war er wie ein einfacher Privatmann.[501]

Die Nachrufe auf Friedrich II. von Preußen haben all die Jahrhunderte hindurch nicht aufgehört. Immer wieder fand sich ein Historiker, ein Schriftsteller, ein Politiker, der es für notwendig hielt, sein Urteil oder eine Würdigung Friedrichs abzugeben. Manchmal wurden dabei auch erstaunlich neue Gedanken geäußert.

So erregte im Jahre 1920 ein schmales Buch Aufsehen, das von Oswald Spengler stammt und den Titel trug »Preußentum und Sozialismus«. Darüber berichtet ein Zeitgenosse Spenglers, der Schriftsteller Walter Kiaulehn, in seinen Erinnerungen:

Es war ein aufregendes Buch. Das Aufregendste daran war die Gelassenheit, mit der Spengler behauptete, das Preußen Friedrichs des Großen sei ein sozialistischer Staat gewesen. Das klassische Preußentum mit seiner Verachtung von Luxus und Bequemlichkeit habe damals den Sinn des Einzelnen auf das Gemeinsame gerichtet und jede Art von Arbeit gewürdigt.

Diese Würdigung der Arbeit sei möglich gewesen, weil der Staat unparteilich alles gefördert habe, was den allgemeinen Nutzen fördere. Tatsachensinn, Disziplin, Corpsgeist seien der Ausdruck dieses sozialistischen Staates gewesen und sein Sinn der Wahlspruch: Jedem das Seine.[502]

Dieses Buch wurde von den damaligen Sozialisten scharf abgelehnt, und zwar mit der Begründung, Preußen habe unter Friedrich II. ein »stehendes Heer« gehabt. Alle Staaten mit stehenden Heeren wurden als kapitalistisch abgelehnt.

Ein anderer Schriftsteller der Neuzeit, Thomas Mann, hat sich viele und ernste Gedanken über Friedrich den Großen gemacht, hat über ihn sehr ausgiebig diskutiert, was der Historiker Hegemann aufgezeichnet hat. Er benötigte dazu ein außergewöhnlich dickes Buch. Thomas Mann hat aber auch einen Aufsatz, einen Artikel, fast möchte man sagen: einen Glaubensartikel über Friedrich geschrieben. Er verfaßte diese Arbeit 1914 im Angesicht der kriselnden Weltlage und ging besonders auf Friedrichs Leistungen im Siebenjährigen Kriege ein. Er nannte seine Ausführungen »Friedrich und die große Koalition«. Sie sind überreich an klugen und beziehungsreichen Feststellungen.

Zuweilen möchte man glauben, er sei ein Kobold gewesen, der aller Welt Haß und Abscheu machte und alle Welt hineinlegte, ein ungeschlechtlicher, boshafter Troll, den umzubringen hundert Millionen Menschen sich vergebens ermatteten, da er entstanden und gesandt war, um große, notwendige Erdendinge in die Wege zu leiten – worauf er unter Zurücklassung eines Kinderleibes wieder entschwand.

Das Foppende seines Wesens beruht auf dem Dualismus, den Jean Jacques Rousseau auf die Formel brachte: »Er denkt als Philosoph und benimmt sich wie ein König.« . . .

Wenn er eine Provinz recht hart strafen wollte, so würde er sie von Literaten regieren lassen; seine Aufgeklärtheit war so oberflächlich, daß er sich für kugelfest hielt; und wenn er ausdrücken will, was ihn eigentlich bewogen habe, die süße Ruhe eines der Literatur gewidmeten Lebens gegen die furchtbaren Anstrengungen und blutigen Schrecken des Krieges einzutauschen, so spricht er zusammenfassend von einem »geheimen Instinkt«.

Was er so nennt, war stärker in ihm als die Literatur; es leitete sein Handeln, bestimmte sein Leben; und es ist durchaus eine deutsche Denkbarkeit, daß dieser geheime Instinkt, dies Element des Dämonischen in ihm überpersönlicher Art war; der Drang des Schicksals, der Geist der Geschichte . . .[503]

32 *Friedrich II. auf der Terrasse von Schloß Sanssouci*

33 *Aufbahrung Friedrichs II. in Schloß Sanssouci, 1786*

Nachwort

In den Jahrhunderten, die seit Friedrichs Tod vergangen sind, hat es hin und wieder eine langanhaltende Friedrich-Renaissance gegeben. Das 19. Jahrhundert brachte damit zugleich so bedeutende künstlerische Kräfte an den Tag wie den genialen Adolf Menzel, der sich von Friedrichs Welt faszinieren ließ. Er malte die bekanntesten und volkstümlichsten Bilder aus dem Leben des Alten Fritz, von seinem Hof, aus seiner Zeit, von seinen Reisen. Sie verraten ein Einfühlungsvermögen in die Historie, das sich noch im kleinsten Detail ausdrückt.

Das 20. Jahrhundert brachte in den dreißiger Jahren ein Aufleben des Interesses für Friedrich, das jedoch in seiner Richtung durch die Hitlerschen und Goebbelsschen Manipulationen schrecklich fehlgeleitet wurde. Der tote Preußenkönig hatte die Durchhalteparolen für die kommende Kriegszeit von 1939–1945 zu liefern.

Auch die Fridericus-Filme waren raffiniert und gut gemacht. Für viele Zeitgenossen sind sie in ihrer Art unvergeßlich mit Otto Gebühr als krückstockklapperndem König und Lil Dagover als Barberina. Dieser mißbräuchlichen Benutzung der Figur des Königs für die Machtansprüche Hitlers lag ein fundamentaler gedanklicher Bruch zugrunde: Friedrich war der zuchtvolle Diener seines Staates. Zwischen dem Preußenkönig und Hitler gab es im Grunde keine gemeinsame Brücke, es sei denn die, die Goebbels einst gebaut. Ein Historiker hat es einmal in seiner Weise ausgedrückt:

Weder ist es richtig, daß Friedrich der Große ein grundsätzlicher Machiavellist gewesen ist, noch daß er eine feste Tradition gewissenloser Eroberungspolitik in seiner Dynastie begründet hat. Er war auch kein Militarist im Sinne einseitigen Soldatentums, und selbst die überragende Rolle des Heerwesens in seinem Staat hatte ihre ganz bestimmte Grenze.

Er wollte nicht bloß Feldherr, sondern wollte zugleich humanitärer Philosoph von Sanssouci sein; nicht bloß Cäsar, sondern auch Marc Aurel nachstreben. Die Schwierigkeit, das eine mit dem andern zu vereinigen, macht die Problematik und das innerste Geheimnis seines Lebens aus. Es unterscheidet ihn aber deutlich von jenen brutalen Klischeebildern des Borussizismus, mit denen heutige Parteipolemik sein Andenken zu vernebeln pflegt.

Von der Primitivität eines Adolf Hitler war er jedenfalls ebenso weit entfernt wie das Flötenkonzert von Sanssouci vom Horst-Wessel-Lied entfernt ist.[504]

Die lange Reihe der Bücher über Friedrich pflegt sich von Zeit zu Zeit um einige Zentimeter durch einen neuen Band zu verlängern. Man hat seine Politik zerlegt und gedeutet, man hat den Menschen analysiert und zerpflückt, man hat ihn in den Himmel gehoben und tief in die Hölle verwiesen.

Was dem heutigen Menschen wohltäte, wäre ein neutrales Bild dieses Fürsten, in dem das Menschliche in den Vordergrund gerückt wird. Die Historie hat uns trotz aller Gefährdung durch Kriege und Bomben noch so reich mit Zeugnissen ausgestattet, daß dies im vorliegenden Buch möglich war. Der neue Friedrich muß für sich selbst sprechen, durch seine Werke, durch seine Briefe. Es steckte soviel Geist und Witz, soviel literarisches Format in dieser Persönlichkeit, daß auch der Mensch unserer Tage einen Gewinn im besten Sinne des Wortes davon haben kann.

Die neue Friedrich-Renaissance wird unpolitisch sein. Man wird nicht mehr nur die Daten seiner Schlachten lernen.

Friedrich war einer der außergewöhnlichsten Menschen, den die deutsche Geschichte kennt. Daran ändern persönliche Zuneigungen oder Abneigungen der jeweiligen Kommentatoren nichts. Ein Unbekannter hat einmal in Reime gebracht, was über die Familie von deutschen Fürsten, der Friedrich angehörte, zu sagen ist:

Was sie dem Reiche waren,
Sagt der Geschichte Buch,
Das löscht in tausend Jahren
Kein Segen und kein Fluch.[505]

Daten aus dem Leben Friedrichs des Großen

3. Juli 1709 Geburt seiner späteren Lieblingsschwester Prinzessin Wilhelmine, Markgräfin von Bayreuth.

24. Januar 1712 Geburt Friedrichs II. von Preußen um 11 Uhr 30, an einem Sonntag.

31. Januar 1712 Taufe Friedrichs in der Berliner Schloßkapelle.

25. Februar 1713 Sein Großvater König Friedrich I. stirbt. Friedrichs Vater, Friedrich Wilhelm I., wird König.

28. September 1714 Prinzessin Friederike geboren, die spätere Markgräfin von Ansbach.

Januar 1716 Duhan wird Friedrichs Lehrer.

13. März 1716 Prinzessin Philippine Charlotte wird geboren, die spätere Herzogin von Braunschweig.

25. Januar 1719 Seine Schwester Prinzessin Sopie wird geboren, die spätere Markgräfin von Schwedt.

24. Juli 1720 Seine Schwester Prinzessin Ulrike kommt zur Welt, die spätere Königin von Schweden.

9. August 1722 Sein Bruder Prinz August Wilhelm wird geboren, der spätere Thronfolger.

9. November 1723 Seine Schwester Prinzessin Amalie kommt zur Welt, spätere Äbtissin von Quedlinburg.

18. Januar 1726 Sein Bruder Prinz Heinrich wird geboren, später bedeutender Feldherr.

1726 Friedrich Heinrich Graf Seckendorff, protestantisch, kommt als kaiserlicher Beauftragter Österreichs nach Berlin. Waffenbruder des Soldatenkönigs und sein Vertrauter.

11. April 1727 Konfirmation Friedrichs.

11. Juni 1727 Georg II., Friedrichs Onkel, wird König von England.

Januar 1728 Friedrich besucht mit seinem Vater den Dresdner Hof August des Starken.

28. Mai 1728 König August der Starke in Berlin.

Herbst 1729 Friedrich erhält Rochow und Keyserlingk als Gesellschafter, Katte als Freund.

Januar 1730 Friedrichs Schulden werden vom Vater bezahlt. Der König erläßt ein Edikt wider das Geldleihen an Minderjährige.

Mai 1730 Feldlager bei Mühlberg in Sachsen. Friedrich wird von seinem Vater gedemütigt.

5. August 1730 Friedrichs Fluchtversuch in Steinsfurth. Sein Vater läßt ihn gefangennehmen.

2. September 1730 Aufenthalt in Mittenwalde, Beginn der Verhöre Friedrichs.

3. September 1730 Überführung des gefangenen Kronprinzen nach der Festung Küstrin.

25. Oktober 1730 Das Kriegsgericht wird zusammengerufen. Es tagt in Köpenick.

6. November 1730 Hinrichtung von Friedrichs Freund Katte durch das Schwert vor Friedrichs Fenster in der Festung Küstrin.

10. November 1730 Aufhebung des scharfen Arrests für Friedrich.

17. November 1730 Begnadigung Friedrichs.

21. November 1730 Friedrich beginnt seine Tätigkeit als Kriegs- und Domänenrat in Küstrin.

Ende 1730 Fredersdorf tritt als Oboist und Flötist in Friedrichs Dienste.

15. August 1731 Versöhnung des Kronprinzen mit dem König in Küstrin.

24. November 1731 Friedrich kehrt zur Hochzeit seiner Schwester Wilhelmine mit dem Markgrafen von Bayreuth als freier Mann nach Berlin zurück.

30. November 1731 Friedrichs Wiederaufnahme ins Militär erfolgt, er erhält ein Infanterie-Regiment in Ruppin.

März 1732 Verlobung Friedrichs mit Prinzessin Elisabeth Christine von Braunschweig-Bevern.

12. Juni 1733 Vermählung Friedrichs und Elisabeth Christines in Schloß Salzdahlum bei Wolfenbüttel.

1734 Der Soldatenkönig kauft Schloß Rheinsberg für das Kronprinzenpaar. Der Umbau beginnt.

1738 Friedrich wird Freimaurer in Braunschweig.

1739 Der Kronprinz beendet seine Schrift »Der Antimacchiavell«.

31. Mai 1740 Tod König Friedrich Wilhelms I., Regierungsantritt Friedrichs II.

20. Oktober 1740 Kaiser Karl VI. stirbt in Wien. Inkrafttreten der Pragmatischen Sanktion. Maria Theresia wird Herrscherin der österreichischen Erblande.

16. Dezember 1740 Friedrich marschiert in Schlesien ein, das bisher österreichisch war. Beginn des 1. Schlesischen Krieges.

10. April 1741 Die Preußen siegen bei Mollwitz über die Österreicher.

24. Januar 1742 Kurfürst Karl Albrecht von Bayern wird als Karl VII. zum deutschen Kaiser gewählt.

17. Mai 1742 Sieg Preußens über Österreich bei Chotusitz.

30. Juni 1742 Friede zu Breslau. Ende des 1. Schlesischen Krieges.

Dezember 1742 Eröffnung der von Knobelsdorff erbauten Berliner Hofoper, später Staatsoper Unter den Linden.

Mai 1744 Preußen gewinnt Ostfriesland durch Erbschaft.

Mai 1744 Die Tänzerin Barberina Campanini in Berlin.

30. Juni 1744 Erhebung Prinz August Wilhelms zum Thronfolger mit dem Titel »Prinz von Preußen«.

15. August 1742 Beginn des 2. Schlesischen Krieges.

20. Januar 1745 Kaiser Karl VII. stirbt.

4. Juni 1745 Preußischer Sieg bei Hohenfriedberg über die Österreicher.

13. September 1745 Kaiserkrönung Franz I., Maria Theresias Gemahl, in Frankfurt am Main.

30. September 1745 Preußischer Sieg bei Soor über die Österreicher.

15. Dezember 1745 Die Preußen siegen bei Kesselsdorf über die österreichischen Truppen.

25. Dezember 1745 Friede zu Dresden. Ende des 2. Schlesischen Krieges.

1745–1748 Bauzeit des Schlosses Sanssouci.

1747 Johann Sebastian Bach in Sanssouci.

1749 Man beginnt die Justizreform unter Cocceji in Preußen.

1750 Einweihung des neuen Domes in Berlin.

10. Juli 1750 Voltaire übersiedelt nach Sanssouci an Friedrichs Hof.

26. März 1753 Der französische Dichter Voltaire verläßt Potsdam im Streit mit dem König.

16. Januar 1756 Konvention von Westminster. Preußisch-englischer Neutralitätsvertrag im Kriegsfalle.

9. Mai 1756 Schutzbündnis Frankreichs und Österreichs. Rußland und Schweden schließen sich an zur Großen Koalition.

29. August 1756 Preußische Truppen besetzen Sachsen. Beginn des Siebenjährigen Krieges.

1. Oktober 1756 Friedrich II. besiegt die Österreicher bei Lobositz.

Januar 1757 Kaiser Franz I. und der Reichstag stellen eine »eilende Reichsarmee« gegen Friedrich auf.

6. Mai 1757 Friedrich II. besiegt die Österreicher in der Schlacht bei Prag. Hohe Verluste der Preußen: 12 500 Mann.

18. Juni 1757 Niederlage Friedrichs II. bei Kolin durch die Österreicher. Preußen verliert 14 000 Mann.

28. Juni 1757 Tod der Königinmutter Sophie Dorothea von Preußen.

5. November 1757 Die Preußen besiegen die Franzosen und die Reichsarmee bei Roßbach. 22 000 Preußen standen gegen 64 000 Gegner.

5. Dezember 1757 Sieg Friedrichs bei Leuthen. 32 000 Preußen standen gegen 80 000 Österreicher. Die Preußen verloren 6 000 Mann, die Österreicher 27 000 Soldaten.

12. Januar 1758 Friedrichs Freund und Geheimer Kämmerer Fredersdorf stirbt.

16. Januar 1758 Der russische General Fermor zieht in Königsberg ein und läßt sich huldigen. Ostpreußen russisch.

11. April 1758 Englisch-preußisches Subsidienabkommen.

12. Juni 1758 Tod des preußischen Thronfolgers Prinz August Wilhelm in Oranienburg.

23. Juni 1758 Ferdinand von Braunschweig schlägt die Franzosen bei Krefeld.

25. August 1758 32 760 Preußen zwingen 52 000 Russen bei Zorndorf zum Rückzug. Friedrich verliert 11 000 Mann, General Fermor 22 000.

13./14. Oktober 1758 65 000 Österreicher besiegen 30 000 Preußen bei Hochkirch im nächtlichen Überfall.

14. Oktober 1758 Tod der Markgräfin Wilhelmine von Bayreuth.

Mai 1759 Prinz Heinrichs siegreicher Zug nach Franken.

1. August 1759 Schlacht bei Minden. Ferdinand von Braunschweig zwingt die Franzosen zum Rückzug.

12. August 1759 43 000 Preußen unter Friedrichs Befehl werden bei Kunersdorf von 70 000 Russen unter Soltikoffs Kommando besiegt. Schwerste Verluste der Preußen: 18 000 Mann; die Russen verloren 16 000 Mann.

21. Juni 1760 General Finck wird mit 12 000 Preußen bei Maxen von den Österreichern gefangengenommen.

14. Juli 1760 Vergebliches Bombardement Dresdens durch die Preußen.

15. August 1760 Schlacht bei Liegnitz. 30 000 Preußen unter Friedrichs Befehl besiegen 95 000 Österreicher unter Daun und Laudon. Preußen verliert 3 500 Mann, Österreich 10 000.

9. Oktober 1760 General Tottleben besetzt mit russischen Truppen Berlin. Abzug nach hoher Kontribution.

3. November 1760 Schlacht bei Torgau. Friedrich besiegt mit 44 000 Mann 64 000 Österreicher unter Daun. Verluste: Preußen 13 000, Österreich 16 000.

20. August 1761 Friedrich bezieht mit seinen Truppen das uneinnehmbare Lager bei Bunzelwitz und wird dort von den Österreichern und Russen belagert.

10. September 1761 Die Hauptmacht der Russen unter Buturlin geben die Belagerung auf und ziehen sich zur Oder zurück.

1. Oktober 1761 Der österreiche Feldmarschall Laudon erobert die Festung Schweidnitz von den Preußen.

5. Januar 1762 Tod der Zarin Elisabeth von Rußland. Nachfolger ist Zar Peter III., ein Verehrer Friedrichs. Waffenstillstand zwischen Rußland und Preußen.

5. Mai 1762 Preußens Friedensschluß mit Rußland.

22. Mai 1762 Preußens Friedensschluß mit Schweden.

17. Juli 1762 Ermordung des Zaren Peter III. in Peterhof.

21. Juli 1762 Friedrich gewinnt das schwierige Gefecht bei Burkersdorf gegen die Österreicher.

4. August bis 9. Oktober 1762 Letzte Belagerung von Schweidnitz. Einnahme der Festung durch die Preußen.

29. Oktober 1962 Prinz Heinrich schlägt mit preußischen Truppen die Österreicher und Reichstruppen bei Freiberg. Waffenstillstand mit Österreich.

30. Dezember 1762 Beginn der Friedensverhandlungen zwischen Preußen und Österreich in Schloß Hubertusburg.

15. Februar 1763 Der Friede von Hubertusburg wird unterzeichnet. Ende des Siebenjährigen Krieges.

18. Februar 1763 Die Königin und der preußische Hof kehren aus der Festung Magdeburg nach Berlin zurück.

30. März 1763 Friedrich zieht still und auf Umwegen in Berlin ein.

1763 Baubeginn des Neuen Palais im Garten von Sanssouci.

9. November 1763 Eine türkische Gesandtschaft zieht in Berlin ein. Die Stadt erliegt dem »Türkenfimmel«.

April 1764 Russisch-preußisches Bündnis.

14. Juli 1765 Der preußische Thronfolger Friedrich Wilhelm, Friedrichs Neffe, heiratet seine Braunschweiger Cousine Prinzessin Elisabeth Christine Ulrike.

Sommer 1765 Casanova in Sanssouci.

15. November 1765 Tod der Markgräfin Sophie von Schwedt, Friedrichs Schwester.

18. August 1765 Kaiser Franz I. stirbt. Sein Sohn Joseph wird Mitregent der Kaiserin Maria Theresia.

2. Juli 1766 Tod der Gräfin Camas, einer mütterlichen Freundin des Königs.

1768 Antikentempel und Freundschaftstempel entstehen in Sanssouci.

1769 Friedrich setzt ein neues privates Testament auf.

25. August 1769 Friedrich der Große und Kaiser Joseph II. treffen sich in Neiße.

3. September 1770 Erneutes Treffen der beiden Fürsten in Neustadt in Mähren.

12. Februar 1771 König Adolf Friedrich von Schweden stirbt, Ulrikes Gemahl. Ihr Sohn Gustav III. wird König.

Herbst 1772 Erste Teilung Polens.

10. Mai 1774 Ludwig XV. von Frankreich stirbt.

30. Dezember 1777 Tod des Kurfürsten Maximilian von Bayern. Sein Erbe: Karl Theodor von der Pfalz.

3. Januar 1778 Karl Theodor anerkennt die österreichischen Ansprüche auf Teile Bayerns.

16. Januar 1778 Österreichische Truppen besetzen Niederbayern. Beginn des Bayerischen Erbfolgekrieges. Preußen greift ein.

17. Mai 1778 Goethe in Berlin.

30. Mai 1778 Voltaire stirbt.

13. Mai 1779 Der Bayerische Erbfolgekrieg, auch »Kartoffelkrieg« genannt, wird ohne Verlust für Bayern durch den Frieden von Teschen beendet.

29. November 1780 Tod der Kaiserin Maria Theresia.

16. Juli 1782 Friedrichs Schwester, Königinmutter Ulrike von Schweden, stirbt.

12. Juni 1783 Goldene Hochzeit Friedrichs und der Königin Elisabeth Christine. Eine Medaille wird in Umlauf gesetzt.

4. Februar 1884 Friedrichs Schwester Friederike, Markgräfin-Mutter von Ansbach, stirbt in geistiger Umnachtung.

23. Juli 1785 Friedrich begründet den Deutschen Fürstenbund.

17. August 1786 Um 2 Uhr 20 nachts Tod Friedrichs des Großen. Sein Neffe, Friedrich Wilhelm II., wird König.

Am Berliner Hof 1712

Die königliche Familie zur Zeit der Geburt des Kronprinzen Friedrich.

Großvater	König Friedrich I.	55 Jahre
Großmutter	Königin Sophie Charlotte † 1705	
Vater	Kronprinz Friedrich Wilhelm	24 Jahre
Mutter	Kronprinzessin Sophie Dorothea	25 Jahre
1. Kind:	Friedrich Ludwig 1707/07	†
2. Kind:	Wilhelmine 1709	3
3. Kind:	Friedrich Wilhelm 1710/11	†
4. Kind:	Friedrich 24. 1. 1712	

Die später geborenen Königskinder

5. Kind: Charlotte Albertine 1713/14
6. Kind: Friederike 1714, Markgräfin von Ansbach
7. Kind: Charlotte 1716, Herzogin von Braunschweig
8. Kind: Wilhelm 1717/19
9. Kind: Sophie 1719, Markgräfin von Schwedt
10. Kind: Ulrike 1720, Königin von Schweden
11. Kind: August Wilhelm 1722
12. Kind: Amalie 1723, Äbtissin von Quedlinburg
13. Kind: Heinrich 1726
14. Kind: Ferdinand 1730

Quellen und Anmerkungen

1 G. B. Volz: »Friedrich der Große im Spiegel seiner Zeit«, Drei Bände im Verlag Reimar Hobbing Berlin, Band I, Seite 3. – Nachstehend abgekürzt »Volz, Spiegel«.

2 Werner Hegemann »Das Jugendbuch vom großen König«, Verlag Jakob Hegner in Hellerau 1930. Seite 9. Nachstehend abgekürzt »Hegemann«.

3 Hegemann Seite 4.

4 Friedrich Thöne: »Wolfenbüttel – Geist und Glanz einer alten Residenz«, Verlag F. Bruckmann KG München 1963, Seite 142. – Nachstehend abgekürzt »Thöne«.

5 Ernest Lavisse »Die Jugend Friedrichs des Großen«, Verlag Reimar Hobbing Berlin, Zwei Bände 1919. Band I, Seite 19. – Abgekürzt »Lavisse«.

6 »Briefe Friedrichs des Großen«, Herausgeber Max Hein, aus dem Französischen von F. v. Oppeln-Bronikowski und Eberhard König. Verlag Reimar Hobbing Berlin 1914. Zwei Bände. Band I, Seite 14. – Nachstehend abgekürzt »Hein Briefe«.

7 »Memoiren der Markgräfin Wilhelmine von Bayreuth«, Insel-Verlag Leipzig, 1923, aus dem Französischen von Annette Kolb. Seite 14. – Nachstehend abgekürzt »Wilhelmine«.

8 Lavisse I/12.

9 Lavisse I/5.

10 Lavisse I/17.

11 Volz, Spiegel I/6.

12 F. R. Paulig »Friedrich der Große, König von Preußen«. Neue Beiträge zur Geschichte seines Privatlebens, seines Hofes und seiner Zeit (Pauligs Familiengeschichte des Hohenzollernschen Kaiserhauses). Drei Bände, Frankfurt/Oder 1892. Band I, Seite 9. – Nachstehend abgekürzt »Paulig«.

13 Hein Briefe II/33.

14 Wilhelmine 36.

15 Thomas Mann, »Altes und Neues«. S. Fischer-Verlag 1961, Stockholmer Gesamtausgabe, Seite 50.

16 Hein Briefe I/14.

17 Harald von Königswald »Preußisches Lesebuch«, Biederstein-Verlag München 1967. Seite 53.

18 Lavisse I/21.

19 Lavisse I/20.

20 Lavisse I/53.

21 »Gespräche Friedrichs des Großen« mit Henri de Catt. Verlag von Fr. Wilh. Grunow, Leipzig 1885. Seite 13. – Nachstehend abgekürzt »Catt«.

22 Catt 14.

23 Lavisse I/72.

24 Dr. Fritz Arnheim, »Am Hofe Friedrichs des Großen«, 2 Bde., Berlin 1912, Bd. I.

25 Lavisse I/72.

26 Lavisse I/85.

27 Lavisse I/87.

28 Wilhelmine 77.

29 Franz Kugler. »Geschichte Friedrichs des Großen«. Verlag E. A. Seemann Leipzig ohne Jahr. Seite 38. – Nachstehend abgekürzt »Kugler«.

30 Hein Briefe I/15.

31 Lavisse I/95.

32 Hegemann 181.

33 Lavisse I/97.

34 Wilhelmine 81.

35 Wilhelmine 86.

36 »Der König«, Friedrich der Große in seinen Briefen und Erlassen. Mit biographischen Verbindungen von Gustav Mendelssohn-Bartholdy. Ebenhausen bei München, 1923, Seite 8. – Abgekürzt »Der König«.

37 »Antoine Pesne«, Jahresausgabe des Deutschen Vereins für Kunstwissen-

schaft, Berlin 1958, Seite 22. – Nachstehend abgekürzt »Pesne«.
[38] Dr. Helmut Börsch-Supan »Höfische Bildnisse des Spätbarock«, Katalog der Ausstellung im Schloß Charlottenburg Berlin 1966. Seite 132.
[39] Willy Norbert: »Friedrichs des Großen Rheinsberger Jahre«, Vita, Deutsches Verlagshaus Berlin-Charlottenburg, 1911. Seite 142. – Nachstehend abgekürzt »Norbert«.
[40] Lavisse I/100.
[41] Lavisse I/105.
[42] Der König 9.
[43] Der König 11.
[44] Lavisse I/64.
[45] Wilhelmine 123.
[46] Kugler 55.
[47] Lavisse I/108.
[48] Wilhelmine 120.
[49] Lavisse I/109.
[50] Lavisse I/116.
[51] Ernst Poseck »Die Kronprinzessin«, Steuben-Verlag Paul G. Esser, Berlin 1940. Seite 67. – Nachstehend abgekürzt »Poseck«.
[52] Kugler 57.
[53] Lavisse I/120.
[54] Wilhelmine 147.
[55] Lavisse I/117.
[56] Catt 14.
[57] Wilhelmine 157.
[58] Wilhelmine 165.
[59] Lavisse I/121.
[60] Lavisse I/126.
[61] Lavisse I/127.
[62] Der König 13.
[63] Lavisse I/132.
[64] Der König 21.
[65] Lavisse I/128.
[66] Wilhelmine 173.
[67] Wilhelmine 187.
[68] Wilhelmine 187.
[69] Wilhelmine 188.
[70] Wilhelmine 189.
[71] Wilhelmine 190.
[72] Lavisse I/139.
[73] Der König 22.
[74] Carl Hinrichs »Der Kronprinzenprozeß«, Hanseatische Verlagsanstalt Hamburg 1936. Seite 69. – Nachstehend »Hinrichs«.
[75] Hinrichs 70.
[76] Hinrichs 79.
[77] Lavisse I/141.
[78] Poseck 77.
[79] Catt 16.
[80] Hinrichs 131.
[81] Catt 15.
[82] Kugler 69.
[83] Der König 24.
[84] Kugler 74.
[85] Kugler 71.
[86] Catt 15.
[87] Wilhelmine 214.
[88] Hegemann 223.
[89] Kugler 75.
[90] Der König 27.
[91] Volz, Spiegel I/12.
[92] Volz, Spiegel I/15.
[93] Volz, Spiegel I/15.
[94] Volz, Spiegel I/19.
[95] Volz, Spiegel I/33.
[96] Hegemann 251.
[97] Volz, Spiegel I/28.
[98] Volz, Spiegel I/36.
[99] Der König 30.
[100] Der König 34.
[101] Poseck 105.
[102] Der König 37.
[103] Volz, Spiegel I/42.
[104] Theodor Fontane: »Wanderungen durch die Mark Brandenburg«. Geschrieben 1862–1882, Emil Vollmer-Verlag Wiesbaden, Seite 199. – Nachstehend abgekürzt »Fontane«.
[105] Fontane Seite 203.
[106] Fontane Seite 204.
[107] Fontane Seite 205.
[108] Fontane Seite 202.
[109] Wilhelmine 267.
[110] Fontane Seite 200.
[111] Der König 40.
[112] Der König 39.
[113] Der König 52.
[114] Hein Briefe I/23.

[115] Der König 44.
[116] Der König 45.
[117] Poseck 123.
[118] Hein Briefe I/34.
[119] Hein Briefe I/33.
[120] Der König S. 46.
[121] Poseck 129.
[122] Wilhelmine 302/303.
[123] Hegemann 400.
[124] Poseck 145.
[125] Hegemann 398.
[126] Aus »Quellen und Forschungen zur Braunschweigischen Geschichte« VIII. Band: »Aus den Briefen der Herzogin Philippine Charlotte von Braunschweig 1732–1801«. Mitgeteilt in französischer Sprache und kommentiert von Hans Droysen. Deutsch von Charlotte Pangels. Band I – 1732–1768. Seite 2. – Nachstehend abgekürzt »Gedruckte Briefe Charlotte«.
[127] Norbert 115.
[128] Der König 54.
[129] Hein Briefe I/49.
[130] Wilhelmine 346.
[131] Wilhelmine 345.
[132] Hein Briefe I/51.
[133] Hein Briefe I/53.
[134] Lavisse I/231.
[135] Lavisse II/4.
[136] Poseck 198.
[137] Poseck 200.
[138] Poseck 215.
[139] Poseck 205.
[140] Poseck 209.
[141] Hein Briefe I/56.
[142] Wilhelmine 365.
[143] Wilhelmine 368.
[144] Norbert 38.
[145] Poseck 260.
[146] Der König 64.
[147] Poseck 251.
[148] Lavisse II/8.
[149] Hegemann 401. – Le p-rince royal aime la princesse royal; a montré de ses lettres à Schulenburg, en disant: »Elle a pourtant du bon sens«. Il l'a f . . . et ref . . . Schulenburg ne fait que rire quand on dit, qu'il la reverra après la mort du roi. La princesse doit avoir dit ceci à quelqu'un, et qu'il épousseroit alors sa sœur Amalie. – Aus »Journal secret du Baron Christoph-le Louis de Seckendorff«, Eintragung vom 21. Oktober 1734. Französischer Text Hegemann 397.
[150] Kugler 101.
[151] Poseck 323.
[152] Norbert 31.
[153] Poseck 339.
[154] Hegemann 401.
[155] Der König 71.
[156] Andrew Hamilton »Rheinsberg«, Friedrich der Große und Prinz Heinrich von Preußen. Aus dem Englischen von Rudolf Dielitz. Verlag R. v. Decker Berlin 1882, zwei Bände. Band I, Seite 85. – Nachstehend abgekürzt »Hamilton«.
[157] Poseck 351.
[158] Poseck 351.
[159] Poseck 360.
[160] Poseck 363.
[161] Hamilton I/61.
[162] Der König 72.
[163] Poseck 364.
[164] Norbert 51.
[165] Volz, Spiegel I/64.
[166] Briefwechsel Friedrichs des Großen mit seinem Bruder, Prinz August Wilhelm. Herausgegeben von G. B. Volz, aus dem Französischen von F. v. Oppeln-Bronikowski. Verlag von K. F. Koehler, Leipzig ohne Jahr. Seite 26. – Nachstehend abgekürzt »Briefwechsel AW«.
[167] Kugler 116.
[168] Hamilton I/71.
[169] Hein Briefe I/97.
[170] Poseck 390.
[171] Poseck 391.
[172] Der König 78.
[173] Der König 83.
[174] Poseck 400.
[175] Voltaire: »Über den König von Preußen«, Memoiren, Insel-Bücherei Nr.

892. Seite 79/80. – Nachstehend abgekürzt »Voltaire Memoiren«.

[176] Der König 85.

[177] Kugler 117.

[178] Norbert 162.

[179] Hamilton I/78.

[180] Norbert 152.

[181] Hamilton I/78.

[182] Norbert 83.

[183] Norbert 147.

[184] Kugler 110.

[185] Gedruckte Briefe Charlotte S. 44.

[186] Friedrich der Große und Wilhelmine von Bayreuth. Briefwechsel in zwei Bänden. Herausgegeben und eingeleitet von G. B. Volz. Aus dem Französischen von F. v. Oppeln-Bronikowski. Neuauflage Herbst 1973 im K. F. Koehler-Verlag, Stuttgart. Zitat 1738. – Nachstehend abgekürzt »Briefwechsel Wilhelmine«.

[187] Baron Jakob Friedrich Bielfeld: »Lettres familières et autres«, zwei Bände, Den Haag 1763. Deutsche Ausgabe. I/1738. – Nachstehend abgekürzt »Bielfeld«.

[188] Volz, Spiegel I/74.

[189] Briefwechsel Wilhelmine 1739.

[190] Poseck 453.

[191] Der König 91.

[192] Der König 91.

[193] Norbert 88.

[194] Joachim Seyppel: »Ein Yankee in der Mark« Wanderungen nach Fontane, Limes-Verlag Wiesbaden 1967/1968, Seite 249. – Nachstehend abgekürzt »Seyppel«.

[195] Ausgewählte Werke Friedrichs des Großen, Herausgegeben von G. B. Volz, Verlag Reimar Hobbing in Berlin 1916, zwei Bände. II/273. – Nachstehend abgekürzt »Ausgew. Werke«.

[196] Der König 94/95.

[197] Catt 12.

[198] Hamilton I/129.

[199] Der König 95.

[200] Norbert 190.

[201] König 101.

[202] Bielfeld. Brief vom 3. 6. 1740.

[203] Kugler 130.

[204] Georg Piltz »Schlösser und Gärten um Berlin«, Verlag VEB E. A. Seemann, Leipzig, Seite 22.

[205] Bielfeld, Brief an Stüven vom 20. 6. 1740.

[206] Volz, Spiegel, Band I/S. 110.

[207] Hegemann 409.

[208] Die Briefe der Lieselotte von der Pfalz. Verlag Wilhelm Langewiesche-Brandt, Ebenhausen bei München, 1966. Seite 207, Aus dem Brief an die Kurfürstin Sophie vom 21. 1. 1703.

[209] Hamilton I/308.

[210] Norbert 211 ff.

[211] Hamilton I/304.

[212] König 128.

[213] König 129.

[214] König 130 ff.

[215] Hans-Joachim Schoeps »Preußen – Geschichte eines Staates«, Propyläen-Verlag Berlin, 1967, Seite 66. – Nachstehend abgekürzt »Prof. Schoeps«.

[216] König 134.

[217] Die Werke Friedrichs des Großen. Herausgegeben von G. B. Volz und F. v. Oppeln-Bronikowski. Verlag Reimar Hobbing Berlin 1912, Zehn Bände. Band 2, Seite 77. – Nachstehend abgekürzt »Werke« genannt.

[218] Kugler 150.

[219] Bielfeld 15. 10. 1741.

[220] König 145.

[221] Kugler 171.

[222] König 147.

[223] König 147.

[224] Hegemann 409.

[225] Kugler 177.

[226] Hamilton I/133.

[227] F. v. Oppeln-Bronikowski »Liebesgeschichten am Preußischen Hofe«, Verlag Gebr. Paetel Berlin-Leipzig 1928. Seite 39 ff. Nachstehend abgekürzt »Liebesgeschichten«.

[228] Kugler 189.

[229] Prof. Schoeps 68.

[230] Ausgewählte Werke Friedrichs des Großen. Herausgegeben von G. B.

Volz. Verlag Reimar Hobbing Berlin 1916. Zwei Bände. Band II/287. – Nachstehend abgekürzt »Ausgewählte Werke«.

231 Die Briefe Friedrichs des Großen an seinen vormaligen Kammerdiener Fredersdorf. Herausgegeben und erschlossen von Johannes Richter. Verlagsanstalt Hermann Klemm AG. Berlin-Grunewald 1926. Seite 77. – Nachstehend abgekürzt »Fredersdorf«.

232 König 193.

233 Briefwechsel Friedrichs des Großen mit seinem Bruder Prinz August Wilhelm. Herausgegeben von G. B. Volz, Deutsch von F. v. Oppeln-Bronikowski. Verlag K. F. Koehler, Leipzig ohne Jahr. Seite 76. – Nachstehend abgekürzt »Briefwechsel AW«.

234 Briefwechsel AW 78.

235 Briefwechsel AW 80.

236 König 203.

237 Briefwechsel AW 97.

238 König 206.

239 Fredersdorf 96.

240 Hamilton I/91.

241 Fredersdorf 113.

242 Fredersdorf 118.

243 Fredersdorf 121.

244 Eberhard Cyran »Sanssouci – Traum aus dem Sand«. Lothar Blanvalet-Verlag Berlin 1958. Seite 49 ff. – Nachstehend abgekürzt »Cyran Sanssouci«.

245 Cyran Sanssouci 46.

246 Plattentext »Das musikalische Opfer« von J. S. Bach. Deutsche Grammophon Archiv-Produktion Nr. 198320.

247 König 407.

248 Hans Joachim Moser »Musik-Lexikon«. Drei Bände. Verlag Hans Sikorski Hamburg 1955. Band I. Seite 373.

249 Norbert 176.

250 Der Briefwechsel Friedrichs des Großen mit der Gräfin Camas und dem Baron Fouqué. Ausgewählt und übersetzt von Hans Droysen aus seinem Nachlaß im Geheimen Staatsarchiv. Verlag Grotesche Verlagsbuchhandlung Köln und Berlin 1967. Seite 20. – Nachstehend abgekürzt »Droysen Camas«.

251 Briefwechsel AW 118.

252 Briefwechsel AW 119.

253 Briefwechsel AW 122.

254 König 219.

255 Hamilton I/314.

256 Fredersdorf 149.

257 Prof. Schoeps 69.

258 Kugler 235.

259 Briefwechsel AW 161.

260 König 233.

261 Kugler 239.

262 Hegemann 25.

263 Hamilton I/265.

264 König 233.

265 König 235.

266 Fredersdorf 180.

267 Fredersdorf 99.

268 Hamilton I/169.

269 Fredersdorf 186.

270 Werke Band 7/276.

271 Briefwechsel AW 188.

272 Briefwechsel AW 199.

273 Alexander von Gleichen-Rußwurm »Die Markgräfin von Bayreuth«. Julius Hoffmann Verlag Stuttgart 1925. Seite 257.

274 Reichsgraf Ernst Ahasverus Heinrich von Lehndorff »Dreißig Jahre am Hofe Friedrichs des Großen«. Tagebücher. Herausgegeben von K. E. Schmidt Lötzen, Gotha 1907. S. 113, 1. 2. 1753. – Nachstehend abgekürzt »Lehndorff«.

275 Briefwechsel AW 208.

276 Briefwechsel AW 209.

277 König 262.

278 Fredersdorf 243.

279 Fredersdorf 262.

280 Heinz Tietjen in »Das bin ich«, herausgegeben von Hannes Reinhardt. Verlag R. Piper & Co. München, 1972, Seite 189.

281 König 260.

282 Fredersdorf 268.

283 Fredersdorf 268.

284 Fredersdorf 281

285 Fredersdorf 290.
286 Fredersdorf 277.
287 König 266.
288 Fredersdorf 299.
289 Fredersdorf 309.
290 Fredersdorf 320.
291 Lehndorff 27. 7. 54.
292 Fredersdorf 342.
293 Fredersdorf 345.
294 König 267.
295 Fredersdorf 349.
296 Briefwechsel AW 230.
297 Fredersdorf 379.
298 Fredersdorf 385.
299 Lehndorff 10. 6. 55.
300 Kugler 244.
301 Fredersdorf 389.
302 Droysen Camas 18.
303 Cyran Sanssouci 345.
304 Prof. Schoeps 70 ff.
305 Briefwechsel AW 247.
306 König 281.
307 Briefwechsel AW 258.
308 Briefwechsel AW 259.
309 Klassische Deutsche Dichtung. 22 Bände. Verlag Herder Freiburg Basel Wien 1965. Band 21, Seite 167.
310 Kugler 266.
311 Volz, Spiegel II/103.
312 Chester V. Easum »Prinz Heinrich von Preußen«, Musterschmidt-Verlag Göttingen Berlin Frankfurt 1958. Seite 59. – Nachstehend abgekürzt »Easum«.
313 Prof. Schoeps 72.
314 Lehndorff 2. 7. 1757.
315 Briefwechsel AW 322.
316 Lehndorff 17. 10. 1757.
317 Lehndorff 23. 10. 1757.
318 Lehndorff 27.–29. 10. 1757.
319 Prof. Schoeps 72.
320 Konrad Kaiser: »Adolph Menzel – der Maler«. Monographie zum 150. Geburtstag Menzels am 8. 12. 1965. Schuler-Verlagsgesellschaft mbH., Stuttgart, Seite 82.
321 Günther Grundmann: »Erlebter Jahre Widerschein«. Von schönen Häusern, guten Freunden und alten Familien in Schlesien. Bergstadt-Verlag Wilh. Gottl. Korn München 1972. Seite 297.
322 Otto Chiari »Heilkunde im Wandel der Zeit«. Rascher Verlag Zürich 1953. Seite 191. – Nachstehend »Chiari«.
323 Henri de Catt »Gespräche Friedrichs des Großen«. Verlag Fr. Wilh. Grunow, Leipzig 1885. Seite 12. – Nachstehend abgekürzt »Catt«.
324 Catt 17.
325 Catt 21.
326 Catt 29.
327 Catt 38.
328 Catt 39.
329 Catt 49.
330 Catt 54.
331 Catt 57.
332 Catt 58.
333 Catt 61.
334 Catt 69.
335 Catt 73.
336 Lehndorff 14. 6. 1758
337 Lehndorff 1. 8. 1758.
338 Catt 82.
339 König 330.
340 Kugler 333.
341 Catt 103.
342 Lehndorff September 1758.
343 Catt 110.
344 Catt 119.
345 Catt 125 ff.
346 Catt 131.
347 Catt 131–133.
348 Catt 144.
349 Catt 152.
350 Easum 129.
351 Easum 127.
352 Easum 133.
353 König 344.
354 König 345.
355 Hein II/47.
356 Catt 181.
357 Catt 184.
358 Lehndorff 4. 6. 1759.
359 Catt 191.
360 Catt 191.
361 Hamilton I/251.
362 König 348.

363 Lehndorff 13. 8. 1759.
364 König 350.
365 König 350.
366 Lehndorff 17. 8. 1759.
367 König 351.
368 Kugler 364.
369 Lehndorff 9. 11. 1759.
370 Lehndorff 14. 11. 1759.
371 Kugler 369.
372 Catt 237.
373 Kugler 388.
374 Easum 178.
375 Kugler 399.
376 Droysen Camas 26.
377 Droysen Camas 26.
378 Droysen Camas 29.
379 Sophie Maria Gräfin von Voß »Neunundsechzig Jahre am Preußischen Hofe«, Verlag Duncker & Humblot Leipzig 1900. Seite 86. – Nachstehend abgekürzt »Gräfin Voß«.
380 Gräfin Voß 90.
381 Kugler 404.
382 Kugler 406.
383 Kugler 412.
384 Kugler 413.
385 Kugler 417.
386 König 394.
387 König 395.
388 Easum 279.
389 Kugler 425.
390 Easum 261.
391 Easum 295.
392 Chiari 150.
393 Easum 316.
394 Droysen Camas 37.
395 Droysen Camas 38.
396 Droysen Camas 41.
397 Easum 319.
398 König 398.
399 Easum 325.
400 Droysen Camas 43.
401 Kugler 432.
402 Catt 345.
403 Catt 348.
404 Droysen Camas 44.
405 Easum 334.
406 Lehndorff 30. 3. 1763–1. 4. 1763.
407 Lehndorff 1. 4. 1763.
408 Kugler 435.
409 König 410.
410 Easum 331.
411 Volz, Spiegel II/209.
412 Liebesgeschichten 72.
413 Easum 343.
414 Prof. Schoeps 80.
415 König 412.
416 König 414.
417 Droysen Camas 4.
418 Droysen Camas 4.
419 Droysen Camas 70.
420 Hein Briefe II/154.
421 Hein Briefe II/157.
422 Ausgewählte Werke II/321.
423 Lehndorff Februar 1768.
424 Volz, Spiegel III/203.
425 König 429.
426 Hamilton I/269.
427 Hamilton I/269.
428 Goethe erzählt sein Leben. Zusammengestellt von H. E. Gerlach und Otto Hermann. Deutscher Taschenbuch Verlag München. 1972. S. 60.
429 König 430.
430 Kugler 503.
431 Werke VI/244.
432 Hegemann 107.
433 König 438.
434 Rudolf Augstein »Peußens Friedrich und die Deutschen« S. Fischer Verlag Frankfurt/Main 1968. Seite 544.
435 Kugler 489.
436 König 453.
437 Volz, Spiegel III/199.
438 König 455.
439 Karl Petry »Handbuch zur Deutschen Literaturgeschichte«. Zwei Bände. Verlag Balduin Pick Köln, 1949, II/644.
440 Volz, Spiegel III/45.
441 Volz, Spiegel III/47.
442 Volz, Spiegel III/56.
443 Volz, Spiegel III/76.
444 Ausgewählte Werke II/327.
445 König 485.
446 König 455.
447 König 435.

[448] Easum 398.
[449] Easum 395.
[450] Easum 410.
[451] König 457.
[452] Easum 400.
[453] König 458.
[454] Easum 432.
[455] König 463.
[456] Brockhaus Lexikon, Ausgabe 1956. Band 12, Seite 251.
[457] Easum 440.
[458] König 464.
[459] Ausgewählte Werke II/330.
[460] Easum 441.
[461] Kugler 479.
[462] König 474.
[463] König 478.
[464] König 480.
[465] Prof. Schoeps 85.
[466] Kugler 514.
[467] Volz, Spiegel III/190 ff.
[468] König 486.
[469] Ausgewählte Werke II/331.
[470] König 491.
[471] Fürstin Anton Radziwill geb. Prinzessin Luise von Preußen »Fünfundvierzig Jahre aus meinem Leben«. Herausgegeben von Fürstin Radziwill geb. Castellane. Aus dem Französischen von E. von Kraatz. Berlin 1912. Seite 20. – Nachstehend abgekürzt »Radziwill«.
[472] Volz, Spiegel III/92.
[473] Volz, Spiegel III/182.
[474] König 493.
[475] Easum 448.
[476] König 499.
[477] Kugler 482.
[478] Voltaire Memoiren 28.
[479] Voltaire Memoiren 29.
[480] Fredersdorf 28.
[481] Werke V/214.
[482] Fredersdorf 343.
[483] König 503.
[484] Max Hein »Friedrich der Große«. Ein Bild seines Lebens und Schaffens. Verlag Reimar Hobbing Berlin 1916. S. 460. – Nachstehend »Hein Leben«.
[485] König 505.
[486] Hein Leben 460.
[487] Volz, Spiegel III/219.
[488] Volz, Spiegel III/220.
[489] Volz, Spiegel III/254.
[490] Volz, Spiegel III/257.
[491] Volz, Spiegel III/257.
[492] Kugler 521.
[493] König 528.
[494] Volz, Spiegel III/242.
[495] Volz, Spiegel III/245.
[496] Volz, Spiegel III/246.
[497] Volz, Spiegel III/255.
[498] Radziwill 1786.
[499] F. R. Paulig »Friedrich der Große, König von Preußen«. Neue Beiträge zur Geschichte seines Privatlebens. Frankfurt a. O. 1892. Band III, Seite 362.
[500] Hegemann 3.
[501] Volz, Spiegel III/262.
[502] Walter Kiaulehn »Berlin – Schicksal einer Weltstadt«, Biederstein Verlag München Berlin 1958. Seite 175.
[503] Thomas Mann »Altes und Neues«, kleine Prosa aus fünf Jahrzehnten. Stockholmer Gesamtausgabe S. Fischer Verlag 1961. Seite 95.
[504] Gerhard Ritter. Zitiert durch Prof. Schoeps 100.
[505] Heinrich von Massenbach »Die Hohenzollern – Einst und jetzt«, Verlag Tradition und Leben Köln. Zitat aus dem Gedicht »Die Hohenzollern« von Bogislav von Selchow.

Stammtafel

siehe nächste Doppelseite

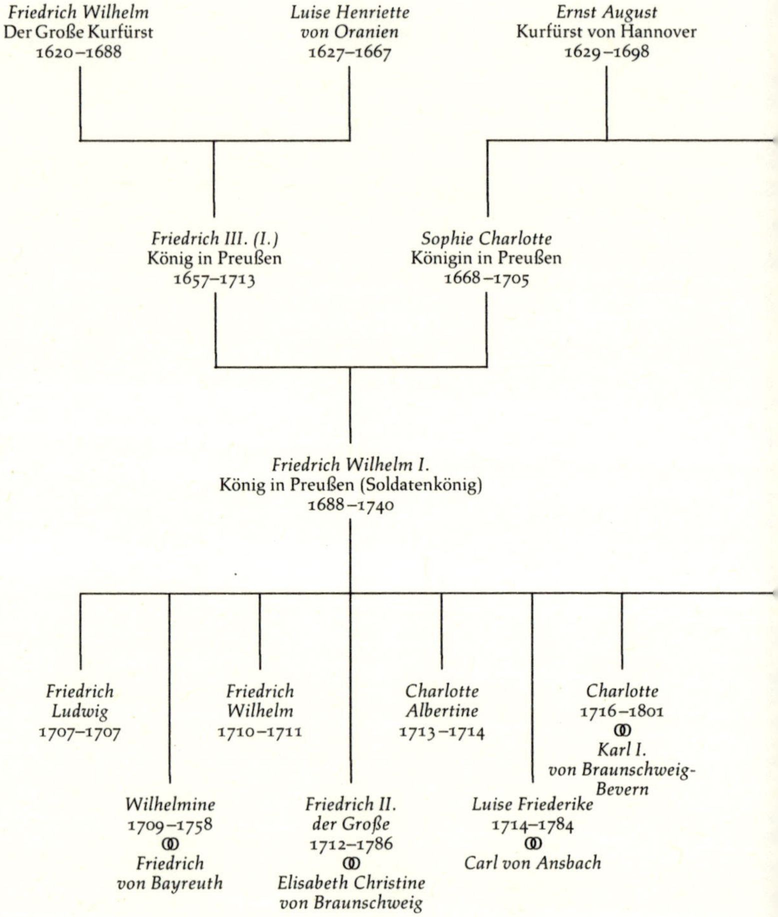
Friedrich Wilhelm
Der Große Kurfürst
1620–1688
Luise Henriette
von Oranien
1627–1667
Ernst August
Kurfürst von Hannover
1629–1698
Friedrich III. (I.)
König in Preußen
1657–1713
Sophie Charlotte
Königin in Preußen
1668–1705
Friedrich Wilhelm I.
König in Preußen (Soldatenkönig)
1688–1740
Friedrich
Ludwig
1707–1707
Wilhelmine
1709–1758
Friedrich
von Bayreuth
Friedrich
Wilhelm
1710–1711
Friedrich II.
der Große
1712–1786
Elisabeth Christine
von Braunschweig
Charlotte
Albertine
1713–1714
Luise Friederike
1714–1784
Carl von Ansbach
Charlotte
1716–1801
Karl I.
von Braunschweig-
Bevern

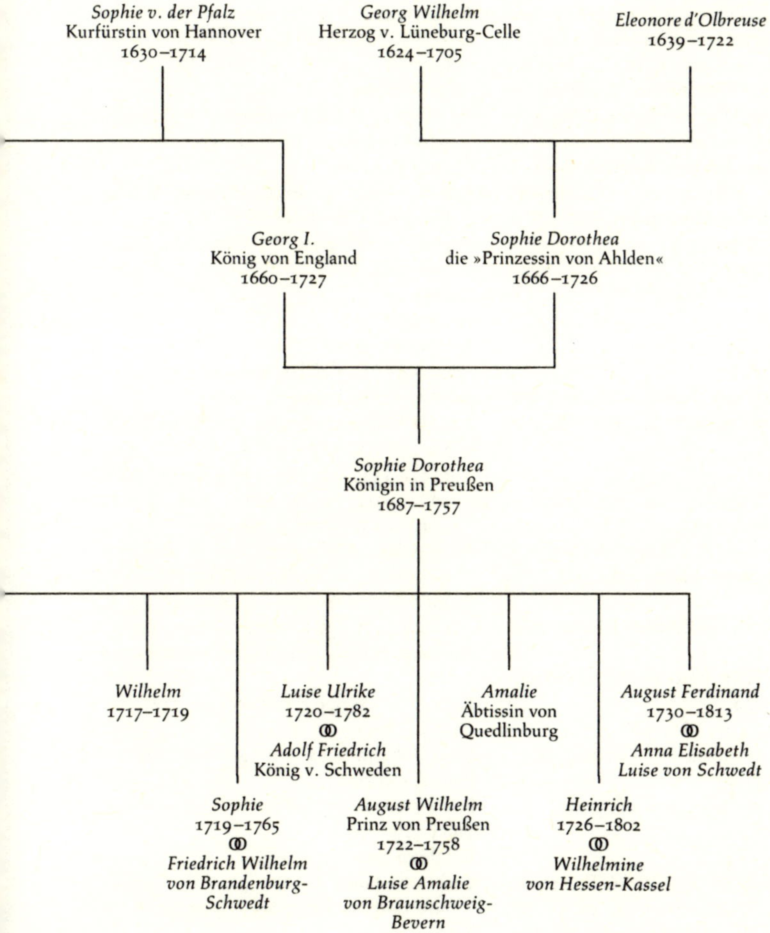
Sophie v. der Pfalz
Kurfürstin von Hannover
1630–1714
Georg Wilhelm
Herzog v. Lüneburg-Celle
1624–1705
Eleonore d'Olbreuse
1639–1722
Georg I.
König von England
1660–1727
Sophie Dorothea
die »Prinzessin von Ahlden«
1666–1726
Sophie Dorothea
Königin in Preußen
1687–1757
Wilhelm
1717–1719
Sophie
1719–1765
⚭
Friedrich Wilhelm von Brandenburg-Schwedt
Luise Ulrike
1720–1782
⚭
Adolf Friedrich
König v. Schweden
August Wilhelm
Prinz von Preußen
1722–1758
⚭
Luise Amalie von Braunschweig-Bevern
Amalie
Äbtissin von Quedlinburg
Heinrich
1726–1802
⚭
Wilhelmine von Hessen-Kassel
August Ferdinand
1730–1813
⚭
Anna Elisabeth Luise von Schwedt

Register

Verwendete Abkürzungen: Erbprz. = Erbprinz; Erzhzg. = Erzherzog; Fst. = Fürst; Gf. = Graf; Gf.in = Gräfin; Großfst. = Großfürst; Großhzg. = Großherzog; Hzg. = Herzog; Hzg.in = Herzogin; K. = Kaiser; K.in = Kaiserin; Kg. = König; Kg.in = Königin; Kfst. = Kurfürst; Kfst.in = Kurfürstin; Kfst.tum = Kurfürstentum; Markgf. = Markgraf; Markgf.in = Markgräfin; Prz. = Prinz; Prz.in = Prinzessin; Reichsgf. = Reichsgraf

Bildnachweis

Schutzumschlag: siehe Abbildung 23

1 Friedrich Wilhelm I., König in Preußen
Gemälde von Antoine Pesne
Schloß Charlottenburg, Berlin

2 Sophie Dorothea, Königin in Preußen
Gemälde von Antoine Pesne, 1737
Standort unbekannt

3 Berliner Stadtschloß, Geburtshaus Friedrichs
Staatliche Museen Preußischer Kulturbesitz, Kunstbibliothek, Berlin

4 Taufe Friedrichs in der Schloßkapelle, 31. Jan. 1712
Stich von Adolph von Menzel

5 Friedrich im Alter von etwa vier bis fünf Jahren
Gemälde von Antoine Pesne, um 1716
Schloß Drottningholm

6 Friedrich als Kronprinz
Kopie nach Antoine Pesne
Standort unbekannt

7 Graf Keyserlingk
Skizze von Antoine Pesne
Schloß Charlottenburg, Berlin

8 Hans Hermann von Katte auf dem Weg zur Hinrichtung, 6. Nov. 1730
Stich von Adolph von Menzel

9 Elisabeth Christine von Braunschweig-Bevern, Gemahlin Friedrichs
Gemälde von Antoine Pesne, 1735
Neues Palais, Potsdam

10 Vermählung Friedrichs mit Elisabeth Christine von Braunschweig-Bevern, 12. Juni 1733 auf Schloß Salzdahlum
Herzog-August-Bibliothek, Wolfenbüttel

11–12 Schloß Rheinsberg, See- und Landseite
Stiche von I.C. Krüger
Staatliche Museen Preußischer Kulturbesitz, Kunstbibliothek, Berlin

13 Friedrich kurz vor der Thronbesteigung
Gemälde von Antoine Pesne, 1739/40
Staatliche Museen Preußischer Kulturbesitz, Gemäldegalerie, Berlin

14 Der Tod Friedrich Wilhelms I., 31. Mai 1740
Stich von Adolph von Menzel

15 Friedrich II. als junger König
Kopie nach Antoine Pesne
Schloß Charlottenburg, Berlin

16 Der Hof huldigt der neuen Königin
Stich von Adolph von Menzel

17 Friedrich II. in der Schlacht von Hohenfriedberg, 4. Juli 1745
Stich von Adolph von Menzel

18 Königliches Opernhaus, Berlin
Stich von Schleuen
Staatliche Museen Preußischer Kulturbesitz, Kunstbibliothek, Berlin

19 Barbara Campagnini, genannt Barbarina
Gemälde von Antoine Pesne, um 1745
Schloß Charlottenburg, Berlin

20 Schloß Sanssouci
unsignierter Stich, 18. Jh.
Staatliche Museen Preußischer Kulturbesitz, Kunstbibliothek, Berlin

21 Tafelrunde in Sanssouci
Holzschnitt nach einem Gemälde von Adolph von Menzel, 1850

22 Friedrich II. besucht Voltaire
Kupferstich von Pierre-Charles Baquoy

23 Flötenkonzert in Sanssouci; Friedrich mit Querflöte, Philipp Emanuel Bach am Cembalo
Gemälde von Adolph von Menzel, 1852
Staatliche Museen Preußischer Kulturbesitz, Nationalgalerie, Berlin

24 Friedrich II.
Gemälde von Johann Heinrich Christoph Franke
Schloß Charlottenburg, Berlin

25 Nach der Schlacht von Leuthen, 5. Dez. 1757; Friedrich trifft österreichische Offiziere in Schloß Lissa
Holzschnitt nach einem Gemälde von Adolph von Menzel

26 Friedrich II. in der Schlacht von Hochkirch, 14. Okt. 1758
Stich nach einem Gemälde von Adolph von Menzel, 1856

27 Treffen Friedrichs II. mit Kaiser Joseph II. im Bischofspalast von Neiße, 25. Aug. 1769
Gemälde von Adolph von Menzel
Standort unbekannt

28–29 Potsdamer Schloß, Winterresidenz Friedrichs II., Ansicht von der Nikolai-Kirche und von der Gartenseite
Staatliche Museen Preußischer Kulturbesitz, Kunstbibliothek, Berlin

30 Friedrich II. im Alter
Schabkunstblatt von Fr. Bock

31 Königin Elisabeth Christine im Alter
Gemälde von Anton Graff
Schloß Charlottenburg, Berlin

32 Friedrich II. auf der Terrasse von Schloß Sanssouci
Stich von J.F. Jügel, nach einer Radierung von Chodowiecki

33 Aufbahrung Friedrichs II. in Schloß Sanssouci, 1786
Gemälde von Fr. Bock
Schloß Charlottenburg, Berlin

Photonachweis

Archiv für Kunst und Geschichte, Berlin 26

Archiv der Staatlichen Schlösser und Gärten, Berlin, Schloß Charlottenburg 1, 2, 6, 7, 9, 13, 15, 19, 24, 30, 31, 33

Herzog-August-Bibliothek, Wolfenbüttel 10

Kugler, Franz, Geschichte Friedrichs des Großen, Leipzig 1895 4, 8, 14, 16, 17

Nationalmuseum, Stockholm 5

Staatliche Museen Preußischer Kulturbesitz, Kunstbibliothek, Berlin 3, 11, 12, 18, 20, 28, 29

Staatsbibliothek Preußischer Kulturbesitz, Bildarchiv, Berlin 21, 22, 23, 25, 27, 32